“考古中国”重大项目　甲编第 003 号

宁夏回族自治区文物考古研究所丛刊之三十九

隆德沙塘北塬遗址考古发掘报告

（第三册）

宁夏回族自治区文物考古研究所
隆德县文物管理所　编　著

文物出版社

Archaeological Excavation Report on the Shatang Beiyuan Site in Longde (III)

by

Ningxia Institute of Cultural Relics and Archaeology

Longde County Cultural Relics Administration

Cultural Relics Press

125. H133

H133 位于Ⅲ T1104 东南角，开口于第④层下，被H109、H117 打破（图4-331，1）。根据遗迹现存部分推测H133 平面近椭圆形，口部边缘形态明显，底部边缘形态较明显，剖面呈筒状，斜壁，未见工具痕迹，坑底平整。坑口南北1.65、东西1.22、坑底南北1.55、深0.34～0.44 米。坑内堆积可分三层，第①层厚0.04～0.12 米，土色浅褐色，土质疏松，包含炭粒、白灰皮、石块、兽骨，坡状堆积。第②层厚0～0.11 米，土色褐色，土质疏松，包含炭粒、红烧土颗粒、白灰皮，坡状堆积。第③层厚0.20～0.33 米，土色褐色，土质疏松，包含炭粒、红烧土颗粒、白灰皮、兽骨，坡状堆积。

坑内出土少量陶片，以陶器腹部残片为主，无可辨器形标本，所以不具体介绍，只进行陶系统计（表4-505～507）。

表4-505　H133①层陶片统计表

纹饰 ＼ 陶色	泥质				夹砂				合计
	橙黄	灰	红	灰底黑彩	橙黄	灰	红	褐	
素面	24	6			5				35
绳纹		1			3				4
篮纹	16				3				19

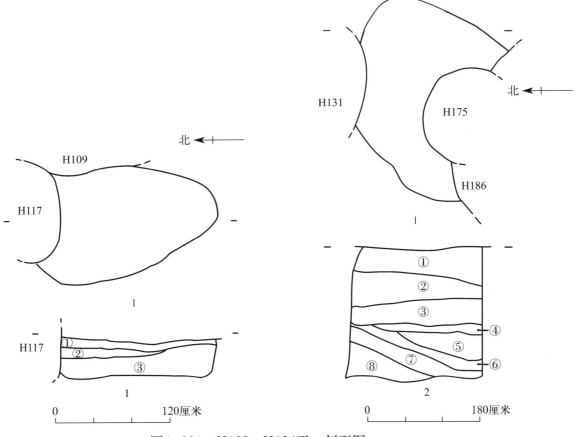

图4-331　H133、H134平、剖面图
1.H133　2.H134

续表

纹饰＼陶质陶色	泥质				夹砂				合计
	橙黄	灰	红	灰底黑彩	橙黄	灰	红	褐	
麻点纹					25				25
篮纹＋麻点纹					4				4

表4-506　H133②层陶片统计表

纹饰＼陶质陶色	泥质				夹砂				合计
	橙黄	灰	红	灰底黑彩	橙黄	灰	红	褐	
素面	1	3							4
篮纹	5	1	1		4				11

表4-507　H133③层陶片统计表

纹饰＼陶质陶色	泥质				夹砂				合计
	橙黄	灰	红	灰底黑彩	橙黄	灰	红	褐	
素面	10	1			1				12
绳纹	1		1						2
篮纹		1							1
麻点纹					9				9
篮纹＋麻点纹							1		1
麻点纹＋刻划纹					1				1
交错篮纹	1								1

126. H134

H134位于ⅢT1202东北部，开口于第④层下，被H131、H175、H186、H175打破（图4-331，2；彩版一四一，1）。根据遗迹现存部分推测H134平面呈椭圆形，口部边缘形态明显，底部边缘形态较明显，剖面略筒状，斜弧壁，未见工具痕迹，坑底不平整。坑口南北2.40、东西3.12、坑底东西2.19、深2.10米。坑内堆积可分八层，第①层厚0.40~061米，土色黄色，土质致密，坡状堆积。第②层厚0.18~0.58米，土色浅黄色，土质致密，坡状堆积。第③层厚0.24~0.44米，土色深黄色，土质疏松，坡状堆积。第④层厚0~0.14米，土色黄色，土质疏松，坡状堆积。第⑤层厚0~0.40米，土色深灰色，土质致密，坡状堆积。第⑥层厚0.06~0.18米，土色浅灰色，土质致密，坡状堆积。第⑦层厚0.10~0.26米，土色深灰色，土质致密，坡状堆积。第⑧层厚0~0.54米，土色深灰色，土质疏松，坡状堆积。

坑内出土大量陶片。

（1）H134①层

出土少量陶片，以腹部残片为主，可辨器形有圆腹罐、盆，另出土玉凿、石刀、骨镞各1件（表4-508、509）。

表4-508　　H134①层器形数量统计表

器形 \ 陶色	泥质				夹砂				合计
	红	橙黄	灰	褐	红	橙黄	灰	黑	
圆腹罐							1		1
盆		3		1					4

表4-509　　H134①层陶片统计表

纹饰 \ 陶色	泥质				夹砂				合计
	橙黄	灰	红	灰底黑彩	橙黄	灰	红	褐	
素面	15				8				23
绳纹	1				2				3
篮纹	6	1	2		7				16
麻点纹					20		3		23
篮纹＋麻点纹					1				1

圆腹罐　1件。

标本H134①：7，夹砂橙黄陶。侈口，圆唇，高领，束颈，颈部以下残。上腹饰麻点纹，颈部素面，有烟炱。残高6.2、残宽7.6厘米（图4-332，1）。

盆　4件。

标本H134①：4，泥质橙黄陶。敞口，平沿，方唇，斜弧腹，底残。口沿外侧饰一周折棱，腹部饰横向篮纹，内壁素面磨光。残高4.5、残宽6.2厘米（图4-332，2）。

标本H134①：5，泥质褐陶。敞口，平沿，圆唇，斜腹微弧，底残。口沿外侧饰一周折棱，腹部饰斜向篮纹。残高3.2、残宽5.1厘米（图4-332，3）。

标本H134①：6，泥质橙黄陶。敞口，方唇，斜腹微弧，底残。口沿外侧有一周折棱，腹部饰斜向篮纹，内壁素面磨光。残高3.2、残宽10.3厘米（图4-332，4）。

标本H134①：8，泥质橙黄陶。敞口，圆唇，斜腹微弧，底残。器表及内壁素面磨光。残高5、残宽10.5厘米（图4-332，5）。

玉凿　1件。

标本H134①：2，墨绿色，间杂雪花片状黄斑，呈长方形厚片状，上宽下窄，器表通体光滑，局部残损，平直背，背部有明显打击痕迹，一侧边平直，一侧边呈弧形，双面刃。刃长0.7厘米，刃角57.4°，器身长8、宽1.7、厚0.7厘米（图4-332，6；彩版一四一，2）。

石刀　1件。

标本H134①：3，页岩。器表通体磨光，器身中心有钻孔痕迹，未钻通，刃部有使用过程中留下的缺口。刃残长5厘米，刃角42.8°，器身残长5.6、宽3.4、厚0.2厘米（图4-332，7；彩版一四一，3）。

骨镞　1件。

标本H134①：1，动物骨骼磨制而成，平面略呈菱形，除锋部细磨外，其余粗磨，锋部扁平且尖锐，铤部呈圆柱状。长4.7、宽0.9、厚0.6厘米（图4-332，8；彩版一四一，4）。

图4-332　H134出土遗物

1、9~13.圆腹罐H134①：7、H134⑥：3、4、7、8、10　2~5、16、17.盆H134①：4~6、8、H134⑥：5、9　6.玉凿
H134①：2　7、18.石刀H134①：3、H134⑥：1　8.骨镞H134①：1　14.花边罐H134⑥：6　15.高领罐H134⑥：2

（2） H134⑤层

出土陶片见下表（表4-510）。

表4-510　H134⑤层陶片统计表

纹饰 陶质 陶色	泥质				夹砂				合计
	橙黄	灰	红	灰底黑彩	橙黄	灰	红	褐	
素面	9		5		7				21
绳纹					4				4
篮纹	25	1							26
麻点纹					37				37
篮纹＋绳纹					2				2
刻划纹	2								2

（3） H134⑥层

出土大量陶片，以腹部残片为主，可辨器形有圆腹罐、花边罐、高领罐、盆，另出土石刀1件（表4-511、512）。

圆腹罐　5件。

标本H134⑥：3，夹砂橙黄陶。微侈口，圆唇，矮领，微束颈，鼓腹，底残。腹部饰斜向刻划纹，有烟炱。残高8.6、残宽6.6厘米（图4-332，9）。

标本H134⑥：4，夹砂橙黄陶。侈口，圆唇，矮领，微束颈，上腹微弧，下腹残。器表素面，有烟炱。残高5.3、残宽4.7厘米（图4-332，10）。

表4-511　H134⑥层器形数量统计表

器形 陶质 陶色	泥质				夹砂				合计
	红	橙黄	灰	黑	红	橙黄	灰	黑	
圆腹罐						5			5
花边罐						1			1
高领罐		1							1
盆		2							2

表4-512　H134⑥层陶片统计表

纹饰 陶质 陶色	泥质				夹砂				合计
	橙黄	灰	红	灰底黑彩	橙黄	灰	红	褐	
素面	44	6	55		32				137
绳纹					14				14
篮纹	60	4	6		35				105
麻点纹					98				98
刻划纹					5				5
戳印纹			2						2
交错篮纹					1				1

标本H134⑥：7，夹砂橙黄陶。侈口，圆唇，高领，束颈，上腹圆，下腹残。颈部饰竖向篮纹，上腹饰麻点纹，有烟炱。残高7.9、残宽6.2厘米（图4-332，11）。

标本H134⑥：8，夹砂橙黄陶。侈口，尖唇，高领，束颈，颈部以下残。颈部饰斜向篮纹。残高6、残宽4.6厘米（图4-332，12）。

标本H134⑥：10，夹砂橙黄陶。侈口，尖唇，矮领，束颈，颈部以下残。颈部饰横向篮纹，有烟炱。残高3.4、残宽5.1厘米（图4-332，13）。

花边罐　1件。

标本H134⑥：6，夹砂橙黄陶。侈口，尖唇，高领，束颈，上腹斜，下腹残。口沿外侧饰一周附加泥条，泥条经手指按压呈波状，颈部饰横向篮纹，有烟炱。残高6.3、残宽8.3厘米（图4-332，14）。

高领罐　1件。

标本H134⑥：2，泥质橙黄陶。喇叭口，沿外翻，尖唇，高领，束颈，颈部以下残。颈部饰斜向篮纹。口径16.4、残高6.8厘米（图4-332，15）。

盆　2件。

标本H134⑥：5，泥质橙黄陶。敞口，斜沿，方唇，斜弧腹，底残。口沿外侧饰一周折棱，腹部饰横向篮纹，内壁素面磨光。残高3.8、残宽6.7厘米（图4-332，16）。

标本H134⑥：9，泥质橙黄陶。敞口，方唇，斜腹微弧，底残。器表饰斜向篮纹。残高4.5、残宽5.5厘米（图4-332，17）。

石刀　1件。

标本H134⑥：1，残损，石英砂岩。器表通体磨光，基部及两侧边均残，双面磨刃。刃残长3.2厘米，刃角86°，器身残长3.4、残宽4.4、厚0.3厘米（图4-332，18；彩版一四一，5）

（4）H134⑦层

出土陶片见下表（表4-513）。

表4-513　H134⑦层陶片统计表

纹饰 ＼ 陶质 陶色	泥质				夹砂				合计
	橙黄	灰	红	灰底黑彩	橙黄	灰	红	褐	
素面	8								8
绳纹	2				2				4
篮纹	6								6
麻点纹					10				10
刻划纹	2								2

127. H135

H135位于ⅢT1105南部，开口于第③层下（图4-333；彩版一四二，1）。平面呈椭圆形，口部边缘形态明显，底部边缘形态较明显，剖面呈筒状，弧壁，未见工具痕迹，坑底平整。坑口东西2.64、南北2.24、坑底东西2.30、南北2.04、深1.10～1.30米。坑内堆积未分层，土色深黄色，

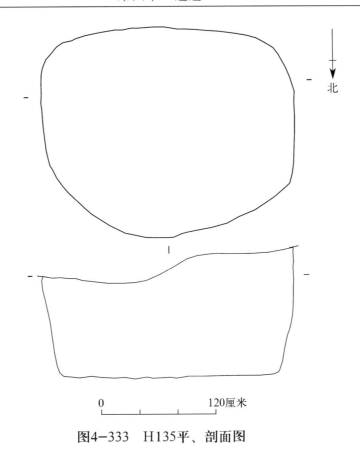

0　　　　　　　　　120厘米

图4-333　H135平、剖面图

土质疏松，坡状堆积。包含植物根茎、炭粒、红烧土颗粒、石块、兽骨。

　　坑内出土较多陶片，以腹部残片为主，可辨器形有圆腹罐、花边罐、盆、罐腹底（表4-514、515），另出土石镞2件，石凿、骨匕各1件。

表4-514　H135器形数量统计表

器形 陶质 陶色	泥质				夹砂				合计
	红	橙黄	灰	黑	红	橙黄	灰	黑	
圆腹罐		1			1	2			4
花边罐					1	5	1		7
盆	1	1							2
罐腹底						1			1

表4-515　H135陶片统计表

纹饰 陶质 陶色	泥质				夹砂				合计
	橙黄	灰	红	灰底黑彩	橙黄	灰	红	褐	
素面	101	7	10		33				151
绳纹	11				20				31
篮纹	70	5			31		1		107
麻点纹	4				126	1			131

陶质 纹饰 \ 陶色	泥质				夹砂				合计
	橙黄	灰	红	灰底黑彩	橙黄	灰	红	褐	
刻划纹					2				2
篮纹＋麻点纹					5				5
附加堆纹					7				7
弦纹		1							1
附加堆纹＋麻点纹					2				2
席纹					2				2
绳纹＋篮纹					2				2
交错篮纹	1	1							2
附加堆纹＋绳纹					1				1
绳纹＋弦纹		1							1

圆腹罐　4件。

标本H135：6，夹砂红陶。侈口，圆唇，高领，束颈，上腹斜弧，下腹残。颈部饰斜向篮纹，上腹饰麻点纹。口径14.6、残高9.8厘米（图4-334，1）。

标本H135：12，夹砂橙黄陶。侈口，尖唇，矮领，束颈，上腹圆，下腹残。颈部素面，上腹饰麻点纹。口径9、残高4.9厘米（图4-334，2）。

标本H135：15，夹砂橙黄陶。侈口，圆唇，高领，束颈，上腹圆弧，下腹残。颈部饰横向篮纹，上腹饰麻点纹，有烟炱。残高8.5、残宽8.5厘米（图4-334，3）。

标本H135：16，泥质橙黄陶。侈口，尖唇，矮领，束颈，上腹斜弧，下腹残。颈部素面，上腹饰麻点纹。残高4.6、残宽4.3厘米（图4-334，4）。

花边罐　7件。

标本H135：9，夹砂灰陶。侈口，圆唇，矮领，束颈，圆腹，底残。口沿外侧饰一周附加泥条，泥条经手指按压呈波状，上腹部饰斜向绳纹。口径13、残高10.8厘米（图4-334，5）。

标本H135：10，夹砂橙黄陶。侈口，圆唇，矮领，束颈，圆腹，底残。口沿外侧及颈部各饰一周附加泥条，泥条经手指按压呈波状，上腹饰麻点纹。口径15、残高12.6厘米（图4-334，6）。

标本H135：11，夹砂红陶。侈口，尖唇，矮领，微束颈，上腹圆，下腹残。口沿外侧饰一周附加泥条，泥条经手指按压呈波状，颈部素面有一道凹槽，上腹饰麻点纹。残高5.2、残宽6.3厘米（图4-334，7）。

标本H135：13，夹砂橙黄陶。侈口，圆唇，高领，束颈，颈部以下残。口沿外侧饰一周附加泥条，泥条经手指按压呈波状，颈部饰篮纹。残高4.8、残宽6.1厘米（图4-334，8）。

标本H135：14，夹砂橙黄陶。侈口，圆唇，高领，束颈，颈部以下残。口沿下有一周按压痕迹，颈部饰斜向篮纹，有烟炱。残高6.1、残宽5.8厘米（图4-334，9）。

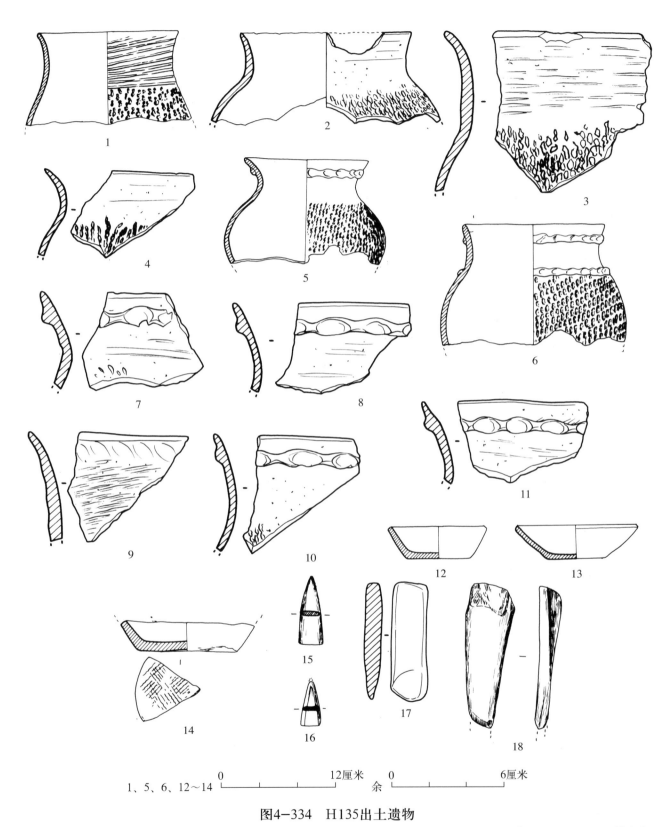

图4-334　H135出土遗物

1~4.圆腹罐H135：6、12、15、16　5~11.花边罐H135：9、10、11、13、14、17、18　12、13.盆H135：7、8　14.罐腹底 H135：4　15、16.石镞H135：1、2　17.石凿H135：3　18.骨匕H135：5

标本H135：17，夹砂橙黄陶。侈口，圆唇，高领，束颈，上腹斜，下腹残。口沿外侧饰一周附加泥条，泥条经手指按压呈波状，颈部素面，上腹饰麻点纹。残高6.1、残宽5.4厘米（图4-334，10）。

标本H135：18，夹砂橙黄陶。侈口，圆唇，矮领，束颈，颈部以下残。口沿外侧饰一周附加泥条，泥条经手指按压呈波状，颈部饰斜向篮纹，有烟炱。残高4.2、残宽7厘米（图4-334，11）。

盆　2件。

标本H135：7，泥质橙黄陶。敞口，圆唇，斜直腹，平底。素面。口径10.4、高3.4、底径6.8厘米（图4-334，12；彩版一四二，2）。

标本H135：8，泥质红陶。敞口，方唇，斜弧腹，平底。素面。口径12.8、高3.6、底径6.2厘米（图4-334，13；彩版一四二，3）。

罐腹底　1件。

标本H135：4，夹砂橙黄陶。上腹残，下腹斜直，平底微凹，腹部素面，底面饰交错绳纹。残高3、底径10.2厘米（图4-334，14）。

石凿　1件。

标本H135：3，石英砂岩。呈长方形长条状，平基部，刃部稍加磨制，器身其余部分保持原始形态。长6.3、宽2、厚0.9厘米（图4-334，17；彩版一四二，4）。

石镞　2件。

标本H135：1，石英岩。器体呈扁三角形，两侧边缘均为双面磨刃，较为锋利，尖部磨制尖锐，尾端平整。长3.6、宽1.3、厚0.2厘米（图4-334，15）。

标本H135：2，石灰岩。器体呈扁三角形，两侧边缘均为双面磨刃，较为锋利，尖部略残，尾端平整。长2.3、宽1、厚0.2厘米（图4-334，16）。

骨匕　1件。

标本H135：5，动物骨骼磨制而成，长条状，器身粗磨，柄部与刃部残，中腰至刃部渐收。长7.6、宽2.6、厚1.1厘米（图4-334，18；彩版一四二，5）。

128. H136

H136位于ⅢT1103西北部，开口于第③层下，被H110、H106打破（图4-335；彩版一四三，1）。根据遗迹现存部分推测H136平面近椭圆形，口部边缘形态明显，底部边缘形态明显，剖面呈袋状，斜弧壁，未见工具痕迹，坑底平整。坑口南北1.52，东西1.64、坑底南北1.78、东西1.80、深1.52米。坑内堆积可分两层，第①层厚0.54~0.88米，土色褐色，土质致密，包含炭粒、红烧土颗粒、石块、兽骨，水平状堆积。第②层厚0.64米，土色浅灰色，土质疏松，包含炭粒、红烧土颗粒、石块、兽骨，水平状堆积。

坑内出土较多陶片。

（1）H136①层

出土少量陶片，以腹部残片为主，可辨器形有高领罐，另出土骨锥1件（表4-516、517）。

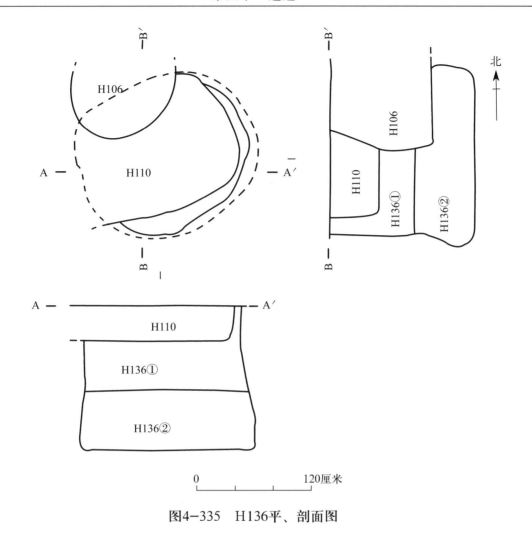

0　　　　　　　　　　120厘米

图4-335　H136平、剖面图

表4-516　H136①层器形数量统计表

器形 ＼ 陶质 ＼ 陶色	泥质				夹砂				合计
	红	橙黄	灰	黑	红	橙黄	灰	黑	
高领罐						1			1

表4-517　H136①层陶片统计表

纹饰 ＼ 陶质 ＼ 陶色	泥质				夹砂				合计
	橙黄	灰	红	灰底黑彩	橙黄	灰	红	褐	
素面	21	2	2		9				34
篮纹			9		5		3		17

高领罐　1件。

标本H136①：2，夹砂橙黄陶。上腹残，下腹斜弧，平底。腹部饰横向篮纹。残高10、底径15.4厘米（图4-336，1）。

骨锥　1件。

标本H136①：1，动物骨骼磨制而成，器身扁平，截面为近椭圆形，中腰至尖端逐渐收缩成尖，器身磨制精细，磨制痕迹明显。残长8.1、宽0.9、厚0.5厘米（图4-336，2；彩版一四三，2）。

（2）H136②层

出土大量陶片，以腹部残片为主，可辨器形有圆腹罐、花边罐、单耳罐、大口罐、盆、圆盘，另出土陶刀2件、石刀1件（表4-518、519）。

表4-518　H136②层器形数量统计表

陶质 陶色 器形	泥质				夹砂				合计
	红	橙黄	灰	黑	红	橙黄	灰	黑	
圆腹罐					1	1			2
花边罐					1	4			5
单耳罐					1				1
大口罐						1			1
盆		2							2
圆盘						1			1

表4-519　H136②层陶片统计表

陶质 陶色 纹饰	泥质				夹砂				合计
	橙黄	灰	红	灰底黑彩	橙黄	灰	红	褐	
素面	71	1	7		20				99
绳纹	2		1		18				21
篮纹	32		20		17				69
麻点纹					81		6		87

圆腹罐　2件。

标本H136②：5，夹砂红陶。侈口，圆唇，高领，束颈，上腹斜，下腹残。颈部素面，上腹饰麻点纹，有烟炱。口径10.4、残高7厘米（图4-336，3）。

标本H136②：9，夹砂橙黄陶。侈口，方唇，矮领，束颈，颈部以下残。唇面有一道凸槽，颈部饰斜向篮纹，有烟炱。残高4.4、残宽6.5厘米（图4-336，4）。

花边罐　5件。

标本H136②：6，夹砂橙黄陶。侈口，圆唇，矮领，束颈，上腹斜弧，下腹残。口沿外侧饰有一周附加泥条呈凸棱状，颈部有刮抹痕迹，上腹饰竖向绳纹。口径9.8、残高5.6厘米（图4-336，5）。

标本H136②：8，夹砂红陶。侈口，圆唇，矮领，束颈，上腹圆，下腹残。口沿外侧饰一周折棱，颈部饰斜向篮纹，上腹饰麻点纹，有烟炱。残高5.6、残宽6厘米（图4-336，6）。

标本H136②：11，夹砂橙黄陶。侈口，圆唇，矮领，束颈，上腹圆，下腹残。口沿外侧饰一周附加泥条，泥条经手指按压呈波状，颈部饰斜向篮纹，上腹饰麻点纹，有烟炱。残高5.3、残

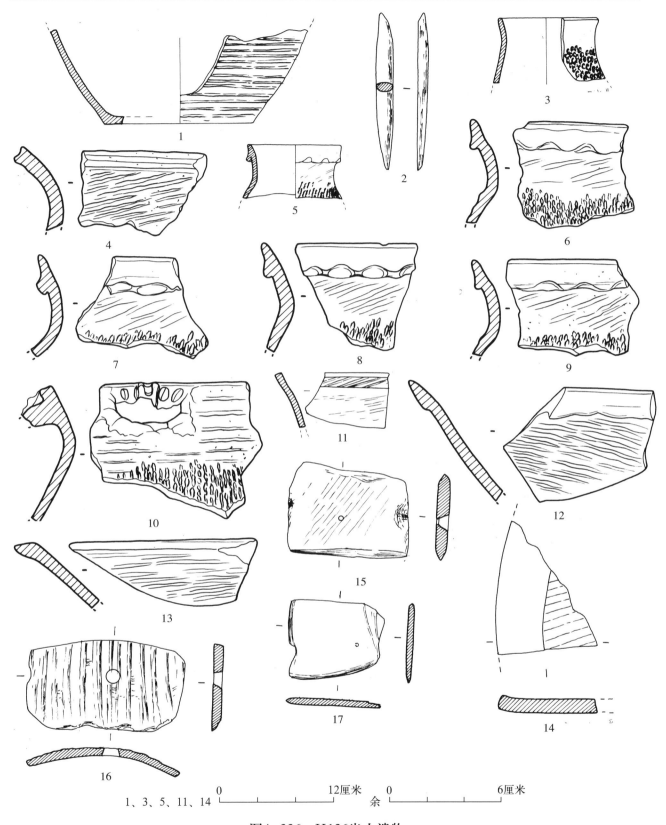

图4-336 H136出土遗物

1.高领罐H136①：2 2.骨锥H136①：1 3、4.圆腹罐H136②：5、9 5～9.花边罐H136②：6、8、11～13 10.单耳罐
H136②：14 11.大口罐H136②：4 12、13.盆H136②：10、15 14.圆盘H136②：7 15、16.陶刀H136②：2、3 17.石刀
H136②：1

宽 6.9 厘米（图 4-336，7）。

标本 H136②：12，夹砂橙黄陶。侈口，圆唇，矮领，束颈，上腹斜弧，下腹残。口沿外侧饰一周附加泥条，泥条经手指按压呈波状，颈部饰篮纹，上腹饰麻点纹。残高 5.6、残宽 6.3 厘米（图 4-336，8）。

标本 H136②：13，夹砂橙黄陶。侈口，圆唇，矮领，束颈，上腹斜弧，下腹残。口沿外侧饰一周附加泥条，泥条经手指按压呈波状，颈部饰斜向篮纹，上腹饰麻点纹。残高 5、残宽 7 厘米（图 4-336，9）。

单耳罐　1 件。

标本 H136②：14，夹砂红陶。侈口，方唇，矮领，束颈，上腹斜，下腹残。连口残耳，耳上端饰戳印纹，颈部饰横向篮纹，上腹饰麻点纹，有烟炱。残高 7.2、残宽 9 厘米（图 4-336，10）。

大口罐　1 件。

标本 H136②：4，夹砂橙黄陶。微侈口，方唇，上腹斜弧，下腹残。口沿外侧饰一周附加泥条，泥条之上饰斜向篮纹，上腹有刮抹痕迹。残高 5.8、残宽 8.4 厘米（图 4-336，11）。

盆　2 件。

标本 H136②：10，泥质橙黄陶。敞口，尖唇，斜直腹，底残。口沿外侧有一周折棱，腹部饰横向篮纹，内壁素面磨光。残高 6.1、残宽 7.8 厘米（图 4-336，12）。

标本 H136②：15，泥质橙黄陶。敞口，方唇，斜直腹，底残。腹部饰横向篮纹，内壁素面磨光。残高 3.6、残宽 9.8 厘米（图 4-336，13）。

圆盘　1 件。

标本 H136②：7，夹砂红陶。边缘较薄，中间稍厚，边缘圆弧，微上翘，面部边缘素面中间饰斜向篮纹。残长 13.8、残宽 10.4、厚 1.4 厘米（图 4-336，14）。

陶刀　2 件。

标本 H136②：2，夹砂橙黄陶。由陶器残片磨制而成，器表饰斜向线纹，在器身中部由内向外钻孔。内侧孔径 0.8、外侧孔径 0.4 厘米。对向两个双面刃，刃一为磨刃，刃残长 6 厘米，刃角 60°，刃二为打制刃，刃残长 5.4 厘米，刃角 63°，器身残长 6.3、残宽 4.7、厚 0.6 厘米（图 4-336，15；彩版一四三，3）。

标本 H136②：3，泥质褐陶。由陶器残片打制而成，边缘及刃部打制痕迹明显，刃部未磨，器表饰篮纹，在器身中部有由内向外钻孔，内侧孔径 1、外侧孔径 0.7 厘米。器身长 8、宽 4.5、厚 0.5 厘米（图 4-336，16；彩版一四三，4）。

石刀　1 件。

标本 H136②：1，石英岩。器体近梯形，器表粗磨，两个双面磨刃相连，刃一有使用时留下的豁口，刃长 4 厘米，刃角 51.6°，刃二粗磨，略弧。刃残长 4.4 厘米，刃角 43.6°，器身残长 4.9、残宽 4.16、厚 0.34 厘米（图 4-336，17；彩版一四三，5）。

129. H137

H137 位于 ⅢT1201 东南部，部分压于南壁下，开口于第③层下，被 H113 打破（图 4-337；

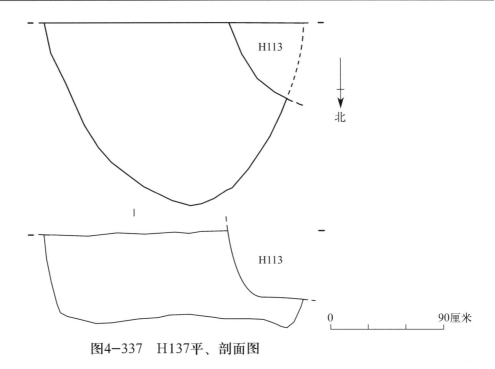

图4-337 H137平、剖面图

彩版一四四，1）。根据遗迹现存部分推测H137平面呈椭圆形，口部边缘形态明显，底部边缘形态较明显，剖面呈筒状，斜壁，未见工具痕迹，坑底高低不平。坑口东西1.92、南北1.45、坑底东西1.78、深0.75米。坑内堆积未分层，土色褐色，土质疏松，水平状堆积。包含植物根茎、炭粒、红烧土颗粒、石块、兽骨、蚌壳。

坑内出土少量陶片，以腹部残片为主，无可辨器形标本，所以不具体介绍，只进行陶系统计（表4-520）。

表4-520 H137陶片统计表

纹饰	陶质 陶色	泥质				夹砂				合计
		橙黄	灰	红	灰底黑彩	橙黄	灰	红	褐	
素面		10	2	2		9				23
绳纹						1				1
篮纹				9		5		3		17
麻点纹						8				8
篮纹＋麻点纹								1		1

130. H138

H138 位于ⅢT1202东南部，开口于第H112下（图4-338；彩版一四四，2）。平面近椭圆形，口部边缘形态明显，底部边缘形态较明显，剖面呈不规则状，斜壁，未见工具痕迹，坑底高低不平。坑口东西2.26、南北2.10、深0.15～0.60米。坑内堆积可分六层，第①层厚0.08～0.16米，土色黄色，土质致密，坡状堆积。第②层厚0～0.20米，土色浅黄色，土质致密，坡状堆积。第③层厚0～0.42米，土色黄色，土质疏松，不规则状堆积。第④层厚0.08～0.22米，土色深灰色，

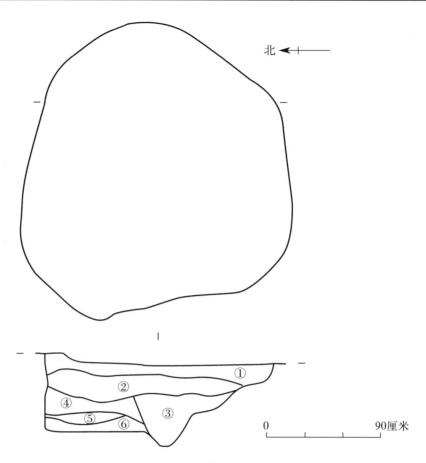

北 ←┼

0　　　　　　　　90厘米

图4-338　H138平、剖面图

土质疏松，不规则状堆积。第⑤层厚 0~0.08 米，土色浅灰色，土质疏松，凹镜状堆积。第⑥层厚 0.06~0.10 米，土色浅灰色，土质致密，水平状堆积。

坑内出土较多陶片，以腹部残片为主，可辨器形有圆腹罐、单耳罐、高领罐、盆，另出土石刀、石镞、骨凿各 1 件（表 4-521、522）。

表4-521　H138①层器形数量统计表

器形 \ 陶质 陶色	泥质				夹砂				合计
	红	橙黄	灰	黑	红	橙黄	灰	黑	
圆腹罐						6			6
单耳罐	1	1							2
高领罐	1								1
盆		1							1

表4-522　H138①层陶片统计表

纹饰 \ 陶质 陶色	泥质				夹砂				合计
	橙黄	灰	红	白	橙黄	灰	红	褐	
素面	56	4	5		28				93
绳纹	10	1			31				42

纹饰 ＼ 陶质／陶色	泥质				夹砂				合计
	橙黄	灰	红	白	橙黄	灰	红	褐	
篮纹	53				21				74
麻点纹					83				83
刻划纹	1				2				3
篮纹＋麻点纹					3				3
席纹		1							1
戳印纹			1		2				3
交错篮纹	3				2				5

圆腹罐 6件。

标本H138①：4，夹砂橙黄陶。侈口，圆唇，矮领，束颈，上腹斜，下腹残。颈部素面，上腹饰弦断竖向绳纹。残高10、残宽11.8厘米（图4-339，1）。

标本H138①：5，夹砂橙黄陶。侈口，方唇，高领，束颈，颈部以下残。唇部饰有三道凹槽，口沿外侧有一周折棱，颈部素面。残高4.6、残宽5.8厘米（图4-339，2）。

标本H138①：8，夹砂橙黄陶。侈口，圆唇，矮领，束颈，上腹斜，下腹残。器表饰篮纹。残高5、残宽7.2厘米（图4-339，3）。

标本H138①：9，夹砂橙黄陶。侈口，圆唇，高领，束颈，上腹斜弧，下腹残。器表素面，有烟炱。残高6.2、残宽7.1厘米（图4-339，4）。

标本H138①：12，夹砂橙黄陶。侈口，圆唇，高领，束颈，颈部以下残。颈部饰横向篮纹，有烟炱。残高5.1、残宽6.9厘米（图4-339，5）。

标本H138①：13，夹砂橙黄陶。侈口，圆唇，高领，束颈，颈部以下残。颈部素面，有烟炱。残高6.3、残宽6.2厘米（图4-339，6）。

单耳罐 2件。

标本H138①：7，泥质红陶。侈口，尖唇，高领，束颈，上腹斜，下腹残。耳残，器表素面磨光。残高5.6、残宽6厘米（图4-339，7）。

标本H138①：11，泥质红陶。侈口，圆唇，高领，束颈，上腹圆弧，下腹残。拱形单耳，器表素面磨光。残高6.7、残宽7.4厘米（图4-339，8）。

高领罐 1件。

标本H138①：6，泥质红陶。喇叭口，方唇，高领，束颈，颈部以下残。沿下饰斜向篮纹，颈部及内壁素面磨光。残高4、残宽7厘米（图4-339，9）。

盆 1件。

标本H138①：10，泥质橙黄陶。敞口，平沿，圆唇，斜弧腹，底残。沿下有一周折棱，腹部饰斜向篮纹，内壁素面磨光。残高4、残宽8厘米（图4-339，10）。

石刀 1件。

标本H138①：1，残损，页岩。仅存部分刃部，单面磨刃。刃残长3.8厘米，刃角46°，石

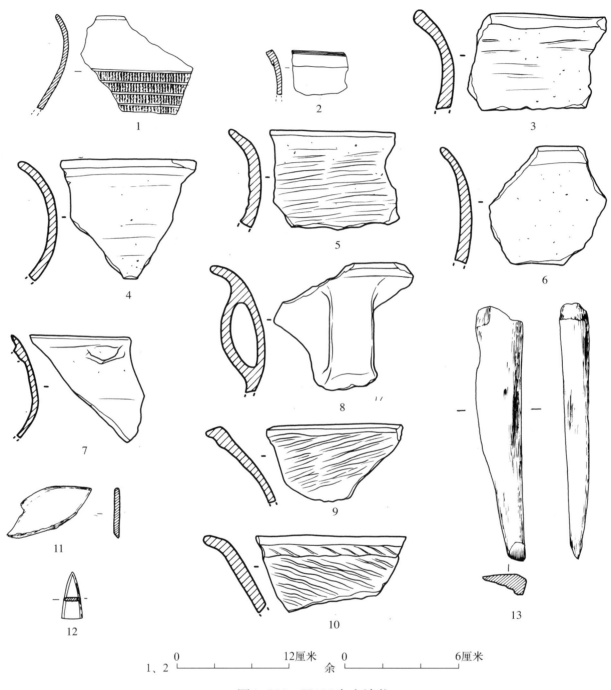

图4-339　H138出土遗物

1~6.圆腹罐H138①：4、5、8、9、12、13　7、8.单耳罐H138①：7、11　9.高领罐H138①：6　10.盆H138①：10　11.石刀
H138①：1　12.石镞H138①：2　13.骨凿H138①：3

刀残长 4.4、残宽 2.7 厘米（图 4-339，11）。

　　石镞　1件。

　　标本H138①：2，石英岩。器体呈扁三角形，两侧边缘均为双面磨刃，较为锋利，尖部较尖锐，尾端平整。长 2.5、宽 1.1、厚 0.2 厘米（图 4-339，12；彩版一四四，3）。

　　骨凿　1件。

标本H138①：3，黄灰色，基本完整，双面磨刃。长 13.4、宽 2.4、厚 1.1 厘米（图 4-339，13；彩版一四四，4）。

131. H139

H139 位于ⅢT1106 东北角，开口于第④层下，被H125、H147、H179 打破（图 4-340；彩版一四五，1）。根据遗迹现存部分推测H139 平面近圆形，口部边缘形态明显，底部边缘形态明显，剖面呈袋状，斜直壁，未见工具痕迹，坑底平整。坑口南北 2.20、坑底南北 2.38、深 1.16 米。坑内堆积未分层，土色褐色，土质疏松，包含炭粒、红烧土颗粒、兽骨、白灰皮、石块，水平状堆积。

坑内出土较多陶片，以腹部残片为主，可辨器形有圆腹罐、花边罐、单耳罐、高领罐、大口罐、盆、陶杯、器盖，另出土石刀、石器残片各 1 件（表 4-523、524）。

圆腹罐　1 件。

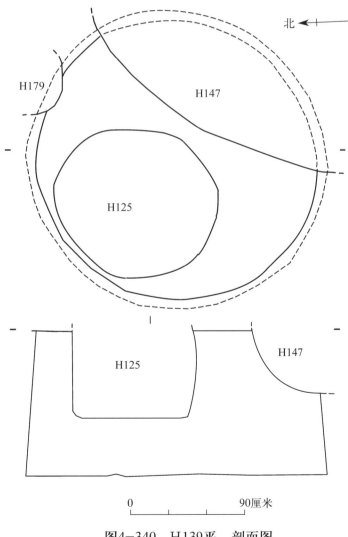

图4-340　H139平、剖面图

表4-523　H139器形数量统计表

陶质 陶色 器形	泥质				夹砂				合计
	红	橙黄	灰	黑	红	橙黄	灰	黑	
圆腹罐						1			1
花边罐						2			2
单耳罐						1			1
高领罐	1								1
大口罐						1			1
盆		3							3
陶杯		1							1

表4-524　H139陶片统计表

陶质 陶色 纹饰	泥质				夹砂				合计
	橙黄	灰	红	灰底黑彩	橙黄	灰	红	褐	
素面	38	1			42				81
绳纹	3				21				24
篮纹	44		4		26		1		75
麻点纹					127				127
刻划纹					9				9
席纹					1				1
篮纹＋麻点纹					4		1		5
附加堆纹					4				4
篮纹＋绳纹					1				1
附加堆纹＋绳纹					1				1
戳印纹	1								1

标本H139：9，夹砂橙黄陶。侈口，圆唇，矮领，束颈，颈部以下残。颈部饰横向篮纹，有烟炱。残高4.5、残宽8.7厘米（图4-341，1）。

花边罐　2件。

标本H139：7，夹砂橙黄陶。侈口，尖唇，矮领，束颈，上腹斜，下腹残。口沿外侧饰一周附加泥条，泥条经手指按压呈波状，颈部饰斜向篮纹，有烟炱。残高5.3、残宽7.2厘米（图4-341，2）。

标本H139：13，夹砂橙黄陶。侈口，圆唇，矮领，束颈，上腹斜，下腹残。口沿外侧饰一周附加泥条，泥条经手指按压呈波状，颈部饰斜向篮纹，上腹饰麻点纹，有烟炱。残高6.7、残宽6厘米（图4-341，3）。

单耳罐　1件。

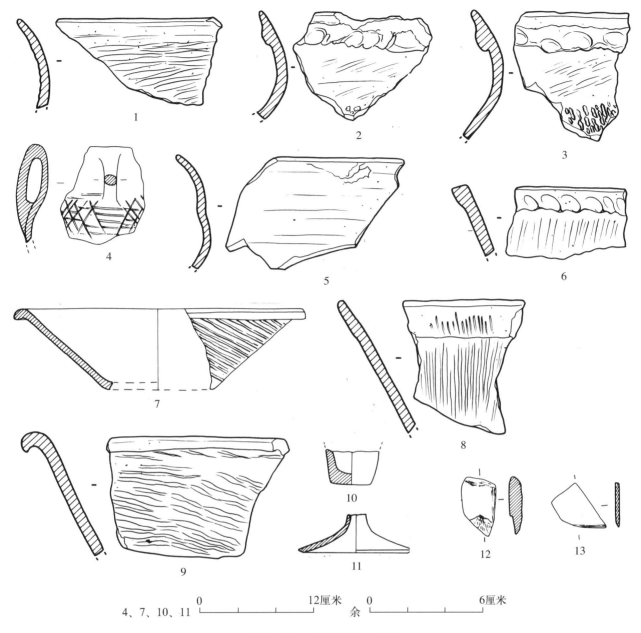

图4-341　H139出土遗物

1.圆腹罐H139：9　2、3.花边罐H139：7、13　4.单耳罐H139：5　5.高领罐H139：12　6.大口罐H139：11　7～9.盆H139：3、8、10　10.陶杯H139：6　11.器盖H139：4　12.石器H139：1　13.石刀H139：2

标本H139：5，夹砂橙黄陶。侈口，圆唇，矮领，微束颈，上腹圆，下腹残。连口拱形双耳，颈部素面，耳面有一附加圆饼，腹部饰横向篮纹，篮纹之上饰交错刻划纹。残高10.4、残宽8.8厘米（图4-341，4）。

高领罐　1件。

标本H139：12，泥质红陶。喇叭口，圆唇，高领，束颈，颈部以下残。器表及内壁素面磨光。残高6、残宽8.5厘米（图4-341，5）。

大口罐　1件。

标本H139：11，夹砂橙黄陶。微侈口，方唇，上腹直，下腹残。口沿外侧饰一周折棱，器表饰竖向篮纹，有烟炱。残高3.8、残宽6厘米（图4-341，6）。

盆　3件。

标本H139：3，泥质橙黄陶。敞口，卷沿，圆唇，斜直腹，平底。腹部饰斜向篮纹，内壁素面磨光。口径30.6、高8.6、底径11.2厘米（图4-341，7）。

标本H139：8，泥质橙黄陶。敞口，圆唇，斜腹微弧，下腹残。口沿外侧有一周折棱，器表饰竖向篮纹。残高7.1、残宽6.5厘米（图4-341，8）。

标本H139：10，泥质橙黄陶。敞口，卷沿，尖唇，斜弧腹，底残。腹部饰斜向篮纹，内壁素面磨光。残高6.5、残宽9.5厘米（图4-341，9）。

陶杯　1件。

标本H139：6，泥质橙黄陶。口部残，斜直腹，平底。素面。残高3.6、底径4.2厘米（图4-341，10）。

器盖　1件。

标本H139：4，泥质红陶。近伞状，柱状柄，柄顶残，斜直面，敞口，斜方唇，唇面上有修整刮抹痕迹，器表素面磨光，其内壁粗糙且有泥条盘筑痕迹。直径11.8、残高4.2厘米（图4-341，11；彩版一四五，2）。

石刀　1件。

标本H139：2，板岩。为剥落的石片加工而成，双面刃且锋利。刃长2.3厘米，刃角56.4°，器身残长3、残宽1.7、厚0.16厘米（图4-341，13；彩版一四五，4）。

石器　1件。

标本H139：1，石英岩。表面磨制光滑，侧边圆弧。残长3.1、残宽1.9、厚0.7厘米（图4-341，12；彩版一四五，3）。

132. H140

H140位于ⅡT1101西北角，部分压于北隔梁下，开口于第③层下（图4-342；彩版一四六，1）。根据遗迹暴露部分推测H140平面近椭圆形，口部边缘形态明显，底部边缘形态不明显，剖面呈筒状，斜弧壁，未见工具痕迹，平底。坑口东西1.00、南北0.80、坑底南北0.66、深0.60米。坑内堆积未分层，土色褐色，土质疏松，包含植物根茎、炭粒，水平状堆积。

坑内出土零星陶片，陶片以陶器腹部残片为主，无可辨器形标本，所以不具体介绍，只进行陶系统计（表4-525）。

表4-525　H140陶片统计表

纹饰 \ 陶质、陶色	泥质				夹砂				合计
	橙黄	灰	红	灰底黑彩	橙黄	灰	红	褐	
素面	1								1
麻点纹					5				5

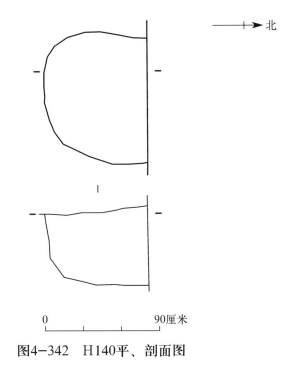

图4-342 H140平、剖面图

133. H141

H141 位于ⅢT1005 东南角，开口H101 下（图 4-343；彩版一四六，2）。平面呈不规则状，口部边缘形态明显，底部边缘形态不明显，剖面呈锅状，弧壁，未见工具痕迹，坑底西低东高

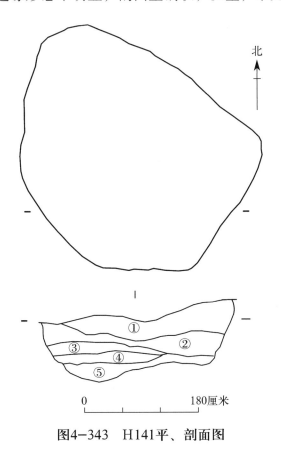

图4-343 H141平、剖面图

呈坡状。坑口南北 3.80、东西 3.78、坑底东西 2.04、深 1.02 米。坑内堆积可分五层，第①层厚 0～0.52 米，土色黄色，土质致密，包含兽骨，坡状堆积。第②层厚 0.10～0.38 米，土色褐色，土质疏松，包含炭粒、红烧土颗粒、兽骨、石块，坡状堆积。第③层厚 0～0.20 米，土色浅黄色，土质疏松，包含炭粒、红烧土颗粒、兽骨、石块，凸镜状堆积。第④层厚 0～0.20 米，土色深灰色，土质疏松，包含炭粒、红烧土颗粒、兽骨、石块，坡状堆积。第⑤层厚 0.08～0.30 米，土色褐色，土质致密，包含炭粒、红烧土颗粒、兽骨、石块，坡状堆积。

坑内出土大量陶片。

（1）H141①层

出土大量陶片，以腹部残片为主，可辨器形有圆腹罐、花边罐、单耳罐、双耳罐、高领罐，另出土骨器 1 件（表4-526、527）。

表4-526　H141①层器形数量统计表

器形 \ 陶质 陶色	泥质				夹砂				合计
	红	橙黄	灰	黑	红	橙黄	灰	黑	
圆腹罐			1		2	1			4
花边罐					3	8			11
单耳罐							1		1
双耳罐						1			1
高领罐		1	1		1				3

表4-527　H141①层陶片统计表

纹饰 \ 陶质 陶色	泥质				夹砂				合计
	橙黄	灰	红	灰底黑彩	橙黄	灰	红	褐	
素面	43	10	10		28				91
绳纹	4				23				27
篮纹	31	1			14				46
麻点纹					90				90
刻划纹					3				3
附加堆纹＋篮纹		1			3				4
附加堆纹	15								15
交错篮纹					1				1

圆腹罐　4 件。

标本H141①：2，夹砂红陶。侈口，圆唇，高领，束颈，上腹圆，下腹残。颈部与腹部饰竖向绳纹。口径 14.4、残高 10.4 厘米（图4-344，1）。

标本H141①：3，夹砂红陶。侈口，圆唇，矮领，束颈，上腹圆弧，下腹残。颈部素面，上腹饰麻点纹。口径 18.2、残高 9.4 厘米（图4-344，2）。

标本H141①：15，夹砂橙黄陶。侈口，尖唇，高领，束颈，上腹斜，下腹残。颈部饰横向篮

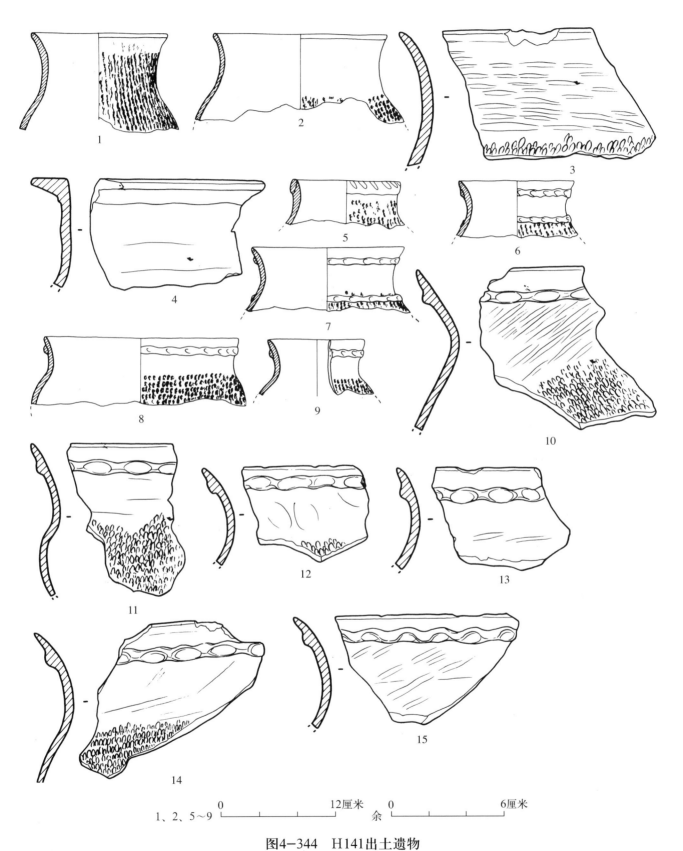

图4-344 H141出土遗物

1～4.圆腹罐H141①：2、3、15、12　5～15.花边罐H141①：4～8、13、14、16～18、20

纹，上腹饰麻点纹。残高 7、残宽 8 厘米（图 4-344，3）。

标本 H141①:12，泥质灰陶。侈口，平沿，方唇，高领，束颈，颈部以下残。口沿外侧有一周折棱，颈部素面。残高 5.9、残宽 9.1 厘米（图 4-344，4）。

花边罐 11 件。

标本 H141①:4，夹砂红陶。侈口，圆唇，矮领，微束颈，颈部以下残。口沿外侧饰一周附加泥条，泥条之上饰戳印纹，颈部饰麻点纹，有烟炱。口径 11.6、残高 5 厘米（图 4-344，5）。

标本 H141①:5，夹砂橙黄陶。侈口，尖唇，矮领，束颈，颈部以下残。颈部上下各饰一周附加泥条，泥条经手指按压呈波状，下颈部饰竖向绳纹，有烟炱。口径 12.2、残高 6 厘米（图 4-344，6）。

标本 H141①:6，夹砂橙黄陶。侈口，尖唇，矮领，束颈，颈部以下残。颈部上下各饰一周附加泥条，泥条经手指按压呈波状，下颈部饰竖向绳纹，有烟炱。口径 16、残高 6.6 厘米（图 4-344，7）。

标本 H141①:7，夹砂橙黄陶。侈口，圆唇，矮领，束颈，上腹圆，下腹残。口沿外侧饰一周附加泥条，泥条经手指按压呈波状，上腹饰麻点纹，有烟炱。口径 20.4、残高 7 厘米（图 4-344，8）。

标本 H141①:8，夹砂橙黄陶。侈口，尖唇，矮领，束颈，上腹斜弧，下腹残。口沿外侧饰一周附加泥条，泥条经手指按压呈波状，上腹饰竖向绳纹。口径 10.2、残高 6 厘米（图 4-344，9）。

标本 H141①:13，夹砂橙黄陶。侈口，尖唇，矮领，束颈，上腹斜弧，下腹残。口沿外侧饰一周附加泥条，泥条经手指按压呈波状，颈部饰斜向篮纹，上腹饰麻点纹。残高 8.6、残宽 6.6 厘米（图 4-344，10）。

标本 H141①:14，夹砂红陶。侈口，尖唇，高领，束颈，上腹圆，下腹残。口沿外侧饰一周附加泥条，泥条经手指按压呈波状，颈部素面，上腹饰麻点纹，有烟炱。残高 8、残宽 5.8 厘米（图 4-344，11）。

标本 H141①:16，夹砂橙黄陶。侈口，圆唇，矮领，束颈，上腹斜，下腹残。口沿外侧饰一周附加泥条，泥条经手指按压呈波状，颈部素面，上腹饰麻点纹，有烟炱。残高 5.1、残宽 6.4 厘米（图 4-344，12）。

标本 H141①:17，夹砂红陶。侈口，尖唇，矮领，束颈，颈部以下残。口沿外侧饰一周附加泥条，泥条经手指按压呈波状，颈部饰篮纹。残高 5.5、残宽 5.9 厘米（图 4-344，13）。

标本 H141①:18，夹砂橙黄陶。侈口，尖唇，高领，束颈，上腹斜弧，下腹残。口沿外侧饰一周附加泥条，泥条经手指按压呈波状，上腹饰麻点纹。残高 8、残宽 8.6 厘米（图 4-344，14）。

标本 H141①:20，夹砂橙黄陶。侈口，尖唇，高领，束颈，上腹斜，下腹残。口沿外侧饰一周附加泥条，泥条经手指按压呈波状，颈部饰篮纹。残高 5.9、残宽 9.7 厘米（图 4-344，15）。

单耳罐 1 件。

标本 H141①:1，夹砂灰陶。微侈口，尖唇，高领，束颈，鼓腹，平底。拱形单耳，颈部饰横向篮纹，腹部饰麻点纹。口径 8.4、高 11.2、底径 6.4 厘米（图 4-345，1；彩版一四七，1）。

双耳罐 1件。

标本H141①：9，夹砂橙黄陶。侈口，尖唇，矮领，微束颈，上腹圆，下腹残。连口拱形双耳。颈部饰一周附加泥条，泥条经手指按压呈波状，上腹及耳面饰竖向绳纹。口径10、残高8.6厘米（图4-345，2）。

高领罐 3件。

标本H141①：11，泥质橙黄陶。喇叭口，圆唇，高领，束颈，颈部以下残。口沿外侧有一周折棱，颈部素面。残高7.3、残宽5.2厘米（图4-345，3）。

标本H141①：19，泥质灰陶。喇叭口，圆唇，高领，束颈，颈部以下残。素面磨光。残高6、残宽8.6厘米（图4-345，4）。

标本H141①：21，泥质红陶。喇叭口，圆唇，高领，束颈，颈部以下残。口沿外侧饰一周折棱，颈部饰篮纹。口径17.4、残高9厘米（图4-345，5）。

骨器 1件。

标本H141①：10，动物骨关节，器身切割痕迹明显。残长5.7、宽4.1、厚2.9厘米（图4-345，6）。

（2）H141②层

出土大量陶片，以腹部残片为主，可辨器形有圆腹罐、花边罐、高领罐、盆、斝，另出土石镞2件、骨锥1件（表4-528、529）。

表4-528 H141②层器形数量统计表

器形 \ 陶质 陶色	泥质				夹砂				合计
	红	橙黄	灰	黑	红	橙黄	灰	黑	
圆腹罐		1				7			8
花边罐					1	5			6
高领罐		3							3
盆		1							1
斝			1						1

表4-529 H141②层陶片统计表

纹饰 \ 陶质 陶色	泥质				夹砂				合计
	橙黄	灰	红	灰底黑彩	橙黄	灰	红	褐	
素面	41	14	35		38				128
绳纹	10	5			26				41
篮纹	32	7	27		11		2		79
麻点纹					164		2		166
刻划纹		2			2				4
篮纹＋麻点纹					7	1	1		9
附加堆纹					17				17
附加堆纹＋麻点纹					6		1		7

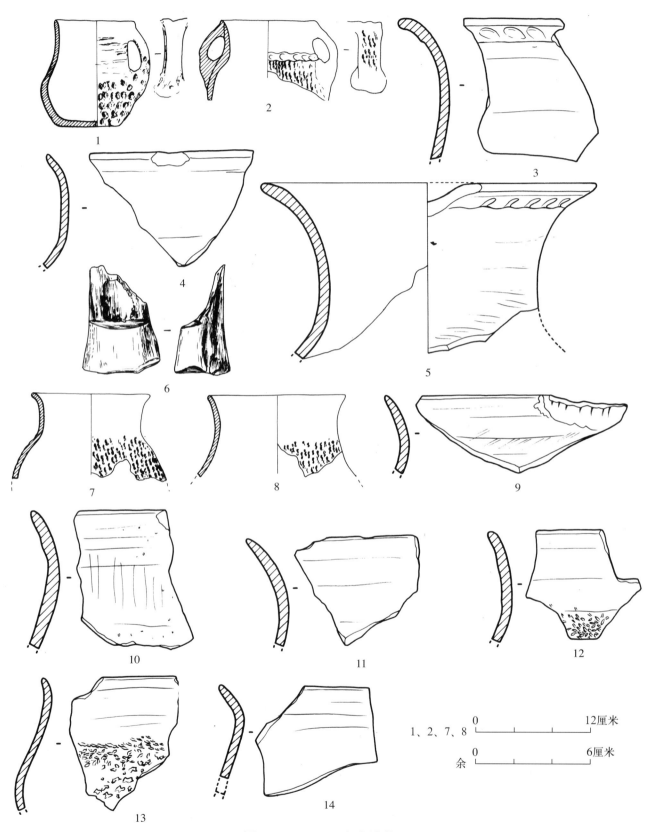

图4-345　H141出土遗物

1.单耳罐H141①：1　2.双耳罐H141①：9　3～5.高领罐H141①：11、19、21　6.骨器H141①：10　7～14.圆腹罐H141②：4、6、12～14、18、20、21

圆腹罐　8件。

标本H141②：4，夹砂橙黄陶。侈口，圆唇，高领，束颈，上腹圆，下腹残。颈部素面，上腹部饰斜向绳纹。口径12.4、残高9.4厘米（图4-345，7）。

标本H141②：6，夹砂橙黄陶。侈口，圆唇，高领，束颈，上腹斜，下腹残。颈部素面，上腹饰绳纹，有烟炱。口径14.6、残高8.6厘米（图4-345，8）。

标本H141②：12，夹砂橙黄陶。侈口，尖唇，矮领，束颈，颈部以下残。颈部素面，口沿处有数道刻划纹。残高4.1、残宽11厘米（图4-345，9）。

标本H141②：13，夹砂橙黄陶。侈口，圆唇，矮领，束颈，上腹斜，下腹残。素面且有刮抹痕迹，有烟炱。残高7.3、残宽5.8厘米（图4-345，10）。

标本H141②：14，夹砂橙黄陶。侈口，尖唇，高领，束颈，颈部以下残。颈部素面。残高5.7、残宽6.5厘米（图4-345，11）。

标本H141②：18，夹砂橙黄陶。侈口，圆唇，高领，束颈，上腹斜，下腹残。颈部素面，上腹饰麻点纹。残高5.8、残宽6厘米（图4-345，12）。

标本H141②：20，夹砂橙黄陶。侈口，圆唇，高领，微束颈，鼓腹，底残。颈部素面，腹部饰麻点纹，有烟炱。残高7.1、残宽5.8厘米（图4-345，13）。

标本H141②：21，泥质橙黄陶。侈口，圆唇，矮领，束颈，上腹斜，下腹残。素面。残高6、残宽6.5厘米（图4-345，14）。

花边罐　6件。

标本H141②：5，夹砂橙黄陶。侈口，圆唇，矮领，束颈，上腹圆，下腹残。口沿外侧饰一周附加泥条，泥条经手指按压呈波状，颈部素面，上腹饰麻点纹，有烟炱。口径13.6、残高9.8厘米（图4-346，1）。

标本H141②：7，夹砂橙黄陶。侈口，圆唇，矮领，束颈，上腹圆，下腹残。颈部素面，颈部饰一周附加泥条，泥条经手指按压呈波状，上腹饰麻点纹，有烟炱。口径10、残高7.4厘米（图4-346，2）。

标本H141②：9，夹砂橙黄陶。侈口，尖唇，高领，束颈，颈部以下残。颈部饰斜向篮纹，下颈部饰一周附加泥条，泥条经手指按压呈波状，泥条下饰麻点纹。残高6.8、残宽8厘米（图4-346，3）。

标本H141②：10，夹砂橙黄陶。侈口，圆唇，矮领，束颈，上腹斜，下腹残。口沿外侧饰一周附加泥条，泥条经手指按压呈波状，颈部素面，上腹饰麻点纹。残高5.7、残宽8.3厘米（图4-346，4）。

标本H141②：15，夹砂红陶。侈口，圆唇，矮领，束颈，上腹斜弧，下腹残。口沿外侧饰一周附加泥条，泥条经手指按压呈波状，颈部饰斜向篮纹，上腹饰麻点纹，有烟炱。残高5.4、残宽6.2厘米（图4-346，5）。

标本H141②：16，夹砂橙黄陶。侈口，圆唇，矮领，束颈，上腹斜，下腹残。口沿外侧饰一周附加泥条，泥条经手指按压呈波状，颈部饰斜向篮纹，上腹饰麻点纹，有烟炱。残高5.5、残宽7.1厘米（图4-346，6）。

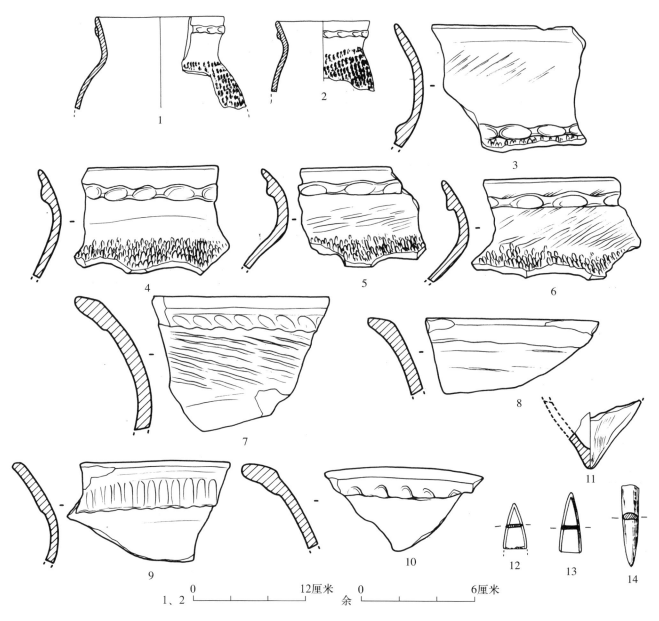

图4-346　H141出土遗物

1～6.花边罐H141②：5、7、9、10、15、16　7～9.高领罐H141②：8、17、22　10.盆H141②：11　11.罕足H141②：19　12、
13.石镞H141②：1、3　14.骨锥H141②：2

高领罐　3件。

标本H141②：8，泥质橙黄陶。喇叭口，窄平沿，圆唇，高领，束颈，颈部以下残。口沿外侧饰一周折棱，颈部饰斜向篮纹。残高7.1、残宽9.4厘米（图4-346，7）。

标本H141②：17，泥质橙黄陶。喇叭口，平沿，圆唇，高领，束颈，颈部以下残。素面。残高4、残宽9厘米（图4-346，8）。

标本H141②：22，泥质橙黄陶。喇叭口，圆唇，高领，束颈，颈部以下残。口沿外侧有一周折棱，折棱之上饰竖向篮纹，颈部素面磨光，残高5.4、残宽8厘米（图4-346，9）。

盆　1件。

标本H141②：11，泥质橙黄陶。敞口，平沿，圆唇，斜直腹，底残。口沿外侧饰一周折棱，腹部素面。残高4.5、残宽8.3厘米（图4-346，10）。

鬶足　1件。

标本H141②：19，泥质灰陶。牛角状空心足，表面饰细线纹。残高3.6、残宽4厘米（图4-346，11）。

石镞　2件。

标本H141②：1，石英岩。器体呈扁三角形，两侧边缘均为双面磨刃，较为锋利，尖部较尖锐，尾端残。残长2.4、宽1.2、厚0.1厘米（图4-346，12；彩版一四七，2）。

标本H141②：3，石英岩。器体呈扁三角形，两侧边缘均为双面磨刃，较为锋利，尖部较尖锐，尾端平整。长3.2、宽1.2、厚0.2厘米（图4-346，13；彩版一四七，3）。

骨锥　1件。

标本H141②：2，动物骨骼磨制而成，器体呈扁平锥状，尖部磨制尖锐。长4.3、宽0.9、厚0.3厘米（图4-346，14；彩版一四七，4）。

（3）H141③层

出土少量陶片，以腹部残片为主，可辨器形有圆腹罐、花边罐、单耳罐（表4-530、531）。

表4-530　H141③层器形数量统计表

器形＼陶质／陶色	泥质				夹砂				合计
	红	橙黄	灰	黑	红	橙黄	灰	黑	
花边罐						1			1
圆腹罐						1			1
单耳罐						1			1

表4-531　H141③层陶片统计表

纹饰＼陶质／陶色	泥质				夹砂				合计
	橙黄	灰	红	灰底黑彩	橙黄	灰	红	褐	
素面	18	5							23
绳纹		1			3				4
篮纹	8		7						15
麻点纹					42				42
刻划纹					2				2
附加堆纹＋篮纹	1				1				2
抹断绳纹					1				1
附加堆纹＋线纹	1								1

圆腹罐　1件。

标本H141③：2，夹砂橙黄陶。侈口，方唇，高领，束颈，颈部以下残。颈部饰麻点纹，纹饰有抹平痕迹。残高7.7、残宽9.3厘米（图4-347，1）。

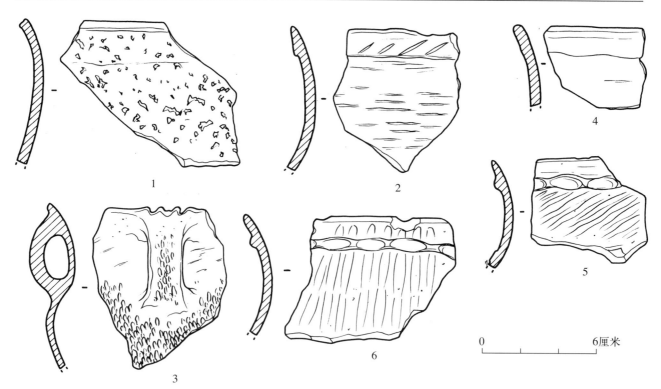

图4-347　H141出土遗物

1、4.圆腹罐H141③：2、H141⑤：1　2、5、6.花边罐H141③：1、H141⑤：2、3　3.单耳罐H141③：3

花边罐　1件。

标本H141③：1，夹砂橙黄陶。侈口，尖唇，高领，束颈，上腹斜，下腹残。口沿外侧有一周附加泥条，泥条之上饰斜向戳印纹，颈部饰横向篮纹，纹饰被抹平。残高7.6、残宽6.5厘米（图4-347，2）。

单耳罐　1件。

标本H141③：3，夹砂橙黄陶。侈口，圆唇，矮领，束颈，圆腹，底残。连口拱形双耳。耳上端口沿呈锯齿状，颈部素面，耳面及腹部饰麻点纹。残高8.6、残宽7厘米（图4-347，3）。

其他地层出土陶片见下表（表4-532）。

表4-532　H141④层陶片统计表

纹饰 ＼ 陶色	泥质				夹砂				合计
陶质	橙黄	灰	红	灰底黑彩	橙黄	灰	红	褐	
素面	1								1
绳纹					1				1
篮纹			1						1
麻点纹					2				2

（4）H141⑤层

出土少量陶片，以腹部残片为主，可辨器形有圆腹罐、花边罐（表4-533、534）。

表4-533　H141⑤层器形数量统计表

器形\陶色\陶质	泥质				夹砂				合计
	红	橙黄	灰	黑	红	橙黄	灰	黑	
圆腹罐					1				1
花边罐						2			2

表4-534　H141⑤层陶片统计表

纹饰\陶色\陶质	泥质				夹砂				合计
	橙黄	灰	红	灰底黑彩	橙黄	灰	红	褐	
素面	7		9		9				25
绳纹	1				3				4
篮纹	2		3						5
麻点纹					14				14
篮纹＋麻点纹					1				1
附加堆纹＋篮纹					2				2
席纹							1		1

圆腹罐　1件。

标本H141⑤：1，夹砂红陶。侈口，圆唇，高领，束颈，颈部以下残。口沿外侧有一周折棱，颈部素面。残高4.4、残宽5.4厘米（图4-347，4）。

花边罐　2件。

标本H141⑤：2，夹砂橙黄陶。侈口，尖唇，高领，束颈，颈部以下残。口沿外侧饰一周附加泥条，泥条经手指按压呈波状，颈部饰斜向篮纹。残高5.6、残宽6厘米（图4-347，5）。

标本H141⑤：3，夹砂橙黄陶。侈口，圆唇，高领，束颈，颈部以下残。口沿外侧饰一周附加泥条，泥条经手指按压呈波状，颈部饰竖向篮纹。残高6.7、残宽7.7厘米（图4-347，6）。

134. H142

H142位于ⅢT1005西南角，开口于第③层下，H101叠压H142，被H141、H147、H179打破（图4-348）。遗迹现存部分平面呈不规则状，口部边缘形态明显，底部边缘形态较明显，剖面呈袋状，弧壁，未见工具痕迹，坑底高低不平。坑口南北3.82、东西2.34、坑底东西1.8、深1.24米。坑内堆积可分八层，第①层厚0～0.20米，土色浅褐色，土质疏松，包含炭粒、红烧土颗粒、石块，凸镜状堆积。第②层厚0.06～0.20米，土色褐色，土质疏松，包含炭粒，坡状堆积。第③层厚0.15～0.30米，土色灰色，土质疏松，包含炭粒、红烧土颗粒、石块、兽骨，凸镜状堆积。第④层厚0.08～0.18米，土色褐色，土质疏松，包含炭粒、红烧土颗粒，坡状堆积。第⑤层厚0.1～0.18米，土色浅褐色，土质疏松，包含炭粒，坡状堆积。第⑥层厚0.12～0.18米，土色褐色，土质致密，水平状堆积。第⑦层厚0.10～0.20米，土色褐色，土质致密，包含炭粒、红烧土颗粒、石块、兽骨，水平状堆积。第⑧层厚0.06～0.20米，土色褐色，土质疏松，包含炭粒、红烧土颗

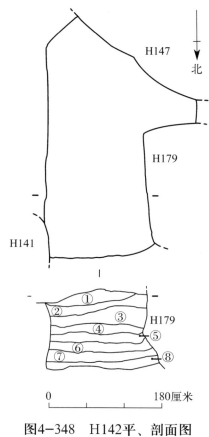

图4-348　H142平、剖面图

粒、石块、兽骨，凸镜状堆积。

坑内出土大量陶片。

（1）H142①层

出土少量陶片，以腹部残片为主，可辨器形有圆腹罐、花边罐、盆、豆，另出土陶刀1件（表4-535、536）。

表4-535　H142①层器形数量统计表

器形＼陶色	泥质				夹砂				合计
	红	橙黄	灰	黑	红	橙黄	灰	黑	
圆腹罐						2			2
花边罐					1				1
盆		1							1
豆						1			1

表4-536　H142①层陶片统计表

纹饰＼陶色	泥质				夹砂				合计
	橙黄	灰	红	灰底黑彩	橙黄	灰	红	褐	
素面	27	1	9		24				61

陶质　纹饰＼陶色	泥质				夹砂				合计
	橙黄	灰	红	灰底黑彩	橙黄	灰	红	褐	
绳纹	3				8				11
篮纹	17		12		13				42
麻点纹					50	10			60
篮纹＋麻点纹					2				2
附加堆纹					1				1
附加堆纹＋麻点纹							1		1
附加堆纹＋篮纹							1		1
戳印纹					1				1
席纹							1		1

圆腹罐　2件。

标本H142①：4，夹砂橙黄陶。侈口，方唇，高领，束颈，颈部以下残。颈部素面且有刮抹痕迹。残高8.8、残宽7.3厘米（图4-349，1）。

标本H142①：5，夹砂橙黄陶。侈口，圆唇，高领，束颈，颈部以下残。颈部饰横向篮纹。残高4.1、残宽5.8厘米（图4-349，2）。

花边罐　1件。

标本H142①：3，夹砂红陶。侈口，方唇，矮领，束颈，颈部以下残。口沿外侧饰一周折棱，颈部素面。残高5.2、残宽5.9厘米（图4-349，3）。

盆　1件。

标本H142①：6，泥质橙黄陶。敞口，卷沿，尖唇，斜直腹，底残。器身通体素面磨光。残高3.6、残宽6.7厘米（图4-349，4）。

豆　1件。

标本H142①：2，夹砂橙黄陶。敞口，圆唇，斜弧腹，豆座残，口沿外侧有刮抹痕迹，腹部饰麻点纹。口径24、残高7厘米（图4-349，5）。

陶刀　1件。

标本H142①：1，半成品，泥质褐陶。由陶器残片打制而成，边缘打制痕迹明显。器表为素面磨光，在器身中部有由内向外钻孔。内侧孔径0.7、外侧孔径0.5厘米。器身长5.4、宽4.3、厚0.5厘米（图4-349，6；彩版一四七，5）。

（2）H142②层

出土陶片见下表（表4-537）。

（3）H142③层

出土少量陶片，以腹部残片为主，可辨器形有圆腹罐、盆（表4-538、539）。

圆腹罐　1件。

标本H142③：3，夹砂橙黄陶。侈口，尖唇，高领，束颈，上腹斜，下腹残。颈部饰斜向篮

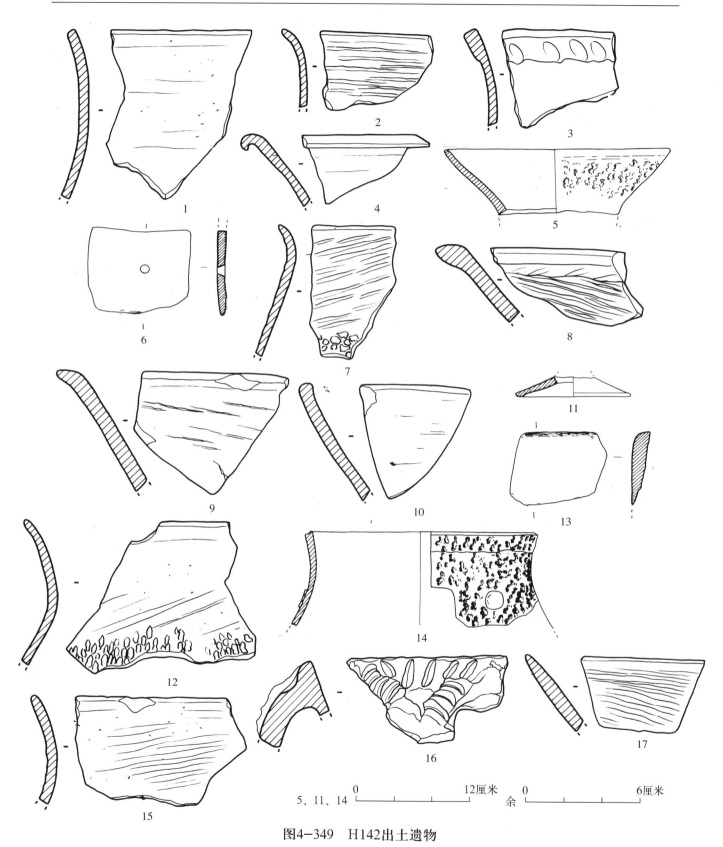

图4-349　H142出土遗物

1、2、7、12、14、15.圆腹罐H142①：4、5、H142③：3、H142④：1、H142⑧：1、3　3.花边罐H142①：3　4、8～10、17.盆H142①：6、H142③：2、4、5、H142⑧：2　5.豆H142①：2　6.陶刀H142①：1　11.器盖H142③：1　13.石器残片H142⑦：1　16.单耳罐H142⑧：4

纹，上腹饰麻点纹。残高7、残宽4.4厘米（图4-349，7）。

盆 3件。

标本H142③：2，泥质橙黄陶。敞口，平沿，圆唇，斜腹微弧，底残。口沿外侧有一周折棱，腹部饰斜向篮纹，内壁素面磨光。残高3.9、残宽6.9厘米（图4-349，8）。

表4-537 H142②层陶片统计表

纹饰 \ 陶质 陶色	泥质				夹砂				合计
	橙黄	灰	红	灰底黑彩	橙黄	灰	红	褐	
素面	1	1	1		3				6
绳纹	2								2
绳纹＋篮纹			1						1

表4-538 H142③层器形数量统计表

器形 \ 陶质 陶色	泥质				夹砂				合计
	红	橙黄	灰	黑	红	橙黄	灰	黑	
圆腹罐						1			1
盆	1	1					1		3

表4-539 H142③层陶片统计表

纹饰 \ 陶质 陶色	泥质				夹砂				合计
	橙黄	灰	红	灰底黑彩	橙黄	灰	红	褐	
素面	4	1	3		5				13
绳纹	1	1			1				3
篮纹	8				3				11
麻点纹					8		2		10
篮纹＋麻点纹					4				4
压印纹					1				1

标本H142③：4，泥质红陶。敞口，圆唇，斜腹微弧，底残。器表饰横向绳纹且有刮抹痕迹，内壁素面磨光。残高6.3、残宽7.6厘米（图4-349，9）。

标本H142③：5，夹砂灰陶。敞口，方唇，斜腹微弧，底残。腹部饰横向篮纹，有烟炱。残高6、残宽5.7厘米（图4-349，10）。

器盖 1件。

标本H142③：1，泥质黑陶。柄部残，斜直盖面，敞口，圆唇，素面磨光，直径11.8、残高2厘米（图4-349，11）。

（4）H142④层

出土少量陶片，以腹部残片为主，可辨器形有圆腹罐（表4-540、541）。

圆腹罐 1件。

标本H142④：1，夹砂橙黄陶。侈口，圆唇，高领，束颈，上腹圆，下腹残。颈部素面有修整痕迹，上腹饰麻点纹。残高7.6、残宽10厘米（图4-349，12）。

表4-540　H142④层器形数量统计表

器形 \ 陶质 陶色	泥质				夹砂				合计
	红	橙黄	灰	黑	红	橙黄	灰	黑	
圆腹罐						1			1

表4-541　H142④层陶片统计表

纹饰 \ 陶质 陶色	泥质				夹砂				合计
	橙黄	灰	红	灰底黑彩	橙黄	灰	红	白	
素面	4	1						1	6
篮纹	6	1	1						8
麻点纹					4				4

（5）H142⑤层

出土陶片见下表（表4-542）。

表4-542　H142⑤层陶片统计表

纹饰 \ 陶质 陶色	泥质				夹砂				合计
	橙黄	灰	红	灰底黑彩	橙黄	灰	红	褐	
篮纹					2				2
麻点纹					1				1

（6）H142⑦层

出土石器残片1件，出土少量陶片，以陶器腹部残片为主，无可辨器形标本，所以不具体介绍，只进行陶系统计（表4-543）。

表4-543　H142⑦层陶片统计表

纹饰 \ 陶质 陶色	泥质				夹砂				合计
	橙黄	灰	红	灰底黑彩	橙黄	灰	红	褐	
素面					1				1
绳纹		1							1
麻点纹					3				3

石器　1件。

标本H142⑦：1，石英岩。近方形，系石器脱落部分，表面磨光。残长5、残宽3.7、厚0.8厘米（图4-349，13；彩版一四七，6）。

（7）H142⑧层

出土少量陶片，以腹部残片为主，可辨器形有圆腹罐、单耳罐、盆（表4-544、545）。

表4-544 H142⑧层器形数量统计表

器形 \ 陶质 陶色	泥质				夹砂				合计
	红	橙黄	灰	黑	红	橙黄	灰	黑	
圆腹罐						2			2
单耳罐							1		1
盆		1							1

表4-545 H142⑧层陶片统计表

纹饰 \ 陶质 陶色	泥质				夹砂				合计
	橙黄	灰	红	灰底黑彩	橙黄	灰	红	褐	
素面	3		7		13				23
绳纹			1		4				5
篮纹	3								3
麻点纹					34				34
席纹					1				1
刻槽纹					2				2

圆腹罐 2件。

标本H142⑧：1，夹砂橙黄陶。侈口，方唇，高领，束颈，颈部以下残。口沿外侧有一周折棱，器表通体饰麻点纹，颈部有一附加泥饼。口径24.2、残高9.8厘米（图4-349，14）。

标本H142⑧：3，夹砂橙黄陶。侈口，圆唇，高领，束颈，颈部以下残。颈部饰篮纹，有烟炱。残高5.7、残宽8.9厘米（图4-349，15）。

单耳罐 1件。

标本H142⑧：4，夹砂灰陶。侈口，方唇，口沿以下残。连口桥形残耳，耳面两侧饰附加泥条呈齿轮状，近口沿处饰戳印纹，有烟炱。残高4.5、残宽8.3厘米（图4-349，16）。

盆 1件。

标本H142⑧：2，泥质橙黄陶。敞口，尖唇，弧腹，底残。腹部饰斜向篮纹，内壁素面磨光。残高3.8、残宽6.5厘米（图4-349，17）。

135. H143

H143位于ⅢT1104西北角，开口H101下，被H141打破（图4-350；彩版一四八，1）。平面近椭圆形，口部边缘形态明显，底部边缘形态不明显，剖面呈不规则状，弧壁，未见工具痕迹，坑底呈坡状。坑口南北2.46、东西2.04、坑底东西1.71、深2.73米。坑内堆积可分十一层，第①层厚0～0.30米，土色浅灰色，土质疏松，坡状堆积。第②层厚0.36～0.64米，土色褐色，土质疏松，坡状堆积。第③层厚0.20～0.50米，土色褐色，土质疏松，坡状堆积。第④层厚0～0.08米，土色褐色，土质疏松，凹镜状堆积。第⑤层厚0～0.64米，土色浅灰色，土质疏松，坡状堆积。第⑥层厚0～0.30米，土色黄色，土质疏松，坡状堆积。第⑦层厚0～0.50米，土色浅黄

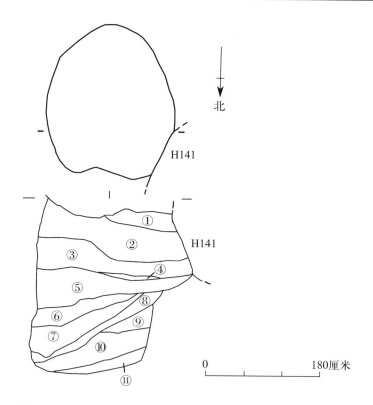

图4-350　H143平、剖面图

色，土质疏松，坡状堆积。第⑧层厚0~0.22米，土色浅黄色，土质疏松，坡状堆积。第⑨层厚0~0.38米，土色浅黄色，土质致密，坡状堆积。第⑩层厚0.24~0.48米，土色褐色，土质疏松，坡状堆积。第⑪层厚0~0.24米，土色浅黄色，土质致密，坡状堆积。

坑内出土大量陶片。

（1）H143①层

出土少量陶片，以腹部残片为主，可辨器形有圆腹罐、花边罐、高领罐（表4-546、547）。

表4-546　H143①层器形数量统计表

器形 ＼ 陶质 陶色	泥质				夹砂				合计
	红	橙黄	灰	黑	红	橙黄	灰	黑	
圆腹罐						2			2
花边罐					1		1		2
高领罐	1								1

表4-547　H143①层陶片统计表

纹饰 ＼ 陶质 陶色	泥质				夹砂				合计
	橙黄	灰	红	灰底黑彩	橙黄	灰	红	褐	
素面	16	1	3		10				30
绳纹	1				12				13

续表

陶质	泥质				夹砂				合计
纹饰 \ 陶色	橙黄	灰	红	灰底黑彩	橙黄	灰	红	褐	
篮纹	9	1			3				13
麻点纹					40				40
附加堆纹＋绳纹					1				1
交错篮纹	3								3
席纹					1				1
附加堆纹＋压印纹			1						1
篮纹＋麻点纹					1				1

圆腹罐　2件。

标本H143①：2，夹砂橙黄陶。侈口，圆唇，高领，束颈，上腹斜，下腹残。颈部素面，上腹部饰麻点纹。口径13.8、残高8.6厘米（图4-351，1）。

标本H143①：3，夹砂橙黄陶。侈口，圆唇，高领，束颈，上腹圆，下腹残。颈部及上腹饰竖向绳纹。残高9.2、残宽8.8厘米（图4-351，2）。

花边罐　2件。

标本H143①：1，夹砂红陶。微侈口，尖唇，高领，束颈，上腹圆，下腹残。颈部饰一周附加泥条，泥条经手指按压呈波状，上腹饰竖向绳纹，有烟炱。口径12.2、残高8厘米（图4-351，3）。

标本H143①：5，夹砂灰陶。侈口，尖唇，口沿以下残。口沿外侧饰一周附加泥条，泥条经手指按压呈波状。口径17、残高3.6厘米（图4-351，4）。

高领罐　1件。

标本H143①：4，泥质褐陶。喇叭口，窄平沿，尖唇，高领，束颈，颈部以下残。素面。口径15.6、残高4.6厘米（图4-351，5）。

（2）H143②层

出土少量陶片，以腹部残片为主，可辨器形有花边罐、双耳罐、盆（表4-548、549）。

花边罐　1件。

标本H143②：1，夹砂灰陶。侈口，圆唇，矮领，束颈，颈部以下残。颈上下各饰一周附加泥条，泥条经手指按压呈波状，素面。口径15.2、残高6.2厘米（图4-351，6）。

表4-548　H143②层器形数量统计表

陶质	泥质				夹砂				合计
器形 \ 陶色	红	橙黄	灰	黑	红	橙黄	灰	黑	
花边罐							1		1
双耳罐			1						1
盆	1		1						2

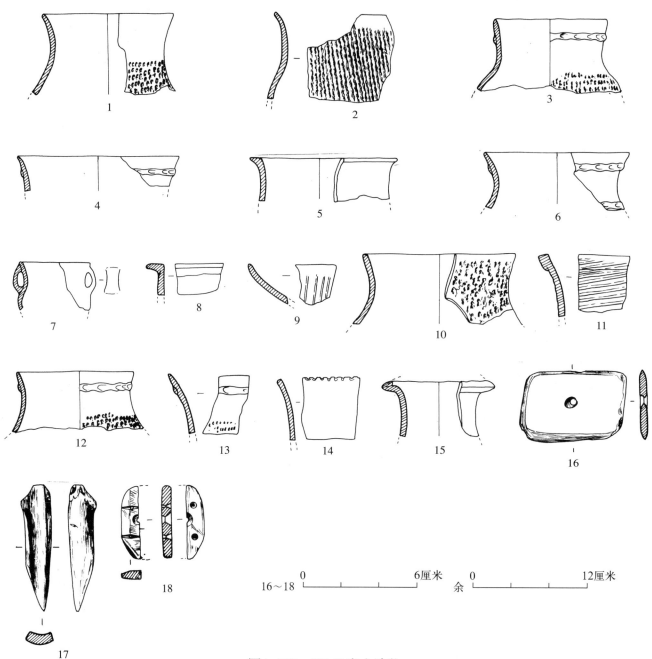

图4-351　H143出土遗物

1、2、10、11.圆腹罐H143①：2、3、H143③：4、5　3、4、6、12~14.花边罐H143①：1、5、H143②：1、H143③：3、8、6
5.高领罐H143①：4　7.双耳罐H143②：2　8、9.盆H143②：3、4　15.壶H143③：7　16.陶刀H143③：2　17.骨匕H143③：1
18.骨饰H143③：9

表4-549　H143②层陶片统计表

纹饰 \ 陶色	泥质				夹砂				合计
	橙黄	灰	红	灰底黑彩	橙黄	灰	红	褐	
素面	16		1		10				27
绳纹					9				9

续表

纹饰 \ 陶质 陶色	泥质				夹砂				合计
	橙黄	灰	红	灰底黑彩	橙黄	灰	红	褐	
篮纹		1							1
麻点纹					21				21
交错篮纹	2								2
篮纹＋绳纹					1				1

双耳罐　1件。

标本H143②：2，泥质灰陶。侈口，圆唇，矮领，束颈，鼓腹，底残。连口拱形双耳。素面。口径7.4、残高5厘米（图4-351，7）。

盆　2件。

标本H143②：3，泥质灰陶。敞口，平折沿，圆唇，上腹直，下腹残。素面。残高3.2、残宽5厘米（图4-351，8）。

标本H143②：4，泥质红陶。敞口，圆唇，弧腹，底残。腹部饰竖向刻划纹，内壁有刮抹痕迹。残高4.4、残宽4.4厘米（图4-351，9）。

（3）H143③层

出土大量陶片，以腹部残片为主，可辨器形有圆腹罐、花边罐、壶，另出土陶刀、骨匕、骨饰各1件（表4-550、551）。

表4-550　H143③层器形数量统计表

器形 \ 陶质 陶色	泥质				夹砂				合计
	红	橙黄	灰	黑	红	橙黄	灰	黑	
圆腹罐					1	1			2
花边罐					1	2			3
壶			1						1

表4-551　H143③层陶片统计表

纹饰 \ 陶质 陶色	泥质				夹砂				合计
	橙黄	灰	红	灰底黑彩	橙黄	灰	红	褐	
素面	46	4	12		34	1			97
绳纹	3				49				52
篮纹	39	4			11				54
麻点纹					143				143
附加堆纹	4				1				5
刻划纹					2				2
篮纹＋麻点纹					4				4
附加堆纹＋篮纹					1				1

陶质 陶色 纹饰	泥质				夹砂				合计
	橙黄	灰	红	灰底黑彩	橙黄	灰	红	褐	
交错绳纹	6	2		2					10
附加堆纹 + 绳纹					1				1

圆腹罐　2件。

标本H143③：4，夹砂红陶。侈口，圆唇，高领，束颈，颈部以下残。颈部饰麻点纹。口径16、残高7.4厘米（图4-351，10）。

标本H143③：5，夹砂橙黄陶。侈口，方唇，高领，微束颈，颈部以下残。口沿外侧有一周凸棱，颈部饰横向篮纹。残高6、残宽5厘米（图4-351，11）。

花边罐　3件。

标本H143③：3，夹砂橙黄陶。侈口，圆唇，高领，束颈，颈部以下残。口沿外侧饰一周附加泥条，泥条经手指按压呈波状，颈部饰麻点纹，有烟炱。口径12.4、残高6.4厘米（图4-351，12）。

标本H143③：8，夹砂红陶。侈口，尖唇，高领，微束颈，颈部以下残。口沿外侧饰一周附加泥条，泥条经手指按压呈波状，下颈部饰麻点纹。残高6.2、残宽4厘米（图4-351，13）。

标本H143③：6，夹砂橙黄陶。侈口，锯齿唇，高领，微束颈，颈部以下残。素面，内壁有刮抹痕迹。残高6.4、残宽6厘米（图4-351，14）。

壶　1件。

标本H143③：7，泥质灰陶。敛口，唇残，斜沿向外倾斜，高领，束颈，颈部以下残。素面磨光。口径11.8、残高5.6厘米（图4-351，15）。

陶刀　1件。

标本H143③：2，陶片打磨而成，呈长方形，四边均磨制成刃部，刃长4.8厘米，中间有一圆孔，外孔0.7、内孔0.3厘米。器身长5.4、宽3.7厘米（图4-351，16；彩版一四八，2）。

骨匕　1件。

标本H143③：1，动物肢骨磨制而成，长条状，截断面呈弧形，器表磨制光滑，柄部残，尖端磨制精细且尖锐。残长6.7、残宽1.6、厚0.5厘米（图4-351，17；彩版一四八，3）。

骨饰　1件。

标本H143③：9，动物骨骼磨制而成，做工精细，呈圆角条状，中间厚，边缘薄，器身棱角处有两个对向钻孔，边缘有一残孔。长3.9、宽0.9、厚0.5厘米（图4-351，18）。

（4）H143④层

出土大量陶片，以腹部残片为主，可辨器形有圆腹罐、花边罐、高领罐、盆，另出土骨匕、骨器各1件（表4-552、553）。

圆腹罐　3件。

标本H143④：2，夹砂红陶。侈口，圆唇，高领，束颈，颈部以下残。通体饰竖向绳纹。口径 17.2、残高 10.6 厘米（图 4-352，1）。

标本 H143④：8，夹砂橙黄陶。侈口，圆唇，高领，束颈，颈部以下残。颈部饰横向篮纹，有烟炱。残高 6、残宽 10.5 厘米（图 4-352，2）。

表4-552 H143④层器形数量统计表

器形 \ 陶质 陶色	泥质				夹砂				合计
	红	橙黄	灰	黑	红	橙黄	灰	黑	
圆腹罐					1	2			3
花边罐						1			1
高领罐		1							1
盆	1	1				1			3

表4-553 H143④层陶片统计表

纹饰 \ 陶质 陶色	泥质				夹砂				合计
	橙黄	灰	红	灰底黑彩	橙黄	灰	红	褐	
素面	49	3	10		48				110
绳纹	4				52				56
篮纹	37	10	1		8				56
麻点纹					178		2		180
附加堆纹	2				4				6
弦纹		1							1
交错篮纹	3		1		1				5
交错绳纹	4						2		6
篮纹 + 麻点纹					1				1
附加堆纹 + 篮纹	1				3				4
刻划纹	1	1							2
篮纹 + 绳纹					2				2

标本 H143④：10，夹砂橙黄陶。侈口，圆唇，高领，束颈，颈部以下残。颈部饰横向篮纹，有烟炱。残高 6.1、残宽 6.4 厘米（图 4-352，3）。

花边罐 1件。

标本 H143④：7，夹砂橙黄陶。侈口，尖唇，矮领，束颈，颈部以下残。口沿外侧饰一周附加泥条，泥条经手指按压呈波状，颈部素面，有烟炱。残高 4.3、残宽 6.2 厘米（图 4-352，4）。

高领罐 1件。

标本 H143④：9，泥质橙黄陶。喇叭口，窄平沿，圆唇，高领，束颈，颈部以下残。颈部及内壁素面磨光。残高 5.6、残宽 9.7 厘米（图 4-352，5）。

盆 3件。

标本 H143④：3，泥质红陶。敞口，窄平沿，圆唇，斜腹，底残。腹部饰横向篮纹，有两个对向钻孔。口径 26.4、残高 4.6 厘米（图 4-352，6）。

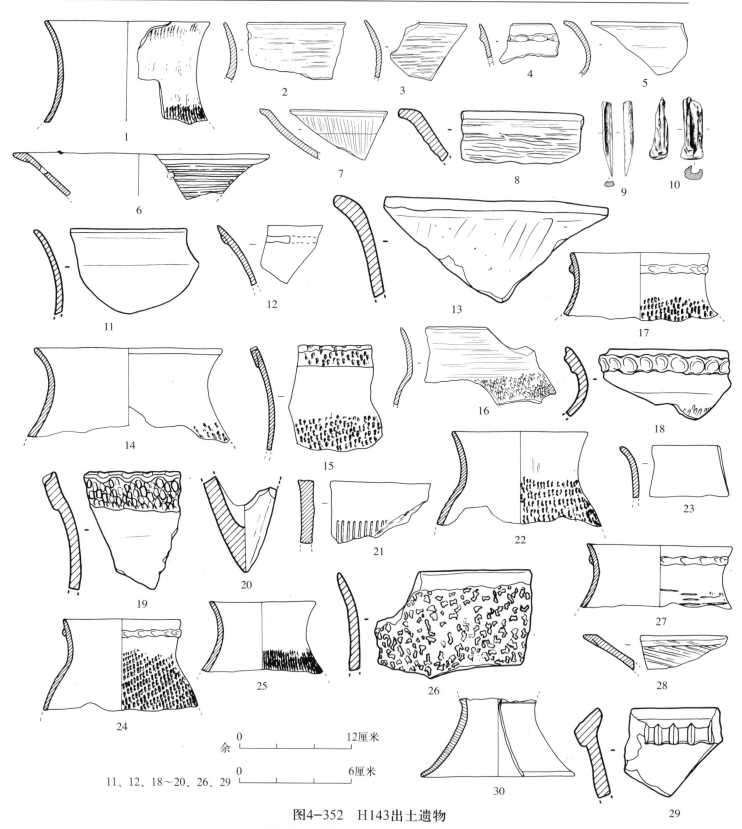

图4-352　H143出土遗物

1～3、11、14～16、22、23、25、26.圆腹罐H143④：2、8、10、H143⑤：2、H143⑥：1、2、7、H143⑧：1、3、H143⑨：2、5　4、12、17～19、24、27.花边罐H143④：7、H143⑤：1、H143⑥：3～5、H143⑧：2、H143⑨：1　5.高领罐H143④：9　6～8、28.盆H143④：3、5、6、H143⑨：3　9.骨匕H143④：1　10.骨器H143④：4　13.大口罐H143⑤：3　20、29.罕H143⑥：6、H143⑨：6　21.方盘H143⑦：1　30.豆H143⑨：4

标本H143④：5，夹砂橙黄陶。敞口，窄平沿，圆唇，斜弧腹，底残。腹部饰竖向篮纹。残高5.2、残宽10.3厘米（图4-352，7）

标本H143④：6，泥质橙黄陶。敞口，平沿，圆唇，斜直腹，底残。腹部饰横向篮纹。残高3.5、残宽8厘米（图4-352，8）。

骨匕　1件。

标本H143④：1，动物肢骨磨制而成，长条状，截断面呈弧形，器表磨制光滑，尖端磨制精细且尖锐。长7.9、宽1、厚0.6厘米（图4-352，9；彩版一四八，4）。

骨器　1件。

标本H143④：4，动物骨骼磨制而成，器表粗磨，一端为肢骨关节，一端残。残长6.6、宽2.4、厚0.7厘米（图4-352，10）。

（5）H143⑤层

出土大量陶片，以腹部残片为主，可辨器形有圆腹罐、花边罐、大口罐（表4-554、555）。

表4-554　H143⑤层器形数量统计表

器形 \ 陶色	泥质				夹砂				合计
	红	橙黄	灰	黑	红	橙黄	灰	黑	
圆腹罐	1								1
花边罐					1				1
大口罐						1			1

表4-555　H143⑤层陶片统计表

纹饰 \ 陶色	泥质				夹砂				合计
	橙黄	灰	红	灰底黑彩	橙黄	灰	红	褐	
素面	39	5	9		35				88
绳纹	4				46				50
篮纹	37	4			8				49
麻点纹					84				84
篮纹＋绳纹					2				2
席纹					2				2
席纹＋麻点纹						1			1
交错篮纹	3								3
附加堆纹＋篮纹					3				3

圆腹罐　1件。

标本H143⑤：2，泥质红陶。侈口，圆唇，高领，束颈，颈部以下残。素面磨光。残高4.6、残宽6.8厘米（图4-352，11）。

花边罐　1件。

标本H143⑤：1，夹砂红陶。侈口，尖唇，束颈，颈部以下残。口沿外侧饰一周附加泥条，泥条经手指按压呈波状，部分泥条脱落，素面。残高6.2、残宽5.9厘米（图4-352，12）。

大口罐　1件。

标本H143⑤：3，夹砂橙黄陶。侈口，圆唇，矮领，束颈，上腹斜弧，下腹残。素面。残高5.4、残宽11.7厘米（图4-352，13）。

（6）H143⑥层

出土少量陶片，以腹部残片为主，可辨器形有圆腹罐、花边罐、斝（表4-556、557）。

表4-556　H143⑥层器形数量统计表

器形 ＼ 陶质 陶色	泥质				夹砂				合计
	红	橙黄	灰	黑	红	橙黄	灰	黑	
圆腹罐						3			3
花边罐					1	2			3
斝							1		1

表4-557　H143⑥层陶片统计表

纹饰 ＼ 陶质 陶色	泥质				夹砂				合计
	橙黄	灰	红	灰底黑彩	橙黄	灰	红	褐	
素面	21	3	5		9				38
绳纹	2				13				15
篮纹	14	2			5				21
麻点纹					58				58
刻划纹	1				2				3
交错绳纹					1				1
交错篮纹	1								1
附加堆纹	1								1
篮纹＋绳纹					1				1

圆腹罐　3件。

标本H143⑥：1，夹砂橙黄陶。侈口，圆唇，高领，束颈，上腹斜，下腹残。颈部素面，上腹饰麻点纹。口径19.6、残高9.4厘米（图4-352，14）。

标本H143⑥：2，夹砂橙黄陶。侈口，方唇，高领，束颈，上腹斜，下腹残。唇面有一周小凹坑，口沿外侧饰一周附加泥条，泥条之上饰麻点纹，颈部素面，上腹饰麻点纹。残高11.2、残宽10厘米（图4-352，15）。

标本H143⑥：7，夹砂橙黄陶。侈口，尖唇，高领，束颈，上腹圆，下腹残。颈部饰横向篮纹，上腹饰麻点纹。残高8.2、残宽13.4厘米（图4-352，16）。

花边罐　3件。

标本H143⑥：3，夹砂红陶。侈口，圆唇，矮领，束颈，颈部以下残。口沿外侧饰一周附加泥条，泥条经手指按压呈波状，下颈部饰麻点纹，有烟炱。口径14.6、残高6.8厘米（图4-352，17）。

标本H143⑥：4，夹砂橙黄陶。侈口，圆唇，矮领，束颈，上腹斜，下腹残。口沿外侧饰一周附加泥条，泥条经手指按压呈波状，颈部素面，上腹饰麻点纹。残高3.7、残宽6.9厘米（图4-352，18）。

标本H143⑥：5，夹砂橙黄陶。侈口，锯齿唇，高领，束颈，颈部以下残。口沿外侧饰一周附加泥条，泥条之上饰麻点纹，颈部素面。残高6.2、残宽5.1厘米（图4-352，19）。

罕　1件。

标本H143⑥：6，夹砂灰陶。牛角状空心足。素面。残高5.1、残宽3.8厘米（图4-352，20）。

（7）H143⑦层

出土少量陶片，以腹部残片为主，可辨器形有方盘（表4-558、559）。

表4-558　H143⑦层器形数量统计表

器形 \ 陶色	泥质				夹砂				合计
	红	橙黄	灰	黑	红	橙黄	灰	黑	
方盘						1			1

表4-559　H143⑦层陶片统计表

纹饰 \ 陶色	泥质				夹砂				合计
	橙黄	灰	红	灰底黑彩	橙黄	灰	红	褐	
素面	1		1		4				6
绳纹						1			1
篮纹	8								8
麻点纹					9		1		10
交错篮纹	1	1							2
交错绳纹						1			1
篮纹+绳纹					1				1
附加堆纹+麻点纹						1	1		2

方盘　1件。

标本H143⑦：1，夹砂橙黄陶。残存一角，边缘方正，面部呈凹槽状。器表饰刻划纹。残长10.6、残宽6.6、厚1.2厘米（图4-352，21）。

（8）H143⑧层

出土少量陶片，以腹部残片为主，可辨器形有圆腹罐、花边罐（表4-560、561）。

表4-560　H143⑧层器形数量统计表

器形 \ 陶色	泥质				夹砂				合计
	红	橙黄	灰	黑	红	橙黄	灰	黑	
圆腹罐		1				1			2
花边罐						1			1

表4-561　H143⑧层陶片统计表

纹饰 ＼ 陶质 陶色	泥质				夹砂				合计
	橙黄	灰	红	灰底黑彩	橙黄	灰	红	褐	
素面		4	1		13				18
绳纹					10				10
篮纹	11				2				13
麻点纹					16				16
交错篮纹	1		1				1		3
弦纹＋麻点纹					1				1

圆腹罐　2件。

标本H143⑧：1，夹砂橙黄陶。侈口，圆唇，矮领，束颈，上腹圆，下腹残。颈部素面，上腹饰麻点纹。口径14.2、残高10厘米（图4-352，22）。

标本H143⑧：3，泥质橙黄陶。侈口，圆唇，束颈，颈部以下残。素面磨光。残高5.4、残宽8.4厘米（图4-352，23）。

花边罐　1件。

标本H143⑧：2，夹砂橙黄陶。侈口，尖唇，矮领，束颈，上腹圆，下腹残。口沿外侧饰一周附加泥条，泥条经手指按压呈波状，上腹饰麻点纹，有烟炱。口径12.4、残高9.6厘米（图4-352，24）。

（9）H143⑨层

出土少量陶片，以腹部残片为主，可辨器形有圆腹罐、花边罐、盆、斝、豆（表4-562、563）。

表4-562　H143⑨层器形数量统计表

器形 ＼ 陶质 陶色	泥质				夹砂				合计
	红	橙黄	灰	黑	红	橙黄	灰	黑	
圆腹罐						2			2
花边罐						1			1
盆		1							1
斝						1			1
豆		1							1

表4-563　H143⑨层陶片统计表

纹饰 ＼ 陶质 陶色	泥质				夹砂				合计
	橙黄	灰	红	灰底黑彩	橙黄	灰	红	褐	
素面	46	6	4		39				95
绳纹	10				45				55
篮纹	33		1		5				39

陶质 / 纹饰 \ 陶色	泥质				夹砂				合计
	橙黄	灰	红	灰底黑彩	橙黄	灰	红	褐	
麻点纹					68				68
附加堆纹	2				2				4
附加堆纹＋绳纹					1				1
篮纹＋绳纹					2				2
交错篮纹	2				2				4

圆腹罐　2件。

标本H143⑨：2，夹砂橙黄陶。侈口，圆唇，高领，束颈，上腹斜，下腹残。上腹部饰竖向绳纹。口径11.4、残高7.6厘米（图4-352，25）。

标本H143⑨：5，夹砂橙黄陶。侈口，尖唇，高领，束颈，颈部以下残。颈部饰麻点纹。残高5.7、残宽8.1厘米（图4-352，26）。

花边罐　1件。

标本H143⑨：1，夹砂橙黄陶。侈口，尖唇，矮领，束颈，颈部以下残。口沿外侧饰一周附加泥条，泥条经手指按压呈波状，颈部饰横向篮纹。口径15.2、残高6.8厘米（图4-352，27）。

盆　1件。

标本H143⑨：3，泥质橙黄陶。敞口，平沿，尖唇，斜直腹，底残。腹部饰斜向篮纹。残高3.6、残宽9.2厘米（图4-352，28）。

罕　1件。

标本H143⑨：6，夹砂橙黄陶。敛口，内折沿，圆唇，上腹直，下腹残。口沿外侧有一周附加泥条呈齿轮状，腹部素面。残高4.7、残宽4.9厘米（图4-352，29）。

豆　1件。

标本H143⑨：4，泥质橙黄陶。豆盘残，豆柄呈喇叭状高圈足，圆唇，素面。底径16、残高8.2厘米（图4-352，30）。

（10）H143⑩层

出土少量陶片，以腹部残片为主，可辨器形有花边罐（表4-564、565）。

花边罐　3件。

标本H143⑩：1，夹砂橙黄陶。侈口，尖唇，矮领，束颈，颈部以下残。口沿外侧饰一周附加泥条，泥条经手指按压呈波状，颈部饰横向篮纹，有烟炱。残高3.1、残宽4.6厘米（图4-353，1）。

表4-564　H143⑩层器形数量统计表

陶质 / 器形 \ 陶色	泥质				夹砂				合计
	红	橙黄	灰	黑	红	橙黄	灰	黑	
花边罐					1	2			3

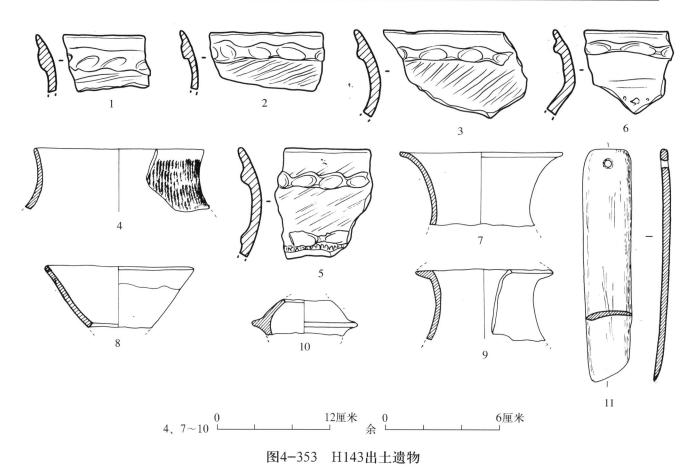

0　　　　　　　　　12厘米　　0　　　　　　6厘米
4、7~10

图4-353　H143出土遗物

1~3、5、6.花边罐H143⑩：1~3、H143⑪：7、8　4.圆腹罐H143⑪：2　7.高领罐H143⑪：3　8.盆H143⑪：6　9、10.壶
H143⑪：4、5　11.骨匕H143⑪：1

表4-565　H143⑩层陶片统计表

纹饰 \ 陶质 陶色	泥质				夹砂				合计
	橙黄	灰	红	灰底黑彩	橙黄	灰	红	褐	
素面	5		1		5				11
绳纹	8				3		1		12
篮纹	1				1				2
麻点纹					3				3

　　标本H143⑩：2，夹砂红陶。侈口，圆唇，矮领，束颈，颈部以下残。口沿外侧饰一周附加泥条，泥条经手指按压呈波状，颈部饰篮纹。残高3、残宽6厘米（图4-353，2）。

　　标本H143⑩：3，夹砂橙黄陶。侈口，圆唇，矮领，束颈，颈部以下残。口沿外侧饰一周附加泥条，泥条经手指按压呈波状，颈部饰斜向篮纹。残高4.5、残宽6.3厘米（图4-353，3）。

（11）H143⑪层

　　出土大量陶片，以腹部残片为主，可辨器形有圆腹罐、花边罐、高领罐、盆、壶，另出土骨匕1件（表4-566、567）。

表4-566　H143⑪层器形数量统计表

器形　＼　陶质 陶色	泥质				夹砂				合计
	红	橙黄	灰	黑	红	橙黄	灰	黑	
圆腹罐					1				1
花边罐						2			2
高领罐		1							1
盆		1							1
壶		1	1						2

表4-567　H143⑪层陶片统计表

纹饰　＼　陶质 陶色	泥质				夹砂				合计
	橙黄	灰	红	灰底 黑彩	橙黄	灰	红	褐	
素面	38	5	9		38				90
绳纹	8				44		1		53
篮纹	48	3			10				61
麻点纹					98				98
附加堆纹＋篮纹					3				3
附加堆纹					1				1
交错绳纹	2								2
刻划纹＋绳纹					1				1
篮纹＋麻点纹					2				2
附加堆纹＋麻点纹					1				1
戳印纹					1				1

圆腹罐　1件。

标本H143⑪：2，夹砂橙黄陶。侈口，圆唇，矮领，束颈，颈部以下残。通体饰竖向绳纹。口径17.8、残高6.6厘米（图4-353，4）。

花边罐　2件。

标本H143⑪：7，夹砂橙黄陶。侈口，圆唇，矮领，束颈，上腹斜，下腹残。口沿与下颈部各饰一周附加泥条，泥条经手指按压呈波状，颈部饰斜向篮纹，上腹饰麻点纹，有烟炱。残高5.8、残宽5.2厘米（图4-353，5）。

标本H143⑪：8，夹砂橙黄陶。侈口，圆唇，矮领，束颈，上腹斜，下腹残。口沿外侧饰一周附加泥条，泥条经手指按压呈波状，素面。残高4.4、残宽4.7厘米（图4-353，6）。

高领罐　1件。

标本H143⑪：3，泥质橙黄陶。喇叭口，圆唇，高领，束颈，颈部以下残。素面。口径17、残高7.6厘米（图4-353，7）。

盆　1件。

标本H143⑪：6，泥质橙黄陶。敞口，方唇，斜腹微弧，底残。上腹有一周折棱，腹部素面。

口径 15.6、残高 6.4 厘米（图 4-353，8）。

壶　2 件。

标本 H143⑪：4，泥质灰陶。敛口，唇残，沿向外倾斜，高领，束颈，颈部以下残。素面磨光。残高 7.4、口径 14.2 厘米（图 4-353，9）。

标本 H143⑪：5，泥质橙黄陶。残存近扁铃铛状，敛口，唇残，颈部残。素面。残高 3.6、宽 11.2 厘米（图 4-353，10）。

骨匕　1 件。

标本 H143⑪：1，乳黄色，动物肢骨磨制而成，长条状，截断面呈弧形，器表磨制光滑，柄部平整且有一对向钻孔，单面磨刃。刃长 2.2、孔径 0.4 厘米，刃部磨制锋利。长 12.2、宽 2.6、厚 0.3 厘米（图 4-353，11；彩版一四八，5）。

136. H144

H144 位于ⅢT1006 东南部，开口于第④层下，被 H160 打破（图 4-354；彩版一四九，1）。平面近圆形，口部边缘形态明显，底部边缘形态不明显，剖面呈筒状，斜壁，未见工具痕迹，平底。坑口东西 1.70、南北 0.90、坑底东西 1.44、南北 0.68、深 0.50 米。坑内堆积未分层，土色褐色，土质疏松，包含炭粒、红烧土颗粒、兽骨、石块，水平状堆积。

坑内出土少量陶片，以腹部残片为主，可辨器形有盆（表 4-568、569）。

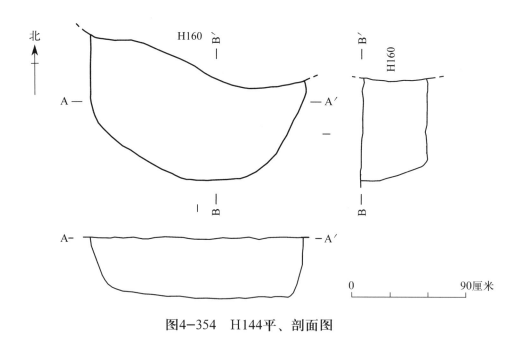

图4-354　H144平、剖面图

表4-568　H144器形数量统计表

器形 \ 陶色	泥质				夹砂				合计
	红	橙黄	灰	黑	红	橙黄	灰	黑	
盆	1								1

表4-569　H144陶片统计表

纹饰 ＼ 陶质 陶色	泥质				夹砂				合计
	橙黄	灰	红	灰底黑彩	橙黄	灰	红	褐	
素面	18	2	1		1				22
绳纹					2				2
篮纹	9				1				10
麻点纹					19				19

盆　1件。

标本H144：1，泥质红陶。敞口，圆唇，斜腹，底残。腹部饰斜向篮纹。残高4.4、残宽6厘米（图4-355）。

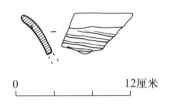

0　　　　　　　　　12厘米

图4-355　H144出土盆H144：1

137. H145

H145位于ⅡT0808南部，部分延伸于T0908及T0907东隔梁下，开口于第③层下（图4-356）。根据遗迹暴露部分推测H145平面近椭圆形，口部边缘形态较明显，底部边缘形态不明显，剖面呈不规则状，斜弧壁，未见工具痕迹，坑底凹凸不平。坑口南北6.65、东西4.50、深0.33～0.58米。坑内堆积可分三层，第①层厚0～0.29米，土色黑色，土质疏松，包含炭粒、红烧土颗粒、灰烬颗粒，坡状堆积。第②层厚0～0.3米，土色浅灰色，土质疏松，包含炭粒、红烧土颗粒、灰烬颗粒，凹镜状堆积。第③层厚0～0.30米，土色深灰色，土质疏松，包含炭粒、红烧土颗粒、灰烬颗粒，凹镜状堆积。

坑内出土较多陶片。

（1）H145①层

出土少量陶片，以腹部残片为主，可辨器形有圆腹罐、花边罐、盆、陶杯（表4-570、571）。

表4-570　H145①层器形数量统计表

器形 ＼ 陶质 陶色	泥质				夹砂				合计
	红	橙黄	灰	黑	红	橙黄	灰	黑	
圆腹罐						1			1
花边罐					1				1
盆		1				1	1		3
陶杯						1			1

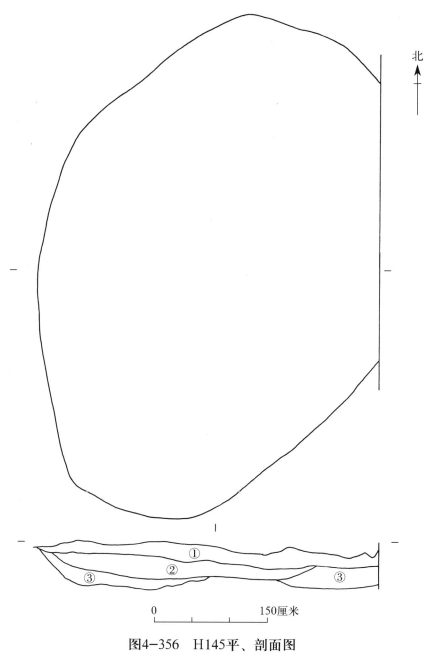

北

0　　　　　　　150厘米

图4-356　H145平、剖面图

表4-571　H145①层陶片统计表

纹饰 \ 陶色 \ 陶质	泥质				夹砂				合计
	橙黄	灰	红	灰底黑彩	橙黄	灰	红	褐	
素面	24	1			17				42
绳纹	3				10				13
篮纹	17		1						18
麻点纹					31				31

圆腹罐 1件。

标本H145①：3，夹砂橙黄陶。侈口，圆唇，高领，束颈，上腹斜，下腹残。颈部饰横向篮纹，上腹饰麻点纹。残高6.4、残宽7.4厘米（图4-357，1）。

花边罐 1件。

标本H145①：1，夹砂红陶。侈口，圆唇，矮领，束颈，颈部以下残。口沿外侧饰一周附加泥条，泥条经手指按压呈波状，颈部素面。口径17、残高5.4厘米（图4-357，2）。

盆 3件。

标本H145①：4，夹砂橙黄陶。敞口，折沿，圆唇，斜直腹，底残。腹部饰斜向篮纹。残高3.6、残宽5厘米（图4-357，3）。

标本H145①：5，夹砂灰陶。敞口，方唇，斜直腹，底残。腹部饰横向篮纹。残高4.2、残宽4.4厘米（图4-357，4）。

标本H145①：6，泥质橙黄陶。敞口，平沿，圆唇，斜直腹，底残。素面。残高2.6、残宽5厘米（图4-357，5）。

陶杯 1件。

标本H145①：2，夹砂橙黄陶。敞口，尖唇，斜直腹，底残。素面。口径14、残高6.2厘米（图4-357，6）。

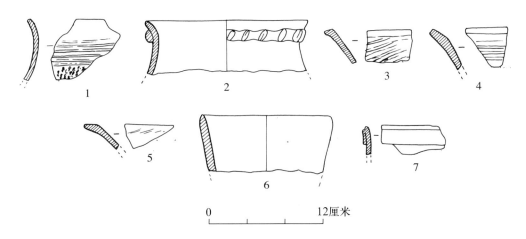

0   12厘米

图4-357 H145出土遗物

1.圆腹罐H145①：3   2.花边罐H145①：1   3～5.盆H145①：4～6   6.陶杯H145①：2   7.大口罐H145②：1

（2）H145②层

出土少量陶片，以腹部残片为主，可辨器形有大口罐（表4-572、573）。

表4-572 H145②层器形数量统计表

陶质 器形 \ 陶色	泥质				夹砂				合计
	红	橙黄	灰	黑	红	橙黄	灰	黑	
大口罐						1			1

表4-573　H145②层陶片统计表

陶质	泥质				夹砂				合计
纹饰　　　陶色	橙黄	灰	红	灰底黑彩	橙黄	灰	红	褐	
素面	5								5
绳纹	2								2
篮纹					2				2
麻点纹					3				3

大口罐　1件。

标本H145②：1，夹砂橙黄陶。微侈口，双圆唇，上腹直，下腹残。唇部有一道凹槽，口沿外侧饰一周附加泥条，素面。残高3、残宽6.8厘米（图4-357，7）。

138. H146

H146位于ⅢT1003西南部，开口于第③层下，被H105打破（图4-358；彩版一四九，2）。平面近圆形，口部边缘形态明显，底部边缘形态明显，剖面呈筒状，弧壁，未见工具痕迹，底部

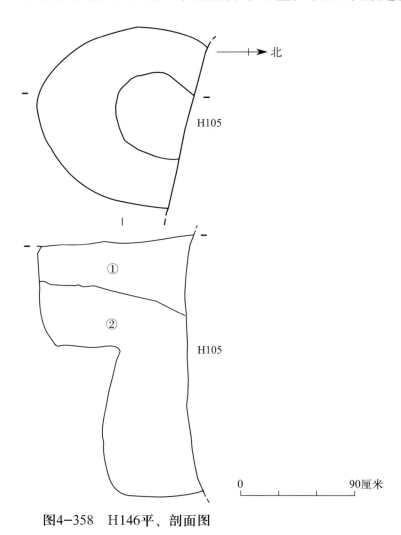

图4-358　H146平、剖面图

平整。坑口东西 1.44、南北 1.20、深 2.00 米。坑内堆积分两层，第①层厚 0.30～0.64 米，土色黄色，土质致密，包含炭粒、红烧土颗粒、兽骨，坡状堆积。第②层厚 0.42～1.6 米，土色浅灰色，土质疏松，包含炭粒、红烧土颗粒、兽骨，不规则状堆积。

坑内出土少量陶片。

（1）H146①层

出土少量陶片，以陶器腹部残片为主，无可辨器形标本，所以不具体介绍，只进行陶系统计（表 4-574）。

表4-574　H146①层陶片统计表

纹饰　　陶色	泥质				夹砂				合计
	橙黄	灰	红	灰底黑彩	橙黄	灰	红	褐	
素面	12								12
绳纹					1				1
篮纹	3				1		1		5
麻点纹					5				5
篮纹 + 麻点纹					1				1

（2）H146②层

出土少量陶片，以腹部残片为主，可辨器形有单耳罐（表 4-575、576）。

表4-575　H146②层器形数量统计表

器形　　陶色	泥质				夹砂				合计
	红	橙黄	灰	黑	红	橙黄	灰	黑	
单耳罐					1				1

表4-576　H146②层陶片统计表

纹饰　　陶色	泥质				夹砂				合计
	橙黄	灰	红	灰底黑彩	橙黄	灰	红	褐	
素面	7		3		9				19
绳纹	1				2				3
篮纹	5	3	3		3				14
麻点纹					12				12
篮纹 + 麻点纹					2				2
交错篮纹					1				1
交错刻划纹					1				1

单耳罐　1 件。

标本 H146②：1，夹砂红陶。侈口，方唇，矮领，束颈，上腹圆，下腹残。连口拱形双耳。颈部饰横向篮纹，有烟炱。残高 9、残宽 7.2 厘米（图 4-359）。

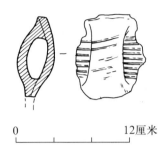

0　　　　　　　　　　12厘米

图4-359　H146出土单耳罐H146②：1

139. H147

H147位于Ⅲ T1105西南角，开口于第③层下，被H135打破（图4-360）。根据遗迹现存部分推测H147平面近椭圆形，口部边缘形态明显，底部边缘形态不明显，剖面呈不规则状，斜弧壁，未见工具痕迹，坑底高低不平。坑口南北3、东西2.31、坑底南北2.13、深0.24～0.70米。坑内堆积可分六层，第①层厚0～0.12米，土色褐色，土质疏松，包含炭粒、红烧土颗粒、石块、兽骨，坡状堆积。第②层厚0～0.11米，土色浅灰色，土质疏松，包含炭粒、红烧土颗粒、石块、

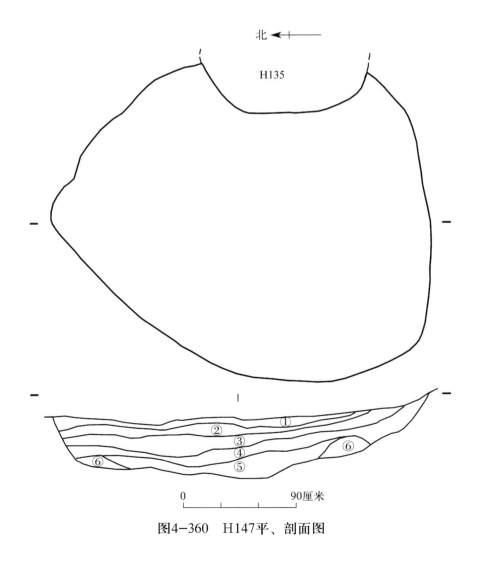

0　　　　　　　　90厘米

图4-360　H147平、剖面图

兽骨，坡状堆积。第③层厚0～0.18米，土色浅灰色，土质疏松，包含炭粒、红烧土颗粒、石块、兽骨，坡状堆积。第④层厚0～0.3米，土色褐色，土质致密，包含炭粒、红烧土颗粒、石块、兽骨，坡状堆积。第⑤层厚0～0.21米，土色浅褐色，土质疏松，包含炭粒、红烧土颗粒、石块、兽骨，坡状堆积。第⑥层厚0～0.15米，土色黄色，土质致密，包含炭粒、红烧土颗粒、石块、兽骨，凸镜状堆积。

坑内出土大量陶片。

（1）H147①层

出土少量陶片，以腹部残片为主，可辨器形有圆腹罐、花边罐、双耳罐（表4-577、578）。

表4-577　H147①层器形数量统计表

陶色\器形	泥质				夹砂				合计
	红	橙黄	灰	黑	红	橙黄	灰	黑	
圆腹罐						2	1		3
花边罐							1		1
双耳罐	1								1

表4-578　H147①层陶片统计表

陶色\纹饰	泥质				夹砂				合计
	橙黄	灰	红	灰底黑彩	橙黄	灰	红	褐	
素面	12	1	1		5				19
绳纹	1				10				11
篮纹	3	1							4
麻点纹					14				14
交错篮纹	1								1

圆腹罐　3件。

标本H147①：2，夹砂橙黄陶。侈口，圆唇，高领，束颈，颈部以下残。颈部饰横向篮纹。口径12.6、残高5.4厘米（图4-361，1）。

标本H147①：3，夹砂灰陶。侈口，圆唇，高领，束颈，上腹斜弧，下腹残。颈部素面，上腹饰竖向绳纹。口径9.4、残高7厘米（图4-361，2）。

标本H147①：5，夹砂橙黄陶。侈口，圆唇，矮领，束颈，颈部以下残。颈部素面，有刮抹痕迹。残高3.7、残宽4.5厘米（图4-361，3）。

花边罐　1件。

标本H147①：4，夹砂灰陶。侈口，圆唇，矮领，束颈，上腹斜，下腹残。口沿外侧饰一周附加泥条，泥条经手指按压呈波状，颈部素面，上腹饰麻点纹。残高5.3、残宽5厘米（图4-361，4）。

双耳罐　1件。

标本H147①：1，泥质红陶。侈口，尖唇，鼓腹，平底微凹。颈部及耳面有刮抹痕迹，桥形拱耳，素面。口径 8.4、高 8、底径 4 厘米（图 4-361，5；彩版一五〇，1）。

(2) H147②层

出土少量陶片，以腹部残片为主，可辨器形有花边罐、尊，另出土石笄 1 件（表 4-579、580）。

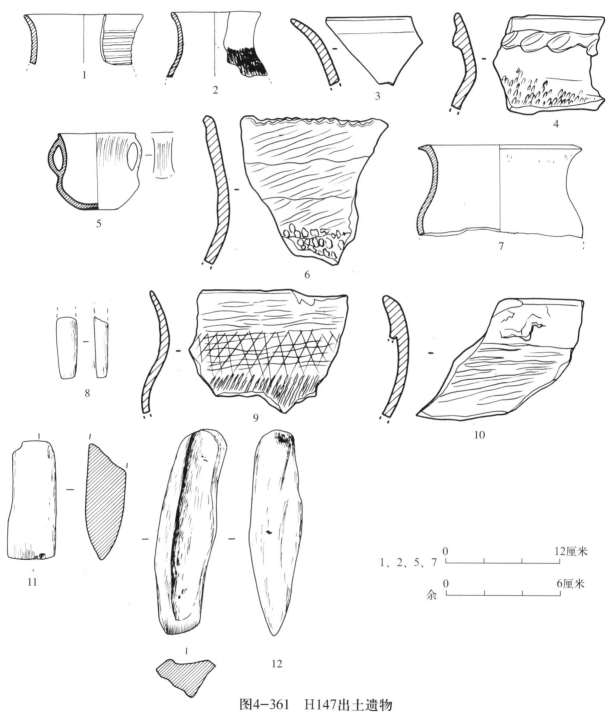

图 4-361　H147 出土遗物

1～3、9.圆腹罐 H147①：2、3、5，H147④：1　4、6.花边罐 H147①：4、H147②：3　5.双耳罐 H147①：1　7.尊 H147②：2　8.石笄 H147②：1　10.高领罐 H147⑤：3　11.石凿 H147⑤：2　12.骨器 H147⑤：1

表4-579　H147②层器形数量统计表

器形＼陶质／陶色	泥质				夹砂				合计
	红	橙黄	灰	黑	红	橙黄	灰	黑	
花边罐						1			1
尊	1								1

表4-580　H147②层陶片统计表

纹饰＼陶质／陶色	泥质				夹砂				合计
	橙黄	灰	红	灰底黑彩	橙黄	灰	红	褐	
素面	32	4			13				49
绳纹					34				34
篮纹	9	2	5		2				18
麻点纹					33	3			36
刻划纹					1				1
附加堆纹	1								1
刻槽纹					1				1

花边罐　1件。

标本H147②：3，夹砂橙黄陶。侈口，锯齿唇，高领，束颈，上腹斜弧，下腹残。颈部饰斜向篮纹，上腹饰麻点纹，有烟炱。残高7.8、残宽7.8厘米（图4-361，6）。

尊　1件。

标本H147②：2，泥质红陶。侈口，小平沿，尖唇，高领，束颈，鼓腹，底残。颈部有刮抹痕迹，腹部素面。口径17、残高9.8厘米（图4-361，7）。

石笄　1件。

标本H147②：1，石英岩。器体呈扁平柱状，尖部残，器身通体磨光细致。残长3.2、宽1、厚0.7厘米（图4-361，8；彩版一五〇，2）。

（3）H147③层

出土陶片见下表（表4-581）。

表4-581　H147③层陶片统计表

纹饰＼陶质／陶色	泥质				夹砂				合计
	橙黄	灰	红	灰底黑彩	橙黄	灰	红	褐	
素面	6	4	4		2				16
绳纹		1			4				5
篮纹	5								5
麻点纹					8	2			10
压印纹	1								1
篮纹＋麻点纹					1				1

（4）H147④层

出土少量陶片，以腹部残片为主，可辨器形有圆腹罐（表4-582、583）。

表4-582　H147④层器形数量统计表

器形 陶质 陶色	泥质				夹砂				合计
	红	橙黄	灰	黑	红	橙黄	灰	黑	
圆腹罐						1			1

表4-583　H147④层陶片统计表

纹饰 陶质 陶色	泥质				夹砂				合计
	橙黄	灰	红	灰底黑彩	橙黄	灰	红	褐	
素面	16	4	4		1				25
绳纹					5				5
篮纹	7	1							8
麻点纹					14				14
刻划纹							1		1
附加堆纹＋篮纹＋麻点纹					1				1
交错篮纹	1								1
篮纹＋绳纹＋网格纹					1				1
附加堆纹＋绳纹					1				1

圆腹罐　1件。

标本H147④：1，夹砂橙黄陶。侈口，圆唇，矮领，束颈，上腹圆，下腹残。颈部饰横向篮纹，篮纹上饰交错刻划纹，上腹饰斜向绳纹，有烟炱。残高6.5、残宽8.1厘米（图4-361，9）。

（5）H147⑤层

出土少量陶片，以腹部残片为主，可辨器形有高领罐，另出土石凿、骨器各1件（表4-584、585）。

表4-584　H147⑤层器形数量统计表

器形 陶质 陶色	泥质				夹砂				合计
	红	橙黄	灰	黑	红	橙黄	灰	黑	
高领罐		1							1

表4-585　H147⑤层陶片统计表

纹饰 陶质 陶色	泥质				夹砂				合计
	橙黄	灰	红	灰底黑彩	橙黄	灰	红	褐	
素面	15	2			13				30
绳纹	1				5				6
篮纹	14	1			3		2		20

陶质	泥质				夹砂				合计
纹饰 ＼ 陶色	橙黄	灰	红	灰底黑彩	橙黄	灰	红	褐	
麻点纹					22		2		24
刻划纹					1				1
篮纹＋麻点纹							2		2

高领罐　1件。

标本H147⑤：3，泥质橙黄陶。喇叭口，圆唇，高领，束颈，颈部以下残。口沿外侧有一周折棱，颈部饰横向篮纹，内壁素面磨光。残高6.2、残宽4.5厘米（图4-361，10）。

石凿　1件。

标本H147⑤：2，石英砂岩。残损，长方形，基部残，中腰至刃部渐收磨成刃部，侧边圆弧。刃长2.4厘米，刃角62°，器身残长6.3、宽2.5、厚2.1厘米（图4-361，11；彩版一五〇，3）。

骨器　1件。

标本H147⑤：1，动物肢骨磨制而成，柄部圆弧，中腰至尖端渐收磨成刃部。长10.7、宽3.2、厚2厘米（图4-361，12；彩版一五〇，4）。

（6）H147⑥层

出土少量陶片，以腹部残片为主，可辨器形有圆腹罐、花边罐、单耳罐，另出土陶刀1件（表4-586、587）。

表4-586　H147⑥层器形数量统计表

陶质	泥质				夹砂				合计
器形 ＼ 陶色	红	橙黄	灰	黑	红	橙黄	灰	黑	
圆腹罐					1	3	1		5
花边罐						1			1
单耳罐						3			3

表4-587　H147⑥层陶片统计表

陶质	泥质				夹砂				合计
纹饰 ＼ 陶色	橙黄	灰	红	灰底黑彩	橙黄	灰	红	白	
素面	21	5	2		8			1	37
绳纹	16				18				34
麻点纹					18				18
戳印纹					1				1
篮纹＋绳纹					1				1
附加堆纹＋绳纹					1				1

圆腹罐　5件。

标本H147⑥：1，夹砂橙黄陶。侈口，尖唇，高领，束颈，颈部以下残。颈部素面。残高6、残宽 7.7 厘米（图 4-362，1）。

标本 H147⑥：2，夹砂橙黄陶。侈口，方唇，高领，束颈，颈部以下残。口沿外侧有一周折棱，颈部素面。残高 4.6、残宽 9.2 厘米（图 4-362，2）。

标本 H147⑥：3，夹砂灰陶。侈口，方唇，高领，束颈，上腹弧，下腹残。唇上有一道凹槽，器表素面有刮抹痕迹。残高 6.8、残宽 9.5 厘米（图 4-362，3）。

标本 H147⑥：6，夹砂红陶。侈口，方唇，矮领，束颈，上腹斜，下腹残。素面，有烟炱。

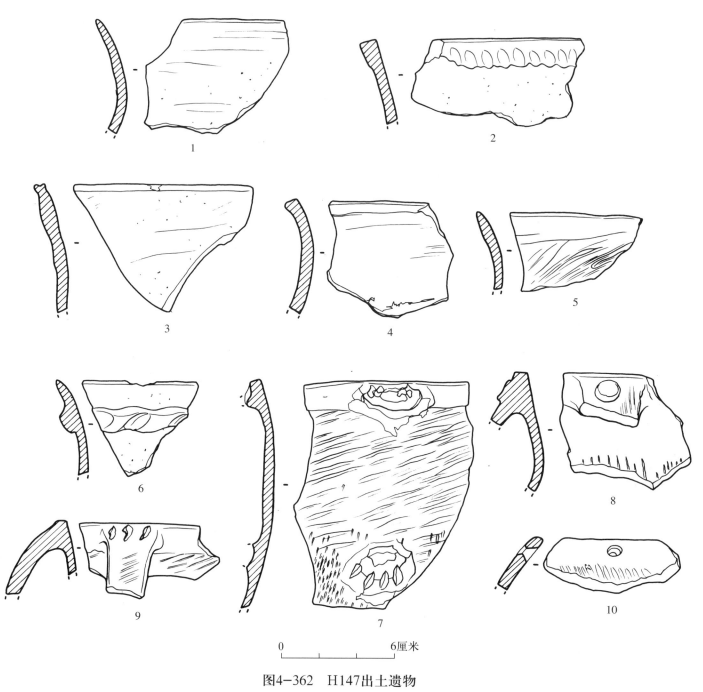

图 4-362　H147 出土遗物

1～5.圆腹罐 H147⑥：1～3、6、7　6.花边罐 H147⑥：9　7～9.单耳罐 H147⑥：4、8、10　10.陶刀 H147⑥：5

残高 6、残宽 6.5 厘米（图 4-362，4）。

标本 H147⑥：7，夹砂橙黄陶。侈口，尖唇，矮领，束颈，颈部以下残。颈部饰斜向篮纹。残高 4.1、残宽 6.9 厘米（图 4-362，5）。

花边罐 1 件。

标本 H147⑥：9，夹砂橙黄陶。侈口，尖唇，高领，束颈，颈部以下残。颈部饰一周附加泥条，泥条经手指按压呈波状，有烟炱。残高 5、残宽 6.2 厘米（图 4-362，6）。

单耳罐 3 件。

标本 H147⑥：4，夹砂橙黄陶。侈口，方唇，高领，束颈，上腹圆，下腹残。连口残耳，口沿外侧有一周折棱，颈部饰斜向篮纹，腹部饰竖向绳纹，腹部有残耳根部饰戳印纹。残高 12、残宽 8.7 厘米（图 4-362，7）。

标本 H147⑥：8，夹砂橙黄陶。侈口，方唇，高领，束颈，上腹斜，下腹残。连口残耳，耳上端有一泥饼，颈部素面，上腹饰刻划纹。残高 6、残宽 6.5 厘米（图 4-362，8）。

标本 H147⑥：10，夹砂橙黄陶。连口桥形耳，侈口，方唇，口沿以下残。连口残耳，耳上端饰戳印纹，耳面饰篮纹，口沿下饰斜向篮纹。残高 4、残宽 7.5 厘米（图 4-362，9）。

陶刀 1 件。

标本 H147⑥：5，泥质橙黄陶。近长方形，器表磨光饰篮纹，中间有一对向钻孔，一边缘有磨痕。残长 7.2、残宽 2.8 厘米（图 4-362，10）。

140. H148

H148 位于ⅢT1202 西南角，开口于第④层下（图 4-363；彩版一五一，1）。平面近圆形，口部边缘形态明显，底部边缘形态较明显，剖面呈筒状，斜弧壁，未见工具痕迹，坑底平整。坑口南北 1.53、东西 1.60、坑底南北 1.00、深 1.04 米。坑内堆积可分四层，第①层厚 0.36～0.54 米，土色浅黄色，土质疏松，坡状堆积。第②层厚 0.08～0.20 米，土色褐色，土质疏松，坡状堆积。第③层厚 0.04～0.18 米，土色褐色，土质疏松，坡状堆积。第④层厚 0.18～0.28 米，土色褐色，土质致密，坡状堆积。

坑内出土少量陶片。

（1）H148①层

出土陶片见下表（表 4-588）。

表4-588 H148①层陶片统计表

纹饰	泥质				夹砂				合计
	橙黄	灰	红	灰底黑彩	橙黄	灰	红	褐	
素面	15	3	2		10				30
绳纹					6				6
篮纹			2		12				14
麻点纹					15				15

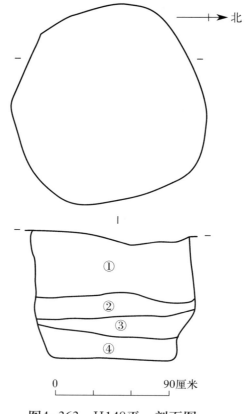

图4-363　H148平、剖面图

续表

纹饰＼陶色	泥质				夹砂				合计
	橙黄	灰	红	灰底黑彩	橙黄	灰	红	褐	
刻划纹	1								1
篮纹＋麻点纹					2				2
交错刻划纹	1								1

（2）H148③层

出土少量陶片，以腹部残片为主，可辨器形有圆腹罐（表4-589、590）。

表4-589　H148③层器形数量统计表

器形＼陶色	泥质				夹砂				合计
	红	橙黄	灰	黑	红	橙黄	灰	黑	
圆腹罐						1			1

表4-590　H148③层陶片统计表

纹饰＼陶色	泥质				夹砂				合计
	橙黄	灰	红	灰底黑彩	橙黄	灰	红	褐	
素面	11		3	1					15

续表

纹饰 \ 陶色	泥质				夹砂				合计
	橙黄	灰	红	灰底黑彩	橙黄	灰	红	褐	
绳纹					4				4
篮纹	11				2				13
麻点纹					9				9
篮纹 + 戳印纹	1								1

圆腹罐　1件。

标本H148③：1，夹砂橙黄陶。侈口，圆唇，矮领，束颈，上腹斜弧，下腹残。器表饰麻点纹。残高8、残宽6.3厘米（图4-364）。

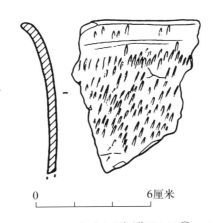

0　　　　　　　　6厘米

图4-364　H148出土圆腹罐H148③：1

（3）H148④层

出土少量陶片，以陶器腹部残片为主，无可辨器形标本，所以不具体介绍，只进行陶系统计（表4-591）。

表4-591　H148④层陶片统计表

纹饰 \ 陶色	泥质				夹砂				合计
	橙黄	灰	红	灰底黑彩	橙黄	灰	红	褐	
素面	7				4				11
绳纹			2		3				5
篮纹	14		3		1				18
麻点纹					15				15

141. H149

H149位于ⅢT1104东北角，开口于第④层下被Y3打破（图4-365；彩版一五一，2）。平面近椭圆形，口部边缘形态明显，底部边缘形态明显，剖面呈袋状，斜直壁，未见工具痕迹，坑

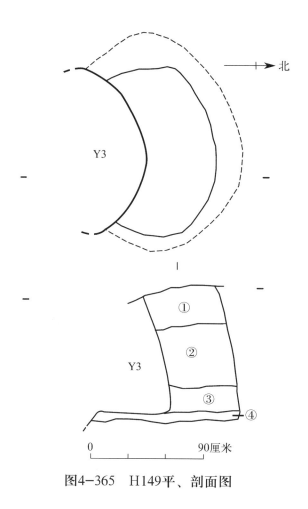

图4-365　H149平、剖面图

底高低不平。坑口南北0.54、东西1.30、坑底东西1.16、深1.08米。坑内堆积可分四层，第①层厚0.24~0.30米，土色褐色，土质疏松，包含植物根茎、草木灰、石块，坡状堆积。第②层厚0.38~0.48米，土色褐色，土质疏松，包含植物根茎、红烧土颗粒，坡状堆积。第③层厚0.20~0.30米，土色浅灰色，土质疏松，包含植物根茎、炭粒，坡状堆积。第④层厚0.06~0.10米，土色黄色，土质致密，包含红烧土颗粒，坡状堆积。

坑内出土少量陶片，以陶器腹部残片为主，无可辨器形标本，所以不具体介绍，只进行陶系统计（表592~595）。

表4-592　H149①层陶片统计表

陶质 纹饰	泥质				夹砂				合计
陶色	橙黄	灰	红	灰底黑彩	橙黄	灰	红	褐	
素面	1				2				3
篮纹					1				1
麻点纹					1				1
绳纹					3				3

表4-593　H149②层陶片统计表

纹饰 陶质 陶色	泥质				夹砂				合计
	橙黄	灰	红	灰底 黑彩	橙黄	灰	红	褐	
绳纹					1				1
篮纹	2								2
麻点纹					4				4

表4-594　H149③层陶片统计表

纹饰 陶质 陶色	泥质				夹砂				合计
	橙黄	灰	红	灰底 黑彩	橙黄	灰	红	褐	
素面			3						3
篮纹	1		1						2
麻点纹					1		1		2
绳纹					1				1
附加堆纹					1				1

表4-595　H149④层陶片统计表

纹饰 陶质 陶色	泥质				夹砂				合计
	橙黄	灰	红	灰底 黑彩	橙黄	灰	红	褐	
麻点纹					1				1

142. H150

H150位于ⅢT1201中部偏东，开口于第④层下（图4-366；彩版一五二，1）。平面呈椭圆形，口部边缘形态明显，底部边缘形态不明显，剖面呈筒状，弧壁，未见工具痕迹，坑底平整。坑口

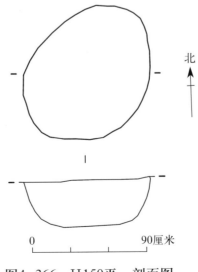

图4-366　H150平、剖面图

南北 1.05、东西 0.99、坑底东西 0.80、深 0.36 米。坑内堆积未分层，土色深灰色，土质疏松，包含植物根茎、炭粒、红烧土颗粒、石块、兽骨，水平状堆积。

坑内出土少量陶片，以陶器腹部残片为主，无可辨器形标本，所以不具体介绍，只进行陶系统计（表 4-596）。

表4-596　H150陶片统计表

纹饰 陶质 陶色	泥质				夹砂				合计
	橙黄	灰	红	灰底黑彩	橙黄	灰	红	褐	
素面	7	1	4		3				15
绳纹	2				1				3
篮纹	6	1	3						10
麻点纹					14				14
附加堆纹					1				1

143. H151

H151 位于Ⅲ T1102 东北角，开口于第③层下，被 H127 打破（图 4-367；彩版一五三，1）。平面呈圆形，口部边缘形态明显，底部边缘形态明显，剖面呈筒状，未见工具痕迹，坑底平

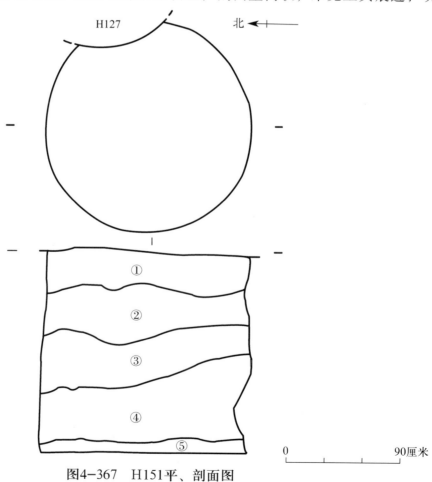

图4-367　H151平、剖面图

整。坑口直径 1.70、深 1.62 米。坑内堆积可分五层，第①层厚 0.26～0.34 米，土色浅灰，土质疏松，包含炭粒，坡状堆积。第②层厚 0.22～0.46 米，土色灰色，土质疏松，包含炭粒、红烧土颗粒、石块、兽骨，坡状堆积。第③层厚 0.26～0.46 米，土色浅灰，土质疏松，包含大量炭粒、红烧土颗粒，坡状堆积。第④层厚 0.40～0.66 米，土色褐色，土质疏松，包含炭粒、红烧土颗粒、石块，坡状堆积。第⑤层厚 0.08～0.12 米，土色黄色，土质疏松，包含石块，坡状堆积。

坑内出土大量陶片。

（1）H151①层

出土少量陶片，以腹部残片为主，可辨器形有圆腹罐、花边罐、高领罐、大口罐、盆，另出土石镞、石器各 1 件（表4-597、598）。

表4-597　H151①层器形数量统计表

陶质 陶色 器形	泥质				夹砂				合计
	红	橙黄	灰	黑	红	橙黄	灰	黑	
圆腹罐					2	2			4
花边罐						1	1		2
盆		1							1
大口罐						1			1
高领罐		1							1

表4-598　H151①层陶片统计表

陶质 陶色 纹饰	泥质				夹砂				合计
	橙黄	灰	红	灰底黑彩	橙黄	灰	红	褐	
素面	12				4				16
绳纹					5				5
篮纹	5				2				7
麻点纹					23				23
网格纹			1		1				2
篮纹＋麻点纹					1				1

圆腹罐　4 件。

标本H151①：3，夹砂红陶。侈口，圆唇，高领，束颈，上腹斜，下腹残。颈部素面，上腹饰麻点纹。残高 7.8、残宽 10 厘米（图 4-368，1）。

标本H151①：5，夹砂橙黄陶。微侈口，尖唇，矮领，微束颈，上腹圆，下腹残。颈部素面，腹部饰麻点纹。残高 10.4、残宽 12 厘米（图 4-368，2）。

标本H151①：10，夹砂红陶。侈口，尖唇，矮领，束颈，上腹斜，下腹残。颈部素面。残高 6.2、残宽 6.6 厘米（图 4-368，3）。

标本H151①：11，夹砂橙黄陶。侈口，圆唇，高领，束颈，颈部以下残。颈部素面。残高

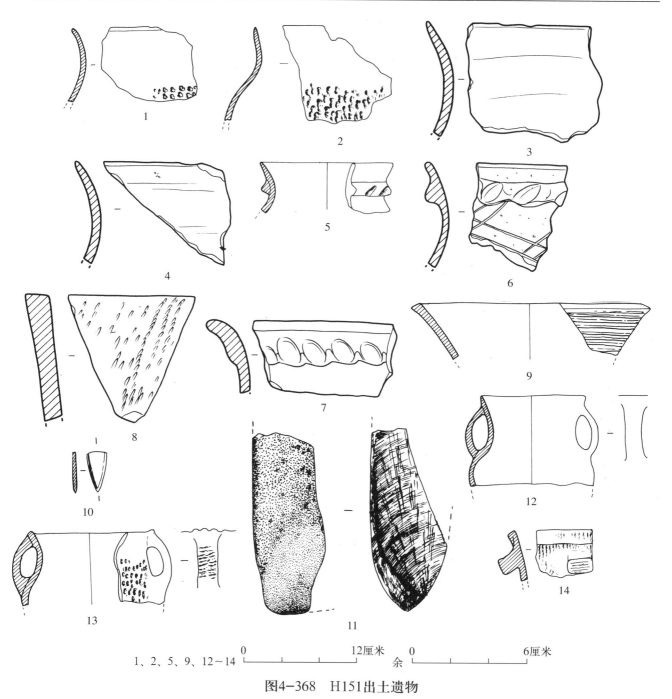

图4-368　H151出土遗物

1~4.圆腹罐H151①：3、5、10、11　5、6.花边罐H151①：4、9　7.高领罐H151①：8　8.大口罐H151①：7　9.盆H151①：6
10.石镞H151①：1　11.石器H151①：2　12、13.双耳罐H151④：1、3　14.双錾罐H151④：2

5.4、残宽6.4厘米（图4-368，4）。

　　花边罐　2件。

　　标本H151①：4，夹砂灰陶。侈口，尖唇，矮领，束颈，颈部以下残。颈部饰一周附加泥条，泥条之上饰斜向戳印纹，有烟炱。口径14、残高5.4厘米（图4-368，5）。

　　标本H151①：9，夹砂橙黄陶。侈口，圆唇，矮领，束颈，上腹斜，下腹残。口沿外侧饰一周附加泥条，泥条之上饰戳印纹，颈部饰交错刻划纹，有烟炱。残高 5.6、残宽 4.8 厘米（图 4-368，6）。

高领罐　1件。

标本H151①：8，泥质橙黄陶。喇叭口，圆唇，高领，束颈，颈部以下残。口沿外侧饰一周折棱，颈部素面。残高 4、残宽 7.6 厘米（图 4-368，7）。

大口罐　1件。

标本H151①：7，夹砂橙黄陶。微侈口，方唇，上腹斜直，下腹残。器表饰斜向粗绳纹。残高 6.7、残宽 6.7 厘米（图 4-368，8）。

盆　1件。

标本H151①：6，泥质橙黄陶。敞口，方唇，斜直腹，底残。腹部饰横向篮纹，有烟炱。口径 24.8、残高 6 厘米（图 4-368，9）。

石镞　1件。

标本H151①：1，石英岩。器体呈扁三角形，两侧边缘均为双面磨刃，尖部较尖锐，尾端平整。长 2.2、宽 11、厚 0.2 厘米（图 4-368，10）。

石器　1件。

标本H151①：2，石英岩。器身磨制，尾端残，一端磨制成刃部，刃圆钝。残长 9.6、残宽 3.8、厚 4 厘米（图 4-368，11；彩版一五三，2）。

（2）H151②层

出土陶片见下表（表 4-599）。

表4-599　H151②层陶片统计表

纹饰 ＼ 陶质/陶色	泥质				夹砂				合计
	橙黄	灰	红	灰底黑彩	橙黄	灰	红	褐	
素面	2				4				6
绳纹					3				3
篮纹	11		3		4				18
麻点纹					18				18
戳印纹					1				1
附加堆纹					1				1

（3）H151③层

出土陶片见下表（表 4-600）。

（4）H151④层

出土少量陶片，以腹部残片为主，可辨器形有双耳罐、双錾罐（表 4-601、602）。

双耳罐　2件。

标本H151④：1，泥质红陶。侈口，尖唇，高领，束颈，鼓腹，底残。拱形单耳，素面。口径 11、残高 9.4 厘米（图 4-368，12）。

标本H151④：3，夹砂橙黄陶。侈口，方唇，矮领，束颈，圆腹，底残。连口拱形双耳。耳上端口沿处呈锯齿状，腹部饰麻点纹。口径13.2、残高8厘米（图4-368，13）。

表4-600　H151③层陶片统计表

纹饰	陶质	泥质				夹砂				合计
	陶色	橙黄	灰	红	灰底黑彩	橙黄	灰	红	褐	
素面		4	2	3		6				15
绳纹						4				4
篮纹		9				1				10
麻点纹						15				15

表4-601　H151④层器形数量统计表

器形	陶质	泥质				夹砂				合计
	陶色	红	橙黄	灰	黑	红	橙黄	灰	黑	
双耳罐		1					1			2
双錾罐			1							1

表4-602　H151④层陶片统计表

纹饰	陶质	泥质				夹砂				合计
	陶色	橙黄	灰	红	灰底黑彩	橙黄	灰	红	褐	
素面		15	4	3		18				40
绳纹						5				5
篮纹		9	5	2		1				17
麻点纹						23	3			26
篮纹 + 麻点纹						3				3
刻槽纹 + 绳纹		1				1				2
戳印纹 + 绳纹						1				1

双錾罐　1件。

标本H151④：2，泥质橙黄陶。侈口，方唇，上腹斜，下腹残。口沿外侧有一周折棱，上腹有一对錾耳，耳部有横向篮纹，颈部饰竖向绳纹。残高5.2、残宽5.8厘米（图4-368，14）。

（5）H151⑤层

出土陶片见下表（表4-603）。

表4-603　H151⑤层陶片统计表

纹饰	陶质	泥质				夹砂				合计
	陶色	橙黄	灰	红	灰底黑彩	橙黄	灰	红	褐	
素面				1						1
篮纹		1		1						2
麻点纹						2				2

144. H152

H152位于ⅢT1103中部偏西，开口于第④层下，被H136打破（图4-369；彩版一五二，2）。平面呈椭圆形，口部边缘形态较明显，底部边缘形态不明显，剖面呈锅状，斜壁，未见工具痕迹，坑底高低不平。坑口东西2.50、南北1.95、坑底南北1.5、深0.42米。坑内堆积可分三层，第①层厚0~0.18米，土色褐色，土质疏松，包含植物根茎、炭粒、红烧土颗粒，坡状堆积。第②层厚0~0.22米，土色褐色，土质致密，包含炭粒、红烧土颗粒，坡状堆积。第③层厚0~0.14米，土色黄色，土质致密，坡状堆积。

坑内出土少量陶片。

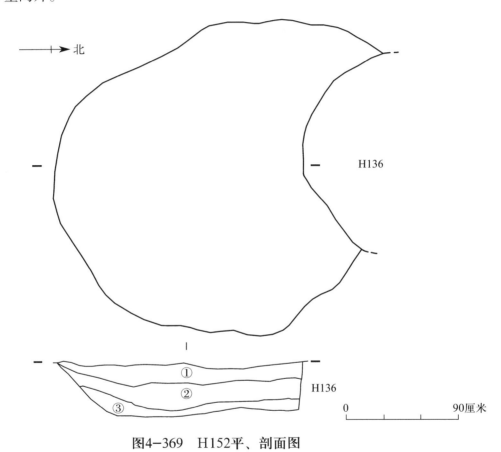

图4-369　H152平、剖面图

（1）H152①层

出土大量陶片，以腹部残片为主，可辨器形有圆腹罐、高领罐、大口罐、器盖，另出土石料1件（表4-604、605）。

表4-604　H152①层器形数量统计表

器形 \ 陶色	泥质				夹砂				合计
	红	橙黄	灰	黑	红	橙黄	灰	黑	
圆腹罐					1	6			7
大口罐					1				1
高领罐		1							1

表4-605　H152①层陶片统计表

纹饰 ＼ 陶质・陶色	泥质				夹砂				合计
	橙黄	灰	红	灰底黑彩	橙黄	灰	红	褐	
素面	23	5			32				60
绳纹							1		1
篮纹	25		6		35				66
麻点纹					96		3		99
篮纹＋麻点纹					2				2
附加堆纹＋麻点纹					1				1
抹断绳纹					1				1

圆腹罐　7件。

标本H152①：3，夹砂橙黄陶。侈口，圆唇，高领，束颈，上腹斜弧，下腹残。颈部饰斜向篮纹，上腹饰麻点纹，有烟炱。口径13.6、残高10.6厘米（图4-370，1）。

标本H152①：5，夹砂橙黄陶。侈口，圆唇，高领，束颈，圆腹，平底。颈部饰斜向篮纹，腹部饰麻点纹。口径16.6、高22.2、底径12.4厘米（图4-370，2）。

标本H152①：6，夹砂橙黄陶。侈口，尖唇，上腹斜弧，下腹残。腹部饰斜向绳纹。残高5.3、残宽7.3厘米（图4-370，3）。

标本H152①：7，夹砂橙黄陶。侈口，圆唇，高领，束颈，颈部以下残。颈部饰斜向篮纹，有烟炱。口径13.5、残高7厘米（图4-370，4）。

标本H152①：8，夹砂橙黄陶。侈口，方唇，高领，束颈，颈部以下残。唇面呈凹槽状，颈部饰斜向篮纹，有烟炱。残高5.6、残宽8.3厘米（图4-370，5）。

标本H152①：9，夹砂红陶。侈口，圆唇，矮领，束颈，颈部以下残。颈部饰横向篮纹，有烟炱。残高4.2、残宽7.5厘米（图4-370，6）。

标本H152①：11，夹砂橙黄陶。侈口，圆唇，高领，束颈，上腹斜，下腹残。颈部饰横向篮纹，上腹饰麻点纹。残高6.3、残宽7厘米（图4-370，7）。

高领罐　1件。

标本H152①：10，泥质橙黄陶。喇叭口，平沿，尖唇，高领，束颈，颈部以下残。口沿外侧有一周折棱，颈部饰斜向篮纹。残高5、残宽12.5厘米（图4-370，8）。

大口罐　1件。

标本H152①：4，夹砂红陶。直口，方唇，上腹直，下腹残。口沿外侧饰一周附加泥条，泥条之上饰斜向刻划纹，腹部饰麻点纹。残高4.2、残宽8厘米（图4-370，9）。

器盖　1件。

标本H152①：2，夹砂红陶。敞口，方唇，弧面，柄残，面部边缘饰横向绳纹，直径18.8、残高3.4厘米（图4-370，10）。

石料　1件。

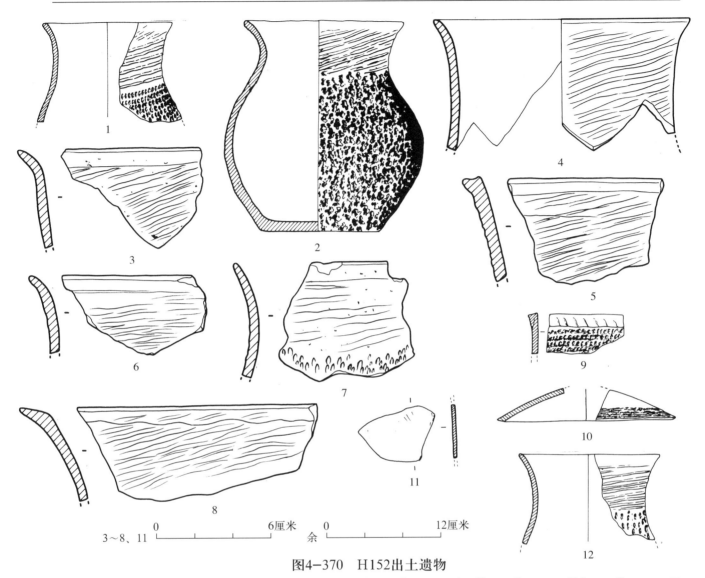

图4-370 H152出土遗物

1～7、12.圆腹罐H152①：3、5～9、11、H152②：1 8.高领罐H152①：10 9.大口罐H152①：4 10.器盖H152①：2 11.石料H152①：1

标本H152①：1，页岩。整体较平整，制作小石器材料。残长4、残宽2.9厘米（图4-370，11）。

（2）H152②层

出土少量陶片，以腹部残片为主，可辨器形有圆腹罐（表4-606、607）。

圆腹罐 1件。

表4-606 H152②层器形数量统计表

器形 \ 陶质 \ 陶色	泥质				夹砂				合计
	红	橙黄	灰	黑	红	橙黄	灰	黑	
圆腹罐					1				1

标本H152②：1，夹砂红陶。侈口，圆唇，高领，束颈，上腹斜弧，下腹残。颈部饰横向篮纹，上腹饰麻点纹。口径14.8、残高9.2厘米（图4-370，12）。

表4-607　H152②层陶片统计表

纹饰＼陶质・陶色	泥质				夹砂				合计
	橙黄	灰	红	灰底黑彩	橙黄	灰	红	褐	
素面	1		1						2
篮纹							1		1
麻点纹					10				10
绳纹＋麻点纹					1				1

145. H153

H153位于ⅢT1101西南部，开口于第④层下，被H108打破（图4-371；彩版一五三，4）。平面呈圆形，口部边缘形态明显，底部边缘形态明显，剖面呈筒状，斜直壁，未见工具痕迹，底

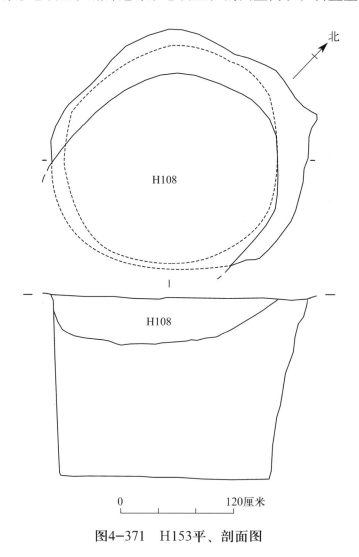

图4-371　H153平、剖面图

部平整。坑口 2.70、坑底 2.24、深 1.92 米。坑内堆积不分层，土色褐色，土质疏松，包含兽骨，水平状堆积。

坑内出土大量陶片，以腹部残片为主，可辨器形有圆腹罐、高领罐、敛口罐、罐腹底、盆、尊、器盖，另出土石刀、骨器各 1 件（表 4-608、609）。

表4-608 H153器形数量统计表

器形 \ 陶质·陶色	泥质				夹砂				合计
	红	橙黄	灰	黑	红	橙黄	灰	黑	
双鋬罐	1								1
尊	1								1
圆腹罐					3	1			4
敛口罐							1		1
罐腹底						1			1
盆	2	2							4
高领罐			1						1

表4-609 H153陶片统计表

纹饰 \ 陶质·陶色	泥质				夹砂				合计
	橙黄	灰	红	灰底黑彩	橙黄	灰	红	褐	
素面	97	6	13		75				191
绳纹					61		2		63
篮纹	66	3	10						79
麻点纹					114		2		116
刻划纹		1			2				3
附加堆纹 + 麻点纹					4				4
篮纹 + 绳纹			1				1		2
刻槽纹					1				1
交错篮纹	3								3

圆腹罐 4 件。

标本H153：5，夹砂红陶。侈口，尖唇，高领，束颈，颈部以下残。素面。残高 4.8、残宽 6.6 厘米（图 4-372，2）。

标本H153：6，夹砂红陶。侈口，圆唇，高领，束颈，颈部以下残。颈部饰横向篮纹。残高 5.2、残宽 6 厘米（图 4-372，3）。

标本H153：7，夹砂红陶。侈口，圆唇，束颈，颈部以下残。口沿外侧饰一周折棱，颈部饰麻点纹。残高 3.4、残宽 6.8 厘米（图 4-372，4）。

标本H153：8，夹砂橙黄陶。敛口，方唇，上腹圆，下腹残。口沿外侧有一附加泥饼，泥饼下饰一周凹槽，腹部饰麻点纹。残高 13.2、残宽 15.6 厘米（图 4-372，5）。

高领罐 1 件。

标本H153：14，泥质灰陶。喇叭口，方唇，高领，束颈，颈部以下残。口沿外侧饰一周折棱，颈部素面。残高4.2、残宽4.8厘米（图4-372，6）。

双鋬罐　1件。

标本H153：3，泥质红陶。近直口，方唇，上腹斜直，下腹残。双鋬耳，鋬耳及腹部饰竖向绳纹。残高6.2、残宽7.2厘米（图4-372，7）。

敛口罐　1件。

标本H153：10，夹砂灰陶。敛口，尖唇，上腹圆，下腹残。口沿外侧有一周折棱，通体饰麻点纹。残高3.2、残宽6厘米（图4-372，8）。

罐腹底　1件。

标本H153：9，夹砂橙黄陶。上腹残，下腹斜弧，平底。腹部饰竖向绳纹。残高3.8、底径8.6厘米（图4-372，9）。

盆　4件。

标本H153：11，泥质红陶。敞口，平折沿，方唇，斜直腹，底残。腹部饰横向篮纹。残高3.2、残宽9.6厘米（图4-372，10）。

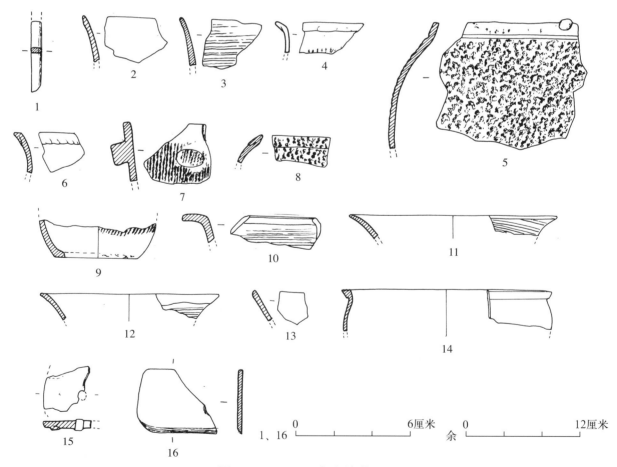

图4-372　H153出土遗物

1.骨器H153：1　2～5.圆腹罐H153：5～8　6.高领罐H153：14　7、8.敛口罐H153：3、10　9.罐腹底H153：9　10～13.盆H153：11～13、15　14.尊H153：4　15.器盖H153：16　16.石刀H153：2

标本H153：12，泥质橙黄陶。敞口，圆唇，斜弧腹，底残。腹部饰斜向篮纹。口径21.6、残高2.4厘米（图4-372，11）。

标本H153：13，泥质橙黄陶。敞口，圆唇，斜弧腹，底残。腹部饰横向篮纹。口径18.8、残高2.8厘米（图4-372，12）。

标本H153：15，泥质红陶。敞口，圆唇，斜直腹，底残。素面。残高3.4、残宽3.2厘米（图4-372，13）。

尊　1件。

标本H153：4，泥质红陶。侈口，方唇，上腹鼓，下腹残。素面，唇面有两道凹槽，口沿外侧呈凸棱状，腹部素面。口径21.8、残高4.4厘米（图4-372，14）。

器盖　1件。

标本H153：16，夹砂橙黄陶。边缘圆弧，纽部残，残断处有一残孔，素面。残长5、残宽5、厚0.8厘米（图4-372，15）。

石刀　1件。

标本H153：2，残损，页岩。平基部，单面磨刃，残断处有一残孔。刃残长4厘米，刃角39°，器身残长4.3、宽3.3厘米（图4-372，16）。

骨器　1件。

标本H153：1，动物肢骨磨制而成，呈扁平状，截断面呈长方形，尾端残，斜刃。残长3.7、宽0.6、厚0.3厘米（图4-372，1；彩版一五三，3）。

146. H154

H154位于ⅢT1105南部，开口H135下（图4-373；彩版一五四，1）。平面近圆形，口、底部边缘形态明显，剖面呈袋状，弧壁，未见工具痕迹，底部平整。坑口南北1.64、东西1.64、坑底东西2.04、深2.24米。坑内堆积可分六层，第①层厚0.22～0.38米，土色浅灰，土质疏松，包含炭粒、红烧土颗粒、草木灰、石块、兽骨，坡状堆积。第②层厚0.12～0.36米，土色褐色，土质疏松，包含炭粒、红烧土颗粒、草木灰、石块、兽骨，坡状堆积。第③层厚0.20～0.32米，土色灰色，土质疏松，包含炭粒、红烧土颗粒、草木灰、石块、兽骨，坡状堆积。第④层厚0.26～0.60米，土色褐色，土质疏松，包含炭粒、红烧土颗粒、草木灰，少量白灰皮、石块、兽骨，坡状堆积。第⑤层厚0.24～0.66米，土色深灰，土质疏松，包含炭粒、草木灰、石块、兽骨，坡状堆积。第⑥层厚0.20～0.58米，土色浅灰，土质疏松，包含炭粒、草木灰、石块、兽骨，坡状堆积。

坑内出土大量陶片。

（1）H154①层

出土少量陶片，以腹部残片为主，可辨器形有三耳罐，另出土陶刀、陶纺轮、兽角各1件（表4-610、611）。

三耳罐　1件。

标本H154①：2，泥质褐陶。侈口，圆唇，高领，束颈，鼓腹，平底。连口拱形双耳，耳

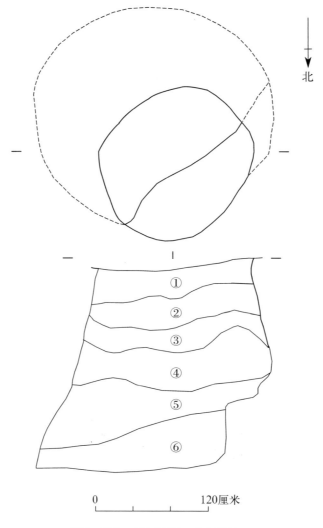

图4-373　H154平、剖面图

面饰竖向篮纹，器表素面磨光且有烟炱。口径6.8、高6.4、底径3.2厘米（图4-374，1；彩版一五四，2）。

　　陶刀　1件。

　　标本H154①：4，泥质橙黄陶。陶片制作而成，平基部，双面磨刃，近刃部有一斜钻孔。刃残长4厘米，刃角54°，器身残长4.8、宽3.5厘米（图4-374，2）。

　　陶纺轮　1件。

　　标本H154①：3，夹砂灰陶。呈截锥状，器表整体素面磨光，器体边缘残损，在器身中心位置有一管钻孔，外孔径1、内孔径0.7、直径6.4、厚2.5厘米（图4-374，3；彩版一五四，3）。

表4-610　H154①层器形数量统计表

陶质	泥质				夹砂				合计
器形 陶色	红	橙黄	灰	黑	红	橙黄	灰	黑	
三耳罐	1								1

表4-611　H154①层陶片统计表

纹饰＼陶质／陶色	泥质				夹砂				合计
	橙黄	灰	红	灰底黑彩	橙黄	灰	红	褐	
素面	6		5		5				16
绳纹	2								2
篮纹	14	5			8				27
麻点纹					17				17
篮纹＋麻点纹					1				1

兽角　1件。

标本H154①：1，有两个枝杈，两个分枝均磨制，长枝尖端有一周凹槽，短枝尖端磨制圆弧，角总长 10.2、主枝直径 1.6 厘米（图4-374，4；彩版一五四，4）。

（2）H154②层

出土大量陶片，以腹部残片为主，可辨器形有圆腹罐、花边罐、双耳罐、盆、器盖（表4-612、613）。

表4-612　H154②层器形数量统计表

器形＼陶质／陶色	泥质				夹砂				合计
	红	橙黄	灰	黑	红	橙黄	灰	黑	
双耳罐					1				1
花边罐					2	2			4
盆	1	2							3
圆腹罐						2			2

表4-613　H154②层陶片统计表

纹饰＼陶质／陶色	泥质				夹砂				合计
	橙黄	灰	红	灰底黑彩	橙黄	灰	红	褐	
素面	30		7		9			6	52
绳纹	2		1		14				17
篮纹	23	3	8		39		1		74
麻点纹					36				36
附加堆纹					7				7
附加堆纹＋篮纹					1				1
席纹					1				1

圆腹罐　2件。

标本H154②：4，夹砂橙黄陶。微侈口，方唇，矮领，束颈，上腹斜弧，下腹残。唇面呈凹槽状，口沿外侧与上腹各饰一周附加泥条，泥条之上饰篮纹，有烟炱。残高 6.7、残宽 8.6 厘米（图4-374，5）。

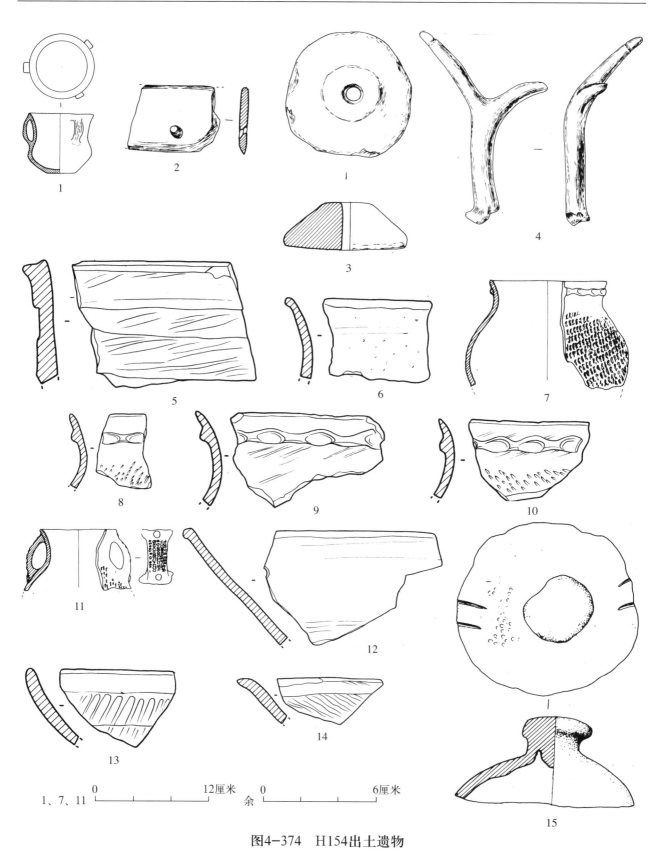

图4-374　H154出土遗物

1.三耳罐H154①：2　2.陶刀H154①：4　3.陶纺轮H154①：3　4.兽角H154①：1　5、6.圆腹罐H154②：4、10　7～10.花边罐H154②：3、6、9、11　11.双耳罐H154②：2　12～14.盆H154②：5、7、8　15.器盖H154②：1

标本H154②:10，夹砂橙黄陶。侈口，圆唇，高领，束颈，颈部以下残。素面。残高4.4、残宽5.6厘米（图4-374，6）。

花边罐 4件。

标本H154②:3，夹砂红陶。侈口，尖唇，矮领，束颈，圆腹，底残。口沿外侧饰一周附加泥条，泥条经手指按压呈波状，腹部饰麻点纹，有烟炱。口径12.2、残高11.4厘米（图4-374，7）。

标本H154②:6，夹砂红陶。侈口，尖唇，高领，束颈，上腹斜，下腹残。口沿外侧饰一周附加泥条，泥条经手指按压呈波状，上腹饰麻点纹，有烟炱。残高4、残宽2.8厘米（图4-374，8）。

标本H154②:9，夹砂橙黄陶。侈口，尖唇，矮领，束颈，颈部以下残。口沿外侧饰一周附加泥条，泥条经手指按压呈波状，颈部饰篮纹，有烟炱。残高5、残宽8.1厘米（图4-374，9）。

标本H154②:11，夹砂橙黄陶。侈口，尖唇，矮领，束颈，颈部以下残。口沿外侧饰一周附加泥条，泥条经手指按压呈波状，颈部饰篮纹，上腹饰麻点纹，有烟炱。残高4.3、残宽6.3厘米（图4-374，10）。

双耳罐 1件。

标本H154②:2，夹砂红陶。侈口，圆唇，矮领，束颈，上腹圆，下腹残。拱形单耳，耳面上下各饰一附加泥饼，中间饰麻点纹，颈部素面，上腹饰麻点纹。口径8、残高6.4厘米（图4-374，11）。

盆 3件。

标本H154②:5，泥质红陶。敞口，方唇，斜弧腹，底残。素面，内壁素面磨光。残高6、残宽9.4厘米（图4-374，12）。

标本H154②:7，泥质橙黄陶。敞口，圆唇，斜弧腹，底残。腹部饰竖向宽篮纹。残高4.1、残宽6.1厘米（图4-374，13）。

标本H154②:8，泥质橙黄陶。敞口，尖唇，斜直腹，底残。腹部饰斜向篮纹。残高2.4、残宽5.6厘米（图4-374，14）。

器盖 1件。

标本H154②:1，夹砂红陶。喇叭状，圆形平顶柄，弧形面部，敞口，斜方唇，边缘有对称的刻划纹，内壁泥条盘筑痕迹明显。器体直径9.4、高4.7厘米（图4-374，15；彩版一五四，5）。

（3）H154③层

出土大量陶片，以腹部残片为主，可辨器形有单耳罐、高领罐、盆（表4-614、615）。

表4-614 H154③层器形数量统计表

器形＼陶质陶色	泥质				夹砂				合计
	红	橙黄	灰	黑	红	橙黄	灰	黑	
盆	1								1
单耳罐	1								1
高领罐			1						1

表4-615　H154③层陶片统计表

纹饰＼陶色＼陶质	泥质				夹砂				合计
	橙黄	灰	红	灰底黑彩	橙黄	灰	红	褐	
素面	36	9	6		30				81
绳纹		1			16				17
篮纹	35	6	7		3				51
麻点纹					66		4		70
刻划纹		1							1
篮纹＋麻点纹							1		1
附加堆纹					4				4
附加堆纹＋麻点纹					3				3
附加堆纹＋绳纹					1				1

单耳罐　1件。

标本H154③：2，泥质红陶。侈口，圆唇，高领，束颈，上腹斜弧，下腹残。拱形单耳，耳面饰竖向篮纹，器表素面。残高6.8、残宽5.1厘米（图4-375，1）。

高领罐　1件。

标本H154③：3，泥质灰陶。喇叭口，平沿，圆唇，高领，束颈，颈部以下残。沿下有一周折棱饰斜向篮纹，颈部素面磨光。残高5.4、残宽8.2厘米（图4-375，2）。

盆　1件。

标本H154③：1，泥质红陶。敞口，方唇，斜腹微弧，平底，底与腹部粘接痕迹明显，腹部素面，沿下有一钻孔。口径27.2、高6.6、底径12厘米（图4-375，3；彩版一五五，1）。

（4）H154④层

出土少量陶片，以腹部残片为主，可辨器形有圆腹罐、花边罐、单耳罐、高领罐、大口罐、盆，另出土陶纺轮、彩陶片、蚌器各1件（表4-616、617）。

圆腹罐　4件。

标本H154④：7，夹砂橙黄陶。侈口，方唇，高领，束颈，颈部以下残。唇面有一周凹槽，口沿外侧有一周折棱，器表饰斜向篮纹，有烟炱。残高7.4、残宽10.2厘米（图4-375，4）。

表4-616　H154④层器形数量统计表

器形＼陶色＼陶质	泥质				夹砂				合计
	红	橙黄	灰	褐	红	橙黄	灰	黑	
单耳罐					1				1
大口罐					1				1
盆	1	2							3
圆腹罐					1	3			4
高领罐			1	1					2
花边罐					3	6			9

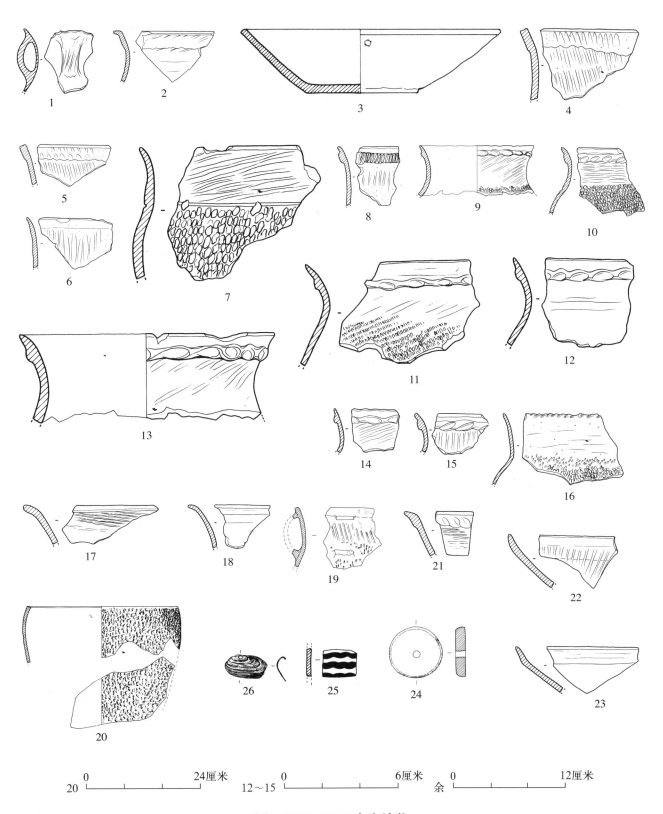

图4-375 H154出土遗物

1、19.单耳罐H154③：2、H154④：3 2、17、18.高领罐H154③：3、H154④：10、22 3.盆H154③：1 4~7.圆腹罐H154④：7、8、9、13 8~16.花边罐H154④：12、14、15、17~21、23 20.大口罐H154④：5 21~23.盆H154④：6、11、16 24.陶纺轮H154④：2 25.彩陶片H154④：4 26.蚌器H154④：1

表4-617　H154④层陶片统计表

纹饰	陶质	泥质				夹砂				合计
	陶色	橙黄	灰	红	灰底黑彩	橙黄	灰	红	褐	
素面		58	11	9		47				125
绳纹		12	2			32	1			47
篮纹		45	16	11		17				89
麻点纹						145	1	4		150
刻划纹		1				7				8
篮纹＋麻点纹						9				9
附加堆纹						11				11
附加堆纹＋麻点纹						22				22
篮纹＋绳纹						1				1
麻点纹＋席纹						1				1
附加堆纹＋绳纹						1				1

标本H154④：8，夹砂橙黄陶。侈口，方唇，高领，束颈，颈部以下残。唇面有一周凹槽，口沿外侧有一周折棱，器表饰斜向篮纹，有烟炱。残高4.4、残宽7.8厘米（图4-375，5）。

标本H154④：9，夹砂红陶。侈口，圆唇，高领，束颈，颈部以下残。颈部饰竖向篮纹，有烟炱。残高5.4、残宽7.8厘米（图4-375，6）。

标本H154④：13，夹砂橙黄陶。侈口，圆唇，矮领，束颈，上腹圆，下腹残。颈部饰横向篮纹，颈腹间有一周凹槽，上腹饰麻点纹，有烟炱。残高14.4、残宽15.1厘米（图4-375，7）。

花边罐　9件。

标本H154④：12，夹砂橙黄陶。侈口，圆唇，高领，束颈，上腹斜，下腹残。口沿外侧饰一周附加泥条，泥条之上饰戳印纹，器表饰篮纹。残高6.2、残宽4.6厘米（图4-375，8）。

标本H154④：14，夹砂橙黄陶。侈口，尖唇，矮领，束颈，上腹斜，下腹残。口沿外侧饰一周附加泥条，泥条经手指按压呈波状，颈部饰斜向篮纹，上腹饰麻点纹，有烟炱。口径12.2、残高5.4厘米（图4-375，9）。

标本H154④：15，夹砂红陶。侈口，尖唇，高领，束颈，上腹圆，下腹残。口沿外侧饰一周附加泥条，泥条之上饰戳印纹，颈部饰横向篮纹，上腹饰麻点纹，有烟炱。残高7.2、残宽6.3厘米（图4-375，10）。

标本H154④：17，夹砂橙黄陶。侈口，尖唇，矮领，束颈，上腹圆，下腹残。口沿外侧饰一周附加泥条，泥条经手指按压呈波状，颈部饰篮纹，上腹饰麻点纹，有烟炱。残高10.8、残宽13.2厘米（图4-375，11）。

标本H154④：18，夹砂橙黄陶。侈口，尖唇，高领，束颈，上腹斜，下腹残。口沿外侧饰一周附加泥条，泥条经手指按压呈波状，器表素面，有烟炱。残高4.6、残宽4.6厘米（图4-375，12）。

标本H154④：19，夹砂红陶。侈口，尖唇，高领，束颈，颈部以下残。口沿外侧饰一周附加泥条，泥条经手指按压呈波状，颈部饰斜向篮纹，纹饰被抹平，有烟炱。口径13.4、残高4.6厘米（图4-375，13）。

标本H154④：20，夹砂橙黄陶。侈口，圆唇，高领，束颈，颈部以下残。口沿外侧饰一周附加泥条，泥条经手指按压呈波状，颈部饰斜向篮纹，有烟炱。残高4.7、残宽5厘米（图4-375，14）。

标本H154④：21，夹砂红陶。侈口，方唇，高领，束颈，颈部以下残。口沿外侧饰一周附加泥条，泥条之上饰斜向戳印纹，颈部饰竖向篮纹。残高4.4、残宽5.6厘米（图4-375，15）。

标本H154④：23，夹砂橙黄陶。侈口，锯齿唇，高领，微束颈，上腹斜弧，下腹残。颈部饰横向篮纹，上腹饰麻点纹，有烟炱。残高7.6、残宽10.2厘米（图4-375，16）。

高领罐 2件。

标本H154④：10，泥质褐陶。喇叭口，圆唇，高领，束颈，颈部以下残。沿下饰横向篮纹，颈部素面。残高4.2、残宽9.2厘米（图4-375，17）。

标本H154④：22，泥质灰陶。喇叭口，平沿，圆唇，高领，束颈，颈部以下残。素面磨光。残高4.7、残宽5.9厘米（图4-375，18）。

单耳罐 1件。

标本H154④：3，夹砂红陶。侈口，方唇，高领，束颈，上腹斜，下腹残。桥形残耳，沿外侧有一周折棱，颈部饰斜向篮纹，上腹饰麻点纹。残高12.2、残宽13.2厘米（图4-375，19）。

大口罐 1件。

标本H154④：5，夹砂红陶。敛口，方唇，斜弧腹，底残。通体饰麻点纹，有烟炱。口径31.8、残高26厘米（图4-375，20）。

盆 3件。

标本H154④：6，泥质红陶。敞口，平沿，圆唇，斜弧腹，底残。口沿外侧饰一周折棱，腹部饰横向篮纹，内壁素面磨光。残高4.8、残宽4..1厘米（图4-375，21）。

标本H154④：11，泥质橙黄陶。敞口，圆唇，斜弧腹，底残。口沿外侧有一周折棱，腹部饰斜向宽篮纹，内壁素面磨光，有烟炱。残高5.5、残宽8.4厘米（图4-375，22）。

标本H154④：16，泥质橙黄陶。敞口，圆唇，上腹折，下腹斜直，底残。口沿外侧素面磨光，腹部饰竖向宽篮纹，内壁素面磨光。残高5、残宽9.7厘米（图4-375，23）。

陶纺轮 1件。

标本H154④：2，泥质橙黄陶。呈圆饼状，器表光滑，局部有烟炱痕迹，器身中心位置有一管钻孔，孔径0.8、器身直径5.7、厚1.1厘米（图4-375，24；彩版一五五，2）。

彩陶片 1件。

标本H154④：4，泥质红陶。素面磨光，器表饰三条横向水波纹黑彩。残高3、残宽3.6厘米（图4-375，25）。

蚌器 1件。

标本H154④：1，由蚌壳制成，为装饰所用，在贝壳顶端边缘有一圆形钻孔，贝壳一头残损，孔径0.3、现残长4.5、宽2.5厘米（图4-375，26）。

（5）H154⑤层

出土大量陶片，以腹部残片为主，可辨器形有圆腹罐、花边罐、高领罐、盆、尖底瓶、斝，另出土石凿2件、骨锥、骨匕、骨器各1件（表4-618、619）。

表4-618　H154⑤层器形数量统计表

器形 ＼ 陶质／陶色	泥质				夹砂				合计
	红	橙黄	灰	黑	红	橙黄	灰	黑	
斝		1							1
高领罐	2	1	3						6
盆	1	1				2			4
圆腹罐		1				3			4
尖底瓶		1							1
花边罐					1	2			3

表4-619　H154⑤层陶片统计表

纹饰 ＼ 陶质／陶色	泥质				夹砂				合计
	橙黄	灰	红	灰底黑彩	橙黄	灰	红	白	
素面	40	7	7		44				98
绳纹	4		2		42				48
篮纹	37	10	8		11	1			67
麻点纹					72				72
刻划纹		1			1				2
席纹					2				2
附加堆纹＋绳纹					1				1
交错篮纹					1				1

圆腹罐　4件。

标本H154⑤：8，夹砂橙黄陶。侈口，方唇，矮领，微束颈，上腹斜弧，下腹残。唇面有一周凹槽，口沿外侧有一周折棱，上腹饰竖向篮纹。残高5.4、残宽9.3厘米（图4-376，1）。

标本H154⑤：14，泥质橙黄陶。侈口，圆唇，矮领，束颈，上腹斜，下腹残。器表素面。残高4.6、残宽4.6厘米（图4-376，2）。

标本H154⑤：15，夹砂橙黄陶。侈口，圆唇，矮领，束颈，上腹斜，下腹残。颈部素面，上腹饰麻点纹，有烟炱。残高5、残宽7.8厘米（图4-376，3）。

标本H154⑤：23，夹砂橙黄陶。侈口，圆唇，高领，束颈，颈部以下残。颈部素面且有刮抹痕迹，有烟炱。残高5.5、残宽6.4厘米（图4-376，4）。

花边罐　3件。

标本H154⑤：21，夹砂红陶。侈口，尖唇，高领，束颈，颈部以下残。口沿外侧饰一周附加泥条，泥条经手指按压呈波状，颈部饰斜向绳纹，有烟炱。残高5.6、残宽9.2厘米（图4-376，5）。

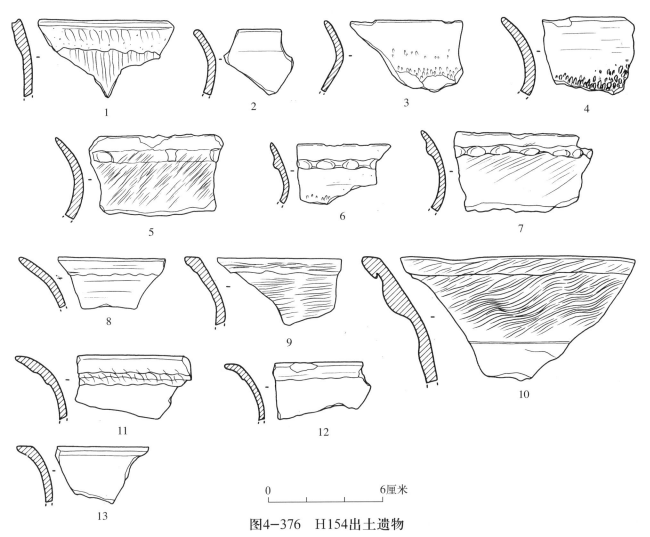

图4-376 H154出土遗物

1~4.圆腹罐H154⑤：8、14、15、23 5~7.花边罐H154⑤：21、22、24 8~13.高领罐H154⑤：9、11~13、16、19

标本H154⑤：22，夹砂橙黄陶。侈口，圆唇，矮领，束颈，颈部以下残。口沿外侧饰一周附加泥条，泥条经手指按压呈波状，颈部素面，有烟炱。残高4.1、残宽6.4厘米（图4-376，6）。

标本H154⑤：24，夹砂橙黄陶。侈口，尖唇，矮领，束颈，颈部以下残。口沿外侧饰一周附加泥条，泥条经手指按压呈波状，颈部饰斜向篮纹，有烟炱。残高9.8、残宽5.6厘米（图4-376，7）。

高领罐 6件。

标本H154⑤：9，泥质灰陶。喇叭口，尖唇，高领，束颈，颈部以下残。口沿外侧有一周折棱，颈部饰竖向篮纹，内壁素面磨光。残高3.6、残宽7.3厘米（图4-376，8）。

标本H154⑤：11，泥质红陶。喇叭口，方唇，高领，束颈，颈部以下残。口沿外侧有一周折棱，器表饰斜向篮纹。残高4.6、残宽8.6厘米（图4-376，9）。

标本H154⑤：12，泥质橙黄陶。喇叭口，方唇，高领，束颈，颈部以下残。口沿外侧有一周折棱，沿下饰斜向篮纹，颈部及内壁素面磨光，陶器烧制变形。残高8.6、残宽16.4厘米（图4-376，10）。

标本H154⑤：13，泥质红陶。喇叭口，圆唇，高领，束颈，颈部以下残。口沿外侧有一周折棱，上颈部饰一周附加泥条，泥条经手指按压呈波状，颈部及内壁素面磨光。残高4.4、残宽8厘米（图4-376，11）。

标本H154⑤：16，泥质灰陶。喇叭口，平沿，圆唇，高领，束颈，颈部以下残。口沿外侧有一周折棱，颈部及内壁素面磨光。残高4、残宽6.8厘米（图4-376，12）。

标本H154⑤：19，泥质灰陶。喇叭口，窄平沿，尖唇，高领，束颈，颈部以下残。素面磨光。残高4、残宽6.5厘米（图4-376，13）。

盆　4件。

标本H154⑤：10，泥质橙黄陶。敞口，圆唇，斜弧腹，底残。口沿外侧饰一周附加泥条，泥条经手指按压呈波状，腹部素面。残高4.3、残宽7.3厘米（图4-377，1）。

标本H154⑤：17，夹砂橙黄陶。敞口，方唇，斜弧腹，底残。口沿外侧饰一周折棱，腹部饰麻点纹。残高5.3、残宽9.6厘米（图4-377，2）。

标本H154⑤：18，泥质红陶。敞口，窄平沿，尖唇，斜直腹，底残。口沿外侧有一周折棱，腹部素面有刮抹痕迹，内壁素面磨光。残高4.5、残宽7.2厘米（图4-377，3）。

标本H154⑤：25，夹砂橙黄陶。敞口，圆唇，斜腹微弧，底残。口沿外侧饰一周附加泥条，泥条经手指按压呈波状，腹部饰麻点纹。残高4.2、残宽5厘米（图4-377，4）。

尖底瓶　1件。

标本H154⑤：20，泥质橙黄陶。侈口，平沿，尖唇，高领，束颈，颈部以下残。器表素面。残高7、残宽12厘米（图4-377，5）。

器纽　1件。

标本H154⑤：3，泥质红陶。椭圆形平顶，顶部饰绳纹，直径4、残高3.8厘米（图4-377，6）。

䰾足　1件。

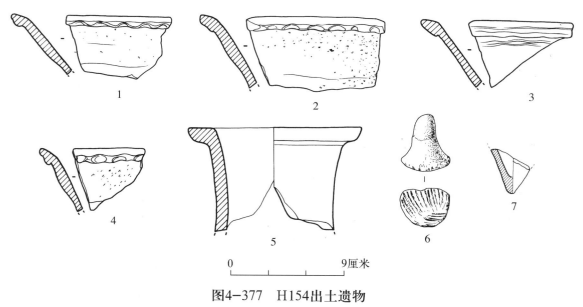

0　　　　　　　　9厘米

图4-377　H154出土遗物

1~4.盆H154⑤：10、17、18、25　5.尖底瓶H154⑤：20　6.器纽H154⑤：3　7.䰾足H154⑤：7

标本H154⑤：7，泥质橙黄陶。牛角状空心足。素面。残高6.2、残宽5.4厘米（图4-377，7）。

石凿 2件。

标本H154⑤：2，石英岩。长条状，平基部，基部有击打痕迹，两侧边平直，双面磨刃。刃长0.8厘米，刃角48°，器身长6.3、宽1、厚0.5厘米（图4-378，1；彩版一五五，3）。

标本H154⑤：4，石英岩。长条状，平基部，两侧边平直，双面磨刃。刃长0.6厘米，刃角62°，器身长5.8、宽0.7、厚0.6厘米（图4-378，2；彩版一五五，4）。

骨锥 1件。

标本H154⑤：6，动物骨骼磨制而成，呈圆柱状，两端均为磨制尖部，一端略宽。长10.7、宽1.3、厚0.4厘米（图4-378，4；彩版一五五，5）。

骨匕 1件。

标本H154⑤：1，动物骨骼磨制而成，宽平体，两面平坦磨光，一端呈舌状刃部，一端微斜直。长7.9、宽1.2、厚0.3厘米（图4-378，5）。

骨器 1件。

标本H154⑤：5，动物肢骨磨制，两端均残，尾端厚，前端磨制成尖。残长7.8、宽1.2厘米

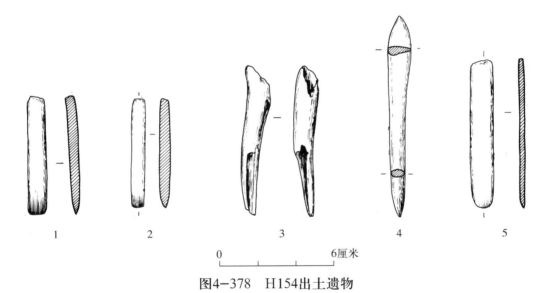

0   6厘米

图4-378 H154出土遗物

1、2.石凿H154⑤：2、4 3.骨器H154⑤：5 4.骨锥H154⑤：6 5.骨匕H154⑤：1

（图4-378，3）。

（6）H154⑥层

出土大量陶片，以腹部残片为主，可辨器形有圆腹罐、花边罐、单耳罐、双耳罐、高领罐、盆、鬶足，另出土石镞、鹿角、骨器各1件（表4-620、621）。

圆腹罐 4件。

标本H154⑥：8，夹砂橙黄陶。侈口，尖唇，高领，束颈，颈部以下残。口沿外侧有一周折棱，颈部饰竖向绳纹。残高5.8、残宽6.9厘米（图4-379，1）。

标本H154⑥：11，夹砂灰陶。侈口，方唇，高领，束颈，上腹斜，下腹残。颈部素面，上腹

饰麻点纹。残高 7.2、残宽 9.3 厘米（图 4-379，2）。

标本 H154⑥：12，夹砂橙黄陶。侈口，圆唇，高领，束颈，上腹圆，下腹残。器表饰麻点纹，有烟炱。残高 9.9、残宽 11.3 厘米（图 4-379，3）。

表4-620　H154⑥层器形数量统计表

器形 \ 陶质陶色	泥质				夹砂				合计
	红	橙黄	灰	黑	红	橙黄	灰	黑	
双耳罐					1				1
斝						1			1
盆	1	2							3
花边罐						4			4
圆腹罐						3	1		4
高领罐		1							1
单耳罐		1							1

表4-621　H154⑥层陶片统计表

纹饰 \ 陶质陶色	泥质				夹砂				合计
	橙黄	灰	红	白	橙黄	灰	红	褐	
素面	48	7	7		27				89
绳纹					30				30
篮纹	36	9			13	1			59
麻点纹					49				49
附加堆纹					1				1
麻点纹 + 弦纹					1				1
篮纹 + 麻点纹						1			1
附加堆纹 + 戳印纹					1				1

标本 H154⑥：15，夹砂橙黄陶。侈口，圆唇，高领，束颈，上腹圆，下腹残。颈部素面，上腹饰麻点纹，有烟炱。残高 9、残宽 8.5 厘米（图 4-379，4）。

花边罐　4件。

标本 H154⑥：7，夹砂橙黄陶。侈口，锯齿唇，高领，微束颈，上腹圆，下腹残。颈部饰斜向篮纹，上腹饰麻点纹。残高 9.4、残宽 8 厘米（图 4-379，5）。

标本 H154⑥：13，夹砂橙黄陶。侈口，方唇，矮领，束颈，颈部以下残。口沿外侧饰一周附加泥条，泥条之上饰斜向戳印纹，颈部饰竖向篮纹，有烟炱。残高 3.5、残宽 5.6 厘米（图 4-379，6）。

标本 H154⑥：14，夹砂橙黄陶。侈口，唇残，矮领，束颈，颈部以下残。口沿外侧饰一周附加泥条，泥条经手指按压呈波状，颈部饰斜向篮纹，有烟炱。残高 5、残宽 7 厘米（图 4-379，7）。

标本 H154⑥：17，夹砂橙黄陶。侈口，圆唇，矮领，束颈，上腹斜，下腹残。口沿外侧饰一周附加泥条，泥条经手指按压呈波状，颈部及上腹饰麻点纹，有烟炱。残高 5.4、残宽 7.5 厘米

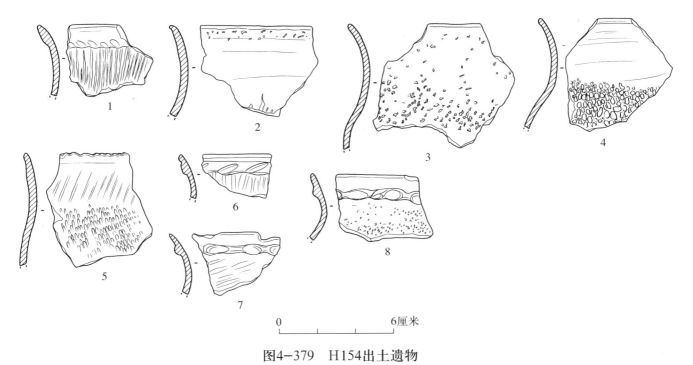

图4-379　H154出土遗物

1～4.圆腹罐H154⑥：8、11、12、15　5～8.花边罐H154⑥：7、13、14、17

（图4-379，8）。

双耳罐　1件。

标本H154⑥：4，夹砂红陶。侈口，方唇，高领，束颈，上腹圆，下腹残。连口拱形双耳。耳部顶端饰戳印纹，耳面饰两条竖向附加泥条，泥条经手指按压呈波状，上腹饰麻点纹。口径22.8、残高6.2厘米（图4-380，1）。

单耳罐　1件。

标本H154⑥：18，夹砂橙黄陶。侈口，方唇，口沿以下残。连口桥形耳，耳上端饰戳印纹，耳面饰麻点纹，有烟炱。残高4、残宽6.9厘米（图4-380，2）。

高领罐　1件。

标本H154⑥：16，泥质橙黄陶。喇叭口，尖唇，高领，束颈，颈部以下残。口沿外侧饰一周折棱，颈部及内壁素面磨光。残高6.9、残宽6.4厘米（图4-380，3）。

盆　3件。

标本H154⑥：6，泥质红陶。敞口，圆唇，斜弧腹，底残。腹部素面，内壁素面磨光。残高9.4、残宽7.9厘米（图4-380，4）。

标本H154⑥：9，泥质橙黄陶。敞口，折沿，圆唇，斜弧腹，底残。口沿外侧饰一周折棱，腹部饰横向篮纹，内壁素面磨光。残高5.4、残宽10厘米（图4-380，5）。

标本H154⑥：10，泥质橙黄陶。敞口，窄平沿，圆唇，斜直腹，底残。口沿外侧有一周折棱，器表饰斜向篮纹，内壁素面磨光。残高4.2、残宽11.1厘米（图4-380，6）。

鬲足　1件。

标本H154⑥：5，夹砂橙黄陶。牛角状空心足，素面，有烟炱。残高3.7、残宽3.5厘米（图

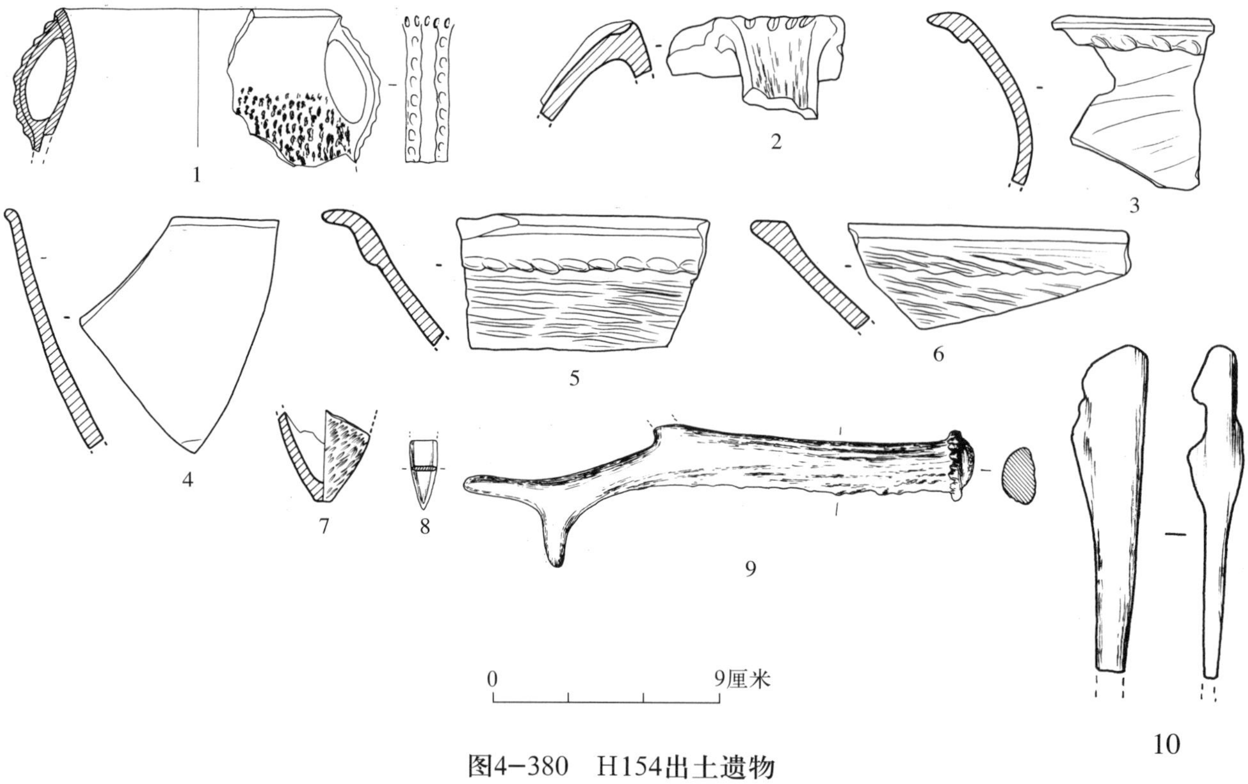

图4-380　H154出土遗物

1.双耳罐H154⑥：4　2.单耳罐H154⑥：18　3.高领罐H154⑥：16　4～6.盆H154⑥：6、9、10　7.斝H154⑥：5　8.石镞H154⑥：1　9.鹿角H154⑥：2　10.骨器H154⑥：3

4-380，7）。

石镞　1件。

标本H154⑥：1，页岩。器体呈扁三角形，两侧边缘均为双面磨制的刃部，尖部较尖锐，尾端平整。长2.8、宽1.1、厚0.2厘米（图4-380，8）。

骨器　1件。

标本H154⑥：3，动物骨骼磨制，扁平状，上宽下窄，表面有磨制痕迹。残长6.6、宽1.4厘米（图4-380，10）。

鹿角　1件。

标本H154⑥：2，灰白色，三个枝杈，有一个残损，上面两个枝有磨痕，其他部分保留原角的棱和纹理，总长20.2、主干直径2.4厘米（图4-380，9；彩版一五五，6）。

147. H155

H155位于ⅢT1201西部，开口于第④层下（图4-381）。平面呈不规则状，口部边缘形态明显，底部边缘形态不明显，剖面呈锥形，斜弧壁，未见工具痕迹，坑底呈锅底状。坑口南北3.40、东西2.60、深1.20米。坑内堆积可分四层，第①层厚0.17～0.50米，土色黄色，土质疏松，凹镜状堆积。第②层厚0～0.18米，土色褐色，土质疏松，凹镜状堆积。第③层厚0～0.26米，土色浅灰，土质致密，凹镜状堆积。第④层厚0～0.30米，土色褐色，土质疏松，凹镜状堆积。

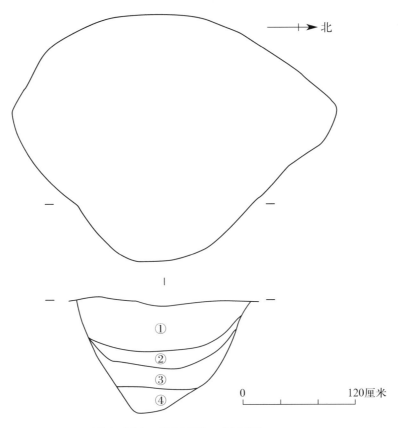

图4-381　H155平、剖面图

坑内出土大量陶片。

（1）H155①层

出土少量陶片，以腹部残片为主，可辨器形有花边罐、盆，另出土石锛1件（表4-622、623）。

表4-622　H155①层器形数量统计表

器形 \ 陶质 陶色	泥质				夹砂				合计
	红	橙黄	灰	黑	红	橙黄	灰	黑	
花边罐						1			1
盆		1							1

表4-623　H155①层陶片统计表

纹饰 \ 陶质 陶色	泥质				夹砂				合计
	橙黄	灰	红	灰底黑彩	橙黄	灰	红	褐	
素面	8				1				9
绳纹	3				6				9
篮纹	4								4
麻点纹					1				1
附加堆纹					1				1

花边罐　1件。

标本H155①：2，夹砂橙黄陶。侈口，圆唇，高领，束颈，颈部以下残。口沿外侧饰一周附加泥条，泥条之上饰斜向戳印纹，颈部素面。口径14、残高8.4厘米（图4-382，1）。

盆　1件。

标本H155①：3，泥质橙黄陶。敞口，圆唇，斜直腹，底残。腹部饰横向篮纹，内壁素面磨光。残高5、残宽5.7厘米（图4-382，2）。

石锛　1件。

标本H155①：1，石英岩。长方形，器身通体磨光且有轻微刮痕，弧形基部，基部有明显使用击打痕迹，两侧边圆弧，双面刃，刃部残损，基宽3.8、厚2厘米。刃长3.4厘米，刃角73.3°，器身长15.5、宽4.1、厚2.1厘米（图4-382，3）。

（2）H155②层

出土少量陶片，以腹部残片为主，可辨器形有圆腹罐（表4-624、625）。

圆腹罐　3件。

标本H155②：1，夹砂橙黄陶。侈口，圆唇，高领，束颈，颈部以下残。颈部素面，有烟炱。残高5.5、残宽8.8厘米（图4-382，4）。

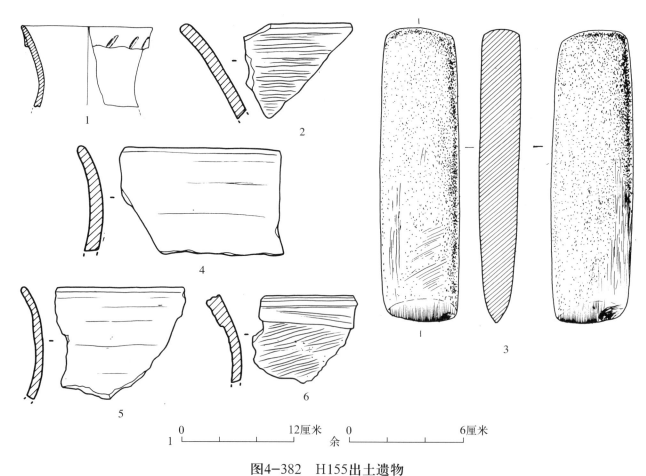

图4-382　H155出土遗物

1.花边罐H155①：2　2.盆H155①：3　3.石锛H155①：1　4～6.圆腹罐H155②：1～3

表4-624　H155②层器形数量统计表

器形＼陶质＼陶色	泥质				夹砂				合计
	红	橙黄	灰	黑	红	橙黄	灰	黑	
圆腹罐						3			3

表4-625　H155②层陶片统计表

纹饰＼陶质＼陶色	泥质				夹砂				合计
	橙黄	灰	红	灰底黑彩	橙黄	灰	红	褐	
素面	23	3	8		20				54
绳纹			1		9				10
篮纹	19	1							20
麻点纹					45				45
附加堆纹		3							3
篮纹＋绳纹					1				1
附加堆纹＋戳印纹					1				1
交错绳纹					1				1

标本H155②：2，夹砂橙黄陶。侈口，圆唇，高领，束颈，颈部以下残。颈部素面，有烟炱。残高5.9、残宽6.9厘米（图4-382，5）。

标本H155②：3，夹砂橙黄陶。侈口，方唇，矮领，束颈，颈部以下残。唇面有两道凹槽，口沿外侧有一周折棱，器表饰斜向篮纹，有烟炱。残高4.6、残宽5.2厘米（图4-382，6）。

（3）H155③层

出土陶片见下表（表4-626）。

表4-626　H155③层陶片统计表

纹饰＼陶质＼陶色	泥质				夹砂				合计
	橙黄	灰	红	灰底黑彩	橙黄	灰	红	褐	
素面	4		3						7
绳纹					1				1
篮纹	4		3		2				9
麻点纹					9				9
交错绳纹					1				1

（4）H155④层

出土陶片见下表（表4-627）。

表4-627　H155④层陶片统计表

纹饰＼陶质＼陶色	泥质				夹砂				合计
	橙黄	灰	红	灰底黑彩	橙黄	灰	红	褐	
篮纹			1						1

陶质 纹饰　　陶色	泥质				夹砂				合计
	橙黄	灰	红	灰底 黑彩	橙黄	灰	红	褐	
麻点纹					2				2
刻划纹	1								1
交错篮纹	1								1

148. H156

H156 位于ⅢT1204 西部，开口于第⑧层下，被H222、H217 打破（图 4-383；彩版一五六，1）。平面呈椭圆形，口部边缘形态明显，底部边缘形态明显，剖面呈袋状，斜直壁，未见工具痕

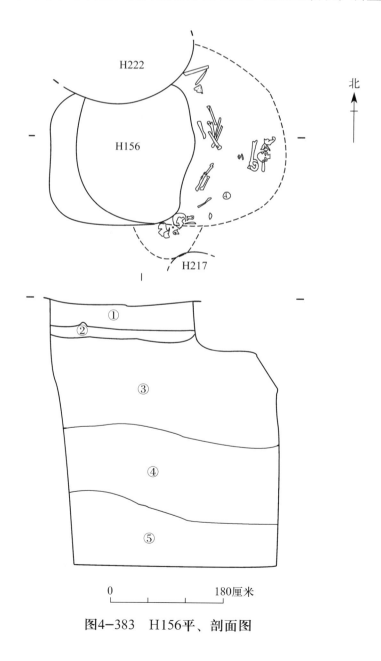

图4-383　H156平、剖面图

迹，底部平整。坑口东西 2.28、南北 1.94、坑底东西 3.20、深 4.20 米。南壁有一壁龛，宽 1.10、高 0.72、进深 0.52 米，壁龛内放置两颗较完整的人头骨。坑底散落着大量人肢骨与一颗较完整的头盖骨。坑内堆积可分五层，第①层厚 0.32～0.48 米，土色褐色，土质疏松，包含植物根茎、炭粒、红烧土颗粒，水平状堆积。第②层厚 0.12～0.20 米，土色浅灰，土质致密，包含炭粒、红烧土颗粒，坡状堆积。第③层厚 1.34～1.70 米，土色褐色，土质疏松，包含炭粒、红烧土颗粒、白灰皮，石块，人骨，坡状堆积。第④层厚 1.02～1.22 米，土色褐色，土质疏松，包含炭粒、红烧土颗粒，坡状堆积。第⑤层厚 0.68～1.20 米，土色褐色，土质疏松，包含炭粒、石块，坡状堆积。

坑内出土大量陶片。

（1）H156①层

出土少量陶片，以腹部残片为主，可辨器形有单耳罐（表 4-628、629）。

表4-628　H156①层器形数量统计表

器形 \ 陶质 陶色	泥质				夹砂				合计
	红	橙黄	灰	黑	红	橙黄	灰	黑	
单耳罐					1				1

表4-629　H156①层陶片统计表

纹饰 \ 陶质 陶色	泥质				夹砂				合计
	橙黄	灰	红	灰底黑彩	橙黄	灰	红	褐	
素面	6		4		7				17
绳纹	4	1			4				9
麻点纹					13				13

单耳罐　1 件。

标本H156①：1，夹砂红陶。侈口，圆唇，高领，微束颈，斜直腹，平底。连口拱形双耳，颈部有刮抹痕迹，腹部饰麻点纹且有烟炱。口径 9.6、高 12、底径 9.2 厘米（图 4-384，1；彩版一五七，1）。

（2）H156②层

出土陶片见下表（表 4-630）。

骨器　1 件。

表4-630　H156②层陶片统计表

纹饰 \ 陶质 陶色	泥质				夹砂				合计
	橙黄	灰	红	灰底黑彩	橙黄	灰	红	褐	
素面		1	1		1		1		4
绳纹					2				2
篮纹	1		2		1				4

标本H156②：1，动物肋骨磨制而成，整体呈长方形，截断面呈圆角三角形，器表有磨痕。长 4、宽 2.1、厚 0.6 厘米（图 4-384，2）。

（3）H156③层

出土大量陶片，以腹部残片为主，可辨器形有圆腹罐、高领罐、盆、钵、器盖、陶刀、方盘、器纽等，另出土玉器 1 件、石刀 2 件、骨锥 3 件、獠牙 2 件（表 4-631、632）。

表4-631　H156③层器形数量统计表

器形＼陶色	泥质				夹砂				合计
	红	橙黄	灰	褐	红	橙黄	灰	黑	
圆腹罐		2				3	2		7
盆	3	3	1	2					9
方盘						1			1
高领罐	1	1							2
钵	1								1

表4-632　H156③层陶片统计表

纹饰＼陶色	泥质				夹砂				合计
	橙黄	灰	红	灰底黑彩	橙黄	灰	红	褐	
素面	54	2	37		48				141
篮纹	84	1	30		29				144
戳印纹					1				1

圆腹罐　7 件。

标本H156③：11，夹砂橙黄陶。侈口，圆唇，矮领，束颈，圆腹，平底微凹，颈部素面，腹部饰横向篮纹。口径 10.2、高 12.8、底径 6.6 厘米（图 4-384，3；彩版一五七，2）。

标本H156③：12，泥质橙黄陶。侈口，尖唇，高领，微束颈，鼓腹，平底，下腹部饰斜向篮纹。口径 8.4、高 12.4、底径 6.6 厘米（图 4-384，4；彩版一五七，3）。

标本H156③：26，夹砂灰陶。侈口，圆唇，矮领，束颈，颈部以下残。颈部素面，有烟炱。残高 3.7、残宽 6.6 厘米（图 4-384，5）。

标本H156③：27，夹砂橙黄陶。微侈口，方唇，高领，束颈，颈部以下残。口沿外侧饰一周折棱，颈部饰斜向篮纹。残高 8.5、残宽 7 厘米（图 4-384，6）。

标本H156③：28，夹砂灰陶。侈口，圆唇，高领，束颈，颈部以下残。口沿下饰斜向篮纹，颈部素面。残高 6.4、残宽 7.8 厘米（图 4-384，7）。

标本H156③：20，夹砂橙黄陶。侈口，圆唇，矮领，束颈，上腹斜，下腹残。颈部饰竖向篮纹，有烟炱。残高 5、残宽 6.2 厘米（图 4-384，8）。

标本H156③：23，泥质橙黄陶。侈口，折沿，圆唇，弧腹，底残。腹部饰斜向篮纹。残高 6.4、残宽 5.4 厘米（图 4-384，9）。

高领罐　2 件。

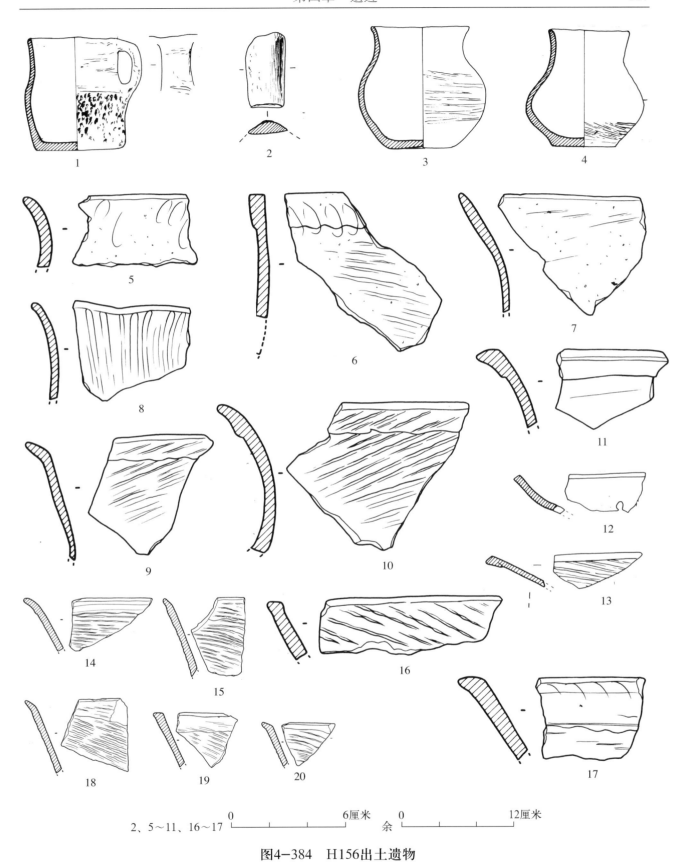

图4-384 H156出土遗物

1.单耳罐H156①：1 2.骨器H156②：1 3～9.圆腹罐H156③：11、12、26～28、20、23 10、11.高领罐H156③：19、30 12～20.盆H156③：14、16、22、24、25、29、31～33

标本H156③：19，泥质橙黄陶。喇叭口，圆唇，高领，束颈，颈部以下残。口沿外侧有一周折棱，颈部饰斜向篮纹。残高7.8、残宽8厘米（图4-384，10）。

标本H156③：30，泥质红陶。喇叭口，窄平沿，尖唇，高领，束颈，颈部以下残。口沿外侧有一周折棱，颈部及内壁素面磨光。残高4.1、残宽5.9厘米（图4-384，11）。

盆　9件。

标本H156③：14，泥质红陶。敞口，方唇，弧腹，底残。腹部有一钻孔，素面。残高4.2、残宽8.4厘米（图4-384，12）。

标本H156③：16，泥质灰陶。敞口，方唇，斜直腹，底残。口沿外侧有一周折棱，腹部饰斜向篮纹，内壁素面磨光。残高3.6、残宽9.2厘米（图4-384，13）。

标本H156③：22，泥质橙黄陶。敞口，圆唇，斜弧腹，底残。口沿外侧有一周折棱，腹部饰横向绳纹。残高5.6、残宽8.8厘米（图4-384，14）。

标本H156③：24，泥质褐陶。敞口，圆唇，斜直腹，底残。腹部饰横向绳纹，内壁素面磨光。残高8.2、残宽5.6厘米（图4-384，15）。

标本H156③：25，泥质橙黄陶。敞口，方唇，上腹弧，下腹残。上腹饰斜向绳纹，内壁素面磨光。残高3、残宽9.8厘米（图4-384，16）。

标本H156③：29，泥质红陶。敞口，窄平沿，尖唇，斜直腹，底残。口沿外侧有一周折棱，腹部饰横向绳纹，内壁素面磨光。残高4.4、残宽5.8厘米（图4-384，17）。

标本H156③：31，泥质褐陶。敞口，尖唇，斜直腹，底残。腹部饰斜向篮纹，内壁素面磨光。残高7.8、残宽7厘米（图4-384，18）。

标本H156③：32，泥质橙黄陶。敞口，方唇，斜直腹，底残。腹部饰斜向绳纹，内壁素面磨光。残高5.8、残宽6.4厘米（图4-384，19）。

标本H156③：33，泥质红陶。敞口，圆唇，斜直腹，底残。腹部饰斜向绳纹，内壁素面磨光。残高4.5、残宽5.4厘米（图4-384，20）。

钵　1件。

标本H156③：21，泥质红陶。敛口，圆唇，弧腹，底残。素面磨光。残高3、残宽7厘米（图4-385，1）。

器盖　1件。

标本H156③：13，泥质灰陶。呈伞状，柄残，斜直盖面，敞口，方唇，素面磨光，其内侧唇部饰一周凸棱，内壁修整刮抹痕迹明显。直径11.2、残高3.9厘米（图4-385，2；彩版一五七，4）。

陶刀　2件。

标本H156③：1，残，泥质橙黄陶。陶片磨制而成，平基部，双面磨刃，近刃部有一钻孔，外孔径0.8、内孔径0.4厘米。器表饰斜向线纹。刃残长6.3厘米，刃角36°，器身残长6.4、宽4.4、厚0.6厘米（图4-385，3；彩版一五六，2）。

标本H156③：15，泥质红陶。陶片磨制而成，一侧平整，另一侧略弧且有磨痕，器表饰斜向篮纹。残长5.9、宽4.4、厚0.6厘米（图4-385，4）。

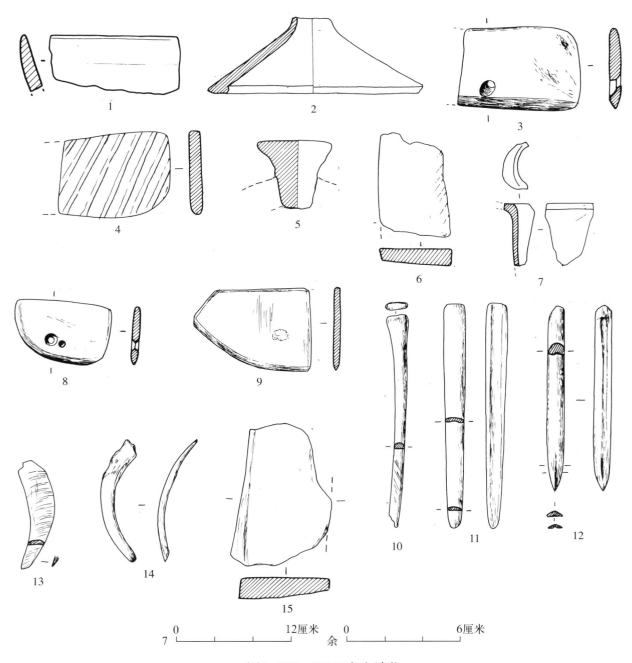

图4-385 H156出土遗物

1.钵H156③：21 2.器盖H156③：13 3、4.陶刀H156③：1、15 5.器纽H156③：8 6.方盘H156③：17 7.残口沿 H156③：18 8、9.石刀H156③：2、3 10～12.骨锥H156③：4、5、6 13、14.獠牙H156③：7、10 15.玉器H156③：9

　　器纽　1件。

　　标本H156③：8，夹砂红陶。呈钉状，圆形平顶，直径3.9、残高3.6厘米（图4-385，5；彩版一五六，3）。

　　方盘　1件。

　　标本H156③：17，残，夹砂橙黄陶。较平整，边缘素面，中间饰斜向线纹。残长5.2、残宽3.7、厚0.9厘米（图4-385，6）。

残口沿　1件。

标本H156③：18，泥质橙黄陶。敞口，平折沿，唇残，高领，束颈，颈部以下残。素面。残高6.6、残宽5厘米（图4-385，7）。

玉器　1件。

标本H156③：9，残，呈不规则状，两面基部平整，表面使用磨痕明显。残长7.5、残宽5、厚1.1厘米（图4-385，15；彩版一五八，4）。

石刀　2件。

标本H156③：2，石英岩。青灰色，呈弧边梯形，平基部，圆弧双面磨刃，刃长6.8厘米。近刃部有两个钻孔，其中一个未通。长5.1、宽3.3、厚0.4厘米（图4-385，8）。

标本H156③：3，残，页岩。不规则状，青灰色，平基部，弧状双面磨刃，器身有一钻孔痕迹。刃长6.8厘米，刃角38°，器身残长6.1、宽4.4、厚0.4厘米（图4-385，9；彩版一五六，4）。

骨锥　3件。

标本H156③：4，动物骨骼磨制而成，呈圆柱状，尾端系原骨关节，尖端残，器身磨制光滑。残长11.2、宽1.2、厚0.3厘米（图4-385，10；彩版一五六，5）。

标本H156③：5，动物骨骼磨制而成，呈扁平状，尾端平，中腰至尖端渐收，尖部圆弧。长11.8、宽1.2、厚0.2厘米（图4-385，11；彩版一五六，6）。

标本H156③：6，动物骨骼磨制而成，呈扁平状，尾端弧，尖部磨制尖锐。长9.7、宽0.9、厚0.6厘米（图4-385，12；彩版一五八，1）。

獠牙　2件。

标本H156③：7，残，扁平近月牙状，器表光滑且有划痕，一端残，一端尖。残长5.7、宽1.4、厚0.2厘米（图4-385，13；彩版一五八，2）。

标本H156③：10，扁平近月牙状，器表光滑且有划痕。长6.5、宽1、厚0.3厘米（图4-385，14；彩版一五八，3）。

（4）H156⑤层

出土少量陶片，以腹部残片为主，可辨器形有花边罐、双耳罐、敛口罐，另出土陶刀1件（表4-633、634）。

花边罐　1件。

标本H156⑤：4，夹砂橙黄陶。侈口，圆唇，矮领，束颈，上腹斜弧，下腹残。颈部饰一周附加泥条，器表通体饰横向篮纹。残高6、残宽5.8厘米（图4-386，1）。

表4-633　H156⑤层器形数量统计表

器形 \ 陶色	泥质				夹砂				合计
	红	橙黄	灰	黑	红	橙黄	灰	黑	
敛口罐					1				1
双耳罐						1			1
花边罐						1			1

表4-634　H156⑤层陶片统计表

纹饰＼陶质／陶色	泥质				夹砂				合计
	橙黄	灰	红	灰底黑彩	橙黄	灰	红	褐	
素面	15		2	1					18
绳纹						1			1
篮纹	11				1		1		13
麻点纹					35				35

双耳罐　1件。

标本H156⑤：3，夹砂橙黄陶。侈口，尖唇，矮领，束颈，上腹圆，下腹残。连口拱形双耳，耳部顶端呈锯齿状，耳部饰麻点纹，耳部下端饰一附加泥饼，颈部饰横向篮纹并有一附加泥饼，腹部饰竖向绳纹。口径14、残高6.6厘米（图4-386，2）。

敛口罐　1件。

标本H156⑤：2，夹砂红陶。子母口内敛，方唇，圆腹，平底内凹，上腹有一对称泥饼状錾，錾下饰斜向篮纹与交错刻划纹，下腹饰两周附加堆纹。口径15.2、高14.2、底径10厘米（图4-386，3；彩版一五八，5）。

陶刀　1件。

标本H156⑤：1，泥质橙黄陶。长方形，素面，平基部，双面磨刃，器身中间有一钻孔，孔径0.5厘米。刃长8厘米，刃角27°，器身长8.5、宽4.2、厚0.5厘米（图4-386，4；彩版一五八，6）。

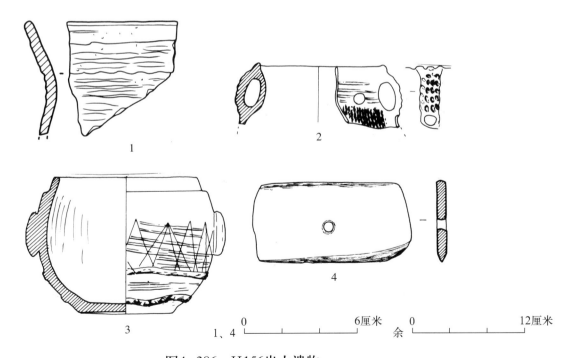

图4-386　H156出土遗物

1.花边罐H156⑤：4　2.双耳罐H156⑤：3　3.敛口罐H156⑤：2　4.陶刀H156⑤：1

149. H157

H157位于ⅢT1106东部，开口H147下（图4-387；彩版一五九，1）。平面呈椭圆形，口部边缘形态明显，底部边缘形态明显，剖面呈袋状，斜直壁，未见工具痕迹，平底。坑口东西2.43、南北2.16、底部南北2.36、深1.15米。坑内堆积可分四层，第①层厚0～0.45米，土色褐色，土质较疏松，包含白灰皮、石块、兽骨，坡状堆积。第②层厚0.24～0.40米，土色灰色，土质疏松，包含炭粒、白灰皮、红烧土颗粒、石块、兽骨，坡状堆积。第③层厚0～0.24米，土色黄色，土质致密，包含白灰皮、石块、兽骨，凸镜状堆积。第④层厚0.14～0.22米，土色褐色，土质较致密，包含黄土块、石块、兽骨，坡状堆积。

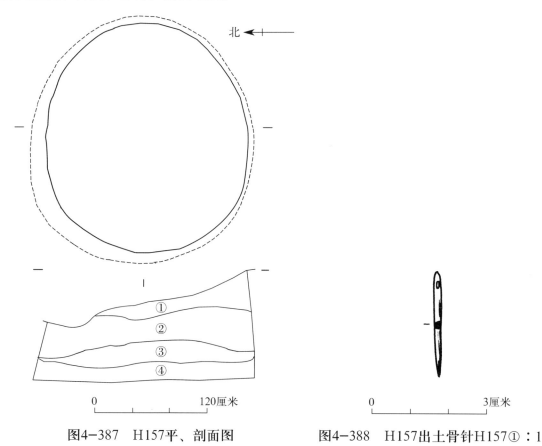

图4-387　H157平、剖面图　　　　　图4-388　H157出土骨针H157①：1

坑内出土较多陶片，出土少量陶片，以陶器腹部残片为主，无可辨器形标本，所以不具体介绍，只进行陶系统计（表4-635～637）。

骨针　1件。

标本H157①：1，米黄色，通体磨制，顶端有一穿孔，尖端磨制尖锐。长2.8、直径0.2厘米（图4-388；彩版一五九，2）。

表4-635　H157①层陶片统计表

纹饰 \ 陶色（陶质）	泥质				夹砂				合计
	橙黄	灰	红	灰底黑彩	橙黄	灰	红	褐	
素面	5	2	3		1				11

纹饰 \ 陶质 陶色	泥质				夹砂				合计
	橙黄	灰	红	灰底黑彩	橙黄	灰	红	褐	
绳纹	1				3				4
篮纹	1		2		4				7
麻点纹					9		3		12
篮纹＋麻点纹	1								1

表4-636 H157②层陶片统计表

纹饰 \ 陶质 陶色	泥质				夹砂				合计
	橙黄	灰	红	灰底黑彩	橙黄	灰	红	褐	
素面	4				3				7
绳纹	1								1
篮纹		1			1				2

表4-637 H157③层陶片统计表

纹饰 \ 陶质 陶色	泥质				夹砂				合计
	橙黄	灰	红	灰底黑彩	橙黄	灰	红	褐	
素面					2				2
绳纹					1				1
麻点纹					3				3

150. H158

H158位于T1105中部，开口于第④层下，被H154、H135打破（图4-389；彩版一五九，5）。平面近圆形，口部边缘形态明显，底部边缘形态较明显，剖面略呈筒状，直壁，未见工具痕迹，底部略凹。坑口东西2.6、南北1.88、坑底南北1.84、深0.54～0.62米。坑内堆积可分五层，第①层厚0.02～0.05米，土色灰色，土质较疏松，包含兽骨，水平堆积。第②层厚0.06～0.18米，土色黄色，土质较疏松，包含石块、兽骨，坡状堆积。第③层厚0.06～0.15米。土色灰色，土质较疏松，包含炭粒、草木灰、石块、兽骨，坡状堆积。第④层厚0.07～0.28米，土色灰色，土质较疏松，包含红烧土颗粒、草木灰、炭粒、石块、兽骨，坡状堆积。第⑤层厚0.10～0.20米，土色褐色，土质较疏松，包含石块、兽骨，坡状堆积。

坑内出土较多陶片，另出土石刀3件、陶拍1件、玉料1块、骨锥1件、鹿角1件、陶纺轮1件。

（1）H158①层

出土少量陶片，以腹部残片为主，可辨器形有圆腹罐，另出土石刀1件（表4-638、639）。

圆腹罐 1件。

标本H158①：2，泥质橙黄陶。侈口，窄平沿，圆唇，高领，束颈，颈部以下残。沿下饰竖

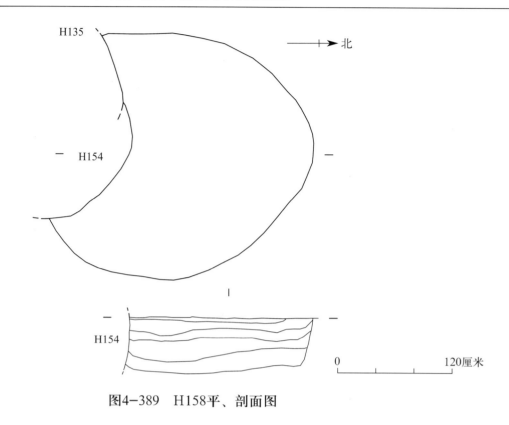

图4-389　H158平、剖面图

向篮纹，颈部素面。口径28.2、残高7.6厘米（图4-390，1）。

　　石刀　1件。

　　标本H158①：1，残损，页岩。仅存部分刃部，双面磨刃。刃残长1.3厘米，刃角75°，器身残长4.5、残宽2.9厘米（图4-390，2；彩版一五九，3）。

表4-638　H158①层器形数量统计表

器形＼陶质陶色	泥质				夹砂				合计
	红	橙黄	灰	黑	红	橙黄	灰	黑	
圆腹罐		1							1

表4-639　H158①层陶片统计表

纹饰＼陶质陶色	泥质				夹砂				合计
	橙黄	灰	红	白	橙黄	灰	红	褐	
素面	25	2	11	3	15				56
绳纹	7				7				14
篮纹	3	4	4		4				15
麻点纹					27				27
刻划纹					2				2
附加堆纹					2				2

纹饰＼陶色（陶质）	泥质				夹砂				合计
	橙黄	灰	红	白	橙黄	灰	红	褐	
刻槽纹					1				1
戳印纹	1								1

（2）H158②层

出土少量陶片，以腹部残片为主，可辨器形有圆腹罐、高领罐，另出土玉料、石刀各1件（表4-640、641）。

表4-640 H158②层器形数量统计表

器形＼陶色（陶质）	泥质				夹砂				合计
	红	橙黄	灰	黑	红	橙黄	灰	黑	
高领罐	1								1
圆腹罐						2			2

表4-641 H158②层陶片统计表

纹饰＼陶色（陶质）	泥质				夹砂				合计
	橙黄	灰	红	灰底黑彩	橙黄	灰	红	褐	
素面	13	8	5		14				40
绳纹	1	1			6				8
篮纹	12		7		13				32
麻点纹					25				25

圆腹罐 2件。

标本H158②：4，夹砂橙黄陶。侈口，圆唇，微束颈，上腹圆，下腹残。通体饰麻点纹，有烟炱。残高9、残宽10.2厘米（图4-390，3）。

标本H158②：5，夹砂橙黄陶。侈口，圆唇，高领，束颈，上腹斜弧，下腹残。颈部饰斜向篮纹，上腹饰麻点纹，有烟炱。残高7.5、残宽10.5厘米（图4-390，4）。

高领罐 1件。

标本H158②：3，泥质红陶。喇叭口，圆唇，高领，束颈，溜肩，腹部残。口沿下饰一周附加泥条，素面。口径12.8、残高9厘米（图4-390，5）。

玉料 1件。

标本H158②：1，白色，上宽下窄，器体呈长方形，仅有一面较为平整光滑，其他面均粗糙。器身长8.2、宽1.8厘米（图4-390，6；彩版一五九，4）。

石刀 1件。

标本H158②：2，石英砂岩。器体呈长方形，器表粗磨，对称双面磨刃，刃一残长6.84厘米，刃角60.7°，刃二残长7.2厘米，刃角67.7°，器身长9.7、宽5.2、厚0.82厘米（图4-390，7；彩版一六〇，1）。

图4-390　H158出土遗物

1、3、4、8、9.圆腹罐H158①：2、H158②：4、5、H158④：5、7　2.石刀H158①：1　5、12.高领罐H158②：3、H158④：4
6.玉料H158②：1　7.石刀H158②：2　10.花边罐H158④：8　11.单耳罐H158④：6　13.陶纺轮H158④：3　14.骨锥H158④：1
15.兽骨H158④：2

（3）H158③层

出土陶片见下表（表4-642）。

表4-642　H158③层陶片统计表

陶质 陶色 纹饰	泥质				夹砂				合计
	橙黄	灰	红	灰底黑彩	橙黄	灰	红	褐	
素面	15		7		9				31
绳纹						13	4		17
篮纹	15		6		10				31
麻点纹					37		6		43
篮纹＋麻点纹					2				2
篮纹＋戳印纹					1				1

（4）H158④层

出土少量陶片，以腹部残片为主，可辨器形有圆腹罐、花边罐、单耳罐、高领罐，另出土陶纺轮、骨锥、兽骨各1件（表4-643、644）。

表4-643　H158④层器形数量统计表

陶质 陶色 器形	泥质				夹砂				合计
	红	橙黄	灰	黑	红	橙黄	灰	黑	
高领罐		1							1
圆腹罐		1				1			2
单耳罐					1				1
花边罐					1				1

表4-644　H158④层陶片统计表

陶质 陶色 纹饰	泥质				夹砂				合计
	橙黄	灰	红	灰底黑彩	橙黄	灰	红	褐	
素面	33	5	6		11				55
绳纹	3				18				21
篮纹		34			11				45
麻点纹					48		3		51
篮纹＋麻点纹					3				3
附加堆纹					1		1		2

圆腹罐　2件。

标本H158④：5，泥质橙黄陶。侈口，圆唇，高领，束颈，颈部以下残。颈部及内壁素面磨光。残高6.1、残宽9.3厘米（图4-390，8）。

标本H158④：7，夹砂橙黄陶。侈口，尖唇，矮领，束颈，颈部以下残。颈部饰斜向篮纹。残高4.5、残宽6.1厘米（图4-390，9）。

花边罐　1件。

标本H158④：8，夹砂红陶。侈口，尖唇，矮领，束颈，颈部以下残。颈部饰一周附加泥条，泥条经手指按压呈波状。残高4.8、残宽4.7厘米（图4-390，10）。

单耳罐　1件。

标本H158④：6，夹砂红陶。侈口，圆唇，高领，束颈，上腹圆，下腹残。连口拱形双耳。器表素面。残高9.1、残宽5.6厘米（图4-390，11）。

高领罐　1件。

标本H158④：4，泥质橙黄陶。喇叭口，圆唇，高领，束颈，颈部以下残。颈部饰横向篮纹，内壁素面磨光。残高3.7、残宽6.8厘米（图4-390，12）。

陶纺轮　1件。

标本H158④：3，泥质橙黄陶。呈半圆形，器表素面磨光，在器身中心位置有一残管钻孔，有烟炱。器身直径5.7、厚0.8厘米（图4-390，13；彩版一六〇，2）。

骨锥　1件。

标本H158④：1，动物骨骼磨制而成，呈扁平状，通体细磨，柄部为原骨关节，柄部以下渐收至尖部，尖部磨制尖锐。长9.9、宽1.1、厚0.3厘米（图4-390，14；彩版一六〇，3）。

兽骨　1件。

标本H158④：2，动物骨骼磨制而成，两端均残，一端粗，一端细，器身粗磨。残长11.9、宽3、厚2.2厘米（图4-390，15；彩版一六〇，4）。

（5）H158⑤层

出土少量陶片，以腹部残片为主，可辨器形有圆腹罐、器纽，另出土石刀1件（表4-645、646）。

表4-645　H158⑤层器形数量统计表

器形＼陶质／陶色	泥质				夹砂				合计
	红	橙黄	灰	黑	红	橙黄	灰	黑	
圆腹罐					1	1			2

表4-646　H158⑤层陶片统计表

纹饰＼陶质／陶色	泥质				夹砂				合计
	橙黄	灰	红	白	橙黄	灰	红	褐	
素面	27	2	19	2	20				70
绳纹	7	2			32				41
篮纹	4	2	1		29				36
麻点纹					78				78
篮纹＋麻点纹					1				1
篮纹＋绳纹					2				2
戳印纹					1				1

圆腹罐　2件。

标本H158⑤：3，夹砂褐陶。侈口，圆唇，高领，束颈，上腹圆，下腹残。颈部素面，腹部饰竖向绳纹，有烟炱。残高14.4、残宽10.4厘米（图4-391，1）。

标本H158⑤：4，夹砂橙黄陶。侈口，圆唇，高领，束颈，上腹圆，下腹残。颈部素面，上腹饰竖向绳纹，有烟炱。残高8、残宽9厘米（图4-391，2）。

器纽　1件。

标本H158⑤：2，夹砂褐陶。近钉帽状，圆形平顶，顶部饰两圈刻划纹。顶部直径4、高4厘米（图4-391，3；彩版一六〇，5）。

石刀　1件。

标本H158⑤：1，石英岩。器表磨制精细，平基部，双面磨刃。刃残长2.37厘米，刃角47.3、器身残长3、宽3.35、厚0.56厘米（图4-391，4；彩版一六〇，6）。

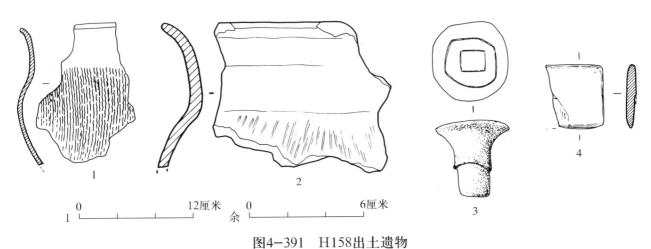

图4-391　H158出土遗物

1、2.圆腹罐H158⑤：3、4　3.器纽H158⑤：2　4.石刀H158⑤：1

151. H159

H159位于ⅢT1006东隔梁东部，部分延伸到T1005内，开口于第④层下（图4-392）。平面呈矩形，口部边缘形态较明显，底部边缘形态不明显，剖面呈坑状，斜壁，未见工具痕迹，坑底

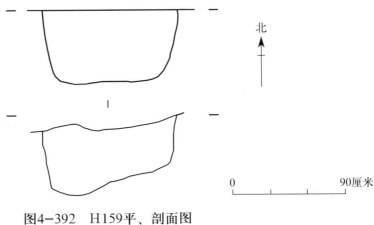

图4-392　H159平、剖面图

东高西低呈坡状。坑口东西 1.05、南北 0.60、深 0.40～0.60 米。坑内堆积未分层，土色褐色，土质较疏松，包含炭粒、红烧土颗粒、石块、兽骨，坡状堆积。

坑内出土少量陶片，以腹部残片为主，可辨器形有圆腹罐、双耳罐，另出土鹿角 1 件（表4-647、648）。

表4-647　H159器形数量统计表

器形 \ 陶质 \ 陶色	泥质				夹砂				合计
	红	橙黄	灰	黑	红	橙黄	灰	黑	
双耳罐		1							1
圆腹罐							1		1

表4-648　H159陶片统计表

纹饰 \ 陶质 \ 陶色	泥质				夹砂				合计
	橙黄	灰	红	灰底黑彩	橙黄	灰	红	褐	
素面	3				1				4
绳纹	2								2
篮纹	7				5		1		13
麻点纹					6				6
篮纹＋刻划纹					1				1

圆腹罐　1 件。

标本H159：3，夹砂橙黄陶。侈口，圆唇，矮领，束颈，颈部以下残。颈部有刮抹痕迹，素面。口径 10.8、残高 5.2 厘米（图 4-393，1）。

双耳罐　1 件。

标本H159：2，泥质橙黄陶。侈口，尖唇，矮领，束颈，上腹鼓，下腹残。拱形单耳，素面

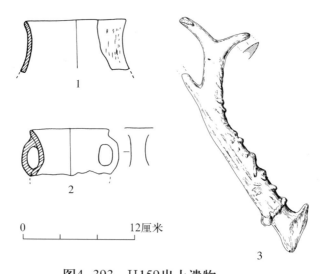

0　　　　　　　12厘米

图4-393　H159出土遗物

1.圆腹罐H159：3　2.双耳罐H159：2　3.鹿角H159：1

磨光。口径 8.4、残高 4.8 厘米（图 4-393，2）。

鹿角 1 件。

标本 H159：1，灰黄色，三个枝杈中有一个残损，角尖分杈呈"Y"状，其中一枝磨成平刃，另一枝磨成尖，下端枝残，其他部分保留原角的棱和纹理。长 27.5、主干直径 3 厘米（图 4-393，3）。

152. H160

H160 位于 T1006 东北部，部分延伸到 T1005 内，开口于第④层下，被 H159 打破（图 4-394；彩版一六一，1）。平面呈不规则状，口部边缘形态较明显，底部边缘形态明显，剖面呈筒状，斜壁，未见工具痕迹，平底。坑口东西 2.70、南北 2.20、坑底东西 2.48、深 0.73～0.82 米。坑内堆积可以分为三层：第①层厚 0.08～0.34 米，土色黄色，土质疏松，包含植物根茎、炭粒、红烧土颗粒、石块、兽骨，坡状堆积。第②层厚 0.18～0.73 米，土色浅灰色，土质较疏松，包含植物根茎、炭粒、红烧土颗粒、白灰皮、石块、兽骨，坡状堆积。第③层厚 0～0.10 米，土色褐色，土质疏松，包含植物根茎、炭粒、红烧土颗粒、石块、兽骨，堆积呈凸镜状。

坑内出土大量陶片。

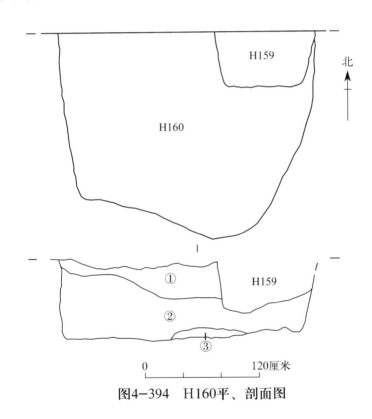

图4-394 H160平、剖面图

（1）H160①层

出土少量陶片，以腹部残片为主，可辨器形有圆腹罐、尊，另出土玉锥、石镞各 1 件（表 4-649、650）。

圆腹罐 1 件。

表4-649　H160①层器形数量统计表

器形＼陶质＼陶色	泥质				夹砂				合计
	红	橙黄	灰	黑	红	橙黄	灰	黑	
圆腹罐					1				1
尊	1								1

表4-650　H160①层陶片统计表

纹饰＼陶质＼陶色	泥质				夹砂				合计
	橙黄	灰	红	灰底黑彩	橙黄	灰	红	褐	
素面	8				12				20
绳纹					6				6
麻点纹					21				21

标本H160①：3，夹砂红陶。侈口，圆唇，高领，束颈，上腹斜弧，下腹残。颈部饰斜向绳纹，上腹饰横向绳纹，有烟炱。口径12.6、残高7.8厘米（图4-395，1）。

尊　1件。

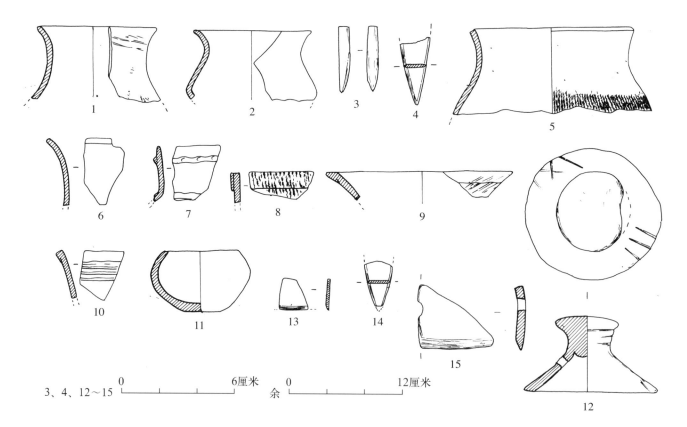

3、4、12～15　├──┼──┼──┤　0　　　　　　6厘米
余　├──┼──┼──┤　0　　　　　　12厘米

图4-395　H160出土遗物

1、5、6.圆腹罐H160①：3、H160②：5、10　2.尊H160①：4　3.玉锥H160①：1　4、14.石镞H160①：2、H160②：1　7.花边罐H160②：7　8.大口罐H160②：6　9、10.盆H160②：8、9　11.钵H160②：4　12.器盖H160②：2　13.石刀H160②：3　15.陶刀H160③：1

标本H160①：4，泥质红陶。喇叭口，圆唇，矮领，束颈，折腹，底残。素面。口径12.4、残高7.2厘米（图4-395，2）。

玉锥　1件。

标本H160①：1，青绿色，半透明状，器体呈长方形柱状，器身通体磨制光滑，两头略薄中间略厚，单面刃，刃部有残损。刃残长0.3厘米，刃角39.4°，器身残长3.5、宽0.6、厚0.5厘米（图4-395，3；彩版一六一，2）。

石镞　1件。

标本H160①：2，页岩。器体呈扁三角形，两侧边缘均为双面磨刃，较为锋利，尖部较尖锐，尾端残。残长3.6、宽1.6、厚0.2厘米（图4-395，4）。

（2）H160②层

出土少量陶片，以腹部残片为主，可辨器形有圆腹罐、花边罐、大口罐、盆、钵、器盖，另出土石刀、石镞各1件（表4-651、652）。

表4-651　H160②层器形数量统计表

器形　＼　陶色	泥质				夹砂				合计
	红	橙黄	灰	黑	红	橙黄	灰	黑	
钵					1				1
圆腹罐		1			1				2
大口罐					1				1
花边罐							1		1
盆	1		1						2
器盖					1				1

表4-652　H160②层陶片统计表

纹饰　＼　陶色	泥质				夹砂				合计
	橙黄	灰	红	灰底黑彩	橙黄	灰	红	褐	
素面	29	4							33
篮纹	11		5		14				30
麻点纹					51				51

圆腹罐　2件。

标本H160②：5，夹砂红陶。侈口，方唇，矮领，束颈，上腹圆，下腹残。颈部素面，上腹饰竖向绳纹。口径17.2、残高9厘米（图4-395，5）。

标本H160②：10，泥质橙黄陶。侈口，圆唇，高领，束颈，颈部以下残。颈部素面。残高7.2、残宽4.2厘米（图4-395，6）。

花边罐　1件。

标本H160②：7，夹砂灰陶。微侈口，尖唇，矮领，微束颈，颈部以下残。颈部饰两周附加泥条，泥条经手指按压呈波状。残高5.6、残宽5.4厘米（图4-395，7）。

大口罐　1件。

标本H160②：6，夹砂红陶。直口，方唇，上腹直，下腹残。口沿外侧饰一周附加泥条，泥条和腹部均饰绳纹。残高3、残宽6.8厘米（图4-395，8）。

盆　2件。

标本H160②：8，泥质红陶。敞口，窄平沿，圆唇，斜直腹，底残。口沿外有一周折棱，器表饰篮纹。口径19.7、残高3.4厘米（图4-395，9）。

标本H160②：9，泥质灰陶。敞口，方唇，斜直腹，底残。口沿外有一周折棱，腹部饰横向篮纹。残高5.2、残宽4.6厘米（图4-395，10）。

陶钵　1件。

标本H160②：4，夹砂红陶。敛口，方唇，鼓腹，平底。素面。口径7.8、高6.4、底径3.8厘米（图4-395，11；彩版一六一，3）。

器盖　1件。

标本H160②：2，夹砂红陶。呈伞状，圆形弧顶柄，斜直盖面，敞口，斜方唇，柄部下方有一钻孔，盖面边缘有刻划纹。孔径0.6、直径7、高4厘米（图4-395，12；彩版一六一，4）。

石刀　1件。

标本H160②：3，页岩。器表磨制精细，平基部，单面磨刃。刃残长1.5厘米，刃角32°，器身残长1.5、宽1.7、厚0.2厘米（图4-395，13）。

石镞　1件。

标本H160②：1，页岩。器体呈扁三角形，两侧边缘均为双面磨刃，尖部与尾部残。残长2.4、宽1.5、厚0.2厘米（图4-395，14）。

（3）H160③层

出土陶刀1件，出土少量陶片，以陶器腹部残片为主，无可辨器形标本，所以不具体介绍，只进行陶系统计（表4-653）。

表4-653　H160③层陶片统计表

纹饰 \ 陶质 陶色	泥质				夹砂				合计
	橙黄	灰	红	灰底黑彩	橙黄	灰	红	褐	
素面					1				1
篮纹	1	1							2

陶刀　1件。

标本H160③：1，泥质灰陶。陶片磨制而成，素面磨光，在器身残断处有残孔，双面磨刃。刃残长4厘米，刃角58.4°，器身残长4、残宽3.3、厚0.6厘米（图4-395，15；彩版一六一，5）。

153. H161

H161位于ⅢT1106中部偏北，开口于第④层下，被H126打破（图4-396；彩版一六二，1）。平面近圆形，口部边缘形态明显，底部边缘形态明显，剖面呈筒状，弧壁，未见工具痕迹，平

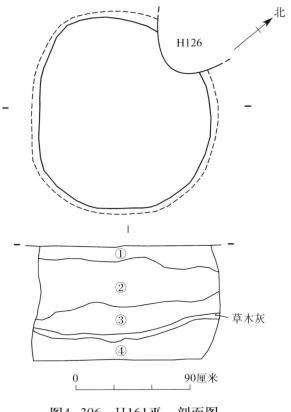

图4-396　H161平、剖面图

底。坑口东西长1.60、南北宽1.42、坑底长1.32、深0.90米。坑内堆积可分四层，第①层厚0.09～0.20米，土色褐色，土质较疏松，包含黄土块、炭粒、红烧土颗粒、石块、兽骨，坡状堆积。第②层厚0.16～0.48米，土色浅灰，土质疏松，包含炭粒、红烧土颗粒、石块、兽骨，坡状堆积。第③层厚0.06～0.26米，土色浅灰，土质较致密，包含草木灰、炭粒、红烧土颗粒、石块、兽骨，凹镜状堆积。第④层厚0.16～0.32米，土色黄色，土质致密，包含炭粒、石块、兽骨，凹镜状堆积。

坑内出土大量陶片，以腹部残片为主，可辨器形有圆腹罐（表654～658）。

表4-654　H161①层器形数量统计表

陶质	泥质				夹砂				合计
器形 陶色	红	橙黄	灰	黑	红	橙黄	灰	黑	
圆腹罐						2			2

表4-655　H161①层陶片统计表

陶质	泥质				夹砂				合计
纹饰 陶色	橙黄	灰	红	灰底黑彩	橙黄	灰	红	褐	
素面	6		1		15				22
篮纹	10		3		16				29

陶质 陶色 纹饰	泥质				夹砂				合计
	橙黄	灰	红	灰底 黑彩	橙黄	灰	红	褐	
麻点纹					23				23
抹断绳纹		2							2

表4-656　H161②层陶片统计表

陶质 陶色 纹饰	泥质				夹砂				合计
	橙黄	灰	红	灰底 黑彩	橙黄	灰	红	褐	
素面	15		2		11				28
绳纹	2	1			2				5
篮纹	15	2			2				19
麻点纹					20				20
刻划纹					1				1
附加堆纹 + 绳纹					1				1

表4-657　H161③层陶片统计表

陶质 陶色 纹饰	泥质				夹砂				合计
	橙黄	灰	红	灰底 黑彩	橙黄	灰	红	褐	
素面	4				3				7
绳纹					6				6
篮纹	2								2
麻点纹					4				4

表4-658　H161④层陶片统计表

陶质 陶色 纹饰	泥质				夹砂				合计
	橙黄	灰	红	灰底 黑彩	橙黄	灰	红	褐	
素面	7				1				8
绳纹					1				1
篮纹					1				1
麻点纹					1				1

圆腹罐　2件。

标本H161①：1，夹砂橙黄陶。侈口，圆唇，高领，束颈，上腹斜弧，下腹残。颈部饰斜向篮纹，上腹饰竖向绳纹。口径12.2、残高8.6厘米（图4-397，1）。

标本H161①：2，夹砂橙黄陶。侈口，圆唇，矮领，束颈，上腹斜弧，下腹残。口沿外侧有一周折棱，颈部饰斜向篮纹。残高4.2、残宽7.1厘米（图4-397，2）。

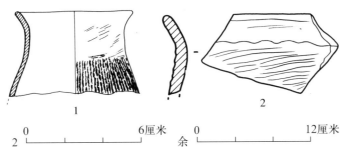

图4-397　H161出土遗物

1.圆腹罐H161①：1、2

154. H162

H162位于ⅡT1201北部，开口于第④层下（图4-398；彩版一六二，2）。平面近圆形，口部边缘形态明显，底部边缘形态明显，剖面呈筒状，弧壁，未见工具痕迹，平底。底部有一小坑。坑口东西2.08、南北2.30、深2.40米，坑底小坑口东西0.42、深约0.60米。坑内堆积可分两层，第①层厚0.50米，土色褐色，土质较为疏松，坡状堆积。第②层厚1.86～2.46米，土色褐色，土质较疏松，包含红烧土颗粒、炭粒、石块、兽骨，坡状堆积。

坑内出土少量陶片。

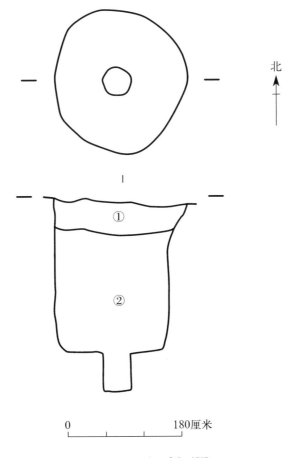

图4-398　H162平、剖面图

（1）H162①层

出土少量陶片，以腹部残片为主，可辨器形有花边罐（表4-659、660）。

表4-659　H162①层器形数量统计表

器形＼陶色＼陶质	泥质				夹砂				合计
	红	橙黄	灰	黑	红	橙黄	灰	黑	
花边罐							1		1

表4-660　H162①层陶片统计表

纹饰＼陶色＼陶质	泥质				夹砂				合计
	橙黄	灰	红	灰底黑彩	橙黄	灰	红	褐	
素面	19	3	7		5	1			35
绳纹	5				11	1			17
篮纹	18	3	7		3				31
麻点纹					45				45
刻划纹					2	1			3
篮纹＋麻点纹					1				1
附加堆纹					1				1
附加堆纹＋篮纹					1				1

花边罐　1件。

标本H162①：1，夹砂灰陶。微侈口，方唇，上腹直，下腹残。口沿外侧饰一周附加泥条呈齿轮状，腹部素面。残高4.4、残宽6.3厘米（图4-399，1）。

（2）H162②层

出土大量陶片，以腹部残片为主，可辨器形有圆腹罐、花边罐、高领罐，另出土石刀1件（表4-661、662）。

表4-661　H162②层器形数量统计表

器形＼陶色＼陶质	泥质				夹砂				合计
	红	橙黄	灰	黑	红	橙黄	灰	黑	
花边罐						3			3
圆腹罐					1	3	1		5
高领罐		2							2

表4-662　H162②层陶片统计表

纹饰＼陶色＼陶质	泥质				夹砂				合计
	橙黄	灰	红	灰底黑彩	橙黄	灰	红	褐	
素面	82	3	15		14	1	1		116
绳纹	5				22				27

续表

陶质 　　　　陶色 纹饰	泥质				夹砂				合计
	橙黄	灰	红	灰底黑彩	橙黄	灰	红	褐	
篮纹	46	1	16		28				91
麻点纹					106				106
刻划纹	4				1				5
篮纹＋麻点纹					3				3
附加堆纹					4				4
附加堆纹＋麻点纹					3				3
篮纹＋绳纹							1		1
附加堆纹＋绳纹	4								4

圆腹罐　5件。

标本H162②：4，夹砂橙黄陶。侈口，方唇，束颈，颈部以下残。素面。残高4、残宽7.4厘米（图4-399，2）。

标本H162②：5，夹砂橙黄陶。侈口，圆唇，高领，束颈，颈部以下残。颈部饰横向篮纹。残高5.9、残宽6.1厘米（图4-399，3）。

标本H162②：8，夹砂灰陶。侈口，方唇，高领，束颈，颈部以下残。颈部饰篮纹，有烟炱。残高6.1、残宽6.8厘米（图4-399，4）。

标本H162②：9，夹砂红陶。侈口，圆唇，矮领，束颈，上腹斜，下腹残。颈部饰篮纹，上腹饰麻点纹，有烟炱。残高5.8、残宽8.6厘米（图4-399，5）。

标本H162②：10，夹砂橙黄陶。侈口，圆唇，高领，束颈，上腹斜，下腹残。器表饰横向篮纹，有烟炱。残高6.3、残宽6.6厘米（图4-399，6）。

花边罐　3件。

标本H162②：2，夹砂橙黄陶。侈口，圆唇，矮领，束颈，上腹斜弧，下腹残。颈部饰一周附加泥条，泥条经手指按压呈波状，上腹饰麻点纹另有一泥饼，有烟炱。口径13、残高5.6厘米（图4-399，7）。

标本H162②：3，夹砂橙黄陶。侈口，圆唇，高领，微束颈，颈部以下残。沿外侧饰一周附加泥条，颈部饰横向篮纹，有烟炱。口径11、残高5厘米（图4-399，8）。

标本H162②：11，夹砂橙黄陶。侈口，圆唇，高领，束颈，颈部以下残。口沿外侧饰一周附加泥条，泥条之上饰斜向戳印纹，颈部素面，有烟炱。残高4.8、残宽8.2厘米（图4-399，9）。

高领罐　2件。

标本H162②：6，泥质橙黄陶。喇叭口，平沿，圆唇，高领，束颈，溜肩，腹部残。口沿外侧有一周折棱，颈部饰斜向篮纹，肩部素面磨光。残高10.2、残宽11.3厘米（图4-399，10）。

标本H162②：7，泥质橙黄陶。喇叭口，方唇，高领，束颈，颈部以下残。口沿外侧有一周折棱，颈部素面，内壁素面磨光。残高3.4、残宽10.9厘米（图4-399，11）。

石刀　1件。

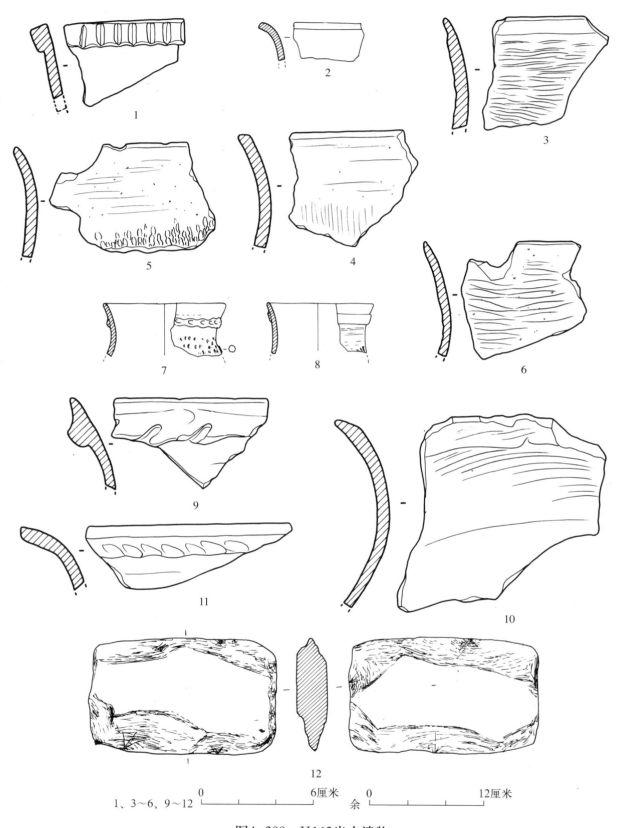

图4-399　H162出土遗物

1、7~9.花边罐H162①：1、H162②：2、3、11　2~6.圆腹罐H162②：4、5、8、9、10　10、11.高领罐H162②：6、7　12.石刀H162②：1

标本H162②：1，石英砂岩。器体呈长方形，器身边缘打制痕迹明显，器表粗磨。器身长10、宽6.17、厚1.7厘米（图4-399，12；彩版一六二，3）。

155. H165

H165位于ⅡT0707内西南角，部分被压于南壁下，开口于第④层下，被H121打破（图4-400）。平面呈椭圆形，口部边缘形态明显，底部边缘形态不明显，剖面呈筒状，直壁，未见工具痕迹，平底。坑口南北1.00、东西0.87、坑底南北0.93、东西0.63、深约0.30米。坑内堆积未分层，土色深灰，土质致密，包含草木灰、炭粒、红烧土颗粒，水平状堆积。

出土陶刀1件。

陶刀 1件。

标本H165：1，陶片磨制而成，呈椭圆形，弧形基部，双面磨刃，器表饰斜向篮纹，中间有一钻孔，外孔径0.5、内孔径0.3厘米。刃长4.5厘米，刃角57°，器身长5.7、宽3.4、厚0.6厘米（图4-401）。

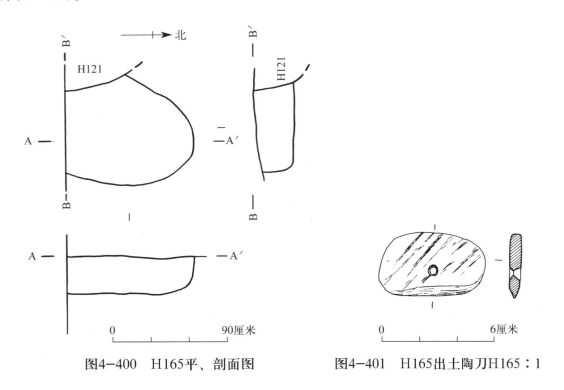

图4-400 H165平、剖面图   图4-401 H165出土陶刀H165：1

156. H166

H166位于ⅡT0707内西南角，部分被压于西壁下，开口于第④层下，被H121打破（图4-402）。平面近圆形，口部边缘形态明显，底部边缘形态明显，剖面呈筒状，直壁，未见工具痕迹，平底。坑口东西1.10、深约0.25米。坑内堆积未分层，土色深灰，土质致密，包含草木灰、炭粒、红烧土颗粒，水平状堆积。

坑内出土2块陶片，以陶器腹部残片为主，无可辨器形标本，所以不具体介绍，只进行陶系统计（表4-663）。

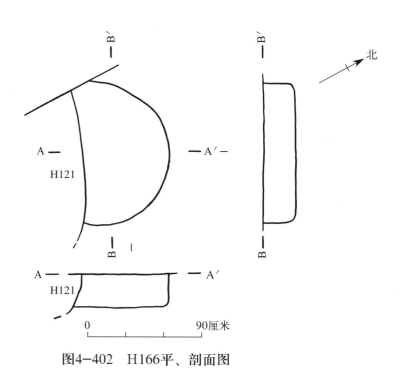

图4-402　H166平、剖面图

表4-663　H166陶片统计表

纹饰 ＼ 陶质＼陶色	泥质				夹砂				合计
	橙黄	灰	红	灰底黑彩	橙黄	灰	红	褐	
素面	1								1
绳纹						1			1

157. H167

H167位于ⅢT1202东南部，开口于第⑤层下，东部被H138、H134打破（图4-403；彩版一六三，1）。平面呈不规则状，口部边缘形态明显，底部边缘形态明显，剖面呈袋状，斜弧壁，未见工具痕迹，坑底平整。坑口东西约1.08、南北2.57、坑底东西2.50、深约1.93米。坑内堆积可分九层，第①层厚0.03～0.10米，土色浅灰，土质较疏松，包含炭粒、兽骨，坡状堆积。第②层厚0.10～0.14米，土色浅黄，土质较疏松，包含炭粒、石块，坡状堆积。第③层厚0.10～0.18米，土色褐色，土质较疏松，包含炭粒、石块，坡状堆积。第④层厚0.10～0.37米，土色褐色，土质较疏松，包含炭粒，坡状堆积。第⑤层厚0～0.19米，土色褐色，土质疏松，包含炭粒，坡状堆积。第⑥层厚0～0.38米，土色深灰，土质较疏松，包含硬土块，石块，坡状堆积。第⑦层厚0.15～0.66米，土色深灰，土质疏松，包含炭粒、红烧土颗粒、草木灰，坡状堆积。第⑧层厚0.06～1.03米，土色浅灰，土质较致密，不规则状堆积。第⑨层厚0.07～0.35米，土色深灰，土质疏松，包含炭粒、草木灰、兽骨、石块，坡状堆积。

坑内出土大量陶片及少量蚌壳。

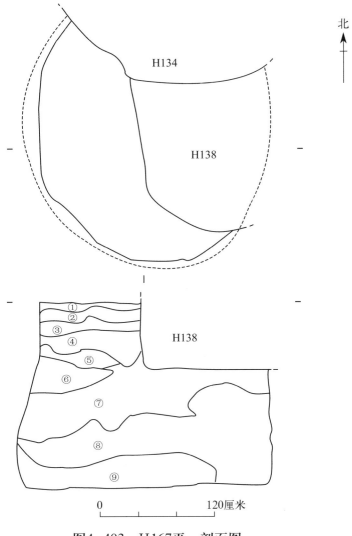

北

图4-403 H167平、剖面图

（1）H167①层

出土陶片见下表（表4-664）。

表4-664 H167①层陶片统计表

纹饰 陶色	陶质 泥质				夹砂				合计
	橙黄	灰	红	灰底黑彩	橙黄	灰	红	褐	
素面		1	1		6				8
绳纹	1				1				2
篮纹	1		2		1				4
麻点纹					1				1

（2）H167②层

出土少量陶片，以腹部残片为主，可辨器形有盆（表4-665、666）。

盆 1件。

表4-665　H167②层器形数量统计表

器形＼陶质＼陶色	泥质				夹砂				合计
	红	橙黄	灰	黑	红	橙黄	灰	黑	
盆	1								1

表4-666　H167②层陶片统计表

纹饰＼陶质＼陶色	泥质				夹砂				合计
	橙黄	灰	红	灰底黑彩	橙黄	灰	红	褐	
素面	5	4							9
篮纹		4							4
麻点纹					2	2			4

标本H167②：1，泥质红陶。敞口，圆唇，斜直腹，底残。口沿外侧有一周折棱，腹部饰横向绳纹，内壁素面磨光。残高4.5、残宽8.5厘米（图4-404，1）。

（3）H167③层

出土陶片见下表（表4-667）。

表4-667　H167③层陶片统计表

纹饰＼陶质＼陶色	泥质				夹砂				合计
	橙黄	灰	红	灰底黑彩	橙黄	灰	红	褐	
素面	3				2				5
篮纹		1	2			1			4
麻点纹					4				4

（4）H167④层

出土石刀、石镞各1件，出土少量陶片，以陶器腹部残片为主，无可辨器形标本，所以不具体介绍，只进行陶系统计（表4-668）。

石刀　1件。

表4-668　H167④层陶片统计表

纹饰＼陶质＼陶色	泥质				夹砂				合计
	橙黄	灰	红	灰底黑彩	橙黄	灰	红	褐	
素面	8	6	2		6				22
绳纹	1				4				5
篮纹		2	1		3		1		7
麻点纹					15				15
刻划纹						1			1
抹断绳纹	1				1				2

标本H167④：1，石英砂岩。器表通体磨光，平基部，双面刃，侧边圆弧，器身中心有钻孔痕迹，一面石皮已脱落。刃残长3.8厘米，刃角63.9°，器身残长5.8、宽4.6、厚0.6厘米（图4-404，2；彩版一六三，2）。

石镞　1件。

标本H167④：2，石英岩。器体呈扁三角形，两侧边缘均为双面磨刃，尖部较尖锐，尾端平整。长3.9、宽1.3、厚0.2厘米（图4-404，3；彩版一六三，3）。

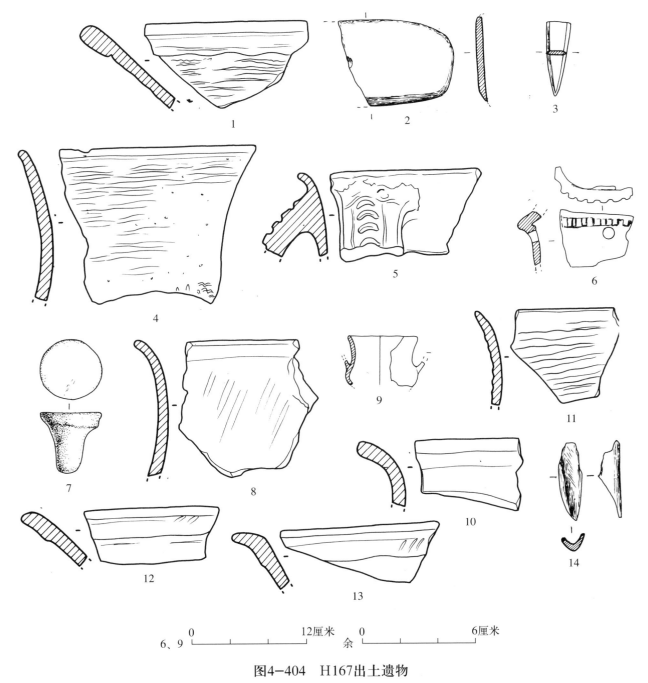

0　　　　　　　　12厘米　　0　　　　　　　6厘米
6、9　　　　　　　　　　　　余

图4-404　H167出土遗物

1、10、12、13.盆H167②：1、H167⑧：3、H167⑨：2、3　2.石刀H167④：1　3.石镞H167④：2　4、8、11.圆腹罐H167⑦：4、H167⑧：2、H167⑨：4　5.单耳罐H167⑦：3　6.鸮面罐H167⑦：2　7.器纽H167⑦：1　9.双耳罐H167⑧：1　14.骨器H167⑨：1

（5）H167⑤层

出土陶片见下表（表4-669）。

表4-669　H167⑤层陶片统计表

纹饰 ＼ 陶质 陶色	泥质				夹砂				合计
	橙黄	灰	红	灰底黑彩	橙黄	灰	红	褐	
素面	2		2						4
麻点纹							4		4

（6）H167⑦层

出土大量陶片，以腹部残片为主，可辨器形有圆腹罐、单耳罐、鸮面罐、器纽（表4-670、671）。

表4-670　H167⑦层器形数量统计表

器形 ＼ 陶质 陶色	泥质				夹砂				合计
	红	橙黄	灰	黑	红	橙黄	灰	黑	
鸮面罐						1			1
单耳罐						1			1
圆腹罐						1			1

表4-671　H167⑦层陶片统计表

纹饰 ＼ 陶质 陶色	泥质				夹砂				合计
	橙黄	灰	红	灰底黑彩	橙黄	灰	红	褐	
素面	41	5	6		28				80
绳纹	2				13				15
篮纹	42	4			14		10		70
刻划纹	1				91				92
篮纹＋麻点纹					1				1
附加堆纹					4				4
抹断绳纹		1							1

圆腹罐　1件。

标本H167⑦：4，夹砂橙黄陶。侈口，圆唇，高领，束颈，颈部以下残。沿下饰横向篮纹，颈部素面且有刮抹痕迹。残高8.3、残宽10.2厘米（图4-404，4）。

单耳罐　1件。

标本H167⑦：3，夹砂橙黄陶。侈口，圆唇，上腹直，下腹残。拱形单耳，耳面饰一条附加泥条，泥条之上饰戳印纹，上腹素面，有烟炱。残高4.8、残宽7.9厘米（图4-404，5）。

鸮面罐　1件。

标本H167⑦：2，夹砂橙黄陶。仅存鸮面部分，面部有一圆孔，折棱处饰一条附加泥条呈齿轮状。残长 6.2、残宽 7.8 厘米（图 4-404，6）。

器纽　1 件。

标本 H167⑦：1，夹砂橙黄陶。呈钉帽状，圆形平顶，素面，直径 3.2、残高 3.2 厘米（图 4-404，7；彩版一六三，4）。

（7）H167⑧层

出土少量陶片，以腹部残片为主，可辨器形有圆腹罐、双耳罐、盆（表 4-672、673）。

表4-672　H167⑧层器形数量统计表

器形＼陶质	泥质				夹砂				合计
陶色	红	橙黄	灰	黑	红	橙黄	灰	黑	
双耳罐	1								1
圆腹罐						1			1
盆	1								1

表4-673　H167⑧层陶片统计表

纹饰＼陶质	泥质				夹砂				合计
陶色	橙黄	灰	红	灰底黑彩	橙黄	灰	红	褐	
素面	14	2	5		25				46
绳纹					11				11
篮纹	14		6		5				25
麻点纹					23				23
篮纹＋麻点纹					1				1

圆腹罐　1 件。

标本 H167⑧：2，夹砂橙黄陶。侈口，圆唇，高领，束颈，上腹斜，下腹残。器表饰篮纹，颈部有刮抹痕迹，有烟炱。残高 7.3、残宽 7.2 厘米（图 4-404，8）。

双耳罐　1 件。

标本 H167⑧：1，泥质红陶。侈口，圆唇，微束颈，鼓腹，底残。桥形残耳，素面磨光。口径 7.4、残高 5.2 厘米（图 4-404，9）。

盆　1 件。

标本 H167⑧：3，泥质红陶。敞口，斜沿，方唇，斜直腹，底残。腹部素面且有刮抹痕迹，内壁素面磨光。残高 3.9、残宽 5.7 厘米（图 4-404，10）。

（8）H167⑨层

出土少量陶片，以腹部残片为主，可辨器形有圆腹罐、盆，另出土骨器 1 件（表 4-674、675）。

圆腹罐　1 件。

标本 H167⑨：4，夹砂橙黄陶。侈口，尖唇，高领，束颈，颈部以下残。颈部饰横向篮纹，有烟炱。残高 5、残宽 5.8 厘米（图 4-404，11）。

表4-674　H167⑨层器形数量统计表

器形 ＼ 陶质 陶色	泥质				夹砂				合计
	红	橙黄	灰	黑	红	橙黄	灰	黑	
盆		2							2
圆腹罐							1		1

表4-675　H167⑨层陶片统计表

纹饰 ＼ 陶质 陶色	泥质				夹砂				合计
	橙黄	灰	红	灰底黑彩	橙黄	灰	红	褐	
素面	6	1	8		2				17
绳纹						3			3
篮纹	6				4				10
麻点纹					15				15

盆　2件。

标本H167⑨：2，泥质橙黄陶。敞口，圆唇，斜直腹，底残。口沿外侧有一周折棱，腹部素面。残高3、残宽7.2厘米（图4-404，12）。

标本H167⑨：3，泥质橙黄陶。敞口，平沿，圆唇，斜直腹，底残。口沿外侧有一周折棱，腹部素面。残高3.1、残宽8.4厘米（图4-404，13）。

骨器　1件。

标本H167⑨：1，残损，动物肢骨磨制而成，尾端残，尖部圆钝，器表磨痕明显。残长4.1、残宽1.2、厚0.4厘米（图4-404，14；彩版一六三，5）。

158. H168

H168位于ⅢT1005西部，开口于第④层下，被H141打破（图4-405；彩版一六四，1）。平面呈不规则状，口部边缘形态明显，底部边缘形态较不明显。剖面呈筒状，斜弧壁，未见工具痕迹，底部凹凸不平。坑口南北3.10、东西1.74、底部南北2.55、深约0.60米。坑内堆积可分五层，第①层厚0～0.08米，土色褐色，土质疏松，包含植物根茎、兽骨，坡状堆积。第②层厚0.10～0.20米，土色浅黄，土质较疏松，包含植物根茎、兽骨、石块，坡状堆积。第③层厚0～0.19米，土色深灰，土质疏松，包含植物根茎、炭粒、红烧土颗粒、兽骨，坡状堆积。第④层厚0.08～0.18米，土色褐色，土质较疏松，包含植物根茎、炭粒、兽骨、石块，凸镜状堆积。第⑤层厚0～0.21米，土色褐色，土质较致密，包含植物根茎、兽骨、石块，凸镜状堆积。

坑内出土较多陶片。

（1）H168①层

出土陶片见下表（表4-676）。

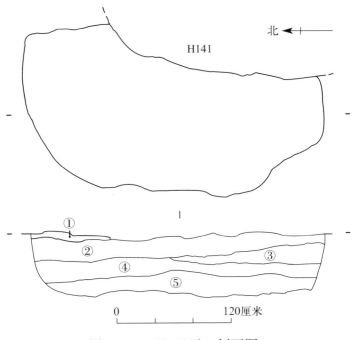

图4-405　H168平、剖面图

（2）H168②层

出土少量陶片，以腹部残片为主，可辨器形有圆腹罐（表 4-677、678）。

表4-676　H168①层陶片统计表

纹饰 \ 陶质 陶色	泥质				夹砂				合计
	橙黄	灰	红	灰底黑彩	橙黄	灰	红	褐	
素面		1							1
绳纹			3						3
麻点纹					1				1

表4-677　H168②层器形数量统计表

器形 \ 陶质 陶色	泥质				夹砂				合计
	红	橙黄	灰	黑	红	橙黄	灰	黑	
圆腹罐			1						1

表4-678　H168②层陶片统计表

纹饰 \ 陶质 陶色	泥质				夹砂				合计
	橙黄	灰	红	灰底黑彩	橙黄	灰	红	褐	
素面	5	4	1				2		12
绳纹			2		8				10
篮纹	5								5
麻点纹					11				11

圆腹罐　1件。

标本H168②：1，泥质灰陶。侈口，圆唇，矮领，束颈，上腹斜，下腹残。上腹饰竖向绳纹，纹饰被抹平。残高4、残宽7.1厘米（图4-406，1）。

（3）H168③层

出土陶片见下表（表4-679）。

表4-679　H168③层陶片统计表

| 陶质 | 泥质 | | | | 夹砂 | | | | 合计 |
纹饰　　　陶色	橙黄	灰	红	灰底黑彩	橙黄	灰	红	褐	
素面	4	1	2						7
绳纹					4				4
篮纹	1				1		1		3
麻点纹					3				3

（4）H168④层

出土蚌器1件，出土少量陶片，以陶器腹部残片为主，无可辨器形标本，所以不具体介绍，只进行陶系统计（表4-680）。

表4-680　H168④层陶片统计表

| 陶质 | 泥质 | | | | 夹砂 | | | | 合计 |
纹饰　　　陶色	橙黄	灰	红	灰底黑彩	橙黄	灰	红	褐	
素面	3		2		3				8
绳纹		1	2						3
篮纹					7				7
麻点纹					12				12
附加堆纹					2				2

蚌器　1件。

标本H168④：1，由蚌壳制成，为装饰所用，在贝壳中心有一圆形钻孔，孔径0.3、长4.9、宽2.6厘米（图4-406，2）。

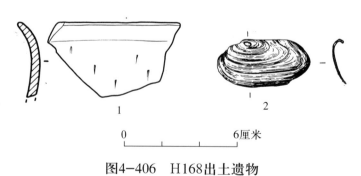

0　　　　　　　　6厘米

图4-406　H168出土遗物

1.圆腹罐H168②：1　2.蚌器H168④：1

（5）H168⑤层

出土陶片见下表（表4-681）。

表4-681　H168⑤层陶片统计表

纹饰　　　　陶质　陶色	泥质				夹砂				合计
	橙黄	灰	红	灰底黑彩	橙黄	灰	红	褐	
绳纹	1								1
篮纹	1				1				2
麻点纹					5				5

159. H169

H169位于ⅢT1005西北部，开口于第④层下，被H168叠压（图4-407；彩版一六四，2）。平面呈椭圆形，口部边缘形态明显，底部边缘形态不明显，剖面略呈筒状，直壁，未见工具痕迹，平底。坑口东西0.60、南北0.69、坑底东西0.52、南北0.63、深0.20～0.40米。坑内堆积未分层，土色深灰，土质疏松，包含植物根茎、炭粒、石块、兽骨，水平状堆积。

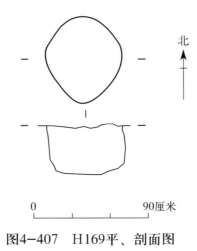

图4-407　H169平、剖面图

坑内出土少量陶片，以陶器腹部残片为主，无可辨器形标本，所以不具体介绍，只进行陶系统计（表4-682）。

表4-682　H169①层陶片统计表

纹饰　　　　陶质　陶色	泥质				夹砂				合计
	橙黄	灰	红	灰底黑彩	橙黄	灰	红	褐	
绳纹	1				1				2
麻点纹					4				4

160. H170

H170 位于Ⅲ T1203 东南部，部分延伸至 T1202 西南角，开口于第④层下（图 4-408；彩版一六五，1）。平面近圆形，口部边缘形态明显，底部边缘形态明显，剖面呈不规则状，下部分呈袋状，未见工具痕迹，平底。坑口东西 1.86、南北 0.68、坑底东西 2.28、坑深 1.07 米。坑内堆积可分六层，第①层厚 0.09～0.22 米，土色褐色，土质较为疏松，包含草木灰，水平状堆积。第②层厚 0.18～0.40 米，土色浅黄，土质较疏松，包含草木灰，坡状堆积。第③层厚 0～0.18 米，土色深灰，土质较疏松，包含草木灰，凸镜状堆积。第④层厚 0～0.13 米，土色浅黄，土质致密较纯净，坡状堆积。第⑤层厚 0.12～0.53 米，土色褐色，土质较致密，坡状堆积。第⑥层厚 0.12～0.22 米，土色浅黄，土质较致密，包含石块、兽骨，坡状堆积。

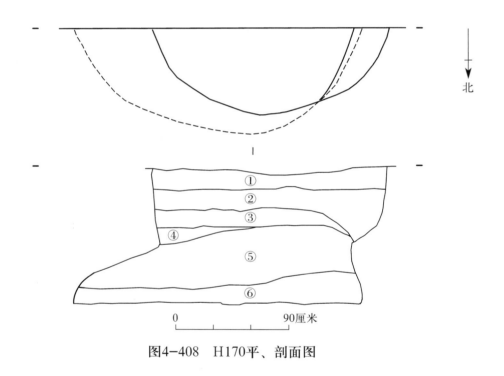

图4-408　H170平、剖面图

坑内出土较多陶片，以陶器腹部残片为主，无可辨器形标本，所以不具体介绍，只进行陶系统计（表 4-683～685）。

表4-683　H170①层陶片统计表

纹饰＼陶质／陶色	泥质				夹砂				合计
	橙黄	灰	红	灰底黑彩	橙黄	灰	红	褐	
素面	8	3	2		5		2		20
绳纹			3		9				12
篮纹	6		2						8
麻点纹					13		7		20

表4-684 H170②层陶片统计表

纹饰 \ 陶质 陶色	泥质				夹砂				合计
	橙黄	灰	红	灰底黑彩	橙黄	灰	红	褐	
素面	1		2						3
篮纹	1								1
麻点纹					1				1

表4-685 H170③层陶片统计表

纹饰 \ 陶质 陶色	泥质				夹砂				合计
	橙黄	灰	红	灰底黑彩	橙黄	灰	红	褐	
素面	2		5						7
篮纹	3								3
附加堆纹	2								2

161. H171

H171 位于ⅢT1203 西南部，部分延伸至发掘区外，开口于第④层下（图 4-409；彩版一六五，2）。平面近圆形，口部边缘形态明显，底部边缘形态较明显，剖面呈筒状，直壁，未见工具痕迹，平底。坑口东西 2.30、南北 1.02、坑底东西 2.10、坑深 0.36～0.49 米。坑内堆积可分二层，第①层厚 0.16～0.26 米，土色深灰，土质较疏松，包含植物根茎、炭粒，水平状堆积。第②层厚 0.17～0.26 米，土色浅灰，土质疏松，包含植物根茎、炭粒、黄土块，水平状堆积。

坑内出土少量陶片，以陶器腹部残片为主，无可辨器形标本，所以不具体介绍，只进行陶系统计（表 4-686、687）。

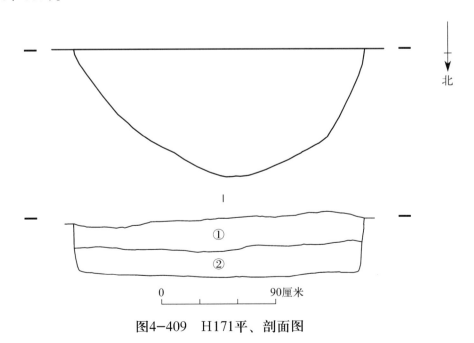

图4-409 H171平、剖面图

表4-686　H171①层陶片统计表

纹饰＼陶质陶色	泥质				夹砂				合计
	橙黄	灰	红	灰底黑彩	橙黄	灰	红	褐	
素面	2								2
篮纹			1						1
麻点纹					2				2

表4-687　H171②层陶片统计表

纹饰＼陶质陶色	泥质				夹砂				合计
	橙黄	灰	红	灰底黑彩	橙黄	灰	红	褐	
素面	1								1
篮纹	1				2				3
麻点纹					3				3

162. H172

H172 位于ⅢT1004 东北部，部分叠压在北隔梁下，开口于第③层下，被H105 打破（图4-410；彩版一六六，1）。平面呈椭圆形，口部边缘形态较明显，底部边缘形态较明显，剖面呈筒状，斜弧壁，未见工具痕迹，平底。坑口东西1.90、南北0.80、坑底东西2.10、坑深0.85米。坑内堆积共分五层：第①层厚0.06～0.12米，土色浅灰，土质疏松，坡状堆积。第②层厚0.14～0.28米，土色褐色，土质疏松，包含炭粒，坡状堆积。第③层厚0.14～0.32米，土色浅灰

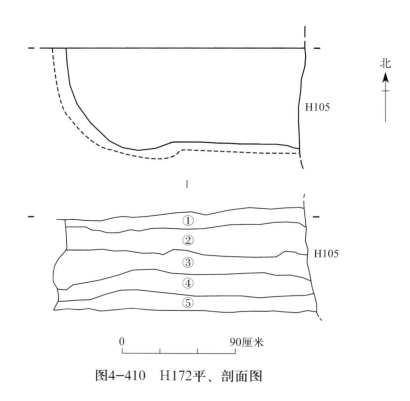

图4-410　H172平、剖面图

色，土质疏松，包含红烧土颗粒、兽骨、石块，坡状堆积。第④层厚0.10～0.20米，土色褐色，土质疏松，凸镜状堆积。第⑤层厚0.08～0.14米，土色浅黄，土质致密，包含石块、兽骨，凸镜状堆积。

坑内出土大量陶片。

（1）H172②层

出土少量陶片，以腹部残片为主，可辨器形有花边罐、敛口罐（表4-688、689）。

表4-688　H172②层器形数量统计表

陶质 器形	泥质				夹砂				合计
陶色	红	橙黄	灰	黑	红	橙黄	灰	黑	
花边罐						1			1
敛口罐						1			1

表4-689　H172②层陶片统计表

陶质 纹饰	泥质				夹砂				合计
陶色	橙黄	灰	红	灰底黑彩	橙黄	灰	红	褐	
素面	11				9				20
绳纹					11		2		13
篮纹	6				4				10
麻点纹					13				13
刻划纹					1				1
压印纹					1				1

花边罐　1件。

标本H172②：1，夹砂橙黄陶。侈口，锯齿唇，高领，微束颈，颈部以下残。颈部饰横向绳纹。残高5.6、残宽7.4厘米（图4-411，1）。

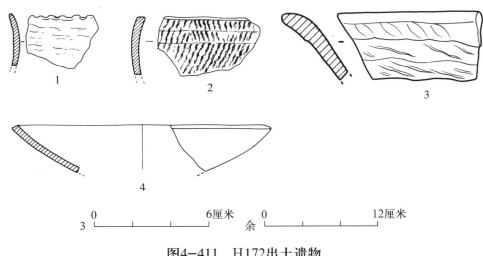

图4-411　H172出土遗物

1.花边罐H172②：1　2.敛口罐H172②：2　3.盆H172③：2　4.豆H172③：1

敛口罐　1件。

标本H172②：2，夹砂橙黄陶。敛口，方唇，上腹圆弧，下腹残。上腹饰一周附加泥条，器表通体饰绳纹。残高6.2、残宽10.6厘米（图4-411，2）。

（2）H172③层

出土少量陶片，以腹部残片为主，可辨器形有盆、豆（表4-690、691）。

表4-690　H172③层器形数量统计表

器形＼陶质 陶色	泥质				夹砂				合计
	红	橙黄	灰	黑	红	橙黄	灰	黑	
豆						1			1
盆		1							1

表4-691　H172③层陶片统计表

纹饰＼陶质 陶色	泥质				夹砂				合计
	橙黄	灰	红	灰底黑彩	橙黄	灰	红	褐	
素面	11		6		11				28
绳纹	1						2		3
篮纹	10				15				25
麻点纹					25				25
抹断绳纹							1		1

盆　1件。

标本H172③：2，泥质橙黄陶。敞口，圆唇，斜直腹，底残。口沿外侧饰一周附加泥条，泥条经手指按压呈波状，腹部饰斜向篮纹，泥条盘筑痕迹明显。残高3.7、残宽7.6厘米（图4-411，3）。

豆　1件。

标本H172③：1，夹砂橙黄陶。敞口，方唇，斜弧腹，豆柄残，素面，内壁刮抹痕迹明显，直径27、残高5厘米（图4-411，4）。

163. H173

H173位于T1203西北角，部分延伸至T1103、T1104、T1204内，开口于③层下，被H133打破（图4-412；彩版一六六，2）。平面呈椭圆形，口部边缘形态明显，底部边缘形态不明显，剖面呈不规则，未见工具痕迹，平底。坑口南北3.10、东西2.32、坑底南北1.60、坑深1.76米。坑内堆积共分九层：第①层厚0.12～0.29米，土色褐色，土质较致密，包含兽骨，坡状堆积。第②层厚0～0.45米，土色褐色，土质较致密，包含兽骨，坡状堆积。第③层厚0.30～0.50米，土色褐色，土质较疏松，包含炭粒、兽骨、石块，坡状堆积。第④层厚0.10～0.35米，土色深灰，土质较疏松，包含红烧土颗粒、兽骨，坡状堆积。第⑤层厚0.04～0.35米，土色深灰，土质较疏松，包含红烧土颗粒、炭粒、兽骨，坡状堆积。第⑥层厚0.05～0.43米，土色褐色，土质较疏松，包

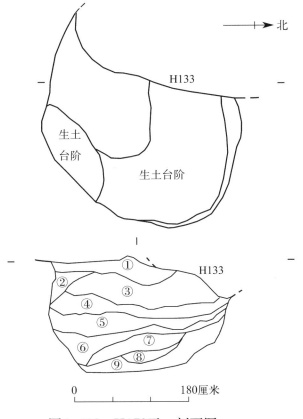

图4-412　H173平、剖面图

含红烧土颗粒，坡状堆积。第⑦层厚0～0.26米，土色褐色，土质较疏松，包含炭粒，坡状堆积。第⑧层厚0～0.18米，土色褐色，土质较疏松，包含炭粒，凹镜状堆积。第⑨层厚0.12～0.48米，土色浅灰，土质较疏松，包含红烧土颗粒、炭粒、石块、兽骨，凹镜状堆积。

坑内出土较多陶片，另有残石器5件、骨凿1件。

（1）H173①层

出土少量陶片，以腹部残片为主，可辨器形有圆腹罐、高领罐、大口罐、盆、方盘，另出土石料3件（表4-692、693）。

圆腹罐　2件。

表4-692　H173①层器形数量统计表

陶质 器形	泥质				夹砂				合计
陶色	红	橙黄	灰	黑	红	橙黄	灰	黑	
方盘					1				1
大口罐					1	1			2
高领罐			1			1			2
圆腹罐						2			2
盆		1							1

表4-693　H173①层陶片统计表

纹饰	陶质　　陶色	泥质				夹砂				合计
		橙黄	灰	红	灰底黑彩	橙黄	灰	红	褐	
素面		37	4	5				13		59
绳纹						3		1		4
篮纹		31	1	8		14				54
麻点纹						58		4		62
篮纹＋麻点纹						1				1
篮纹＋绳纹						1				1
刻槽纹						1				1

标本H173①：8，夹砂橙黄陶。侈口，圆唇，高领，束颈，上腹斜，下腹残。颈部素面且有刮抹痕迹，上腹饰麻点纹。残高7.2、残宽6.7厘米（图4-413，1）。

标本H173①：10，夹砂橙黄陶。侈口，圆唇，高领，束颈，颈部以下残。颈部素面，有烟炱。残高6.4、残宽4.3厘米（图4-413，2）。

高领罐　2件。

标本H173①：6，泥质灰陶。喇叭口，窄平沿，尖唇，高领，束颈，颈部以下残。素面磨光。残高8、残宽7厘米（图4-413，3）。

标本H173①：7，夹砂橙黄陶。喇叭口，圆唇，高领，束颈，颈部以下残。颈部饰横向篮纹，有烟炱。口径13.8、残高8.2厘米（图4-413，4）。

大口罐　2件。

标本H173①：5，夹砂红陶。微敛口，圆唇，上腹斜弧，下腹残。口沿外侧饰一周折棱，器身通体饰麻点纹，内壁泥条盘筑痕迹明显。残高4、残宽7.2厘米（图4-413，5）。

标本H173①：11，夹砂橙黄陶。直口，方唇，上腹弧，下腹残。口沿外侧饰一周附加泥条，泥条经手指按压呈波状，上腹饰麻点纹。残高5.8、残宽6.2厘米（图4-413，6）。

盆　1件。

标本H173①：9，泥质橙黄陶。敞口，圆唇，斜直腹，底残。口沿外侧有一周折棱，腹部饰横向篮纹，内壁素面磨光。残高4.3、残宽8.9厘米（图4-413，7）。

方盘　1件。

标本H173①：4，夹砂红陶。边缘为圆唇，器身素面。残长8.8、残宽3.4厘米（图4-413，8）。

石料　3件。

标本H173①：1，页岩。整体较平整，制作小石器材料。残长3.8、残宽2.9厘米（图4-413，9；彩版一六七，1）。

标本H173①：2，页岩。整体较平整，制作小石器材料。残长3、残宽3.4厘米（图4-413，10；彩版一六七，2）。

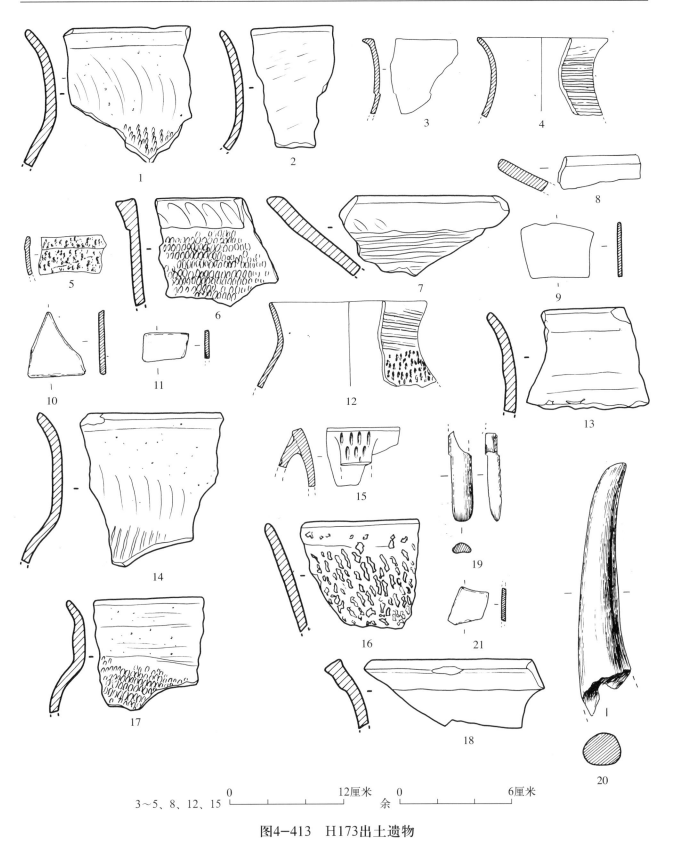

图4-413 H173出土遗物

1、2、12～14、16、17.圆腹罐H173①：8、10、H173②：2～4、H173③：3、4 3、4、18.高领罐H173①：6、7、H173③：5
5、6.大口罐H173①：5、11 7.盆H173①：9 8.方盘H173①：4 9～11、21.石料H173①：1～3、H173④：1 15.单耳罐
H173②：1 19.骨凿H173③：1 20.兽角H173③：2

标本H173①：3，页岩。整体较平整，制作小石器材料。残长2.3、残宽1.5厘米（图4-413，11；彩版一六七，3）。

（2）H173②层

出土少量陶片，以腹部残片为主，可辨器形有圆腹罐、单耳罐（表4-694、695）。

表4-694　H173②层器形数量统计表

陶质	泥质				夹砂				合计
器形　陶色	红	橙黄	灰	黑	红	橙黄	灰	黑	
单耳罐		1							1
圆腹罐						3			3

表4-695　H173②层陶片统计表

陶质	泥质				夹砂				合计
纹饰　陶色	橙黄	灰	红	灰底黑彩	橙黄	灰	红	褐	
素面	9	2			11				22
绳纹					17				17
篮纹	6		1		5		2		14
麻点纹					20				20
篮纹＋麻点纹					3				3

圆腹罐　3件。

标本H173②：2，夹砂橙黄陶。侈口，圆唇，矮领，束颈，上腹斜弧，下腹残。颈部饰横向篮纹，上腹饰麻点纹，有烟炱。口径16.4、残高9.2厘米（图4-413，12）。

标本H173②：3，夹砂橙黄陶。侈口，圆唇，高领，束颈，颈部以下残。颈部素面。残高5.4、残宽6.5厘米（图4-413，13）。

标本H173②：4，夹砂橙黄陶。侈口，圆唇，高领，束颈，上腹斜弧，下腹残。颈部素面且有刮抹痕迹，上腹饰竖向绳纹。残高8.1、残宽7.5厘米（图4-413，14）。

单耳罐　1件。

标本H173②：1，泥质橙黄陶。侈口，方唇，上腹斜弧，下腹残。拱形单耳，耳面饰戳印纹。残高6.2、残宽7.6厘米（图4-413，15）。

（3）H173③层

出土少量陶片，以腹部残片为主，可辨器形有圆腹罐、高领罐，另出土骨凿、兽角各1件（表4-696、697）。

表4-696　H173③层器形数量统计表

陶质	泥质				夹砂				合计
器形　陶色	红	橙黄	灰	黑	红	橙黄	灰	黑	
圆腹罐						2			2
高领罐			1						1

表4-697　H173③层陶片统计表

纹饰＼陶色	泥质				夹砂				合计
	橙黄	灰	红	灰底黑彩	橙黄	灰	红	褐	
素面	22	3			14				39
绳纹	3				4				7
篮纹	15	1	6		10		2		34
麻点纹					35				35
刻划纹					2				2
网格纹					1				1

圆腹罐　2件。

标本H173③：3，夹砂橙黄陶。侈口，圆唇，高领，微束颈，颈部以下残。器表饰麻点纹。残高5.8、残宽6.2厘米（图4-413，16）。

标本H173③：4，夹砂橙黄陶。侈口，圆唇，高领，束颈，上腹圆，下腹残。颈部素面有刮抹痕迹，上腹饰麻点纹，有烟炱。残高5.9、残宽5.8厘米（图4-413，17）。

高领罐　1件。

标本H173③：5，泥质灰陶。喇叭口，方唇，高领，束颈，颈部以下残。口沿外侧有一周折棱，颈部素面磨光。残高3.6、残宽9.6厘米（图4-413，18）。

骨凿　1件。

标本H173③：1，动物骨骼磨制而成，扁平长条状，尾部残，双面磨刃，刃部圆弧。残长4.8、宽1.1、厚0.5厘米（图4-413，19；彩版一六七，4）。

兽角　1件。

标本H173③：2，呈弧形圆柱状，根部残，前端有磨痕。残长13.3、直径2厘米（图4-413，20；彩版一六七，5）。

（4）H173④层

出土石料1件，出土少量陶片，以陶器腹部残片为主，无可辨器形标本，所以不具体介绍，只进行陶系统计（表4-698）。

表4-698　H173④层陶片统计表

纹饰＼陶色	泥质				夹砂				合计
	橙黄	灰	红	灰底黑彩	橙黄	灰	红	褐	
素面		1	5		10				16
绳纹					2				2
篮纹	5		3				1		9
麻点纹					1				1

石料　1件。

标本H173④：1，石灰岩。整体较平整，制作小石器材料。残长2、残宽2厘米（图4-413，

21；彩版一六七，6）。

（5）其他地层

出土陶片见下表（表4-699～702）。

表4-699　H173⑤层陶片统计表

纹饰 ＼ 陶质·陶色	泥质				夹砂				合计
	橙黄	灰	红	灰底黑彩	橙黄	灰	红	褐	
篮纹							1		1
麻点纹					1				1
篮纹＋麻点纹							1		1
附加堆纹＋麻点纹					1				1

表4-700　H173⑥层陶片统计表

纹饰 ＼ 陶质·陶色	泥质				夹砂				合计
	橙黄	灰	红	灰底黑彩	橙黄	灰	红	褐	
素面	1				2				3
绳纹					1				1
篮纹	1				2				3
麻点纹					2				2

表4-701　H173⑦层陶片统计表

纹饰 ＼ 陶质·陶色	泥质				夹砂				合计
	橙黄	灰	红	灰底黑彩	橙黄	灰	红	褐	
素面	1								1
绳纹						1			1
麻点纹						1			1

表4-702　H173⑨层陶片统计表

纹饰 ＼ 陶质·陶色	泥质				夹砂				合计
	橙黄	灰	红	灰底黑彩	橙黄	灰	红	褐	
素面	1								1
麻点纹					2				2

164. H174

H174位于ⅢT1304西部偏北，开口于第②层下（图4-414；彩版一六八，1）。平面呈椭圆形，口部边缘形态明显，底部边缘形态明显，剖面近筒状，斜直壁，未见工具痕迹，平底。坑口东西0.66、南北约0.61、坑底东西0.60、坑深0.40米。坑内堆积不分层，土色深黄，土质致密，包含植物根茎、白灰皮、石块、兽骨，水平状堆积。

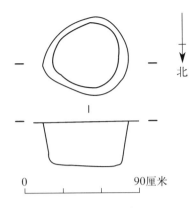

北

0　　　　　　90厘米

图4-414　H174平、剖面图

坑内出土少量陶片，以陶器腹部残片为主，无可辨器形标本，所以不具体介绍，只进行陶系统计（表4-703）。

表4-703　H174陶片统计表

纹饰 \ 陶质 / 陶色	泥质				夹砂				合计
	橙黄	灰	红	灰底黑彩	橙黄	灰	红	褐	
素面		1	1		1				3
绳纹		1			2				3
篮纹	6				1				7
麻点纹					1				1

165. H175

H175位于ⅢT1202东部偏北，开口于第④层下，被H138打破（图4-415）。平面近圆形，口部边缘形态明显，底部边缘形态较明显，剖面呈筒状，斜弧壁，未见工具痕迹，坑底北高南低呈坡状。坑口南北1.70、东西1.54、坑底南北1.05、坑深约1.44米。坑内堆积可分七层，第①层厚0.15～0.30米，土色黄色，土质较疏松，鼠洞干扰严重，坡状堆积。第②层厚0.20～0.26米，土色浅灰，土质较疏松，包含兽骨，坡状堆积。第③层厚0.12～0.22米，土色深灰，土质疏松，坡状堆积。第④层厚0～0.12米，土色黄色，土质较致密，坡状堆积。第⑤层厚0.16～0.30米，土色深灰，土质疏松，包含兽骨，基本水平状堆积。第⑥层厚0.16～0.20米，土色浅灰，土质较致密，坡状堆积。第⑦层厚0.10～0.22米，土色浅灰，土质较疏松，包含石块、兽骨，坡状堆积。

坑内出土较多陶片。

（1）H175②层

出土陶片见下表（表4-704）。

（2）H175④层

出土少量陶片，以腹部残片为主，可辨器形有单耳罐（表4-705、706）。

单耳罐　1件。

标本H175④∶1，夹砂橙黄陶。圆腹，腹部有一桥形拱耳，口沿及底部残，腹部饰竖向线纹，

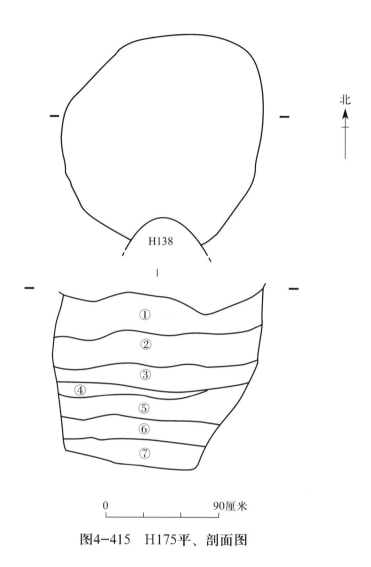

图4-415　H175平、剖面图

线纹之上饰横向刻划纹。残高9.8、残宽9.6厘米（图4-416，1）。

　　（3）H175⑥层

　　出土少量陶片，以腹部残片为主，可辨器形有花边罐（表4-707、708）。

表4-704　H175②层陶片统计表

纹饰	陶质 陶色	泥质				夹砂				合计
		橙黄	灰	红	灰底黑彩	橙黄	灰	红	褐	
素面		12	3							15
绳纹		1				1				2
篮纹		19	1							20
麻点纹						10				10
刻划纹						1				1

表4-705　H175④层器形数量统计表

器形＼陶色＼陶质	泥质				夹砂				合计
	红	橙黄	灰	黑	红	橙黄	灰	黑	
单耳罐						1			1

表4-706　H175④层陶片统计表

纹饰＼陶色＼陶质	泥质				夹砂				合计
	橙黄	灰	红	灰底黑彩	橙黄	灰	红	褐	
素面	2				1				3
绳纹	1								1
篮纹	3						1		4
麻点纹					1				1

表4-707　H175⑥层器形数量统计表

器形＼陶色＼陶质	泥质				夹砂				合计
	红	橙黄	灰	黑	红	橙黄	灰	黑	
花边罐					1				1

表4-708　H175⑥层陶片统计表

纹饰＼陶色＼陶质	泥质				夹砂				合计
	橙黄	灰	红	灰底黑彩	橙黄	灰	红	褐	
素面	24				5				29
绳纹					4				4
篮纹	17								17
麻点纹					8				8
刻划纹	2								2

花边罐　1件。

标本H175⑥：1，夹砂红陶。侈口，斜沿，圆唇，高领，束颈，颈部以下残。口沿外侧饰有一周附加泥条，泥条经手指按压呈波状，颈部素面。口径18.8、残高7.6厘米（图4-416，2）。

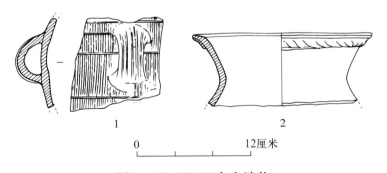

0　　　　　　　　　12厘米

图4-416　H175出土遗物

1.单耳罐H175④：1　2.花边罐H175⑥：1

166. H176

H176位于Ⅲ T1201东部，开口于第④层下，被H113、H137、H155、H186、H150、H210打破（图4-417；彩版一六八，2）。平面呈不规则状，口部边缘形态明显，底部边缘形态不明显，剖面呈坑状，壁面凹凸不平，未见工具痕迹，平底。坑口南北长3.65、坑底长1.92、坑深1.72米。坑内堆积可分十层，第①层厚0~0.27米，土色黄色，土质疏松，包含植物根茎、兽骨，坡状堆积。第②层厚0~0.24米，土色褐色，土质致密，包含植物根茎、炭粒、兽骨，坡状堆积。第③层厚0.08~0.16米，土色黄色，土质致密，包含植物根茎、石块，坡状堆积。第④层厚0.08~0.18米，土色褐色，土质较致密，包含植物根茎、炭粒、兽骨，坡状堆积。第⑤层厚0.02~0.30米，土色褐色，土质较疏松，包含植物根茎、炭粒、兽骨，坡状堆积。第⑥层厚0~0.20米，土色浅灰，土质疏松，包含植物根茎、炭粒、兽骨，坡状堆积。第⑦层厚0.12~0.34米，土色褐色，土质较致密，包含植物根茎、炭粒、红烧土颗粒、兽骨，坡状堆积。第⑧层厚0.05~0.27米，土色浅灰，土质致密，包含植物根茎、炭粒、兽骨，凹镜状堆积。第⑨层厚0.08~0.34米，土色黄色，土质较致密，包含植物根茎、红烧土颗粒、兽骨，凹镜状堆积。第⑩层厚0~0.26米，土色褐色，土质疏松，包含植物根茎、石块、兽骨，水平状堆积。

坑内出土大量陶片。

（1）H176①~④层

出土陶片见下表（表4-709~712）。

（2）H176⑤层

出土少量陶片，以腹部残片为主，可辨器形有单耳罐、盆（表4-713、714）。

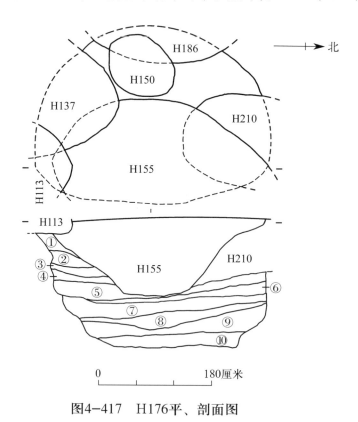

图4-417　H176平、剖面图

表4-709　H176①层陶片统计表

纹饰　＼　陶质 陶色	泥质				夹砂				合计
	橙黄	灰	红	灰底黑彩	橙黄	灰	红	褐	
素面	3	1	4		4				12
篮纹	3		5		12				20

表4-710　H176②层陶片统计表

纹饰　＼　陶质 陶色	泥质				夹砂				合计
	橙黄	灰	红	灰底黑彩	橙黄	灰	红	褐	
素面	1		1						2
篮纹			3		3	1			7
麻点纹					6				6

表4-711　H176③层陶片统计表

纹饰　＼　陶质 陶色	泥质				夹砂				合计
	橙黄	灰	红	灰底黑彩	橙黄	灰	红	褐	
素面	2		2						4
篮纹	2				3				5
麻点纹					7				7

表4-712　H176④层陶片统计表

纹饰　＼　陶质 陶色	泥质				夹砂				合计
	橙黄	灰	红	灰底黑彩	橙黄	灰	红	褐	
素面	2		4						6
绳纹					6				6
篮纹	4	4	3		3		1		15
麻点纹					6				6
篮纹＋麻点纹					1		1		2

表4-713　H176⑤层器形数量统计表

器形　＼　陶质 陶色	泥质				夹砂				合计
	红	橙黄	灰	黑	红	橙黄	灰	黑	
单耳罐	1				1				2
盆		1							1

表4-714　H176⑤层陶片统计表

纹饰 \ 陶质 陶色	泥质				夹砂				合计
	橙黄	灰	红	灰底黑彩	橙黄	灰	红	褐	
素面	6	4	5		6				21
绳纹			1						1
篮纹		1	3				2		6
麻点纹					29				29

单耳罐　2件。

标本H176⑤：1，泥质红陶。侈口，尖唇，高领，束颈，鼓腹，底残。拱形单耳，素面磨光。残高6、残宽4.9厘米（图4-418，1）。

标本H176⑤：3，夹砂红陶。侈口，方唇，高领，束颈，上腹圆弧，下腹残。唇面有两道凹槽，耳上端饰有一泥饼，颈部饰横向篮纹，上腹饰麻点纹。残高9.4、残宽12厘米（图4-418，2）。

盆　1件。

标本H176⑤：2，泥质橙黄陶。敞口，圆唇，斜直腹，底残。口沿外侧有一周折棱，折棱之上饰斜向篮纹，腹部饰横向篮纹。口径20、残高4.8厘米（图4-418，3）。

（3）H176⑥层

出土少量陶片，以腹部残片为主，可辨器形有圆腹罐、花边罐、单耳罐、盆、陶杯（表4-715、716）。

表4-715　H176⑥层器形数量统计表

器形 \ 陶质 陶色	泥质				夹砂				合计
	红	橙黄	灰	褐	红	橙黄	灰	黑	
圆腹罐					2	1	1		4
花边罐						4			4
单耳罐					1				1
盆	2		1						3
陶杯				1					1

表4-716　H176⑥层陶片统计表

纹饰 \ 陶质 陶色	泥质				夹砂				合计
	橙黄	灰	红	灰底黑彩	橙黄	灰	红	褐	
素面	24	9			22				55
绳纹	2	2							4
篮纹	25	7			11				43
麻点纹					55				55
篮纹 + 麻点纹					5		3		8
附加堆纹					3		1		4
附加堆纹 + 绳纹					1				1

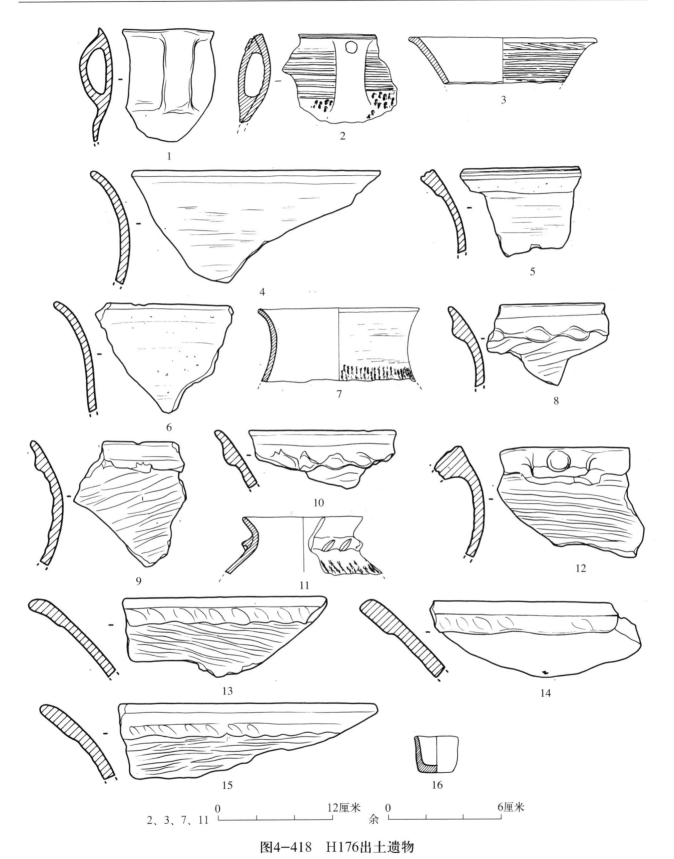

图4-418　H176出土遗物

1、2、12.单耳罐H176⑤：1、3、H176⑥：5　3、13～15.盆H176⑤：2、H176⑥：6～8　4～7.圆腹罐H176⑥：1、4、10、12
8～11.花边罐H176⑥：2、3、9、11　16.陶杯H176⑥：13

圆腹罐　4件。

标本H176⑥：1，夹砂红陶。侈口，圆唇，高领，束颈，上腹斜，下腹残。颈部素面且有刮抹痕迹，有烟炱。残高6、残宽13厘米（图4-418，4）。

标本H176⑥：4，夹砂灰陶。侈口，方唇，高领，束颈，颈部以下残。唇面有一道凹槽，口沿外侧饰一周折棱，颈部饰横向线纹。残高4.7、残宽6.4厘米（图4-418，5）。

标本H176⑥：10，夹砂黄褐陶。侈口，圆唇，矮领，束颈，上腹斜，下腹残。素面，有烟炱。残高5.2、残宽7.2厘米（图4-418，6）。

标本H176⑥：12，夹砂红陶。侈口，圆唇，高领，束颈，颈部以下残。上颈部饰横向篮纹，下颈部饰竖向绳纹。口径16.8、残高7.6厘米（图4-418，7）。

花边罐　4件。

标本H176⑥：2，夹砂橙黄陶。侈口，圆唇，矮领，束颈，颈部以下残。口沿外侧饰一周附加泥条，泥条经手指按压呈波状，器表饰篮纹，有烟炱。残高4.3、残宽6.5厘米（图4-418，8）。

标本H176⑥：3，夹砂橙黄陶。侈口，圆唇，高领，束颈，上腹斜，下腹残。口沿外侧饰一周附加泥条，泥条经手指按压呈波状，颈部饰斜向篮纹，有烟炱。残高6.6、残宽5.9厘米（图4-418，9）。

标本H176⑥：9，夹砂橙黄陶。侈口，圆唇，口沿以下残。口沿外侧饰一周附加泥条，泥条经手指按压呈波状，有烟炱。残高3.1、残宽7.7厘米（图4-418，10）。

标本H176⑥：11，夹砂橙黄陶。侈口，圆唇，矮领，束颈，上腹斜弧，下腹残。颈部饰一周附加泥条，泥条经手指按压呈波状，上腹饰竖向绳纹，有烟炱。口径12.6、残高6.2厘米（图4-418，11）。

单耳罐　1件。

标本H176⑥：5，夹砂红陶。侈口，方唇，高领，束颈，颈部以下残。连口残耳，耳上端有一泥饼，口沿外侧有一周折棱，颈部饰横向篮纹，有烟炱。残高5.8、残宽7厘米（图4-418，12）。

盆　3件。

标本H176⑥：6，泥质灰陶。敞口，圆唇，斜直腹，底残。口沿外侧饰一周折棱，腹部饰斜向篮纹。残高4.2、残宽10.7厘米（图4-418，13）。

标本H176⑥：7，泥质红陶。敞口，方唇，斜直腹，底残。口沿外侧有一周折棱呈棱台状，腹部素面磨光。残高4、残宽11.2厘米（图4-418，14）。

标本H176⑥：8，泥质红陶。敞口，圆唇，斜弧腹，底残。口沿外侧有一周折棱，腹部饰横向篮纹，内壁素面磨光。残高4、残宽13.6厘米（图4-418，15）。

陶杯　1件。

标本H176⑥：13，泥质褐陶。直口，圆唇，直腹，平底。素面。口径2.4、高2、底径1.8厘米（图4-418，16；彩版一六八，3）。

（4）H176⑦层

出土少量陶片，以腹部残片为主，可辨器形有圆腹罐、盆（表4-717、718）。

表4-717　H176⑦层器形数量统计表

陶质	泥质				夹砂				合计
器形　　陶色	红	橙黄	灰	黑	红	橙黄	灰	黑	
盆		1							1
圆腹罐						1			1

表4-718　H176⑦层陶片统计表

陶质	泥质				夹砂				合计
纹饰　　陶色	橙黄	灰	红	灰底黑彩	橙黄	灰	红	褐	
素面	18	1	5		9				33
绳纹	4		9		5				18
篮纹					4				4
麻点纹					27		1		28

圆腹罐　1件。

标本H176⑦：2，夹砂橙黄陶。侈口，尖唇，高领，束颈，颈部以下残。颈部饰横向细绳纹。残高5、残宽6.3厘米（图4-419，1）。

盆　1件。

标本H176⑦：1，泥质灰陶。敞口，方唇，斜直腹，底残。口沿外侧有一周折棱，器表饰斜向篮纹，腹部有一残孔，内壁素面磨光。残高3.9、残宽7.8厘米（图4-419，2）。

（5）H176⑧层

出土少量陶片，以腹部残片为主，可辨器形有圆腹罐、单耳罐、鬶足，另出土鹿角1件（表4-719、720）。

表4-719　H176⑧层器形数量统计表

陶质	泥质				夹砂				合计
器形　　陶色	红	橙黄	灰	黑	红	橙黄	灰	黑	
鬶足						1			1
圆腹罐						2			2
单耳罐		1			1				2

表4-720　H176⑧层陶片统计表

陶质	泥质				夹砂				合计
纹饰　　陶色	橙黄	灰	红	灰底黑彩	橙黄	灰	红	褐	
素面	43	3	9		19				74
绳纹	2				10				12
篮纹	27	4	6		15		4		56
麻点纹					64				64

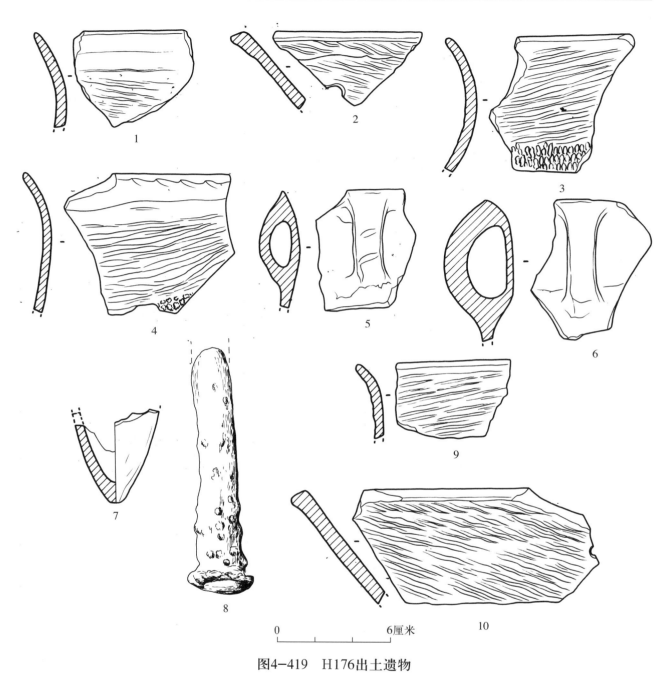

图4-419　H176出土遗物

1、3、4、9.圆腹罐H176⑦：2、H176⑧：3、4、H176⑨：2　2、10.盆H176⑦：1、H176⑨：1　5、6.单耳罐H176⑧：5、6
7.罤足H176⑧：2　8.鹿角H176⑧：1

　　圆腹罐　2件。

　　标本H176⑧：3，夹砂橙黄陶。侈口，圆唇，高领，束颈，上腹斜，下腹残。颈部饰横向篮纹，上腹饰麻点纹。残高7.2、残宽6.3厘米（图4-419，3）。

　　标本H176⑧：4，夹砂橙黄陶。侈口，圆唇，高领，束颈，颈部以下残。颈部饰横向篮纹，有烟炱。残高7.3、残宽8.6厘米（图4-419，4）。

　　单耳罐　2件。

标本H176⑧：5，夹砂红陶。侈口，尖唇，高领，束颈，鼓腹，底残。连口拱形双耳。素面，做工粗糙。残高6.2、残宽5.2厘米（图4-419，5）。

标本H176⑧：6，泥质橙黄陶。侈口，尖唇，高领，束颈，鼓腹，底残。连口拱形双耳。素面。残高7.5、残宽6厘米（图4-419，6）。

罕　1件。

标本H176⑧：2，夹砂橙黄陶。牛角状空心足，素面，有烟炱。残高5、残宽4.5厘米（图4-419，7）。

鹿角　1件。

标本H176⑧：1，顶部残，仅存主枝，呈圆柱状，保留原角的棱和纹理。长13、直径3.5厘米（图4-419，8；彩版一六八，4）。

（6）H176⑨层

出土少量陶片，以腹部残片为主，可辨器形有圆腹罐、盆（表4-721、722）。

表4-721　H176⑨层器形数量统计表

器形 ＼ 陶质 陶色	泥质				夹砂				合计
	红	橙黄	灰	黑	红	橙黄	灰	黑	
盆		1							1
圆腹罐						1			1

表4-722　H176⑨层陶片统计表

纹饰 ＼ 陶质 陶色	泥质				夹砂				合计
	橙黄	灰	红	灰底黑彩	橙黄	灰	红	褐	
素面	3	2							5
篮纹	2	1			2		2		7
麻点纹					4				4

圆腹罐　1件。

标本H176⑨：2，夹砂橙黄陶。侈口，圆唇，高领，束颈，颈部以下残。颈部饰横向篮纹，有烟炱。残高4、残宽6厘米（图4-419，9）。

盆　1件。

标本H176⑨：1，泥质橙黄陶。敞口，方唇，斜腹微弧，底残。腹部饰斜向篮纹，泥条盘筑痕迹明显，内壁素面磨光。残高6、残宽12.4厘米（图4-419，10）。

167. H177

H177位于ⅢT1101西部，开口于第④层下，被F14、H194、H124、H127、H153打破（图4-420；彩版一六九，1）。平面呈不规则状，口部边缘形态明显，底部边缘形态明显，剖面呈不规则状，未见工具痕迹，平底。坑口东西2.7、南北2.64、坑底东西2.84、坑深2.20米。坑内堆积可分为十层，第①层厚0.10～0.20米，土色褐色，土质较致密，包含白灰皮，坡状堆积。

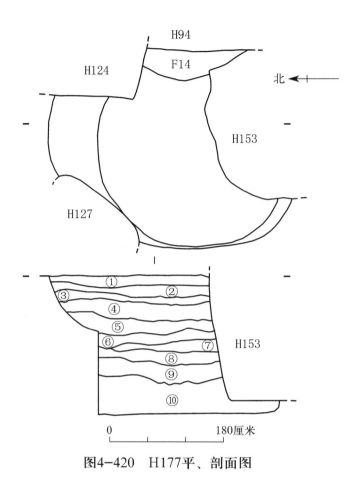

图4-420　H177平、剖面图

第②层厚 0.06～0.20 米，土色褐色，土质较致密，包含硬土块、白灰皮，坡状堆积。第③层厚 0.07～0.20 米，土色灰色，土质较疏松，包含红烧土颗粒、炭粒、白灰皮，坡状堆积。第④层厚 0.15～0.30 米，土色褐色，土质较疏松，包含炭粒、白灰皮，坡状堆积。第⑤层厚 0.14～0.27 米，土色褐色，土质较致密，坡状堆积。第⑥层厚 0.13～0.22 米，土色浅黄，土质疏松，包含炭粒、白灰皮，坡状堆积。第⑦层厚 0～0.20 米，土色黄色，土质较疏松，坡状堆积。第⑧层厚 0.09～0.22 米，土色褐色，土质较疏松，坡状堆积。第⑨层厚 0.20～0.30 米，土色黄色，土质较疏松，包含兽骨，坡状堆积。第⑩层厚 0.12～0.64 米，土色浅灰，土质较疏松，包含石块、兽骨，坡状堆积。

坑内出土较多陶片。

（1）H177①层

出土石器、骨凿各 1 件，出土少量陶片，以陶器腹部残片为主，无可辨器形标本，所以不具体介绍，只进行陶系统计（表4-723）。

石器　1 件。

标本H177①：2，片麻岩。近长方形，一面残，一面磨制较平。残长 2.1、残宽 4.1、厚 0.3 厘米（图4-421，2；彩版一六九，3）。

骨凿　1 件。

表4-723　H177①层陶片统计表

纹饰＼陶色	泥质				夹砂				合计
	橙黄	灰	红	灰底黑彩	橙黄	灰	红	褐	
素面	7	2	4		6				19
绳纹	1				10				11
篮纹	7	2	3		7				19
麻点纹					21				21
席纹＋麻点纹					1				1

标本H177①：1，动物骨骼磨制而成，整体呈长条状，基部平斜，双面磨刃，器身整体磨制光滑。长5.2、宽0.6、厚0.4厘米（图4-421，1；彩版一六九，2）。

（2）H177②层

出土少量陶片，以腹部残片为主，可辨器形有圆腹罐、大口罐（表4-724、725）。

表4-724　H177②层器形数量统计表

器形＼陶色	泥质				夹砂				合计
	红	橙黄	灰	黑	红	橙黄	灰	黑	
圆腹罐		1				1			2
大口罐							1		1

表4-725　H177②层陶片统计表

纹饰＼陶色	泥质				夹砂				合计
	橙黄	灰	红	灰底黑彩	橙黄	灰	红	褐	
素面	31	3			19				53
绳纹					15				15
篮纹	14								14
麻点纹					31				31

圆腹罐　2件。

标本H177②：1，夹砂橙黄陶。侈口，方唇，高领，束颈，颈部以下残。口沿外侧饰一周泥条，器身通体饰横向篮纹。残高5.8、残宽8.4厘米（图4-421，3）。

标本H177②：2，泥质红陶。侈口，圆唇，矮领，束颈，颈部以下残。胎体较薄，器表素面磨光。残高5.4、残宽6.6厘米（图4-421，4）。

大口罐　1件。

标本H177②：3，夹砂灰陶。侈口，方唇，高领，微束颈，颈部以下残。器身素面且凹凸不平。残高7、残宽4.6厘米（图4-421，5）。

（3）H177③层

出土少量陶片，以腹部残片为主，可辨器形有圆腹罐（表4-726、727）。

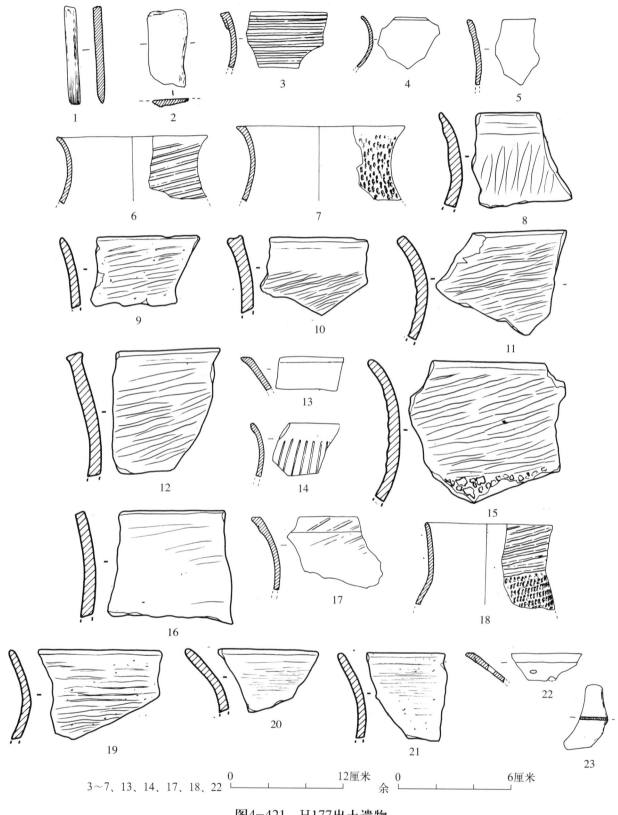

图4-421　H177出土遗物

1.骨凿H177①：1　2.石器H177①：2　3、4、6～12、14～21.圆腹罐H177②：1、2、H177③：1～4、H177④：2～4、H177⑤：1～3、H177⑥：1、H177⑦：3～6　5.大口罐H177②：3　13、22.盆H177④：1、H177⑦：2　23.石料H177⑦：1

表4-726　H177③层器形数量统计表

陶质	泥质				夹砂				合计
器形　陶色	红	橙黄	灰	黑	红	橙黄	灰	黑	
圆腹罐						4			4

表4-727　H177③层陶片统计表

陶质	泥质				夹砂				合计
纹饰　陶色	橙黄	灰	红	灰底黑彩	橙黄	灰	红	褐	
素面	12	2	5		8				27
绳纹	1		1		14				16
篮纹	11	3			7				21
麻点纹					22	2			24
刻划纹	1								1
篮纹+麻点纹					3				3
席纹		1			1				2

圆腹罐　4件。

标本H177③：1，夹砂橙黄陶。侈口，圆唇，高领，束颈，颈部以下残。颈部饰斜向篮纹，有烟炱。口径15.8、残高6.6厘米（图4-421，6）。

标本H177③：2，夹砂橙黄陶。侈口，圆唇，高领，束颈，颈部以下残。颈部饰麻点纹。口径17.8、残高7.8厘米（图4-421，7）。

标本H177③：3，夹砂橙黄陶。侈口，尖唇，矮领，束颈，颈部以下残。颈部饰竖向宽篮纹，有烟炱。残高5、残宽5.4厘米（图4-421，8）。

标本H177③：4，夹砂橙黄陶。侈口，圆唇，矮领，微束颈，颈部以下残。颈部饰横向篮纹。残高3.7、残宽5.6厘米（图4-421，9）。

（4）H177④层

出土少量陶片，以腹部残片为主，可辨器形有圆腹罐、盆（表4-728、729）。

表4-728　H177④层器形数量统计表

陶质	泥质				夹砂				合计
器形　陶色	红	橙黄	灰	黑	红	橙黄	灰	黑	
盆		1							1
圆腹罐					1	1	1		3

表4-729　H177④层陶片统计表

陶质	泥质				夹砂				合计
纹饰　陶色	橙黄	灰	红	灰底黑彩	橙黄	灰	红	褐	
素面	11	1	4		1		3		20

续表

纹饰 ＼ 陶质 陶色	泥质				夹砂				合计
	橙黄	灰	红	灰底黑彩	橙黄	灰	红	褐	
绳纹			1		8		1		10
篮纹	9	3	8		4		1		25
麻点纹					23		3		26
篮纹＋麻点纹					2				2

圆腹罐　3件。

标本H177④：2，夹砂橙黄陶。侈口，方唇，矮领，束颈，颈部以下残。唇面有一道凹槽，颈部饰斜向篮纹。残高4.2、残宽5.7厘米（图4-421，10）。

标本H177④：3，夹砂红陶。侈口，方唇，矮领，束颈，上腹斜，下腹残。颈部饰斜向篮纹，有烟炱。残高5.5、残宽6.4厘米（图4-421，11）。

标本H177④：4，夹砂灰陶。侈口，方唇，高领，束颈，颈部以下残。颈部饰横向篮纹。残高6.5、残宽5.7厘米（图4-421，12）。

盆　1件。

标本H177④：1，泥质橙黄陶。敞口，窄平沿，尖唇，斜直腹，底残。素面，口沿外侧有修整痕迹，内壁磨光。残高3.6、残宽7厘米（图4-421，13）。

（5）H177⑤层

出土少量陶片，以腹部残片为主，可辨器形有圆腹罐（表4-730、731）。

表4-730　H177⑤层器形数量统计表

器形 ＼ 陶质 陶色	泥质				夹砂				合计
	红	橙黄	灰	黑	红	橙黄	灰	黑	
圆腹罐					2	1			3

表4-731　H177⑤层陶片统计表

纹饰 ＼ 陶质 陶色	泥质				夹砂				合计
	橙黄	灰	红	灰底黑彩	橙黄	灰	红	褐	
素面	18	4			13				35
绳纹					4				4
篮纹	12		2		5				19
麻点纹					18				18

圆腹罐　3件。

标本H177⑤：1，夹砂红陶。侈口，圆唇，高领，束颈，颈部以下残。颈部饰竖向刻划纹。残高5.6、残宽7厘米（图4-421，14）。

标本H177⑤：2，夹砂橙黄陶。侈口，圆唇，高领，束颈，颈部以下残。颈部饰斜向篮纹，上腹饰麻点纹，有烟炱。残高7.5、残宽8.3厘米（图4-421，15）。

标本H177⑤：3，夹砂红陶。微侈口，方唇，矮领，微束颈，上腹微弧，下腹残。器表素面且有刮抹痕迹。残高6、残宽6.7厘米（图4-421，16）。

（6）H177⑥层

出土少量陶片，以腹部残片为主，可辨器形有圆腹罐（表4-732、733）。

表4-732　H177⑥层器形数量统计表

器形 ＼ 陶质／陶色	泥质				夹砂				合计
	红	橙黄	灰	黑	红	橙黄	灰	黑	
圆腹罐	1								1

表4-733　H177⑥层陶片统计表

纹饰 ＼ 陶质／陶色	泥质				夹砂				合计
	橙黄	灰	红	灰底黑彩	橙黄	灰	红	褐	
素面	10		2		3				15
绳纹	5				4				9
篮纹		1	2		11				14
麻点纹					23				23
刻划纹					1				1
戳印纹					1				1
交错篮纹			1						1

圆腹罐　1件。

标本H177⑥：1，泥质红陶。侈口，方唇，高领，束颈，颈部以下残。口沿外侧有一周折棱，上颈部饰斜向篮纹，内壁修整痕迹明显。残高7.6、残宽10.4厘米（图4-421，17）。

（7）H177⑦层

出土少量陶片，以腹部残片为主，可辨器形有圆腹罐、盆，另出土石料1件（表4-734、735）。

表4-734　H177⑦层器形数量统计表

器形 ＼ 陶质／陶色	泥质				夹砂				合计
	红	橙黄	灰	黑	红	橙黄	灰	黑	
盆			1						1
圆腹罐						4			4

表4-735　H177⑦层陶片统计表

纹饰 ＼ 陶质／陶色	泥质				夹砂				合计
	橙黄	灰	红	白	橙黄	灰	红	褐	
素面	9	4	4	1	18				36
绳纹					22				22

续表

陶质 纹饰 \ 陶色	泥质				夹砂				合计
	橙黄	灰	红	白	橙黄	灰	红	褐	
篮纹	6	2	4		5		4		21
麻点纹					22				22
交错篮纹					1				1
刻划纹					1				1

圆腹罐　4件。

标本H177⑦：3，夹砂橙黄陶。微侈口，圆唇，高领，微束颈，上腹斜弧，下腹残。颈部饰斜向篮纹，上腹饰麻点纹。口径13.4、残高9厘米（图4-421，18）。

标本H177⑦：4，夹砂橙黄陶。侈口，圆唇，矮领，束颈，颈部以下残。颈部饰横向篮纹，有烟炱。残高4.7、残宽6.6厘米（图4-421，19）。

标本H177⑦：5，夹砂橙黄陶。侈口，圆唇，矮领，束颈，颈部以下残。颈部素面有刮抹痕迹。残高3.3、残宽5.3厘米（图4-421，20）。

标本H177⑦：6，夹砂橙黄陶。侈口，圆唇，矮领，束颈，颈部以下残。颈部素面有刮抹痕迹。残高4.6、残宽4.3厘米（图4-421，21）。

盆　1件。

标本H177⑦：2，泥质灰陶。敞口，圆唇，斜直腹，底残。唇部有刮抹痕迹，素面，器身有两个对向钻孔，内壁素面磨光。残高2.8、残宽7.4厘米（图4-421，22）。

石料　1件。

标本H177⑦：1，石英岩。呈不规则状，整体较平整，制作小石器材料。残长3.6、残宽2.3、厚0.2厘米（图4-421，23）。

（8）H177⑧层

出土少量陶片，以腹部残片为主，可辨器形有花边罐（表4-736、737）。

表4-736　H177⑧层器形数量统计表

陶质 器形 \ 陶色	泥质				夹砂				合计
	红	橙黄	灰	黑	红	橙黄	灰	黑	
花边罐						1			1

表4-737　H177⑧层陶片统计表

陶质 纹饰 \ 陶色	泥质				夹砂				合计
	橙黄	灰	红	灰底黑彩	橙黄	灰	红	褐	
素面	11		1		8				20
绳纹					11				11
篮纹	7	1	2		1				11
麻点纹					12				12

纹饰 \ 陶质 陶色	泥质				夹砂				合计
	橙黄	灰	红	灰底黑彩	橙黄	灰	红	褐	
篮纹＋麻点纹					1				1

花边罐 1件。

标本H177⑧：1，夹砂橙黄陶。侈口，圆唇，高领，微束颈，上腹斜，下腹残。颈部素面饰一周附加泥条，泥条之上饰斜向戳印纹，上腹饰竖向绳纹。口径15.4、残高9厘米（图4-422，1）。

（9）H177⑨层

出土少量陶片，以腹部残片为主，可辨器形有鸮面罐、花边罐（表4-738、739）。

表4-738 H177⑨层器形数量统计表

器形 \ 陶质 陶色	泥质				夹砂				合计
	红	橙黄	灰	黑	红	橙黄	灰	黑	
鸮面罐						1			1
花边罐						1			1

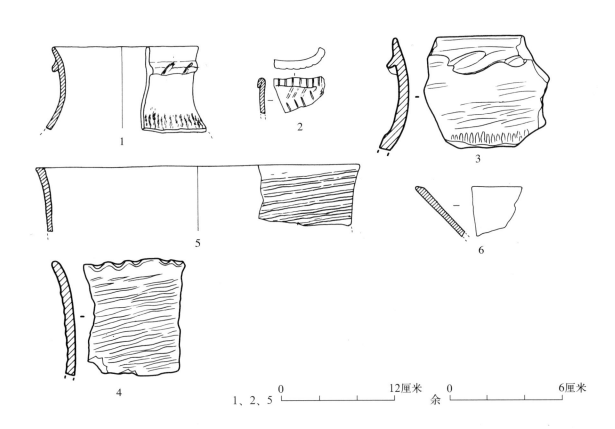

图4-422 H177出土遗物

1、3、4.花边罐H177⑧：1、H177⑨：2、H177⑩：3 2.鸮面罐H177⑨：1 5.大口罐H177⑩：1 6.盆H177⑩：2

表4-739　H177⑨层陶片统计表

纹饰＼陶色	泥质				夹砂				合计
	橙黄	灰	红	灰底黑彩	橙黄	灰	红	褐	
素面	39	1	2		17				59
绳纹					19				19
篮纹	12	1	1						14
麻点纹					33				33

鸮面罐　1件。

标本H177⑨：1，夹砂橙黄陶。现仅存面部，弧形面，圆唇，腹部残，唇外侧饰一条附加堆泥条，泥条与唇部均饰戳印纹，面部饰竖向篮纹及刻划纹。残高3.6、残宽5.4厘米（图4-422，2）。

花边罐　1件。

标本H177⑨：2，夹砂橙黄陶。侈口，尖唇，高领，束颈，上腹斜，下腹残。口沿外侧饰一周附加泥条，泥条之上饰斜向戳印纹，颈部饰横向绳纹，上腹饰竖向绳纹，有烟炱。残高6、残宽6.7厘米（图4-422，3）。

（10）H177⑩层

出土少量陶片，以腹部残片为主，可辨器形有花边罐、大口罐、盆（表4-740、741）。

表4-740　H177⑩层器形数量统计表

器形＼陶色	泥质				夹砂				合计
	红	橙黄	灰	黑	红	橙黄	灰	黑	
大口罐					1				1
盆	1								1
花边罐					1				1

表4-741　H177⑩层陶片统计表

纹饰＼陶色	泥质				夹砂				合计
	橙黄	灰	红	灰底黑彩	橙黄	灰	红	褐	
素面	12	3	4		2				21
绳纹					7				7
篮纹	16				7				23
麻点纹					20		4		24
交错篮纹					1				1

花边罐　1件。

标本H177⑩：3，夹砂红陶。微侈口，锯齿唇，高领，微束颈，颈部以下残。颈部饰横向篮纹，有烟炱。残高6.2、残宽5.3厘米（图4-422，4）。

大口罐　1件。

标本H177⑩：1，夹砂红陶。侈口，方唇，上腹直，下腹残。腹部饰斜向篮纹，内壁修整痕迹明显。口径33.6、残高6.8厘米（图4-422，5）。

盆　1件。

标本H177⑩：2，泥质红陶。敞口，尖唇，斜直腹，底残。素面。残高5.2、残宽5.4厘米（图4-422，6）。

168. H178

H178位于ⅢT1004西南部，开口于第④层下，被H143、H141打破（图4-423；彩版一六九，4）。平面呈不规则状，口部边缘形态较明显，底部边缘形态明显，剖面呈直筒状，直壁，未见工具痕迹，平底。坑口东西1.95、南北1.56、坑底东西1.10、坑深0.80米。坑内堆积未分层，土色褐色，土质较为疏松，包含兽骨、石块，水平状堆积。

坑内出土较多陶片，以腹部残片为主，可辨器形有花边罐（表4-742、743）。

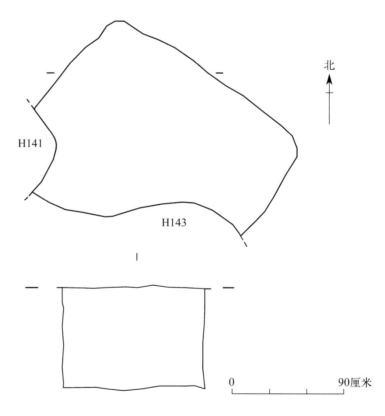

图4-423　H178平、剖面图

表4-742　H178器形数量统计表

器形 \ 陶质 陶色	泥质				夹砂				合计
	红	橙黄	灰	黑	红	橙黄	灰	黑	
花边罐					1				1

表4-743　H178陶片统计表

纹饰＼陶色	泥质				夹砂				合计
陶质	橙黄	灰	红	灰底黑彩	橙黄	灰	红	褐	
素面	14	1	1		11				27
绳纹					22				22
篮纹	9	2							11
麻点纹					23				23
刻划纹					2				2
篮纹＋麻点纹					1				1
抹断绳纹					1				1

花边罐　1件。

标本H178：1，夹砂红陶。侈口，圆唇，微束颈，颈部以下残。口沿外侧饰一周附加泥条，泥条之上饰戳印纹，颈部素面。口径18.8、残高3.8厘米（图4-424）。

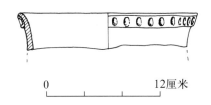

0　　　　　　　　12厘米

图4-424　H178出土花边罐H178：1

169. H179

H179位于ⅢT1006东南部。开口于第③层下（图4-425；彩版一七〇，1）。平面呈圆角方形，口部边缘形态明显，底部边缘形态明显，剖面呈倾斜袋状，斜壁略有弧曲，未见工具痕迹，平底。坑口南北1.8、东西1.60、坑底东西1.56、坑深1.28米。坑内堆积可分三层，第①层厚0.42～1.00米，土色褐色，土质致密，包含黄土块、石块、兽骨，坡状堆积。第②层厚0.09～0.34米，土色黄色，土质较致密，包含硬土块、石块、兽骨，坡状堆积。第③层厚0.06～0.35米，土色浅灰，土质较致密，包含石块、兽骨，坡状堆积。

出土较多陶片，以陶器腹部残片为主，无可辨器形标本，所以不具体介绍，只进行陶系统计（表4-744～746）。

表4-744　H179①层陶片统计表

纹饰＼陶色	泥质				夹砂				合计
陶质	橙黄	灰	红	灰底黑彩	橙黄	灰	红	褐	
素面	1		3		3				7
绳纹					2				2

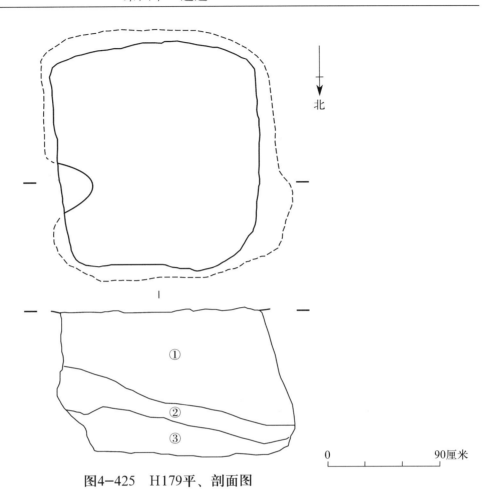

图4-425　H179平、剖面图

续表

陶质	泥质				夹砂				合计
纹饰 陶色	橙黄	灰	红	灰底黑彩	橙黄	灰	红	褐	
篮纹	6		4						10
麻点纹					8				8

表4-745　H179②层陶片统计表

陶质	泥质				夹砂				合计
纹饰 陶色	橙黄	灰	红	白	橙黄	灰	红	褐	
素面				2					2
篮纹							1		1

表4-746　H179③层陶片统计表

陶质	泥质				夹砂				合计
纹饰 陶色	橙黄	灰	红	灰底黑彩	橙黄	灰	红	褐	
素面			1						1

陶质 纹饰　陶色	泥质				夹砂				合计
	橙黄	灰	红	灰底 黑彩	橙黄	灰	红	褐	
绳纹					2				2
篮纹					1				1
附加堆纹＋麻点纹					1				1
弦纹					5				5

170. H180

H180 位于ⅡT1201 偏西南，开口于第④层下（图 4-426；彩版一七〇，2）。平面呈椭圆形，口部边缘形态明显，底部边缘形态明显，剖面呈筒状，直壁，未见工具痕迹，平底。坑口南北 0.76、东西 0.81、坑底南北 0.72、深 1.60 米。坑内堆积可分二层，第①层厚 0.10～0.16 米，土色褐色，土质较疏松，包含兽骨，水平状堆积。第②层厚 1.44～1.50 米，土色深灰色，土质疏松，包含兽骨，水平状堆积。

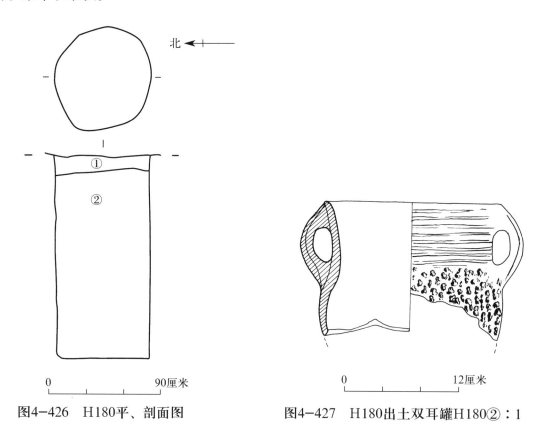

图4-426　H180平、剖面图　　　　图4-427　H180出土双耳罐H180②：1

出土少量陶片，以腹部残片为主，可辨器形有双耳罐（表 4-747～749）。

双耳罐　1件。

标本H180②：1，夹砂橙黄陶。侈口，尖唇，高领，微束颈，圆腹，底残。连口拱形双耳。耳面饰一附加泥条，颈部饰横向篮纹，腹部饰麻点纹，有烟炱。口径 18.4、残高 14 厘米（图4-427）。

表4-747 H180①层陶片统计表

纹饰	陶质 陶色	泥质				夹砂				合计
		橙黄	灰	红	灰底黑彩	橙黄	灰	红	褐	
素面		1								1
绳纹							1			1
篮纹		1								1
麻点纹							4			4

表4-748 H180②层器形数量统计表

器形	陶质 陶色	泥质				夹砂				合计
		红	橙黄	灰	黑	红	橙黄	灰	黑	
双耳罐							1			1

表4-749 H180②层陶片统计表

纹饰	陶质 陶色	泥质				夹砂				合计
		橙黄	灰	红	灰底黑彩	橙黄	灰	红	褐	
素面		9					14			23
绳纹							2			2
篮纹		18					1			19
麻点纹							11			11
附加堆纹 + 麻点纹							1			1
附加堆纹 + 篮纹							1			1

171. H181

H181位于ⅡT0707内中部,开口于第④层下(图4-428)。平面近圆形,口部边缘形态明显,底部边缘形态明显,剖面呈袋状,斜直壁,未见工具痕迹,坑底平整。坑口南北1.20、东西1.20、坑底东西1.80、坑深0.99米。坑内堆积未分层,土色深灰色,土质略松软,包含草木灰、炭粒、红烧土颗粒,水平状堆积。

出土少量陶片。可辨器形有罐腹底1件(表4-750、751)。

表4-750 H181器形数量统计表

器形	陶质 陶色	泥质				夹砂				合计
		红	橙黄	灰	黑	红	橙黄	灰	黑	
罐腹底		1								1

表4-751 H181陶片统计表

纹饰	陶质 陶色	泥质				夹砂				合计
		橙黄	灰	红	灰底黑彩	橙黄	灰	红	褐	
素面		1		1			1			3

续表

陶色＼纹饰	陶质	泥质				夹砂				合计
	陶色	橙黄	灰	红	灰底黑彩	橙黄	灰	红	褐	
绳纹							2			2
篮纹		1					1			2

罐腹底　1件。

标本H181：1，泥质红陶。上腹残，下折腹，平底内凹，腹部饰斜向刻划纹。残高5、底径5厘米（图4-429）。

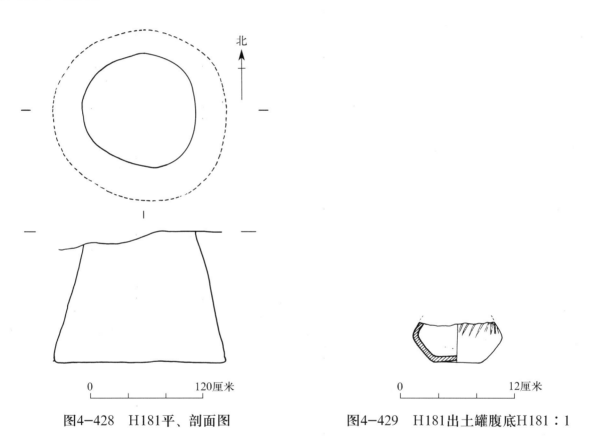

北

0　　　　　　　　120厘米

0　　　　　　　　12厘米

图4-428　H181平、剖面图　　　　　　图4-429　H181出土罐腹底H181：1

172. H182

H182位于ⅢT1105中部偏东，开口于第④层下，被H154打破（图4-430；彩版一七一，1）。平面近圆形，口部边缘形态明显，底部边缘形态明显，剖面呈袋状，斜弧壁，壁面发现一处工具痕迹，底部高低不平。坑口东西2.56、南北2.30、坑底南北1.98、深0.84米。坑内堆积可分五层，第①层厚0.14～0.18米，土色深灰，土质较疏松，包含炭粒、红烧土颗粒、白灰皮、兽骨、石块，水平状堆积。第②层厚0～0.20米，土色深灰，土质较疏密，包含炭粒、兽骨、石块，坡状堆积。第③层厚0.04～0.20米，土色深灰，土质较疏松，包含石块、兽骨，坡状堆积。第④层厚0.06～0.38米，土色黄色，土质较疏松，包含石块、兽骨，坡状堆积。第⑤层厚0.14～0.32米，土色褐色，土质较疏松，包含石块、兽骨，坡状堆积。

坑内出土少量陶片。

(1) H182①层

出土少量陶片，以腹部残片为主，可辨器形有圆腹罐（表4-752、753）。

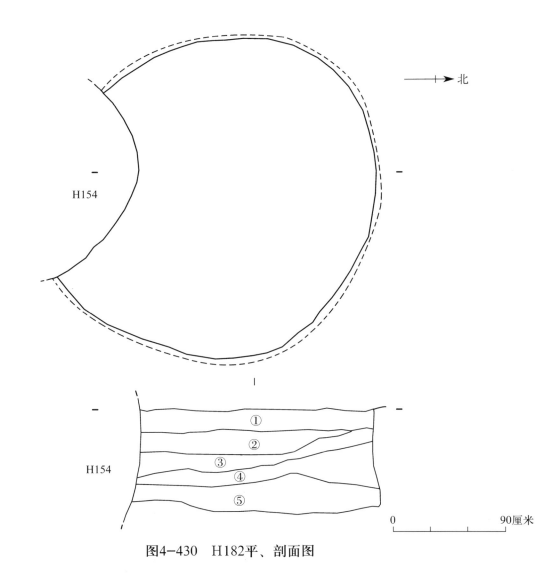

北

H154

H154

① ② ③ ④ ⑤

0   90厘米

图4-430 H182平、剖面图

表4-752 H182①层器形数量统计表

器形 \ 陶质 陶色	泥质				夹砂				合计
	红	橙黄	灰	黑	红	橙黄	灰	黑	
圆腹罐	1					1			2

表4-753 H182①层陶片统计表

纹饰 \ 陶质 陶色	泥质				夹砂				合计
	橙黄	灰	红	灰底黑彩	橙黄	灰	红	褐	
素面	14		5	6					25

纹饰＼陶质陶色	泥质				夹砂				合计
	橙黄	灰	红	灰底黑彩	橙黄	灰	红	褐	
绳纹			3		11				14
篮纹	10				3				13
麻点纹					14				14
篮纹＋麻点纹			1						1
篮纹＋绳纹					1				1

圆腹罐　2件。

标本H182①：1，泥质红陶。微侈口，方唇，上腹斜弧，下腹残。口沿外侧有一周折棱，折棱之上饰斜向篮纹，上腹饰麻点纹。残高6、残宽7.2厘米（图4-431，1）。

标本H182①：2，夹砂橙黄陶。侈口，圆唇，矮领，束颈，颈部以下残。颈部饰横向篮纹，有烟炱。残高4、残宽5.8厘米（图4-431，2）。

（2）H182②层

出土少量陶片，以腹部残片为主，可辨器形有圆腹罐，另出土石刀1件（表4-754、755）。

表4-754　H182②层器形数量统计表

器形＼陶质陶色	泥质				夹砂				合计
	红	橙黄	灰	黑	红	橙黄	灰	黑	
圆腹罐	1					2			3

表4-755　H182②层陶片统计表

纹饰＼陶质陶色	泥质				夹砂				合计
	橙黄	灰	红	灰底黑彩	橙黄	灰	红	褐	
素面	6	1	1		2				10
绳纹	4				2				6
篮纹	16	1	4		10				31
麻点纹					10				10
篮纹＋麻点纹					2				2
交错篮纹					1				1

圆腹罐　3件。

标本H182②：2，夹砂橙黄陶。侈口，方唇，高领，束颈，上腹斜，下腹残。颈部饰斜向篮纹，上腹饰麻点纹。残高6.6、残宽7.7厘米（图4-431，3）。

标本H182②：3，泥质红陶。侈口，圆唇，矮领，束颈，颈部以下残。口沿外侧有一周折棱，素面，颈部饰横向篮纹。残高4、残宽10厘米（图4-431，4）。

标本H182②：4，夹砂橙黄陶。侈口，圆唇，高领，束颈，颈部以下残。颈部饰斜向篮纹，

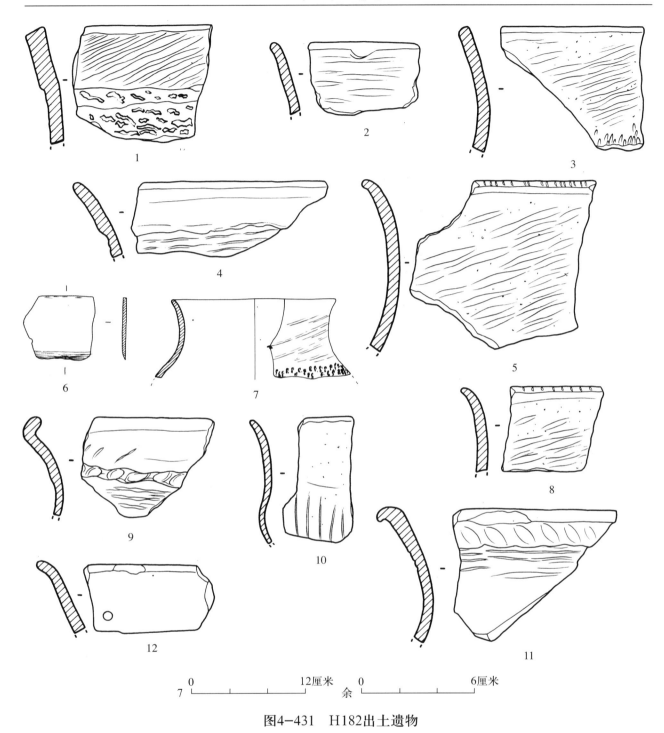

图4-431　H182出土遗物

1～5、7、8、10.圆腹罐H182①：1、2、H182②：2～4、H182③：1、2、H182④：1　6.石刀H182②：1　9.斝H182③：3
11.高领罐H182④：3　12.盆H182④：2

有烟炱。残高9、残宽8.8厘米（图4-431，5）。

　　石刀　1件。

　　标本H182②：1，残，石英岩。平基部，单面磨刃。刃残长2.9厘米，刃角53°，器身残长3.7、宽3.4厘米（图4-431，6）。

（3）H182③层

出土少量陶片，以腹部残片为主，可辨器形有圆腹罐、斝（表4-756、757）。

表4-756　H182③层器形数量统计表

陶质	泥质				夹砂				合计
器形＼陶色	红	橙黄	灰	黑	红	橙黄	灰	黑	
圆腹罐					2				2
斝							1		1

表4-757　H182③层陶片统计表

陶质	泥质				夹砂				合计
纹饰＼陶色	橙黄	灰	红	灰底黑彩	橙黄	灰	红	褐	
素面	3	1	1		2				7
绳纹	1								1
篮纹	6		1		3				10
麻点纹					14				14
附加堆纹＋篮纹					1				1

圆腹罐　2件。

标本H182③：1，夹砂红陶。侈口，圆唇，高领，束颈，上腹斜弧，下腹残。颈部饰斜向篮纹，上腹饰麻点纹，有烟炱。口径17、残高8.2厘米（图4-431，7）。

标本H182③：2，夹砂红陶。侈口，锯齿唇，矮领，束颈，颈部以下残。颈部饰斜向篮纹，有烟炱。残高4.6、残宽5厘米（图4-431，8）。

斝　1件。

标本H182③：3，夹砂橙黄陶。敛口，圆腹，矮领，束颈，腹部残，颈部饰一周附加泥条，泥条经手指按压呈波状，有烟炱。残高5、残宽6.3厘米（图4-431，9）。

（4）H182④层

出土少量陶片，以腹部残片为主，可辨器形有圆腹罐、高领罐、盆（表4-758、759）。

圆腹罐　1件。

标本H182④：1，泥质橙黄陶。侈口，圆唇，高领，束颈，鼓腹，底残。颈部素面，腹部饰竖向刻划纹。残高6.6、残宽3.6厘米（图4-431，10）。

高领罐　1件。

标本H182④：3，泥质褐陶。敞口，微卷沿，圆唇，高领，束颈，颈部以下残。口沿下饰横向篮纹，颈部及内壁素面磨光。残高6.9、残宽8.9厘米（图4-431，11）。

盆　1件。

标本H182④：2，泥质橙黄陶。敞口，圆唇，斜弧腹，底残。器表素面有一圆孔，内壁素面磨光。残高3.7、残宽6.8厘米（图4-431，12）。

表4-758 H182④层器形数量统计表

器形 \ 陶质 陶色	泥质				夹砂				合计
	红	橙黄	灰	褐	红	橙黄	灰	黑	
圆腹罐		1							1
盆		1							1
高领罐				1					1

表4-759 H182④层陶片统计表

纹饰 \ 陶质 陶色	泥质				夹砂				合计
	橙黄	灰	红	灰底黑彩	橙黄	灰	红	褐	
素面	13	1			5				19
绳纹					13				13
篮纹	17	1			6				24
麻点纹					20	6			26
交错篮纹	1								1
篮纹＋麻点纹					2				2
附加堆纹＋戳印纹					1				1

（5）H182⑤层

出土陶片见下表（表4-760）。

表4-760 H182⑤层陶片统计表

纹饰 \ 陶质 陶色	泥质				夹砂				合计
	橙黄	灰	红	灰底黑彩	橙黄	灰	红	褐	
素面	5		2						7
绳纹	1				5	1			7
篮纹	5				2				7
麻点纹					4				4
篮纹＋麻点纹					1				1
绳纹＋篮纹					1				1

173. H183

H183位于ⅢT1105西北角，西部延伸至北隔梁及T1106探方内，开口于③下（图4-432；彩版一七二，1）。平面呈椭圆形，口部边缘形态明显，底部边缘形态明显，剖面呈袋状，斜直壁，未见工具痕迹，平底。坑口东西1.76、南北1.80、坑底东西2.72、深1.84米。坑内堆积可分六层，第①层厚0.06～0.12米，土色褐色，土质疏松，包含炭粒、红烧土颗粒、白灰皮，坡状堆积。第②层厚0.17～0.46米，土色深灰，土质疏松，坡状堆积。第③层厚0.16～0.73米，土色黄色，土质致密，不规则状堆积。第④层厚0.14～0.58米，土色灰色，土质较疏松，包含炭粒、红烧土颗粒、白灰皮、石块、兽骨，坡状堆积。第⑤层厚 0.12～0.54 米，土色深灰，土质较疏松，包含炭粒、红烧土颗粒、白灰皮、石块、兽骨，坡状堆积。第⑥层厚 0.16～0.30 米，土色浅灰，土质较疏松，包含炭粒、红烧土颗粒、白灰皮、石块、兽骨，坡状堆积。

　　出土较多陶片，另出土陶罐 1 件可复原。

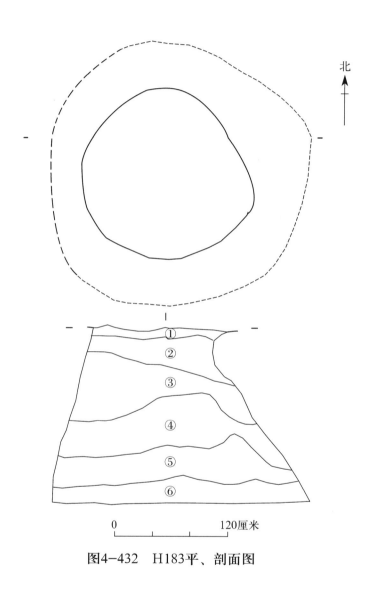

图4-432　H183平、剖面图

（1）H183①层

出土少量陶片，以腹部残片为主，可辨器形有圆腹罐、高领罐（表 4-761、762）。

圆腹罐　3 件。

标本H183①：1，夹砂橙黄陶。侈口，方唇，矮领，束颈，上腹斜弧，下腹残。唇面有一道凹槽，口沿外侧饰一周附加泥条，通体饰麻点纹，上腹饰有一泥饼，有烟炱。口径23.2、残高8.4 厘米（图 4-433，1）。

标本H183①：2，夹砂橙黄陶。侈口，方唇，高领，束颈，颈部以下残。唇面呈凹槽状，颈部素面。残高 6、残宽 9 厘米（图 4-433，2）。

表4-761　H183①层器形数量统计表

器形＼陶质＼陶色	泥质				夹砂				合计
	红	橙黄	灰	黑	红	橙黄	灰	黑	
圆腹罐						3			3
高领罐					1				1

表4-762　H183①层陶片统计表

纹饰＼陶质＼陶色	泥质				夹砂				合计
	橙黄	灰	红	灰底黑彩	橙黄	灰	红	褐	
素面	6	3							9
篮纹	15								15
麻点纹					25				25

标本H183①：3，夹砂橙黄陶。侈口，方唇，高领，束颈，颈部以下残。唇面有一道凹槽，颈部饰横向篮纹。残高8、残宽8.8厘米（图4-433，3）。

高领罐　1件。

标本H183①：4，夹砂红陶。喇叭口，方唇，高领，束颈，颈部以下残。口沿外侧有一周折棱，器表通体饰斜向篮纹。残高6.2、残宽14厘米（图4-433，4）。

（2）H183②层

出土少量陶片，以腹部残片为主，可辨器形有单耳罐（表4-763、764）。

表4-763　H183②层器形数量统计表

器形＼陶质＼陶色	泥质				夹砂				合计
	红	橙黄	灰	黑	红	橙黄	灰	黑	
单耳罐	1								1

表4-764　H183②层陶片统计表

纹饰＼陶质＼陶色	泥质				夹砂				合计
	橙黄	灰	红	灰底黑彩	橙黄	灰	红	褐	
素面	16	7	6		3		2		34
绳纹			2						2
篮纹		3	5		2				10
麻点纹					44		9		53
篮纹＋麻点纹					1				1

单耳罐　1件。

标本H183②：1，泥质红陶。侈口，尖唇，高领，束颈，鼓腹，小平底。拱形单耳，素面。口径9.4、高10、底径5.2厘米（图4-433，5；彩版一七二，2）。

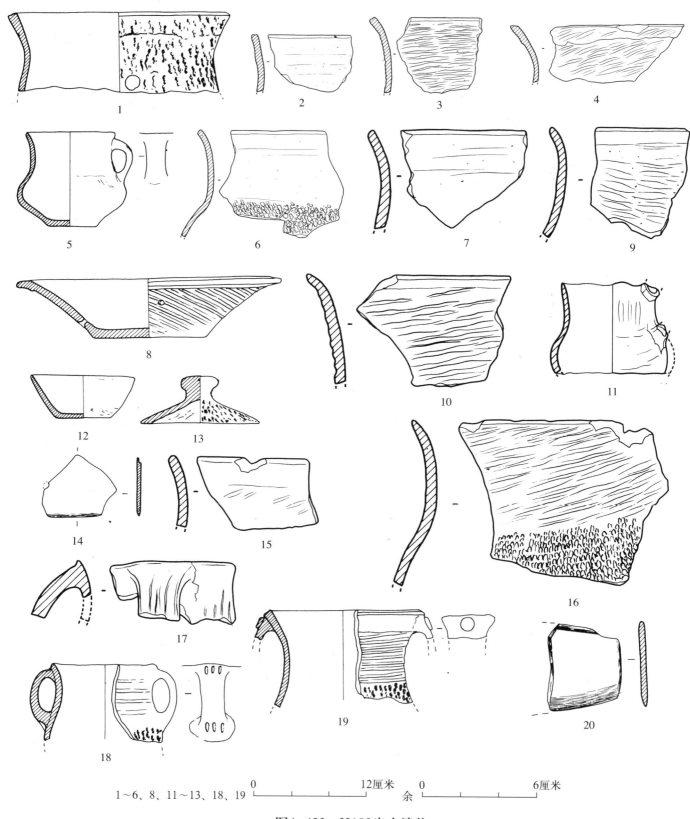

1～6、8、11～13、18、19　　　　0 ⊢——————⊣ 12厘米　　0 ⊢——————⊣ 6厘米
余

图4-433　H183出土遗物

1～3、6、7、9、10、15、16.圆腹罐H183①：1～3、H183③：2、3、H183④：4、6、H183⑤：2、3　4.高领罐H183①：4
5、11、17.单耳罐H183②：1、H183④：5、H183⑤：1　8、12.盆H183③：1、H183④：2　13.器盖H183④：3　14、20.石刀
H183④：1、H183⑥：1　18、19.双耳罐H183⑥：2、3

（3）H183③层

出土少量陶片，以腹部残片为主，可辨器形有圆腹罐、盆（表4-765、766）。

表4-765　H183③层器形数量统计表

器形＼陶质／陶色	泥质				夹砂				合计
	红	橙黄	灰	黑	红	橙黄	灰	黑	
盆		1							1
圆腹罐					2				2

表4-766　H183③层陶片统计表

纹饰＼陶质／陶色	泥质				夹砂				合计
	橙黄	灰	红	灰底黑彩	橙黄	灰	红	褐	
素面	5		5						10
绳纹					5				5
篮纹	8				3				11
麻点纹					21				21
附加堆纹＋麻点纹							7		7

圆腹罐　2件。

标本H183③：2，夹砂红陶。侈口，方唇，高领，束颈，上腹圆弧，下腹残。颈部素面，上腹饰麻点纹，有烟炱。残高11.3、残宽13.2厘米（图4-433，6）。

标本H183③：3，夹砂红陶。侈口，圆唇，矮领，束颈，颈部以下残。颈部素面，有烟炱。残高5.2、残宽6.6厘米（图4-433，7）。

盆　1件。

标本H183③：1，泥质橙黄陶。敞口，平沿，圆唇，斜弧腹，平底。腹部饰斜向篮纹且有一钻孔，内壁素面磨光。口径27.8、高6.2、底径11.8厘米（图4-433，8；彩版一七二，3）。

（4）H183④层

出土少量陶片，以腹部残片为主，可辨器形有圆腹罐、单耳罐、盆、器盖，另出土石刀1件（表4-767、768）。

表4-767　H183④层器形数量统计表

器形＼陶质／陶色	泥质				夹砂				合计
	红	橙黄	灰	黑	红	橙黄	灰	黑	
盆		1							1
圆腹罐					1	1			2
单耳罐		1							1
器盖						1			1

圆腹罐　2件。

标本H183④：4，夹砂红陶。侈口，圆唇，高领，束颈，颈部以下残。颈部饰横向篮纹。残高5.8、残宽5厘米（图4-433，9）。

标本H183④：6，夹砂橙黄陶。侈口，圆唇，高领，束颈，颈部以下残。颈部饰横向篮纹，有烟炱。残高6、残宽7.6厘米（图4-433，10）。

表4-768　H183④层陶片统计表

纹饰 ＼ 陶质陶色	泥质				夹砂				合计
	橙黄	灰	红	灰底黑彩	橙黄	灰	红	褐	
素面	11	1	6		7				25
绳纹					8				8
篮纹	19		1				5		25
麻点纹					26				26
刻划纹	1								1
篮纹+麻点纹					2				2
刻槽纹					1				1

单耳罐　1件。

标本H183④：5，泥质橙黄陶。侈口，尖唇，矮领，束颈，鼓腹，底残，连口残耳，颈部饰竖向篮纹，素面且有刮抹痕迹。残高9.6、残宽10厘米（图4-433，11）。

盆　1件。

标本H183④：2，泥质橙黄陶。敞口，尖唇，斜弧腹，平底。素面。口径10.8、高4.4、底径5.6厘米（图4-433，12；彩版一七二，4）。

器盖　1件。

标本H183④：3，夹砂橙黄陶。呈伞状，圆形平顶柄，斜直盖面，敞口，方唇，器表饰竖向绳纹，纹饰有抹平痕迹，其内壁修整刮抹痕迹明显，直径12.6、高5.2厘米（图4-433，13；彩版一七二，5）。

石刀　1件。

标本H183④：1，残，页岩。基部及两侧边残，存留部分刃部，双面磨刃。刃残长2.8厘米，刃角48°，器身残长4、残宽3.3厘米（图4-433，14）。

（5）H183⑤层

出土少量陶片，以腹部残片为主，可辨器形有圆腹罐、单耳罐（表4-769、770）。

表4-769　H183⑤层器形数量统计表

器形 ＼ 陶质陶色	泥质				夹砂				合计
	红	橙黄	灰	黑	红	橙黄	灰	黑	
单耳罐						1			1
圆腹罐					1		1		2

表4-770　H183⑤层陶片统计表

纹饰 \ 陶色	泥质				夹砂				合计
	橙黄	灰	红	灰底黑彩	橙黄	灰	红	褐	
素面	3		5		3				11
绳纹	1				3				4
篮纹	1		4				4		9
麻点纹					4				4
篮纹＋麻点纹							1		1

圆腹罐　2件。

标本H183⑤：2，夹砂红陶。侈口，圆唇，矮领，束颈，颈部以下残。颈部饰斜向篮纹，有烟炱。残高3.5、残宽6厘米（图4-433，15）。

标本H183⑤：3，夹砂灰陶。侈口，尖唇，高领，束颈，上腹斜弧，下腹残。颈部饰斜向篮纹，上腹饰麻点纹。残高8.5、残宽11.2厘米（图4-433，16）。

单耳罐　1件。

标本H183⑤：1，夹砂橙黄陶。侈口，尖唇，口沿以下残。连口拱形双耳，素面，耳面饰竖向刻划纹。残高3.4、残宽6.7厘米（图4-433，17）。

（6）H183⑥层

出土少量陶片，以腹部残片为主，可辨器形有双耳罐，另出土石刀1件（表4-771、772）。

表4-771　H183⑥层器形数量统计表

器形 \ 陶色	泥质				夹砂				合计
	红	橙黄	灰	黑	红	橙黄	灰	黑	
双耳罐					1	1			2

表4-772　H183⑥层陶片统计表

纹饰 \ 陶色	泥质				夹砂				合计
	橙黄	灰	红	灰底黑彩	橙黄	灰	红	褐	
素面	11	2	3		3				19
绳纹	2		1						3
篮纹	3	2	1		3				9
麻点纹					14				14
篮纹＋麻点纹					1				1

双耳罐　2件。

标本H183⑥：2，夹砂红陶。侈口，尖唇，矮领，束颈，上腹圆，下腹残。拱形双耳。耳上下两端饰戳印纹，颈部饰横向篮纹，上腹饰麻点纹，有烟炱。口径11.2、残高8.4厘米（图4-433，18）。

标本H183⑥：3，夹砂橙黄陶。侈口，方唇，高领，束颈，上腹斜，下腹残。连口拱形双耳，唇面有两道凹槽，口沿外侧饰一周附加泥条，耳上端饰有一泥饼，颈部饰横向篮纹，上腹饰麻点纹。口径17、残高9.8厘米（图4-433，19）。

石刀　1件。

标本H183⑥：1，残，页岩。平基部，双面磨刃，基部磨制圆弧。刃残长3.6厘米，刃角42°，器身残长3.9、宽4.6厘米（图4-433，20）。

174. H184

H184位于ⅢT1203东北部、T1103东南部、T1102西南部、T1202西北部，开口于③下（图4-434；彩版一七一，2）。平面近椭圆形，口部边缘形态明显，底部边缘形态明显，剖面呈不规则状，斜壁，壁面发现工具痕迹，平底。坑口南北3.70、东西2.68、坑底南北1.92、深1.62米，坑内堆积可分三层，第①层厚0.15～0.32米，土色深黄，土质疏松，包含植物根茎、红烧土颗粒、石块、兽骨，坡状堆积。第②层厚0.43～0.89米，土色深灰，土质疏松，包含植物根茎、红烧土颗粒、石块、兽骨，不规则状堆积。第③层厚0.50～1.30米，土色褐色，土质较致密，包含石块、兽骨，不规则状堆积。

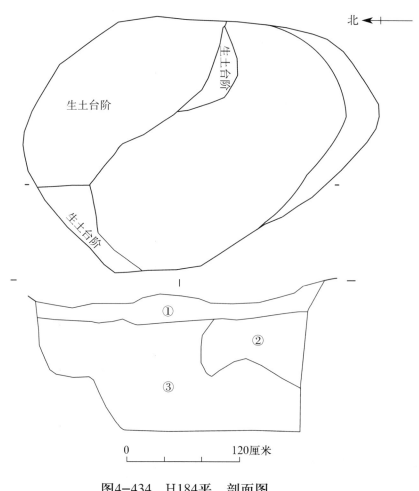

图4-434　H184平、剖面图

坑内出土大量陶片。

(1) H184①层

出土少量陶片，以腹部残片为主，可辨器形有高领罐、大口罐、盆（表4-773、774）。

表4-773 H184①层器形数量统计表

陶质	泥质				夹砂				合计
器形 \ 陶色	红	橙黄	灰	黑	红	橙黄	灰	黑	
盆	1								1
高领罐	1								1
大口罐						1			1

表4-774 H184①层陶片统计表

陶质	泥质				夹砂				合计
纹饰 \ 陶色	橙黄	灰	红	灰底黑彩	橙黄	灰	红	褐	
素面	9	3			4				16
绳纹					3				3
篮纹		1	8		2				11
麻点纹					15		1		16

高领罐 1件。

标本H184①：2，泥质红陶。喇叭口，平沿，圆唇，高领，束颈，颈部以下残。口沿外侧有一周折棱，器表通体饰斜向篮纹，内壁素面磨光。残高5、残宽11厘米（图4-435，1）。

大口罐 1件。

标本H184①：3，夹砂橙黄陶。微侈口，方唇，上腹直，下腹残。口沿外侧有一周折棱，腹部饰麻点纹。残高6.3、残宽5.5厘米（图4-435，2）。

盆 1件。

标本H184①：1，泥质红陶。敞口，方唇，斜弧腹，底残。器表泥条盘筑痕迹明显，腹部饰斜向篮纹。残高5.6、残宽10.6厘米（图4-435，3）。

(2) H184②层

出土陶片见下表（表4-775）。

表4-775 H184②层陶片统计表

陶质	泥质				夹砂				合计
纹饰 \ 陶色	橙黄	灰	红	灰底黑彩	橙黄	灰	红	褐	
素面	7						1		8
绳纹					4				4
篮纹		5	1		2				8
麻点纹					12				12

（3）H184③层

出土少量陶片，以腹部残片为主，可辨器形有圆腹罐、花边罐、高领罐、盆（表4-776、777）。

表4-776　H184③层器形数量统计表

器形＼陶质 陶色	泥质				夹砂				合计
	红	橙黄	灰	褐	红	橙黄	灰	黑	
盆		1		1					2
花边罐						1			1
高领罐	1								1
圆腹罐						1			1

表4-777　H184③层陶片统计表

纹饰＼陶质 陶色	泥质				夹砂				合计
	橙黄	灰	红	灰底黑彩	橙黄	灰	红	褐	
素面	5	1	2		2				10
绳纹					5				5
篮纹	4	2			4				10
麻点纹					12				12
篮纹＋麻点纹							1		1

圆腹罐　1件。

标本H184③：5，夹砂橙黄陶。侈口，尖唇，矮领，束颈，颈部以下残。颈部饰斜向篮纹。残高4.6、残宽7.7厘米（图4-435，4）。

花边罐　1件。

标本H184③：2，夹砂橙黄陶。侈口，尖唇，高领，微束颈，上腹圆，下腹残。口沿外侧有一周折棱，颈部饰横向篮纹，颈腹间饰有一条附加泥条，泥条经手指按压呈波状，上腹饰麻点纹，有烟炱。残高11.8、残宽9.8厘米（图4-435，5）。

高领罐　1件。

标本H184③：3，泥质红陶。喇叭口，圆唇，高领，束颈，颈部以下残。口沿外侧有一周折棱，上颈部饰斜向篮纹，下颈部素面磨光。口径15.6、残高7.2厘米（图4-435，6）。

盆　2件。

标本H184③：1，泥质橙黄陶。敞口，方唇，斜弧腹，底残。器身泥条盘筑痕迹明显，腹部通体饰斜向篮纹。残高5.8、残宽8.4厘米（图4-435，7）。

标本H184③：4，泥质褐陶。敞口，方唇，斜直腹，底残。口沿外侧有一周折棱，器表饰斜向篮纹，内壁素面磨光。残高3.9、残宽7.2厘米（图4-435，8）。

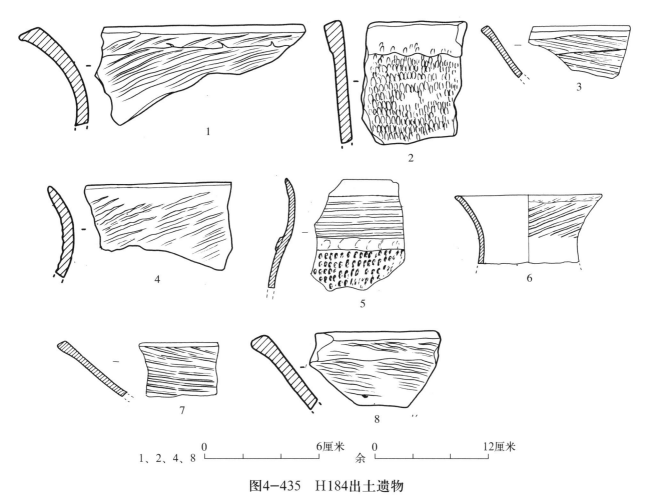

0   6厘米 0   12厘米

1、2、4、8   余

图4-435 H184出土遗物

1、6.高领罐H184①：2、H184③：3 2.大口罐H184①：3 3、7、8.盆H184①：1、H184③：1、4 4.圆腹罐H184③：5 5.花边罐H184③：2

175. H185

H185位于ⅡT1101东北部，北部压于北隔梁下，开口于第④层下，被H209打破（图4-436；彩版一七三，1）。平面近圆形，口部边缘形态明显，底部边缘形态明显，剖面呈筒状，未见工具痕迹，平底。坑口南北1.98、东西2.22、坑底南北1.32、深约3.18米。坑内堆积共分八层：第①层厚0～0.09米，土色褐色，土质较致密，包含红烧土颗粒、炭粒，坡状堆积。第②层厚0～0.18米，土色深灰，土质较致密，坡状堆积。第③层厚0～0.75米，土色浅灰，土质较疏松，包含炭粒，坡状堆积。第④层厚0～1.02米，土色黄色，土质疏松，不规则状堆积。第⑤层厚0.32～0.98米，土色褐色，土质较疏松，包含红烧土颗粒、炭粒、兽骨、石块，坡状堆积。第⑥层厚0.20～0.58米，土色浅灰，土质较致密，包含石块、兽骨，坡状堆积。第⑦层厚0.62～1.30米，土色黄色，土质疏松，包含炭粒，坡状堆积。第⑧层厚0.24～0.28米，土色褐色，土质较疏松，包含炭粒、兽骨、石块，坡状堆积。

坑内出土大量陶片。

（1）H185②层

出土陶片见下表（表4-778）。

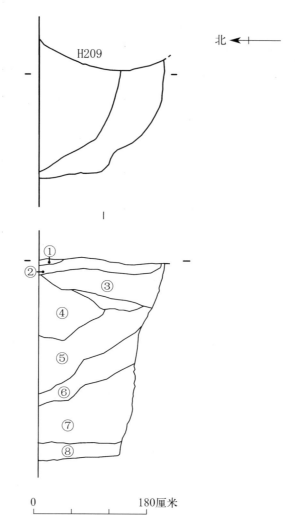

图4-436 H185平、剖面图

表4-778 H185②层陶片统计表

纹饰＼陶色	泥质				夹砂				合计
	橙黄	灰	红	灰底黑彩	橙黄	灰	红	褐	
素面	93	11	7						111
绳纹					11				11
篮纹	81	2	6		51				140
麻点纹					201				201
刻划纹					3				3
附加堆纹					1				1
附加堆纹＋绳纹					2				2
篮纹＋刻划纹					1		1		2

（2）H185③层

出土少量陶片，以腹部残片为主，可辨器形有盆（表4-779、780）。

表4-779　H185③层器形数量统计表

器形 \ 陶质 / 陶色	泥质				夹砂				合计
	红	橙黄	灰	黑	红	橙黄	灰	黑	
盆					1				1

表4-780　H185③层陶片统计表

纹饰 \ 陶质 / 陶色	泥质				夹砂				合计
	橙黄	灰	红	灰底黑彩	橙黄	灰	红	褐	
素面	15	1			7				23
绳纹							3		3
篮纹	6		4		4				14
麻点纹					16				16
附加堆纹					1				1
附加堆纹＋绳纹		1							1
抹断绳纹			5						5
交错绳纹					2				2

盆　1件。

标本H185③：1，夹砂红陶。敞口，方唇，斜弧腹，底残。口沿外侧有一周折棱，口沿饰斜向绳纹。残高4.6、残宽6厘米（图4-437，1）。

（3）H185⑤层

出土少量陶片，以腹部残片为主，可辨器形有圆腹罐、高领罐、大口罐，另出土石刀1件（表4-781、782）。

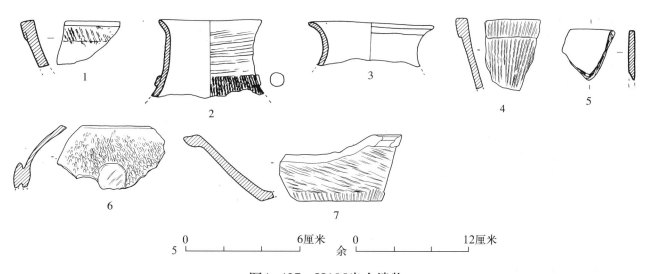

图4-437　H185出土遗物

1、7.盆H185③：1、H185⑧：2　2.圆腹罐H185⑤：2　3.高领罐H185⑤：3　4.大口罐H185⑤：4　5.石刀H185⑤：1　6.双鋬罐H185⑧：1

表4-781　H185⑤层器形数量统计表

器形 ＼ 陶质/陶色	泥质				夹砂				合计
	红	橙黄	灰	黑	红	橙黄	灰	黑	
圆腹罐						1			1
高领罐					1				1
大口罐						1			1

表4-782　H185⑤层陶片统计表

纹饰 ＼ 陶质/陶色	泥质				夹砂				合计
	橙黄	灰	红	灰底黑彩	橙黄	灰	红	褐	
素面	39				16				55
绳纹	6	3			17				26
篮纹	25	1			8				34
麻点纹					46				46
席纹	1				1				2
戳印纹					1				1
绳纹＋篮纹	1								1

圆腹罐　1件。

标本H185⑤：2，夹砂橙黄陶。侈口，圆唇，高领，束颈，上腹斜，下腹残。颈部饰横向篮纹，上腹饰绳纹，绳纹上饰有一泥饼。口径10.8、残高8.2厘米（图4-437，2）。

高领罐　1件。

标本H185⑤：3，泥质红陶。喇叭口，圆唇，高领，束颈，颈部以下残。口沿下有一周折棱，颈部素面磨光。口径13.2、残高4.8厘米（图4-437，3）。

大口罐　1件。

标本H185⑤：4，夹砂橙黄陶。直口，方唇，上腹直，下腹残。口沿外侧饰一周附加泥条，器表通体饰竖向绳纹。残高7.5、残宽6厘米（图4-437，4）。

石刀　1件。

标本H185⑤：1，残，石英岩。平基部，两侧边残，单面磨刃，刃角33°，器身残长2.8、宽2.47厘米（图4-437，5；彩版一七三，2）。

（4）H185⑥层

出土陶片见下表（表4-783）。

表4-783　H185⑥层陶片统计表

纹饰 ＼ 陶质/陶色	泥质				夹砂				合计
	橙黄	灰	红	灰底黑彩	橙黄	灰	红	褐	
素面	20	3					4		27

陶质 纹饰 \ 陶色	泥质				夹砂				合计
	橙黄	灰	红	灰底黑彩	橙黄	灰	红	褐	
篮纹	5	4	2						11
麻点纹					29		2		31
篮纹＋戳印纹					1				1
交错绳纹					1				1

（5）H185⑦层

出土陶片见下表（表4-784）。

（6）H185⑧层

出土少量陶片，以腹部残片为主，可辨器形有双鋬罐、盆（表4-785、786）。

双鋬罐　1件。

表4-784　H185⑦层陶片统计表

陶质 纹饰 \ 陶色	泥质				夹砂				合计
	橙黄	灰	红	灰底黑彩	橙黄	灰	红	褐	
篮纹	3	1							4
麻点纹					1				1
篮纹＋麻点纹					1				1

表4-785　H185⑧层器形数量统计表

陶质 器形 \ 陶色	泥质				夹砂				合计
	红	橙黄	灰	黑	红	橙黄	灰	黑	
双鋬罐					1				1
盆		1							1

表4-786　H185⑧层陶片统计表

陶质 纹饰 \ 陶色	泥质				夹砂				合计
	橙黄	灰	红	灰底黑彩	橙黄	灰	红	褐	
素面	6	5	9		2				22
绳纹	3	1				1			5
篮纹		3	6		7	1			17
麻点纹					13				13
刻划纹		4							4
附加堆纹＋绳纹	1								1
附加堆纹＋麻点纹					1				1

标本H185⑧：1，夹砂红陶。敛口，方唇，上腹圆，下腹残。器表通体饰麻点纹，腹部有对称圆饼状鋬耳。残高6.6、残宽11.3厘米（图4-437，6）。

盆 1件。

标本H185⑧：2，泥质橙黄陶。敞口，折沿，圆唇，斜直腹，平底。腹部饰斜向篮纹，近底部饰一周竖向篮纹，内壁素面磨光且刮抹痕迹明显。残高7、残宽12.8厘米（图4-437，7）。

176. H186

H186位于ⅢT1202东部，开口于第④层下，被H175、H202打破（图4-438）。平面呈椭圆形，口部边缘形态明显，底部边缘形态明显，剖面呈筒状，斜弧壁，未见工具痕迹，平底。坑口东西4.16、南北3.42、坑底南北3.12、深约4.40米。坑内堆积可分十五层，第①层厚0～0.20米，土色浅灰，土质较疏松，包含植物根茎，凹镜状堆积。第②层厚0.10～0.18米，土色褐色，土质较疏松，包含植物根茎，凹镜状堆积。第③层厚0.02～0.16米，土色深灰，土质疏松，包含植物根茎、炭粒，凹镜状堆积。第④层厚0～0.26米，土色灰色，土质较疏松，包含炭粒，坡状堆积。第⑤层厚0～0.47米，土色深灰，土质疏松，包含炭粒，坡状堆积。第⑥层厚0.16～0.44米，土色黄色，土质较疏松，包含炭粒，坡状堆积。第⑦层厚0.20～0.60米，土色褐色，土质较疏松，坡状堆积。第⑧层厚0.16～0.34米，土色深灰，土质疏松，包含炭粒，坡状堆积。第⑨层厚0～0.51米，土色深灰，土质疏松，包含红烧土颗粒、炭粒、草木灰、兽骨，坡状堆积。第⑩层厚0.14～0.78米，土色黄色，土质致密，坡状堆积。第⑪层厚0～0.58米，土色灰色，土质疏松，包含炭粒、兽骨，凸镜状堆积。第⑫层厚0～0.20米，土色深灰，土质疏松，包含炭粒、兽骨，坡状堆积。第⑬层厚0～0.48米，土色浅黄，土质较致密，坡状堆积。第⑭层厚0.20～0.50

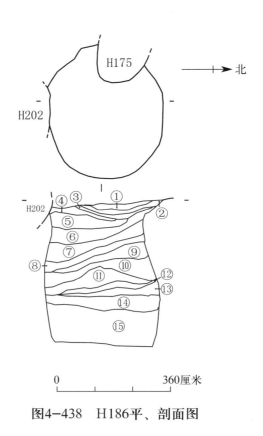

图4-438 H186平、剖面图

米，土色褐色，土质较致密，坡状堆积。第⑮层厚 0.96～1.15 米，土色褐色，土质较疏松，包含石块、兽骨，水平状堆积。

（1）H186①层

出土大量陶片，以腹部残片为主，可辨器形有圆腹罐、花边罐、大口罐、盆，另出土陶刀 1 件（表 4-787、788）。

表4-787　H186①层器形数量统计表

器形 ＼ 陶色 ＼ 陶质	泥质				夹砂				合计
	红	橙黄	灰	黑	红	橙黄	灰	黑	
圆腹罐		1			1	3			5
花边罐						1			1
大口罐						1			1
盆			1						1

表4-788　H186①层陶片统计表

纹饰 ＼ 陶色 ＼ 陶质	泥质				夹砂				合计
	橙黄	灰	红	灰底黑彩	橙黄	灰	红	褐	
素面			1						1
绳纹			2						2
篮纹			1		1				2
麻点纹					3				3
附加堆纹					1				1

圆腹罐　5件。

标本H186①：2，夹砂橙黄陶。侈口，圆唇，高领，束颈，上腹斜，下腹残。颈部饰斜向篮纹，上腹饰竖向绳纹，内壁有修整痕迹。口径 14、残高 7.8 厘米（图 4-439，1）。

标本H186①：3，夹砂红陶。侈口，圆唇，矮领，束颈，上腹圆，下腹残。颈部饰横向篮纹，上腹饰麻点纹。残高 8.6、残宽 11.8 厘米（图 4-439，2）。

标本H186①：7，夹砂橙黄陶。侈口，圆唇，高领，束颈，颈部以下残。颈部饰横向篮纹，有烟炱。残高 5.4、残宽 7.2 厘米（图 4-439，3）。

标本H186①：8，夹砂橙黄陶。侈口，圆唇，矮领，束颈，颈部以下残。颈部饰斜向篮纹。残高 4.2、残宽 6.6 厘米（图 4-439，4）。

标本H186①：9，泥质橙黄陶。侈口，方唇，矮领，束颈，上腹斜，下腹残。器表饰斜向篮纹。残高 6、残宽 7 厘米（图 4-439，5）。

花边罐　1件。

标本H186①：4，夹砂橙黄陶。侈口，尖唇，高领，微束颈，上腹斜，下腹残。口沿外侧饰一周附加泥条，泥条之上饰戳印纹，上腹饰麻点纹。残高 9.2、残宽 7.2 厘米（图 4-439，6）。

大口罐　1件。

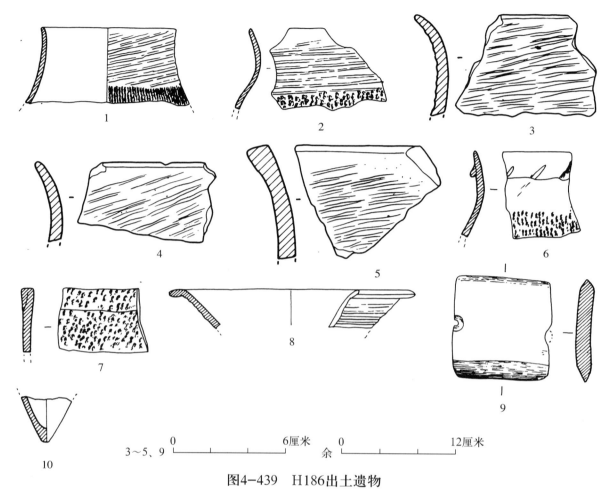

图4-439　H186出土遗物

1～5.圆腹罐H186①：2、3、7～9　6.花边罐H186①：4　7.大口罐H186①：5　8.盆H186①：6　9.陶刀H186①：1　10.鬲足 H186③：1

标本H186①：5，夹砂橙黄陶。直口，方唇，上腹直，下腹残。口沿外侧饰一周附加泥条，器身通体饰麻点纹。残高6.8、残宽9.2厘米（图4-439，7）。

盆　1件。

标本H186①：6，泥质灰陶。敞口，平沿，圆唇，斜直腹，底残。腹部饰横向篮纹，内壁素面磨光。口径26、残高4厘米（图4-439，8）。

陶刀　1件。

标本H186①：1，残，泥质灰陶。近正方形，由陶器残片磨制而成，器表饰细线纹，在器身残断处有残对向钻孔，外孔1、内孔0.4厘米。双面磨刃。刃残长4.3厘米，刃角52.2°，器身残长5、宽5.1、厚0.8厘米（图4-439，9；彩版一七三，3）。

（2）H186②层

出土陶片见下表（表4-789）。

（3）H186③层

出土少量陶片，以腹部残片为主，可辨器形有鬲足（表4-790、791）。

鬲足　1件。

表4-789　H186②层陶片统计表

纹饰＼陶质／陶色	泥质				夹砂				合计
	橙黄	灰	红	灰底黑彩	橙黄	灰	红	褐	
素面	45	9	14		30				98
绳纹					12		1		13
篮纹	37		20		35				92
麻点纹					118		3		121
篮纹＋麻点纹					9		3		12
附加堆纹					2				2
篮纹＋绳纹					1				1
戳印纹	1				3				4
交错篮纹		2							2

表4-790　H186③层器形数量统计表

器形＼陶质／陶色	泥质				夹砂				合计
	红	橙黄	灰	黑	红	橙黄	灰	黑	
斝					1				1

表4-791　H186③层陶片统计表

纹饰＼陶质／陶色	泥质				夹砂				合计
	橙黄	灰	红	白	橙黄	灰	红	褐	
素面	14	2	3		9				28
绳纹	4	1			3				8
篮纹	22	7			12	3			44
麻点纹					25				25
刻划纹	1								1
篮纹＋麻点纹					2				2

标本H186③：1，夹砂红陶。残牛角状空心足。素面。残高4.4、残宽5.2厘米（图4-439，10）。

第④～⑥层出土陶片见下表（表4-792～794）。

表4-792　H186④层陶片统计表

纹饰＼陶质／陶色	泥质				夹砂				合计
	橙黄	灰	红	灰底黑彩	橙黄	灰	红	褐	
素面	14	2			7				23
绳纹					8				8
篮纹	7				3				10
麻点纹					9				9

续表

纹饰 ＼ 陶质陶色	泥质				夹砂				合计
	橙黄	灰	红	灰底黑彩	橙黄	灰	红	褐	
交错绳纹						1			1
篮纹＋麻点纹						1			1
附加堆纹＋刻划纹						1			1

表4-793　　H186⑤层陶片统计表

纹饰 ＼ 陶质陶色	泥质				夹砂				合计
	橙黄	灰	红	灰底黑彩	橙黄	灰	红	褐	
素面	6	1							7
篮纹	1								1
麻点纹					1				1
刻划纹					1				1
绳纹					1				1
篮纹＋麻点纹					1				1

表4-794　　H186⑥层陶片统计表

纹饰 ＼ 陶质陶色	泥质				夹砂				合计
	橙黄	灰	红	灰底黑彩	橙黄	灰	红	褐	
素面	7	1			4	5			17
绳纹					1				1
篮纹	7				5	1			13
麻点纹					15				15
刻划纹	1								1
交错篮纹	1								1
附加堆纹	1								1

（4）H186⑦层

出土大量陶片，以腹部残片为主，可辨器形有圆腹罐、单耳罐、双耳罐、斝（表4-795、796）。

表4-795　　H186⑦层器形数量统计表

器形 ＼ 陶质陶色	泥质				夹砂				合计
	红	橙黄	灰	黑	红	橙黄	灰	黑	
双耳罐					1				1
单耳罐							2		2
斝						1			1
圆腹罐					1	3			4

表4-796　H186⑦层陶片统计表

纹饰 \ 陶质 陶色	泥质				夹砂				合计
	橙黄	灰	红	灰底黑彩	橙黄	灰	红	褐	
素面	41	4	2		26				73
绳纹	3				6				9
篮纹	55				20	4			79
麻点纹					70	22			92
交错篮纹					3				3
戳印纹						1			1
篮纹＋刻划纹					2				2
篮纹＋麻点纹					8				8

圆腹罐　4件。

标本H186⑦：5，夹砂橙黄陶。侈口，圆唇，矮领，束颈，上腹斜，下腹残。器表素面且有烟炱。残高4、残宽7.2厘米（图4-440，1）。

标本H186⑦：6，夹砂红陶。侈口，窄平沿，圆唇，高领，束颈，颈部以下残。口沿外侧有一周折棱，颈部饰斜向篮纹，有烟炱。残高4.1、残宽8.2厘米（图4-440，2）。

标本H186⑦：7，夹砂橙黄陶。微侈口，方唇，高领，微束颈，颈部以下残。颈部饰斜向篮

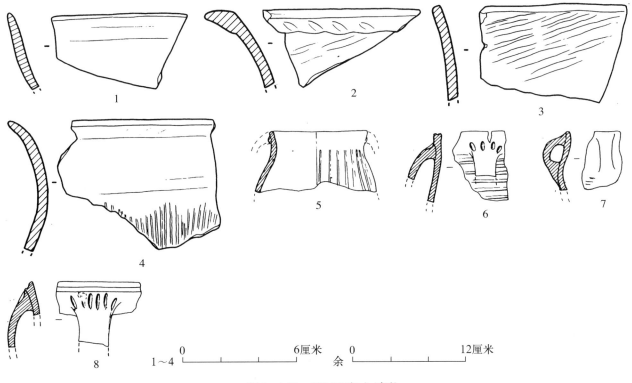

图4-440　H186出土遗物

1～4.圆腹罐H186⑦：5～8　5.双耳罐H186⑦：1　6、7.单耳罐H186⑦：2、3　8.罕H186⑦：4

纹。残高 5.5、残宽 8 厘米（图 4-440，3）。

标本H186⑦：8，夹砂橙黄陶。侈口，尖唇，高领，束颈，上腹斜，下腹残。颈、腹饰竖向绳纹，有烟炱。残高 7、残宽 8.3 厘米（图 4-440，4）。

双耳罐 1 件。

标本H186⑦：1，夹砂红陶。侈口，方唇，矮领，束颈，上腹圆，下腹残。连口拱形双耳，上腹部饰竖向刻划纹。口径 10.4、残高 6.4 厘米（图 4-440，5）。

单耳罐 2 件。

标本H186⑦：2，夹砂灰陶。侈口，方唇，上腹斜，下腹残。唇部有一道凹槽，拱形单耳，耳上端饰戳印纹，上腹饰横向篮纹。残高 7.4、残宽 5.8 厘米（图 4-440，6）。

标本H186⑦：3，夹砂灰陶。侈口，圆唇，圆腹，底残。连口拱形双耳。腹部饰横向绳纹。残高 6.2、残宽 4.2 厘米（图 4-440，7）。

斝 1 件。

标本H186⑦：4，夹砂橙黄陶。侈口，重唇，口沿以下残。连口拱形双耳，耳上端饰戳印纹。残高 7、残宽 9 厘米（图 4-440，8）。

（5）H186⑧层

出土少量陶片，以腹部残片为主，可辨器形有圆腹罐、高领罐、盆，另出土石刀、骨锥各 1 件（表 4-797、798）。

表4-797 H186⑧层器形数量统计表

陶质 / 陶色 / 器形	泥质				夹砂				合计
	红	橙黄	灰	褐	红	橙黄	灰	黑	
高领罐		1							1
盆				1					1
圆腹罐						1			1

表4-798 H186⑧层陶片统计表

陶质 / 陶色 / 纹饰	泥质				夹砂				合计
	橙黄	灰	红	灰底黑彩	橙黄	灰	红	褐	
素面	13	1	1		8				23
篮纹	10	1			2		1		14
麻点纹					5				5
刻划纹							1		1

圆腹罐 1 件。

标本H186⑧：5，夹砂橙黄陶。侈口，方唇，高领，微束颈，上腹斜，下腹残。口沿外侧有一周折棱，器表通体饰横向篮纹。残高 7.6、残宽 6.3 厘米（图 4-441，1）。

高领罐 1 件。

标本H186⑧：3，泥质橙黄陶。喇叭口，窄平沿，圆唇，高领，束颈，颈部以下残。口沿外

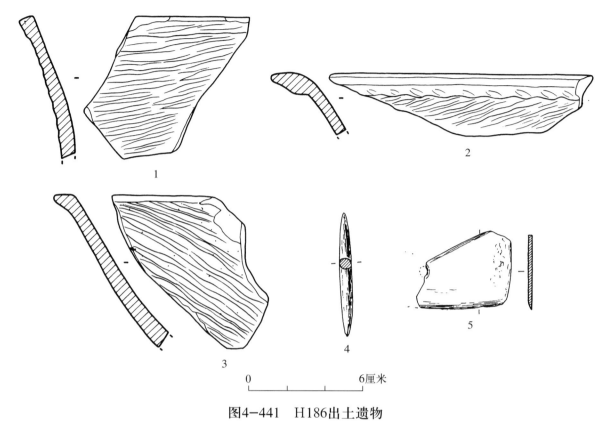

图4-441　H186出土遗物

1.圆腹罐H186⑧：5　2.高领罐H186⑧：3　3.盆H186⑧：4　4.骨锥H186⑧：1　5.石刀H186⑧：2

侧饰一周折棱，颈部饰斜向篮纹，内壁素面磨光。残高3.3、残宽14厘米（图4-441，2）。

盆　1件。

标本H186⑧：4，泥质褐陶。敞口，窄平沿，圆唇，斜弧腹，底残。器表饰斜向篮纹。残高8、残宽6.7厘米（图4-441，3）。

石刀　1件。

标本H186⑧：2，残，页岩。单面磨刃。刃残长4.4厘米，刃角33.6°，器身残长5、残宽4.1厘米（图4-441，5；彩版一七三，5）。

骨锥　1件。

标本H186⑧：1，动物骨骼磨制而成，呈圆柱状，两端均磨制呈尖，尖部磨制尖锐，器身磨制光滑。长6.5、直径0.6厘米（图4-441，4；彩版一七三，4）。

（6）H186⑨层

出土大量陶片，以腹部残片为主，可辨器形有圆腹罐、高领罐、盆，另出土石刀2件，玉器、石料各1件（表4-799、800）。

圆腹罐　8件。

标本H186⑨：5，夹砂橙黄陶。侈口，圆唇，高领，束颈，上腹斜弧，下腹残。颈部饰横向篮纹，上腹饰麻点纹，有烟炱。口径17.8、残高9.6厘米（图4-442，1）。

标本H186⑨：6，夹砂橙黄陶。侈口，圆唇，矮领，束颈，上腹斜弧，下腹残。颈部素面，上腹饰麻点纹。口径 16.2、残高 8.6 厘米（图 4-442，2）。

标本 H186⑨：8，泥质红陶。侈口，尖唇，矮领，束颈，颈部以下残。素面磨光。口径 15.4、残高 4.6 厘米（图 4-442，3）。

表4-799　H186⑨层器形数量统计表

陶质陶色器形	泥质				夹砂				合计
	红	橙黄	灰	黑	红	橙黄	灰	黑	
圆腹罐	1					6	1		8
高领罐					1				1
盆	1	1							2

表4-800　H186⑨层陶片统计表

陶质陶色纹饰	泥质				夹砂				合计
	橙黄	灰	红	灰底黑彩	橙黄	灰	红	褐	
素面	35	1	3		15				54
绳纹	2				7				9
篮纹	37	3			13				53
麻点纹					70				70
篮纹 + 麻点纹					9				9
附加堆纹 + 麻点纹 + 篮纹					1				1
刻划纹	1					1			2
弦纹		1							1

标本 H186⑨：10，夹砂橙黄陶。侈口，圆唇，高领，束颈，上腹斜，下腹残。颈部饰横向篮纹，上腹饰麻点纹，有烟炱。残高 5.5、残宽 6.2 厘米（图 4-442，4）。

标本 H186⑨：11，夹砂橙黄陶。侈口，圆唇，高领，束颈，颈部以下残。颈部素面，有烟炱。残高 5、残宽 8.5 厘米（图 4-442，5）。

标本 H186⑨：12，夹砂灰陶。侈口，圆唇，高领，束颈，颈部以下残。颈部饰横向篮纹。残高 5.3、残宽 6 厘米（图 4-442，6）。

标本 H186⑨：13，夹砂橙黄陶。侈口，圆唇，高领，束颈，上腹斜，下腹残。颈部素面，上腹饰麻点纹。残高 8、残宽 10.5 厘米（图 4-442，7）。

标本 H186⑨：15，夹砂橙黄陶。侈口，圆唇，高领，束颈，颈部以下残。颈部饰横向篮纹。残高 5.6、残宽 8.3 厘米（图 4-442，8）。

高领罐　1 件。

标本 H186⑨：7，泥质褐陶。喇叭口，圆唇，高领，束颈，溜肩，腹部残。颈部饰斜向篮纹，肩部素面磨光。口径 16.6、残高 10.6 厘米（图 4-442，9）。

盆　2 件。

标本 H186⑨：9，泥质红陶。敞口，圆唇，斜直腹，底残。口沿外侧有一周折棱，器身通体

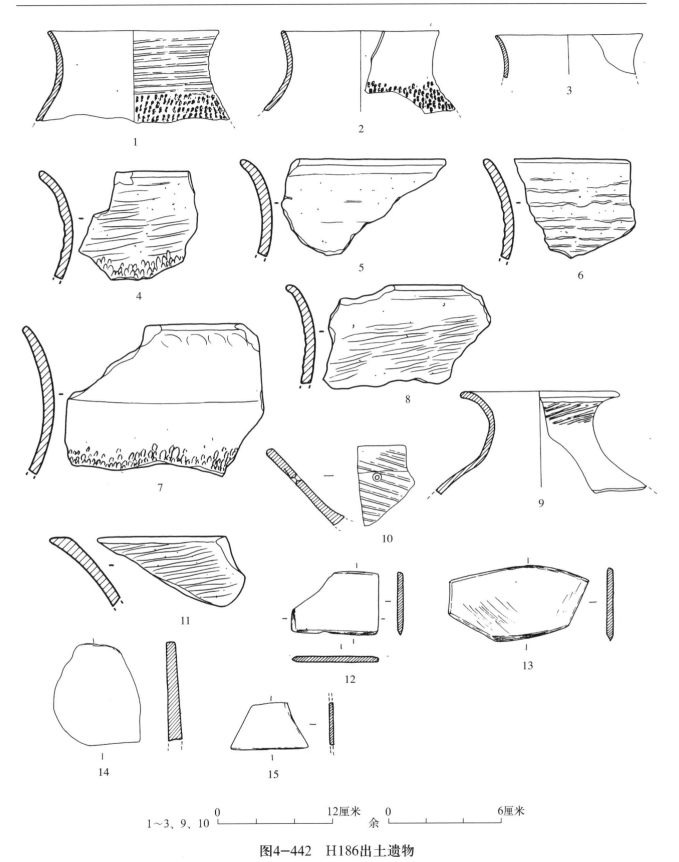

图4-442　H186出土遗物

1~8.圆腹罐H186⑨：5、6、8、10~13、15　9.高领罐H186⑨：7　10、11.盆H186⑨：9、14　12、13.石刀H186⑨：1、4
14.玉器H186⑨：2　15.石料H186⑨：3

饰斜向篮纹,上腹有一对向钻孔。残高8.4、残宽5.8厘米(图4-442,10)。

标本H186⑨:14,泥质橙黄陶。敞口,平沿,圆唇,斜直腹,底残。腹部饰横向篮纹。残高3.7、残宽7.5厘米(图4-442,11)。

玉器　1件。

标本H186⑨:2,不透明,近半圆形,器表磨制光滑,边缘修整痕迹明显呈弧形。残长4.5、残宽5.4、厚0.7厘米(图4-442,14;彩版一七四,2)。

石刀　2件。

标本H186⑨:1,残,页岩。平基部,两个双面磨刃,刃一长4.2厘米,刃角48°,刃二残长1.2厘米,刃角65.3°,器身长4.6、宽3.4厘米(图4-442,12)。

标本H186⑨:4,石英岩。呈不规则状,弧形基部,双面磨刃,器表有磨痕。刃残长4厘米,刃角60°,器身长7.4、宽4厘米(图4-442,13;彩版一七四,1)。

石料　1件。

标本H186⑨:3,页岩。呈梯形,整体较平整,制作小石器材料。残长4、残宽2.4厘米(图4-442,15)。

(7)H186⑩层

出土少量陶片,以腹部残片为主,可辨器形有圆腹罐(表4-801、802)。

表4-801　H186⑩层器形数量统计表

器形 \ 陶质 陶色	泥质				夹砂				合计
	红	橙黄	灰	黑	红	橙黄	灰	黑	
圆腹罐						1			1

表4-802　H186⑩层陶片统计表

纹饰 \ 陶质 陶色	泥质				夹砂				合计
	橙黄	灰	红	白	橙黄	灰	红	褐	
素面	1	1			1				3
篮纹	1	1			2				4
麻点纹					5				5
刻划纹	1								1
篮纹+麻点纹					1				1

圆腹罐　1件。

标本H186⑩:1,夹砂橙黄陶。侈口,圆唇,高领,束颈,圆腹,底残。颈部饰横向篮纹,腹部饰麻点纹,有烟炱。口径11、残高10.8厘米(图4-443,1)。

(8)H186⑪层

出土少量陶片,以腹部残片为主,可辨器形有圆腹罐、骨锥(表4-803、804)。

圆腹罐　1件。

标本H186⑪:2,泥质橙黄陶。侈口,圆唇,高领,束颈,颈部以下残。器表饰篮纹。残高

5.7、残宽 8 厘米（图 4-443，2）。

骨锥　1 件。

表4-803　H186⑪层器形数量统计表

器形 ＼ 陶质 陶色	泥质				夹砂				合计
	红	橙黄	灰	黑	红	橙黄	灰	黑	
圆腹罐		1							1

表4-804　H186⑪层陶片统计表

纹饰 ＼ 陶质 陶色	泥质				夹砂				合计
	橙黄	灰	红	灰底黑彩	橙黄	灰	红	褐	
素面	8	5	2		18				33
绳纹					2				2
篮纹	11		1		2	1			15
麻点纹					27				27
篮纹 + 麻点纹					4				4
附加堆纹 + 绳纹						1			1
交错篮纹	1	1							2

标本H186⑪：1，动物骨骼磨制而成，器身呈扁平状，磨制光滑，锥尖略圆钝。长 11.5、宽 1.4、厚 0.3 厘米（图 4-443，3；彩版一七四，3）。

（9）H186⑫层

出土大量陶片，以腹部残片为主，可辨器形有圆腹罐、单耳罐、鸮面罐、盆、斝，另出土兽骨 1 件（表 4-805、806）。

表4-805　H186⑫层器形数量统计表

器形 ＼ 陶质 陶色	泥质				夹砂				合计
	红	橙黄	灰	黑	红	橙黄	灰	黑	
盆		1	1						2
单耳罐					1	1			2
圆腹罐					2	7			9
斝							1		1
鸮面罐						1			1

圆腹罐　9 件。

标本H186⑫：3，夹砂橙黄陶。侈口，圆唇，高领，束颈，上腹斜，下腹残。颈部饰横向篮纹，上腹饰麻点纹，有烟炱。残高 11.6、残宽 10.8 厘米（图 4-443，4）。

标本H186⑫：4，夹砂橙黄陶。侈口，尖唇，矮领，束颈，上腹斜弧，下腹残。颈部饰横向篮纹，上腹饰麻点纹，有烟炱。残高 10.6、残宽 12.2 厘米（图 4-443，5）。

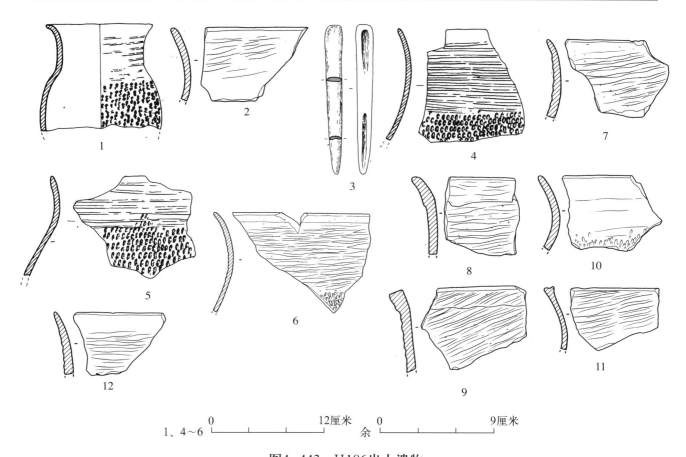

图4-443　H186出土遗物

1、2、4～12.圆腹罐H186⑩：1、H186⑪：2、H186⑫：3、4、10～16　3.骨锥H186⑪：1

表4-806　H186⑫层陶片统计表

纹饰 \ 陶色	泥质				夹砂				合计
	橙黄	灰	红	灰底黑彩	橙黄	灰	红	褐	
素面	49	7	11		19				86
绳纹					19				19
篮纹	42	1			37				80
麻点纹					114				114
篮纹＋麻点纹					13				13
绳纹＋篮纹					2				2
刻划纹					1				1
交错绳纹	1								1
附加堆纹					4				4
交错篮纹	2	2			3				7
戳印纹					3				3
附加堆纹＋绳纹					1				1

标本H186⑫：10，夹砂红陶。侈口，圆唇，高领，束颈，上腹斜，下腹残。颈部饰横向篮纹，上腹饰麻点纹。残高10.5、残宽14.4厘米（图4-443，6）。

标本H186⑫：11，夹砂橙黄陶。侈口，圆唇，高领，束颈，颈部以下残。颈部饰横向篮纹，有烟炱。残高6.1、残宽8.2厘米（图4-443，7）。

标本H186⑫：12，夹砂橙黄陶。侈口，方唇，高领，束颈，颈部以下残。口沿外侧饰一周附加泥条，器表通体饰横向篮纹。残高6.2、残宽5.9厘米（图4-443，8）。

标本H186⑫：13，夹砂橙黄陶。侈口，方唇，上腹弧，下腹残。口沿外侧有一周折棱，器表通体饰斜向篮纹。残高6.5、残宽8.3厘米（图4-443，9）。

标本H186⑫：14，夹砂橙黄陶。侈口，圆唇，高领，束颈，上腹斜，下腹残。颈部素面，上腹饰麻点纹。残高6、残宽7.4厘米（图4-443，10）。

标本H186⑫：15，夹砂红陶。侈口，方唇，矮领，束颈，上腹斜弧，下腹残。口沿上有一道凹槽，器表饰横向篮纹，有烟炱。残高5、残宽7厘米（图4-443，11）。

标本H186⑫：16，夹砂橙黄陶。侈口，尖唇，高领，束颈，颈部以下残。颈部饰横向篮纹。残高5、残宽7.2厘米（图4-443，12）。

单耳罐　2件。

标本H186⑫：2，夹砂红陶。侈口，尖唇，高领，束颈，圆腹，平底微凹。连口拱形双耳，颈部素面，腹部饰麻点纹。口径9、高10、底径7厘米（图4-444，1；彩版一七四，4）。

标本H186⑫：6，夹砂橙黄陶。侈口，圆唇，高领，束颈，颈部以下残。口沿外侧饰一周附加泥条，泥条之上饰斜向刻划纹，口沿外侧有残耳，颈部饰麻点纹。残高7.6、残宽12.6厘米（图4-444，2）。

鸮面罐　1件。

标本H186⑫：8，夹砂橙黄陶。敛口，方唇，腹部残。器表饰斜向篮纹，边缘处有一钻孔。残高4.4、残宽8厘米（图4-444，3）。

盆　2件。

标本H186⑫：1，泥质橙黄陶。敞口，方唇，斜直腹，平底微凹，口沿外侧有一周折棱，折棱之上饰戳印纹，腹部饰斜向篮纹，器身有四个修补成形的箍孔。口径30.8、高10、底径11.6厘米（图4-444，4；彩版一七四，5）。

标本H186⑫：9，泥质灰陶。敞口，平沿，圆唇，斜弧腹，底残。素面，器身有刮抹痕迹。口径20.8、残高3.6厘米（图4-444，5）。

罘　1件。

标本H186⑫：7，夹砂橙黄陶。微敛口，圆唇，斜腹，底残。上腹饰一周竖向绳纹，口沿内侧有一周凹槽。口径17、残高8厘米（图4-444，6）。

兽骨　1件。

标本H186⑫：5，长条状，截断面呈半圆管状，表面有磨痕。残长9.2、宽2.3、厚1厘米（图4-444，7）。

（10）H186⑬层

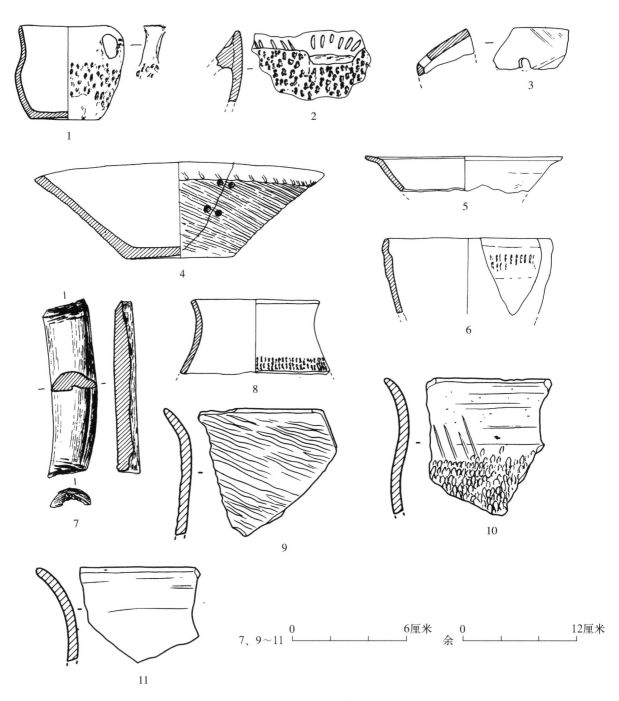

图4-444　H186出土遗物

1、2.单耳罐H186⑫：2、6　3.鸦面罐H186⑫：8　4、5.盆H186⑫：1、9　6.罕H186⑫：7　7.兽骨H186⑫：5　8～11.圆腹罐H186⑬：2、9、10、12

出土大量陶片，以腹部残片为主，可辨器形有圆腹罐、花边罐、单耳罐、双耳罐、大口罐、鸦面罐、盆、豆，另出土石器1件（表4-807、808）。

圆腹罐　4件。

标本H186⑬：2，夹砂橙黄陶。侈口，圆唇，矮领，束颈，上腹斜，下腹残。颈部素面，上腹饰竖向绳纹，有烟炱。口径 13.4、残高 7.6 厘米（图 4-444，8）。

标本 H186⑬：9，夹砂橙黄陶。侈口，尖唇，矮领，束颈，上腹斜弧，下腹残。颈、腹饰斜向篮纹。残高 6.6、残宽 7.3 厘米（图 4-444，9）。

表4-807　H186⑬层器形数量统计表

陶质	泥质				夹砂				合计
器形　　陶色	红	橙黄	灰	黑	红	橙黄	灰	黑	
圆腹罐						3	1		4
盆	1	2							3
花边罐					1				1
大口罐					1				1
双耳罐					1				1
单耳罐						1			1
豆		1							1
鸮面罐					1				1

表4-808　H186⑬层陶片统计表

陶质	泥质				夹砂				合计
纹饰　　陶色	橙黄	灰	红	灰底黑彩	橙黄	灰	红	褐	
素面	42	3	4		12				61
绳纹					25				25
篮纹	31	2			16				49
麻点纹					80				80
篮纹+麻点纹					4				4
绳纹篮纹					1				1
刻划纹					2				2
交错绳纹	1		1						2
附加堆纹+刻划纹					4				4
交错篮纹	4	3							7

标本 H186⑬：10，夹砂灰陶。侈口，尖唇，高领，束颈，上腹圆，下腹残。颈部饰有刻划纹，腹部饰麻点纹，有烟炱。残高 7.3、残宽 6.6 厘米（图 4-444，10）。

标本 H186⑬：12，夹砂橙黄陶。侈口，圆唇，矮领，束颈，上腹斜，下腹残。器表素面且有刮抹痕迹，有烟炱。残高 5.1、残宽 6.5 厘米（图 4-444，11）。

花边罐　1 件。

标本 H186⑬：4，夹砂红陶。侈口，尖唇，矮领，束颈，颈部以下残。口沿外侧饰一周附加泥条，泥条之上饰戳印纹，颈部饰交错刻划纹。口径 12.4、残高 5.8 厘米（图 4-445，1）。

双耳罐　1 件。

标本 H186⑬：6，夹砂红陶。侈口，圆唇，高领，束颈，上腹圆，下腹残。连口拱形双耳，耳上饰一条竖向附加堆泥条，泥条经手指按压呈波状，颈部有刮抹痕迹，上腹饰交错刻划纹。口径14.2、残高7.8厘米（图4-445，2）。

单耳罐　1件。

标本H186⑬：7，夹砂橙黄陶。侈口，方唇，微束颈，上腹圆，下腹残。连口拱形单耳。耳上下端饰戳印纹，颈部饰横向篮纹。残高8.2、残宽13.4厘米（图4-445，3）。

大口罐　1件。

标本H186⑬：5，夹砂红陶。微侈口，方唇，深直腹，底残。口沿外侧有一周折棱，器身通体饰麻点纹。残高6.2、残宽6.4厘米（图4-445，4）。

鸮面罐　1件。

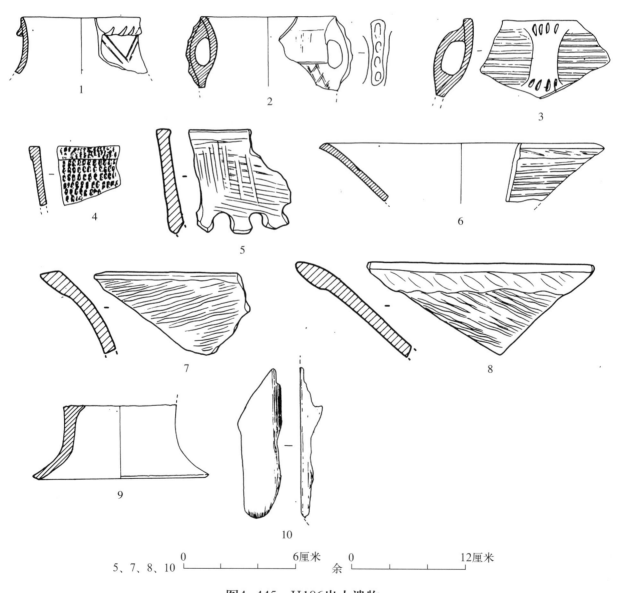

图4-445　H186出土遗物

1.花边罐H186⑬：4　2.双耳罐H186⑬：6　3.单耳罐H186⑬：7　4.大口罐H186⑬：5　5.鸮面罐H186⑬：14　6～8.盆H186⑬：3、11、13　9.豆H186⑬：8　10.石器H186⑬：1

标本H186⑬：14，夹砂红陶。仅存罐身鸭面部分，方唇，面部饰交错篮纹，边缘有三个半圆孔。残长 5.6、残宽 5.3 厘米（图 4-445，5）。

盆 3 件。

标本H186⑬：3，泥质红陶。敞口，圆唇，斜直腹，底残。腹部饰横向篮纹，内壁素面磨光，有一处钻孔痕迹。口径 29.8、残高 6.2 厘米（图 4-445，6）。

标本H186⑬：11，泥质橙黄陶。敞口，方唇，斜弧腹，底残。口沿外侧有一周折棱，腹部饰斜向篮纹。残高 4.4、残宽 8.5 厘米（图 4-445，7）。

标本H186⑬：13，泥质橙黄陶。敞口，圆唇，斜直腹，底残。口沿外侧饰一周折棱，腹部饰斜向篮纹，内壁素面磨光。残高 4.8、残宽 12 厘米（图 4-445，8）。

豆 1 件。

标本H186⑬：8，泥质橙黄陶。喇叭状高圈足，素面。底径 18.2、残高 7.6 厘米（图 4-445，9；彩版一七四，6）。

石器 1 件。

标本H186⑬：1，石灰岩。黑色，长条状，一端残，一端磨制圆弧。残长 7.7、残宽 2.3 厘米（图 4-445，10）。

（11）H186⑭层

出土大量陶片，以腹部残片为主，可辨器形有圆腹罐、花边罐、单耳罐、高领罐、盆、壶，另出土陶刀 1 件，兽角、骨器各 2 件（表 4-809、810）。

表4-809 H186⑭层器形数量统计表

陶质	泥质				夹砂				合计
器形 \ 陶色	红	橙黄	灰	黑	红	橙黄	灰	黑	
壶			1						1
花边罐					1				1
圆腹罐					2	3	1		6
盆	1	1	1						3
单耳罐					1		1		2
高领罐		2							2

表4-810 H186⑭层陶片统计表

陶质	泥质				夹砂				合计
纹饰 \ 陶色	橙黄	灰	红	灰底黑彩	橙黄	灰	红	褐	
素面	71	3	5		20	3			102
绳纹	5				11				16
篮纹	34	6			20				60
麻点纹					73				73
篮纹 + 麻点纹					10				10
绳纹 + 篮纹					1				1

纹饰　　　　陶色	泥质				夹砂				合计
	橙黄	灰	红	灰底黑彩	橙黄	灰	红	褐	
刻划纹					2				2
戳印纹					1				1
绳纹＋戳印纹					1				1

圆腹罐　6件。

标本H186⑭：6，夹砂红陶。侈口，圆唇，高领，束颈，上腹斜弧，下腹残。颈部饰横向篮纹，上腹饰竖向绳纹，有烟炱。残高8.6、残宽9厘米（图4-446，1）。

标本H186⑭：7，夹砂橙黄陶。侈口，圆唇，高领，束颈，上腹斜，下腹残。颈部饰横向篮纹，上腹饰麻点纹，有烟炱。口径11.6、残高8.2厘米（图4-446，2）。

标本H186⑭：14，夹砂灰陶。侈口，圆唇，高领，束颈，上腹斜，下腹残。颈部素面，上腹饰麻点纹，有烟炱。残高5.7、残宽8厘米（图4-446，3）。

标本H186⑭：17，夹砂橙黄陶。侈口，圆唇，矮领，束颈，上腹斜弧，下腹残。颈、腹饰斜向篮纹，有烟炱。残高7.5、残宽8.5厘米（图4-446，4）。

标本H186⑭：18，夹砂红陶。侈口，圆唇，矮领，束颈，上腹斜弧，下腹残。颈、腹饰竖向刻划纹，有烟炱。残高3.9、残宽5.1厘米（图4-446，5）。

标本H186⑭：19，夹砂橙黄陶。侈口，尖唇，矮领，束颈，上腹斜，下腹残。颈部饰横向篮纹，上腹素面。残高4.1、残宽5.1厘米（图4-446，6）。

花边罐　1件。

标本H186⑭：5，夹砂红陶。侈口，锯齿唇，高领，微束颈，颈部以下残。器身通体饰竖向绳纹，有烟炱。口径16.6、残高10.8厘米（图4-446，7）。

单耳罐　2件。

标本H186⑭：9，夹砂红陶。侈口，圆唇，高领，束颈，上腹弧，下腹残。连口拱形单耳。耳面饰竖向篮纹，颈部饰横向篮纹。残高10、残宽8.2厘米（图4-446，8）。

标本H186⑭：10，夹砂灰陶。侈口，尖唇，束颈，颈部以下残，桥形单耳，素面，有烟炱。残高7.4、残宽5.2厘米（图4-446，9）。

高领罐　2件。

标本H186⑭：16，泥质橙黄陶。喇叭口，平沿，圆唇，高领，束颈，颈部以下残。口沿外侧有一周折棱，颈部饰横向篮纹。残高2.9、残宽9.5厘米（图4-446，10）。

标本H186⑭：20，泥质橙黄陶。喇叭口，平沿，圆唇，高领，束颈，颈部以下残。口沿外侧有一周折棱，颈部素面，内壁素面磨光。残高5.9、残宽6.7厘米（图4-446，11）。

壶　1件。

标本H186⑭：1，泥质灰陶。敛口，唇残，斜沿向外倾斜，高领，束颈，颈部以下残。素面磨光。残高10.4、残宽15.6厘米（图4-446，12）。

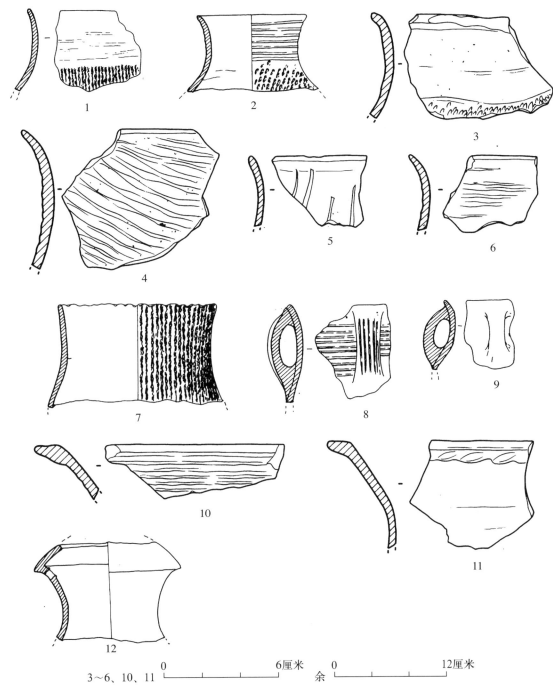

图4-446 H186出土遗物

1~6.圆腹罐H186⑭：6、7、14、17~19 7.花边罐H186⑭：5 8、9.单耳罐H186⑭：9、10 10、11.高领罐H186⑭：16、20
12.壶H186⑭：1

盆 3件。

标本H186⑭：8，夹砂红陶。敞口，方唇，斜弧腹，底残。口沿外侧饰一周附加泥条，器身通体饰麻点纹，有烟炱。口径22.2、残高5.4厘米（图4-447，1）。

标本H186⑭：13，泥质橙黄陶。敞口，窄平沿，尖唇，斜直腹，底残。器表素面，有烟炱，

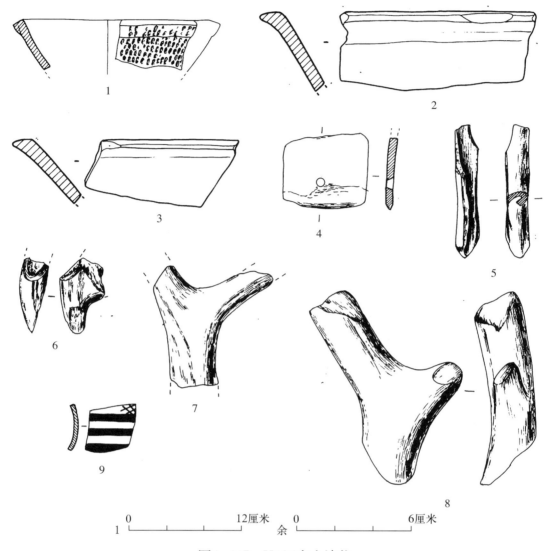

图4-447　H186出土遗物

1~3.盆H186⑭：8、13、15　4.陶刀H186⑭：4　5、6.骨器H186⑭：11、12　7、8.兽角H186⑭：2、3　9.彩陶片H186⑮：1

内壁素面磨光。残高4.4、残宽10.4厘米（图4-447，2）。

标本H186⑭：15，泥质灰陶。敞口，窄平沿，尖唇，斜直腹，底残。腹部素面，内壁素面磨光。残高3.6、残宽8.2厘米（图4-447，3）。

陶刀　1件。

标本H186⑭：4，泥质灰陶。由陶器残片磨制而成，基部残，双面磨刃，在器身偏刃部有由内向外钻孔，器表素面磨光，内孔径0.8、外孔径0.5厘米。刃残长4.2厘米，刃角59.2°，器身残长4.4、残宽3.9、厚0.6厘米（图4-447，4）。

骨器　2件。

标本H186⑭：11，动物骨骼磨制而成，尾端残，前端稍加磨制似尖部。残长7.1、残宽1.3厘米（图4-447，5）。

标本H186⑭：12，动物骨骼磨制而成，一端残，一端双面磨制成刃部。残长4、残宽2.4厘米（图4-447，6）。

兽角 2件。

标本H186⑭：2，残，近"Y"字形，主杆与分枝均残，器表有磨痕。残长6.5、直径2.4厘米（图4-447，7）。

标本H186⑭：3，残，近"Y"字形，主杆与分枝均残，分杈残断处有磨痕。残长10.2、直径2.4厘米（图4-447，8）。

（12）H186⑮层

出土少量陶片，以陶器腹部残片为主，无可辨器形标本，所以不具体介绍，只进行陶系统计（表4-811）。挑选彩陶残片1件。

表4-811 H186⑮层陶片统计表

纹饰 \ 陶色	泥质				夹砂				合计
	橙黄	灰	红	灰底黑彩	橙黄	灰	红	褐	
素面	6		4		3				13
绳纹					6				6
篮纹	9	1			6				16
麻点纹					13				13
刻划纹	1								1
交错绳纹	2								2

彩陶片 1件。

标本H186⑮：1，泥质橙黄陶。素面磨光，器表饰三道横向条形黑彩及网格纹。残高2.5、残宽2.6厘米（图4-447，9）。

177. H187

H187位于ⅢT1306东南部，部分延伸至T1305西南部和T1206、T1205内，开口于第③层下（图4-448）。平面呈不规则状，口部边缘形态明显，底部边缘形态不明显，剖面呈不规则状，斜弧壁。坑口东西4.55、南北2.37、坑深1.26米。坑内堆积可分七层，第①层厚0～0.25米，土色深灰，土质较为疏松，包含红烧土颗粒、炭粒，坡状堆积。第②层厚0～0.18米，土色浅灰，土质疏松，包含炭粒、红烧土颗粒、坡状堆积。第③层厚0～0.43米，土色灰色，土质较为疏松，不规则状堆积。第④层厚0.15～0.24米，土色浅灰，土质较为疏松，包含红烧土颗粒、炭粒，坡状堆积。第⑤层厚0.07～0.15米，土色浅灰，土质较为疏松，包含红烧土颗粒、炭粒，坡状堆积。第⑥层厚0～0.28米，土色褐色，土质致密，包含红烧土颗粒、炭粒，坡状堆积。第⑦层厚0～0.44米，土色灰色，土质较为致密，坡状堆积。

坑内出土少量陶片，另出土石铲1件、石斧1件。

（1）H187①层

出土少量陶片，以腹部残片为主，可辨器形有圆腹罐、花边罐、单耳罐、高领罐、盆、罐腹底，另出土陶刀、石斧各1件（表4-812、813）。

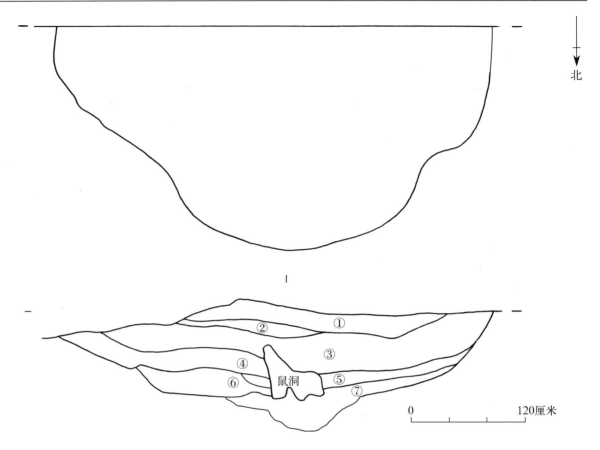

北

0 ⸻⸻⸻ 120厘米

图4-448　H187平、剖面图

表4-812　H187①层器形数量统计表

器形 ＼ 陶质 陶色	泥质				夹砂				合计
	红	橙黄	灰	黑	红	橙黄	灰	黑	
圆腹罐					1	1			2
花边罐						1			1
单耳罐	1	1			1				3
高领罐		1							1
罐腹底						1			1
盆	1								1

表4-813　H187①层陶片统计表

纹饰 ＼ 陶质 陶色	泥质				夹砂				合计
	橙黄	灰	红	灰底黑彩	橙黄	灰	红	褐	
素面	21	1			19				41
绳纹					4				4
篮纹	11				2				13
麻点纹					14				14

圆腹罐　2件。

标本H187①：2，夹砂红陶。侈口，尖唇，矮领，束颈，圆腹，平底。颈部素面，腹部饰麻点纹。口径14、高21.2、底径7.6厘米（图4-449，1；彩版一七五，1）。

标本H187①：4，夹砂橙黄陶。侈口，圆唇，高领，束颈，上腹斜，下腹残。颈部饰横向篮纹，上腹饰竖向绳纹。口径17.8、残高8.8厘米（图4-449，2）。

花边罐　1件。

标本H187①：5，夹砂橙黄陶。侈口，尖唇，矮领，束颈，颈部以下残。口沿外侧饰一周附加泥条，泥条经手指按压呈波状，颈部素面。残高4.8、残宽3.4厘米（图4-449，3）。

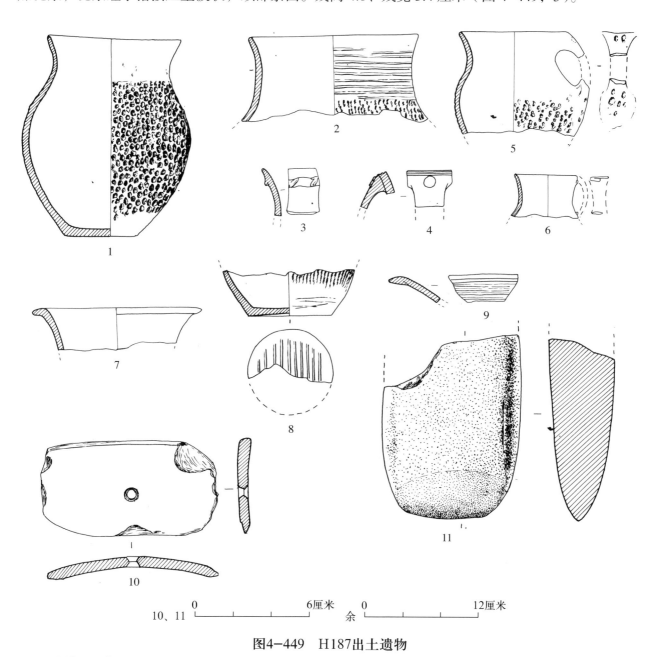

图4-449　H187出土遗物

1、2.圆腹罐H187①：2、4　3.花边罐H187①：5　4～6.单耳罐H187①：6、8、11　7.高领罐H187①：7　8.罐腹底H187①：9
9.盆H187①：10　10.陶刀H187①：3　11.石斧H187①：1

单耳罐　3件。

标本H187①：6，夹砂橙黄陶。侈口，方唇，口沿以下残。唇部有两道凹槽，连口拱形单耳，耳上端饰有一附加堆泥饼。残高3.8、残宽4.8厘米（图4-449，4）。

标本H187①：8，夹砂红陶。侈口，圆唇，矮领，束颈，圆腹，底残。耳上下方均饰有戳印纹，连口拱形单耳，颈部素面，腹部饰麻点纹，有烟炱。口径11.2、残高10.6厘米（图4-449，5）。

标本H187①：11，泥质红陶。侈口，圆唇，矮领，束颈，连口拱形单耳，颈部以下残。素面磨光。口径6.6、残高4.4厘米（图4-449，6）。

高领罐　1件。

标本H187①：7，泥质橙黄陶。喇叭口，平沿，圆唇，高领，束颈，颈部以下残。颈部素面且有修整痕迹。口径17.8、残高4.4厘米（图4-449，7）。

罐腹底　1件。

标本H187①：9，夹砂橙黄陶。上腹残，下腹斜弧，平底微凹。下腹饰竖向绳纹，近底部与底面饰横向篮纹。残高4.8、底径8.8厘米（图4-449，8）。

盆　1件。

标本H187①：10，泥质红陶。敞口，尖唇，斜直腹，底残。腹部饰横向篮纹，内壁素面磨光。残高2.8、残宽7.4厘米（图4-449，9）。

陶刀　1件。

标本H187①：3，泥质橙黄陶。陶片打磨而成，近长方形，平基部，双面磨刃，侧边略残，中间有一钻孔，外孔径0.8、内孔径0.5厘米。刃残长7.2厘米，器身残长9.4、宽5厘米（图4-449，10）。

石斧　1件。

标本H187①：1，残，石英岩。器身近长方形，基部残，器表磨制精细，器表及刃部均有使用过程中留下的疤痕。刃长4.8厘米，刃角78.4°，器身残长9.7、宽7.2、厚3.5厘米（图4-449，11；彩版一七五，2）。

（2）H187②层

出土大量陶片，以腹部残片为主，可辨器形有圆腹罐、单耳罐、高领罐、敛口罐、刻槽盆、盆、瓶，另出土陶刀1件（表4-814、815）。

表4-814　H187②层器形数量统计表

器形 \ 陶质 陶色	泥质				夹砂				合计
	红	橙黄	灰	黑	红	橙黄	灰	黑	
单耳罐					1				1
瓶						1			1
高领罐		1							1
盆	1								1

器形 \ 陶质 陶色	泥质				夹砂				合计
	红	橙黄	灰	黑	红	橙黄	灰	黑	
敛口罐						1			1
圆腹罐						3			3
刻槽盆		1							1

表4-815 H187②层陶片统计表

纹饰 \ 陶质 陶色	泥质				夹砂				合计
	橙黄	灰	红	灰底黑彩	橙黄	灰	红	褐	
素面	55	2	5		35	1			98
绳纹	3				57		1		61
篮纹	59	4			9				72
麻点纹					66				66
篮纹 + 绳纹					7				7
交错绳纹					1				1
绳纹 + 刻划纹					1				1
篮纹 + 刻划纹					1				1
附加堆纹 + 绳纹					1				1

圆腹罐 3件。

标本H187②：7，夹砂橙黄陶。侈口，圆唇，高领，束颈，颈部以下残。颈部素面，有烟炱。口径23、残高5.6厘米（图4-450，1）。

标本H187②：9，夹砂橙黄陶。侈口，圆唇，高领，束颈，颈部以下残。颈部素面，有烟炱。残高6、残宽4.8厘米（图4-450，2）。

标本H187②：10，夹砂橙黄陶。侈口，圆唇，高领，束颈，颈部以下残。颈部素面，有烟炱。残高7.6、残宽6.2厘米（图4-450，3）。

单耳罐 1件。

标本H187②：2，夹砂红陶。微侈口，圆唇，矮领，微束颈，圆腹，平底。连口拱形单耳，耳面饰有一条竖向附加泥条，泥条之上饰戳印纹，颈部饰一周戳印纹，腹部饰竖向绳纹。口径12.8、高16、底径7.8厘米（图4-450，4；彩版一七五，3、4）。

高领罐 1件。

标本H187②：4，泥质橙黄陶。喇叭口，圆唇，高领，束颈，颈部以下残。颈部素面磨光。口径20.2、残高4.4厘米（图4-450，5）。

敛口罐 1件。

标本H187②：6，夹砂橙黄陶。敛口，方唇，上腹弧，下腹残。口沿外侧饰交错刻划纹。残高5、残宽6.4厘米（图4-450，6）。

刻槽盆 1件。

　　标本H187②：8，泥质灰陶。敞口，尖唇，弧腹，底残。腹部素面，内壁饰竖向刻划线。残高5.2、残宽3.8厘米（图4-450，7）。

　　盆　1件。

　　标本H187②：5，泥质红陶。敞口，圆唇，斜直腹，底残。口沿外侧素面磨光，腹部饰横向篮纹，内壁素面磨光。残高2.4、残宽7.6厘米（图4-450，8）。

　　瓶　1件。

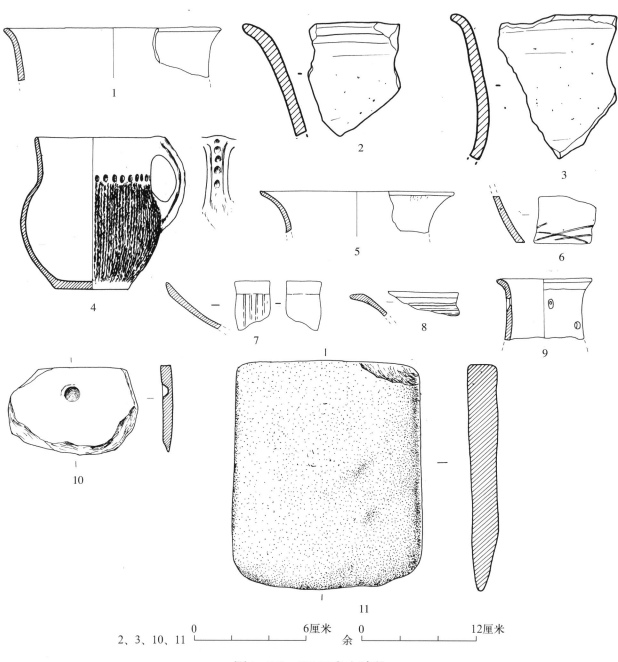

图4-450　H187出土遗物

1～3.圆腹罐H187②：7、9、10　4.单耳罐H187②：2　5.高领罐H187②：4　6.敛口罐H187②：6　7.刻槽盆H187②：8　8.盆H187②：5　9.瓶H187②：3　10.陶刀H187②：1　11.石铲H187③：1

标本H187②：3，夹砂橙黄陶。喇叭口，圆唇，高领，束颈，颈部以下残。口沿下有一周折棱，颈部素面磨光，器身有两个对向钻孔。口径10、残高6.2厘米（图4-450，9）。

陶刀　1件。

标本H187②：1，泥质橙黄陶。由陶器残片磨制而成，平基部，单面刃，刃部未磨，器表素面，内壁有钻孔痕迹未钻通，打制痕迹明显。刃残长5.5厘米，刃角55°，器身残长6.7、宽4.6、厚0.6厘米（图4-450，10；彩版一七五，5）。

石铲　1件。

标本H187③：1，石英岩，近正方形，器表凹凸不平，三个边较齐整，刃部圆钝且有使用中留下的豁口，长12、宽9.8、厚1.8厘米（图4-450，11；彩版一七五，6）。

（3）其他地层

出土陶片见下表（表4-816）。

表4-816　H187③-⑥层陶片统计表

纹饰 陶质 陶色	泥质				夹砂				合计
	橙黄	灰	红	灰底黑彩	橙黄	灰	红	褐	
素面	32				14				46
绳纹					17				17
篮纹	24				6				30
麻点纹					42				42
附加堆纹 + 绳纹					1				1
篮纹 + 麻点纹					1	1			2
交错篮纹	4								4
刻划纹					1				1
附加堆纹 + 麻点纹					1				1
席纹					1				1

178. H188

H188位于ⅢT1306西北部，开口于第③层下，被H98打破（图4-451）。平面呈椭圆形，口、底部边缘形态明显，剖面呈筒状，直壁，未见工具痕迹，平底。坑口东西0.94、南北0.60、坑底东西0.88、南北0.60、坑深0.30米。坑内堆积未分层，土色深灰，土质疏松，包含红烧土颗粒、炭粒。

坑内无陶片出土，坑内有马头骨1个，头向东，腐朽严重。

179. H189

H189位于ⅢT1201西北部，开口于第④层下，被H153打破（图4-452；彩版一七六，1）。平面呈圆形，口部边缘形态明显，底部边缘形态明显，剖面呈筒状，斜直壁，未见工具痕迹，平底。坑口南北0.76、东西0.78、坑底南北0.66、深0.73米。坑内堆积未分层，厚0.73米，土色

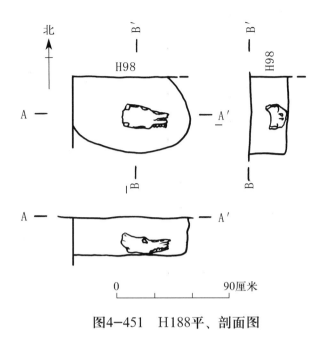

图4-451　H188平、剖面图

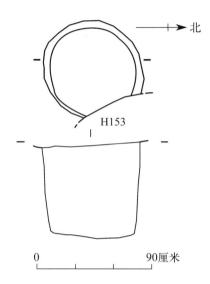

图4-452　H189平、剖面图

浅灰，土质疏松，包含植物根茎、炭粒、石块、兽骨，水平状堆积。

坑内出土少量陶片，以腹部残片为主，可辨器形有圆腹罐、单耳罐（表4-817、818）。

表4-817　H189器形数量统计表

器形 \ 陶质 陶色	泥质				夹砂				合计
	红	橙黄	灰	黑	红	橙黄	灰	黑	
单耳罐						1			1
圆腹罐						1			1

表4-818　H189陶片统计表

纹饰 \ 陶质 陶色	泥质				夹砂				合计
	橙黄	灰	红	灰底黑彩	橙黄	灰	红	褐	
素面	5	1			3				9
绳纹					11				11
篮纹	3		3						6
麻点纹					4				4
篮纹 + 绳纹					1				1

圆腹罐　1件。

标本H189：2，夹砂橙黄陶。侈口，方唇，高领，微束颈，上腹圆，下腹残。口沿外侧有一周折棱，颈部饰斜向篮纹，上腹饰麻点纹。口径22.4、残高14.2厘米（图4-453，1）。

单耳罐　1件。

标本H189：1，夹砂橙黄陶。侈口，方唇，高领，微束颈，上腹圆，下腹残。拱形单耳，耳

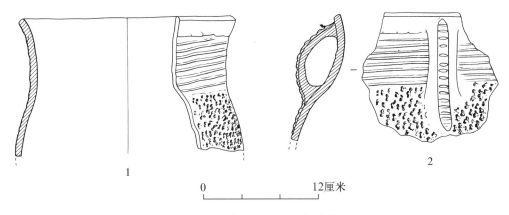

图4-453　H189出土遗物

1.圆腹罐H189：2　2.单耳罐H189：1

面饰有一条竖向附加泥条至上腹部呈波状，口沿外侧有一周折棱，颈部饰横向篮纹，上腹饰麻点纹，有烟炱。残高13.6、残宽14.4厘米（图4-453，2）。

180. H190

H190位于ⅡT1201偏北部，开口于第④层下，被H180、H162打破（图4-454；彩版一七六，2）。平面呈不规则状，口部边缘形态明显，底部边缘形态明显，剖面呈筒状，斜弧壁，未见工具痕迹，平底。坑口南北0.46、东西0.62、坑底南北0.48、东西0.72、深1.12米。坑内堆积未分层，土色深灰，土质疏松，水平状堆积。

坑内出土少量陶片，以腹部残片为主，可辨器形有圆腹罐（表4-819、820）。

圆腹罐　1件。

标本H190：1，夹砂红陶。侈口，方唇，高领，微束颈，颈部以下残。颈部饰斜向篮纹，下颈部饰麻点纹。残高10、残宽13厘米（图4-455）。

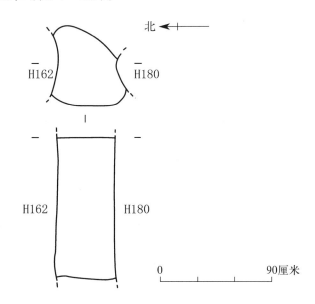

图4-454　H190平、剖面图

表4-819　H190器形数量统计表

器形 ＼ 陶质 ＼ 陶色	泥质				夹砂				合计
	红	橙黄	灰	黑	红	橙黄	灰	黑	
圆腹罐					1				1

表4-820　H190陶片统计表

纹饰 ＼ 陶质 ＼ 陶色	泥质				夹砂				合计
	橙黄	灰	红	灰底黑彩	橙黄	灰	红	褐	
素面	5		2	8					15
绳纹	2			1					3
篮纹		2	3	4					9
麻点纹				8					8

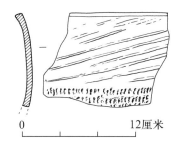

图4-455　H190出土圆腹罐H190：1

181. H191

H191位于ⅡT1201西北部，开口于第④层下，被H162、H180、H190打破（图4-456，1；彩版一七七，1）。平面呈不规则状，口部边缘形态明显，底部边缘形态不明显，剖面呈筒状，斜弧壁，未见工具痕迹，坑底呈锅底状。坑口东西0.78、南北1.14、深0.86米。坑内堆积未分层，土色褐色，土质疏松，包含石块、兽骨，凹镜状堆积。

坑内出土少量陶片，以腹部残片为主，可辨器形有圆腹罐（表4-821、822）。

圆腹罐　1件。

标本H191：1，夹砂橙黄陶。侈口，方唇，矮领，束颈，颈部以下残。颈部饰横向篮纹，篮纹下饰麻点纹。口径20.2、残高7.8厘米（图4-456，2）。

表4-821　H191器形数量统计表

器形 ＼ 陶质 ＼ 陶色	泥质				夹砂				合计
	红	橙黄	灰	黑	红	橙黄	灰	黑	
圆腹罐						1			1

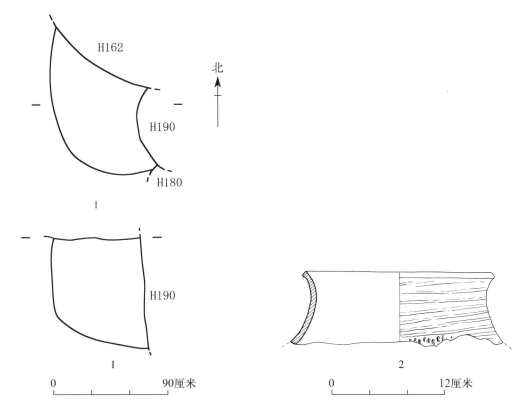

图4-456 H191及出土遗物

表4-822 H191陶片统计表

纹饰＼陶色	泥质				夹砂				合计
	橙黄	灰	红	灰底黑彩	橙黄	灰	红	褐	
素面	9	1	9		9				28
绳纹					3				3
篮纹	7		8		5	1			21
麻点纹					17				17
附加堆纹＋麻点纹					1				1

182. H192

H192位于ⅢT1004南部，开口于第④层下，被H143、H122、H178打破（图4-457）。平面呈不规则状，口、底边缘形态较明显，剖面呈筒状，斜直壁，未见工具痕迹，平底。坑口东西1.40、南北1.60、坑底东西0.94、坑深1.16米。坑内堆积可分四层，第①层厚0.33～0.44米，土色浅褐，土质疏松，水平状堆积。第②层厚0.12～0.34米，土色褐色，土质较疏松，坡状堆积。第③层厚0.06～0.18米，土色深灰，土质较疏松，坡状堆积。第④层厚0.26～0.40米，土色深灰，土质疏松，包含红烧土颗粒、兽骨，坡状堆积。

坑内出土较多陶片，以腹部残片为主，可辨器形有圆腹罐（表4-823、824）。

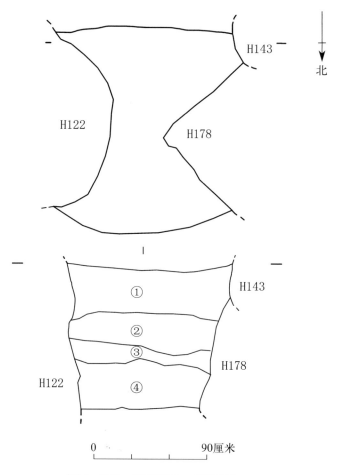

图4-457　H192平、剖面图

表4-823　H192②层器形数量统计表

器形＼陶质陶色	泥质				夹砂				合计
	红	橙黄	灰	黑	红	橙黄	灰	黑	
圆腹罐					1				1

表4-824　H192②层陶片统计表

纹饰＼陶质陶色	泥质				夹砂				合计
	橙黄	灰	红	灰底黑彩	橙黄	灰	红	褐	
素面	7		2		4				13
篮纹	11	1	1		5				18
麻点纹					19				19
附加堆纹＋压印纹	1								1

圆腹罐　1件。

标本H192②:1，夹砂红陶。侈口，方唇，矮领，束颈，上腹弧，下腹残。口沿外侧有一周折棱，折棱之上饰斜向篮纹，颈部饰一周戳印纹，上腹饰横向篮纹。口径27.4、残高12.2厘米（图4-458）。

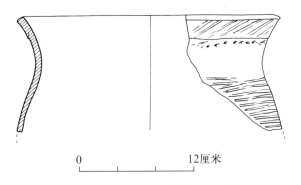

图4-458　H192出土圆腹罐H192②：1

183. H193

H193 位于Ⅱ T1102 西北部，北部压于 T1102 北隔梁下，开口于第②层下（图 4-459；彩版一七七，2）。平面呈椭圆形，口、底部边缘形态不明显，剖面呈筒状，斜直壁，未见工具痕迹，平底。坑口南北 3.8、东西 3.04、坑底南北 2.8、深约 0.75 米。坑内堆积可分五层，第①层厚 0.16～0.32 米，土色深灰，土质疏松，包含石块、兽骨，坡状堆积。第②层厚 0～0.20 米，土色褐色，土质较疏松，包含炭粒、红烧土颗粒，坡状堆积。第③层厚 0～0.22 米，土色褐色，土

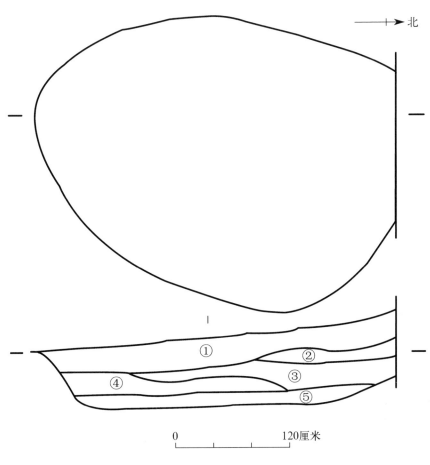

图4-459　H193平、剖面图

质疏松，包含石块、兽骨，坡状堆积。第④层厚0~0.24米，土色褐色，土质较疏松，坡状堆积。第⑤层厚0~0.17米，土色浅黄，土质致密，包含石块、兽骨，水平状堆积。

坑内出土少量陶片，以腹部残片为主，可辨器形有单耳罐（表4-825~828）。

表4-825　H193①层陶片统计表

纹饰 ＼ 陶质 陶色	泥质				夹砂				合计
	橙黄	灰	红	灰底黑彩	橙黄	灰	红	褐	
素面	1				2				3
绳纹	1								1
篮纹	3								3
麻点纹					2				2
篮纹＋麻点纹					1				1

表4-826　H193③层陶片统计表

纹饰 ＼ 陶质 陶色	泥质				夹砂				合计
	橙黄	灰	红	灰底黑彩	橙黄	灰	红	褐	
绳纹					1				1
篮纹	4								4
麻点纹					4				4
刻划纹					1				1
篮纹＋麻点纹					1				1

表4-827　H193⑤层器形数量统计表

器形 ＼ 陶质 陶色	泥质				夹砂				合计
	红	橙黄	灰	黑	红	橙黄	灰	黑	
单耳罐		1							1

表4-828　H193⑤层陶片统计表

纹饰 ＼ 陶质 陶色	泥质				夹砂				合计
	橙黄	灰	红	灰底黑彩	橙黄	灰	红	褐	
素面	1				1				2
篮纹					1				1
篮纹＋麻点纹					1				1

单耳罐　1件。

标本H193⑤：1，泥质橙黄陶。侈口，圆唇，矮领，束颈，上腹斜弧，下腹残。口沿外侧有耳部脱落痕迹，素面。残高7.4、残宽9厘米（图4-460）。

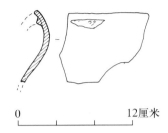

0　　　　　　　　　12厘米

图4-460　H193出土单耳罐H193⑤：1

184. H194

H194位于ⅢT1005北部偏西，开口于第④层下，被H168打破（图4-461；彩版一七八，1）。平面呈不规则状，口部边缘形态较明显，底部边缘形态较不明显，剖面呈筒状，斜弧壁，未见工具痕迹，平底。坑口东西1.56、南北1.17、坑底东西1.30、深0.66米。坑内堆积可分四层，第①层厚0.04～0.18米，土色褐色，土质疏松，包含植物根茎，黄土块、石块、兽骨，坡状堆积。第②层厚0～0.14米，土色黄色，土质致密，坡状堆积。第③层厚0～0.20米，土色深灰，土质疏松，包含植物根茎、炭粒、石块、兽骨，坡状堆积。第④层厚0～0.36米，土色浅灰，土质疏松，包含植物根茎、炭粒、石块、兽骨，坡状堆积。

出土少量陶片（表4-829、830）。

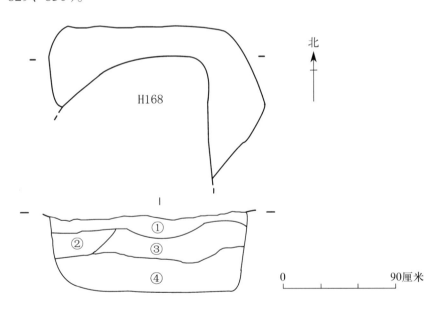

图4-461　H194平、剖面图

表4-829　H194③层陶片统计表

纹饰 \ 陶质·陶色	泥质				夹砂				合计
	橙黄	灰	红	灰底黑彩	橙黄	灰	红	褐	
素面	2								2
绳纹					2				2
麻点纹							1		1

表4-830 H194④层陶片统计表

纹饰 \ 陶质 陶色	泥质				夹砂				合计
	橙黄	灰	红	灰底黑彩	橙黄	灰	红	褐	
素面		5			3		2		10
篮纹	20		3		4				27
麻点纹					18				18

185. H195

H195位于ⅢT1005西部偏北，开口于第④层下，被H160、H168打破（图4-462；彩版一七八，2）。平面呈不规则状，口部边缘形态明显，底部边缘形态较明显，剖面呈筒状，斜弧壁，未见工具痕迹，平底。坑口南北2.19、东西0.39、坑底南北2.30、东西0.24、深0.40~0.50米。坑内堆积不分层，堆积厚0.40~0.50米，土色浅灰，土质疏松，包含植物根茎、炭粒、石块、兽骨，水平状堆积。

坑内出土少量陶片，以陶器腹部残片为主，无可辨器形标本，所以不具体介绍，只进行陶系统计（表4-831）。

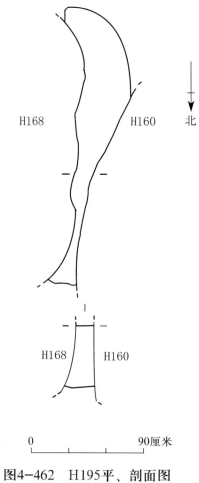

0   90厘米

图4-462 H195平、剖面图

表4-831 H195陶片统计表

纹饰 \ 陶质-陶色	泥质				夹砂				合计
	橙黄	灰	红	灰底黑彩	橙黄	灰	红	褐	
素面	1	1							2
麻点纹					1				1

186. H196

H196位于ⅢT1203北部，小部分延伸至T1103南部，开口于第③层下，被H173、H120、H131打破（图4-463；彩版一七九，1）。平面呈不规则状，口、底部边缘形态明显，剖面呈筒状，直壁，未见工具痕迹，平底。坑口东西1.48、南北2.68、坑底南北2.52、深0.88米。坑内堆积未分层，土色浅灰，土质较疏松，包含炭粒、红烧土颗粒、兽骨，水平状堆积。

坑内出土少量陶片，以陶器腹部残片为主，无可辨器形标本，所以不具体介绍，只进行陶系统计（表4-832）。

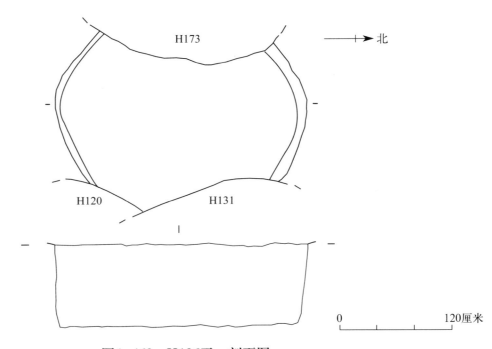

图4-463 H196平、剖面图

表4-832 H196陶片统计表

纹饰 \ 陶质-陶色	泥质				夹砂				合计
	橙黄	灰	红	灰底黑彩	橙黄	灰	红	褐	
素面	7	2	4						13
绳纹	1				1				2
附加堆纹					1				1
麻点纹					4				4

187. H197

H197 位于Ⅲ T1201 西北部，部分延伸至T1101 探方内，开口于第④层下，被H153、H189 打破（图 4-464；彩版一七九，2）。平面呈不规则状，口部边缘形态明显，底部边缘形态明显，剖面呈筒状，直壁，未见工具痕迹，平底。坑口南北1.80、东西1.23、坑底南北1.70、深1.33～1.36米。坑内堆积可分五层，第①层厚 0.16～0.94 米，土色浅黄，土质较疏松，包含植物根茎、石块、兽骨，坡状堆积。第②层厚 0.05～0.20 米，土色浅灰，土质较疏松，包含炭粒、石块、兽骨，坡状堆积。第③层厚 0.12～0.23 米，土色深灰，土质疏松，包含植物根茎、炭粒、红烧土颗粒、石块，坡状堆积。第④层厚 0.11～0.18 米，土色褐色，土质较疏松，包含植物根茎、炭粒、兽骨，坡状堆积。第⑤层厚 0.04～0.20 米，土色褐色，土质较致密，包含植物根茎、石块、兽骨，坡状堆积。

坑内出土较多陶片，以腹部残片为主，可辨器形有花边罐、大口罐（表 4-833～838）。

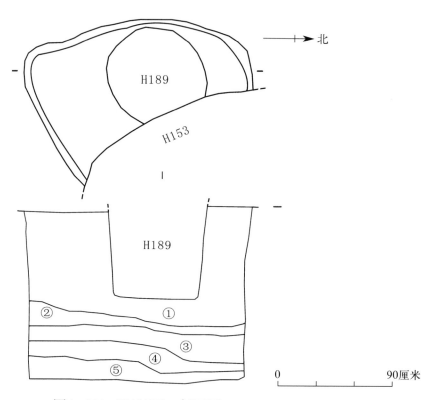

图4-464　H197平、剖面图

表4-833　H197①层陶片统计表

纹饰＼陶质陶色	泥质				夹砂				合计
	橙黄	灰	红	灰底黑彩	橙黄	灰	红	褐	
素面	10		4						14
绳纹			2						2
篮纹					3				3
麻点纹					17				17

表4-834　　H197②层陶片统计表

纹饰＼陶质陶色	泥质				夹砂				合计
	橙黄	灰	红	灰底黑彩	橙黄	灰	红	褐	
素面	5					1			6
绳纹	1	2			6				9

表4-835　　H197③层器形数量统计表

器形＼陶质陶色	泥质				夹砂				合计
	红	橙黄	灰	黑	红	橙黄	灰	黑	
花边罐					1				1
大口罐		1							1

表4-836　　H197③层陶片统计表

纹饰＼陶质陶色	泥质				夹砂				合计
	橙黄	灰	红	灰底黑彩	橙黄	灰	红	褐	
素面	4		4		1				9
绳纹	2		1						3
篮纹	6		3		3				12
麻点纹					7				7

表4-837　　H197④层陶片统计表

纹饰＼陶质陶色	泥质				夹砂				合计
	橙黄	灰	红	灰底黑彩	橙黄	灰	红	褐	
素面	1		1						2
篮纹	3		2						5
麻点纹					2				2

表4-838　　H197⑤层陶片统计表

纹饰＼陶质陶色	泥质				夹砂				合计
	橙黄	灰	红	灰底黑彩	橙黄	灰	红	褐	
绳纹					3				3
篮纹	1		1						2
麻点纹					3				3

花边罐　1件。

标本H197③：1，夹砂红陶。侈口，圆唇，高领，微束颈，圆腹，平底微凹。口沿外侧饰一周附加泥条呈凸棱状，颈部饰横向绳纹，腹部饰麻点纹。口径19.4、高31.8、底径12.2厘米（图4-465，1；彩版一七九，3）。

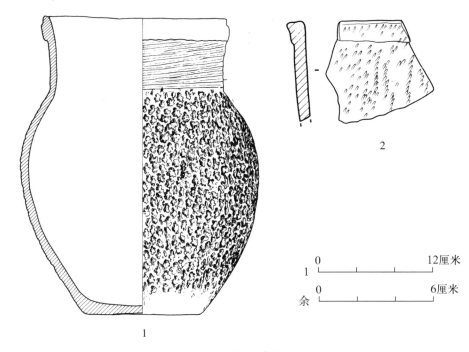

图4-465　H197出土遗物

1.花边罐H197③：1　2.大口罐H197③：2

大口罐　1件。

标本H197③：2，泥质橙黄陶。微侈口，方唇，上腹弧，下腹残。口沿外侧有一周折棱，器表饰麻点纹。残高5.4、残宽5.6厘米（图4-465，2）。

188. H198

H198位于ⅢT1304北部，开口于第④层下（图4-466；彩版一八〇，1）。平面近椭圆形，口部边缘形态明显，底部边缘形态不明显，剖面呈锅状，未见工具痕迹。坑口东西2.30、南北1.47、坑底东西1.41、深0.60米。坑内堆积共分两层：第①层厚0.12~0.52米，土色浅灰，土质较密，包含植物根茎、炭粒、红烧土颗粒、石块，坡状堆积。第②层厚0~0.34米，土色褐色，土质较疏松，包含植物根茎、炭粒、红烧土颗粒、石块、兽骨，坡状堆积。

坑内出土少量陶片。

（1）H198①层

出土少量陶片，以腹部残片为主，可辨器形有大口罐（表4-839、840）。

大口罐　1件。

表4-839　H198①层器形数量统计表

器形　＼　陶质陶色	泥质				夹砂				合计
	红	橙黄	灰	黑	红	橙黄	灰	黑	
大口罐						1			1

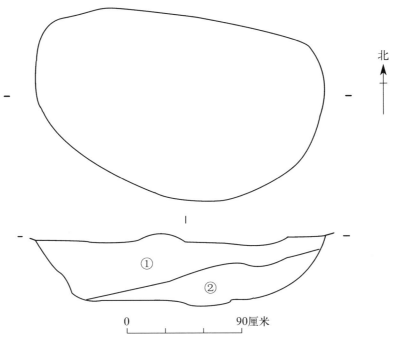

图4-466 H198平、剖面图

表4-840 H198①层陶片统计表

陶质	泥质				夹砂				合计
纹饰 陶色	橙黄	灰	红	灰底黑彩	橙黄	灰	红	褐	
素面	8				3				11
绳纹	1	1							2
篮纹	6								6
麻点纹					11				11
篮纹＋麻点纹					1				1
篮纹＋刻划纹					1				1

标本H198①：1，夹砂橙黄陶。直口，方唇，上腹微弧，下腹残。口沿外侧有一周折棱，上腹饰麻点纹。残高4.7、残宽5.5厘米（图4-467，1）。

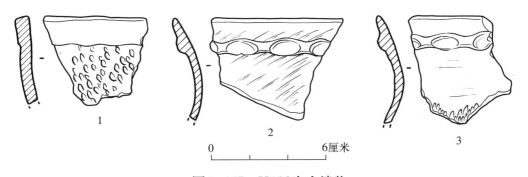

图4-467 H198出土遗物

1.大口罐H198①：1 2.花边罐H198②：1、2

（2）H198②层

出土少量陶片，以腹部残片为主，可辨器形有花边罐（表4-841、842）。

花边罐　2件。

表4-841　H198②层器形数量统计表

器形 \ 陶质 陶色	泥质				夹砂				合计
	红	橙黄	灰	黑	红	橙黄	灰	黑	
花边罐						1	1		2

表4-842　H198②层陶片统计表

纹饰 \ 陶质 陶色	泥质				夹砂				合计
	橙黄	灰	红	灰底黑彩	橙黄	灰	红	褐	
素面	21	1			8				30
绳纹			2		4				6
篮纹	9	1			6				16
麻点纹					17				17
网格纹					1				1
篮纹＋麻点纹					1				1
附加堆纹＋麻点纹					1				1
附加堆纹＋篮纹					1				1
交错篮纹					1				1

标本H198②：1，夹砂橙黄陶。侈口，圆唇，高领，束颈，颈部以下残。颈部饰斜向篮纹，篮纹之上饰一周附加泥条，泥条经手指按压呈波状，有烟炱。残高5.5、残宽6.8厘米（图4-467，2）。

标本H198②：2，夹砂灰陶。侈口，尖唇，高领，束颈，上腹斜，下腹残。口沿外侧饰一周附加泥条，泥条经手指按压呈波状，颈部素面，上腹饰麻点纹。残高5.6、残宽4.8厘米（图4-467，3）。

189. H199

H199位于ⅢT1105西部，开口于第④层下，被H183、H182、H158打破（图4-468；彩版一八〇，2）。平面呈不规则状，口部边缘形态明显，底部边缘形态不明显，剖面呈不规则状，斜弧壁，未见工具痕迹，平底。坑口东西1.37、南北3.12、坑底东西0.82、深0.8米。坑内堆积可分三层，第①层厚0.17～0.29米，土色深灰，土质较疏松，包含物有炭粒、红烧土颗粒、草木灰、石块、兽骨，水平状堆积。第②层厚0.14～0.22米，土色黄色，土质较疏松，包含物有炭粒、红烧土颗粒、草木灰、石块、兽骨，水平状堆积。第③层厚0.20～0.32米，土色褐色，土质较疏松，包含物有炭粒、红烧土颗粒、草木灰、石块、兽骨，水平状堆积。

坑内出土少量陶片，以腹部残片为主，可辨器形有敛口罐（表4-843～846）。

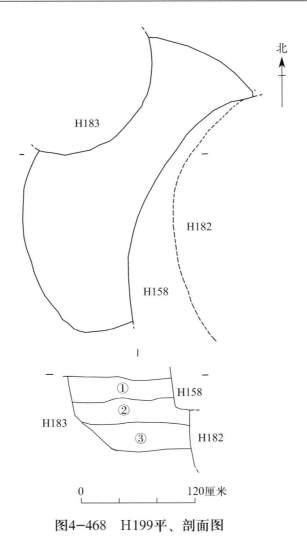

图4-468　H199平、剖面图

表4-843　H199①层陶片统计表

纹饰＼陶质陶色	泥质				夹砂				合计
	橙黄	灰	红	灰底黑彩	橙黄	灰	红	褐	
素面	2	1							3
绳纹		9							9
篮纹	1						4		5
麻点纹							27		27
篮纹＋麻点纹					1				1

表4-844　H199②层陶片统计表

纹饰＼陶质陶色	泥质				夹砂				合计
	橙黄	灰	红	灰底黑彩	橙黄	灰	红	褐	
素面	3				1				4
绳纹					3				3

续表

纹饰＼陶质陶色	泥质				夹砂				合计
	橙黄	灰	红	灰底黑彩	橙黄	灰	红	褐	
篮纹	2								2
麻点纹					2				2
席纹	1								1

表4-845　H199③层器形数量统计表

器形＼陶质陶色	泥质				夹砂				合计
	红	橙黄	灰	黑	红	橙黄	灰	黑	
敛口罐			1						1

表4-846　H199③层陶片统计表

纹饰＼陶质陶色	泥质				夹砂				合计
	橙黄	灰	红	灰底黑彩	橙黄	灰	红	褐	
素面	1	1	1						3
绳纹					1				1
篮纹	4				2				6
麻点纹					6				6

敛口罐　1件

标本H199③：1，泥质灰陶。敛口，圆唇，上腹斜弧，下腹残。器表素面磨光。残高3.7、残宽5.8厘米（图4-469）。

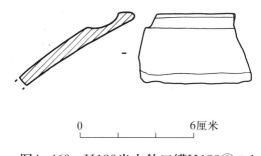

0　　　　　　　　　　6厘米

图4-469　H199出土敛口罐H199③：1

190. H200

H200位于ⅡT1101东南部，开口于第④层下，被H185、H207、H209打破（图4-470）。平面近椭圆形，口部边缘形态明显，底部边缘形态不明显，剖面呈不规则状，斜壁，未见工具痕迹，坑底呈凹状。坑口东西1.45、南北2.03、坑底南北1.04、深1.76~2.14米。坑内堆积共分六层，第①层厚0.27~0.34米，土色浅灰，土质较疏松，基本水平状堆积。第②层厚0~0.59米，土色黄色，土质疏松，坡状堆积。第③层厚0~0.52米，土色褐色，土质较疏松，包含物有炭粒、

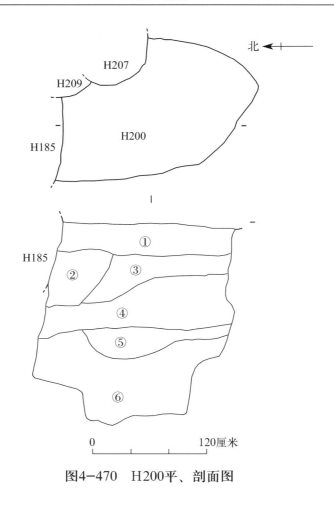

图4-470　H200平、剖面图

红烧土颗粒，坡状堆积。第④层厚0.28～0.60米，土色褐色，土质较疏松，包含物有炭粒，坡状堆积。第⑤层厚0～0.34米，土色深灰，土质较疏松，包含物有红烧土颗粒、炭粒，凹镜状堆积。第⑥层厚0.20～0.97米，土色褐色，土质较疏松，包含物有红烧土颗粒、炭粒、石块、兽骨。凹镜状堆积。

坑内出土少量陶片，以腹部残片为主，可辨器形有单耳罐（表4-847～849）。

表4-847　H200③层陶片统计表

纹饰＼陶色＼陶质	泥质				夹砂				合计
	橙黄	灰	红	灰底黑彩	橙黄	灰	红	褐	
素面	3				3				6
绳纹		1						1	2
麻点纹								1	1

表4-848　H200⑥层器形数量统计表

器形＼陶色＼陶质	泥质				夹砂				合计
	红	橙黄	灰	黑	红	橙黄	灰	黑	
单耳罐		1							1

表4-849　H200⑥层陶片统计表

纹饰 \ 陶质 陶色	泥质				夹砂				合计
	橙黄	灰	红	灰底黑彩	橙黄	灰	红	褐	
素面	8	2							10
绳纹					7				7
篮纹	5	1	2				1		9
麻点纹					10				10

单耳罐　1件。

标本H200⑥：1，泥质橙黄陶。侈口，尖唇，高领，束颈，鼓腹，底残，连口拱形单耳，素面，有竖向刮抹痕迹。口径7.8、残高7.8厘米（图4-471）。

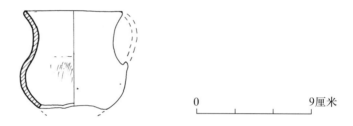

0 _____ 9厘米

图4-471　H200出土单耳罐H200⑥：1

191. H201

H201位于ⅡT1101中部偏东，开口于第④层下，被H185、H200打破（图4-472；彩版一八一，1)。根据遗迹现存部分推测H201平面呈圆形，口部边缘形态明显、底部边缘形态明显，剖面呈袋状，斜直壁，未见工具痕迹，坑底平整。坑口东西3、南北1.72、坑底东西1.46、深约2.06米。坑内堆积共分五层：第①层厚0.31～0.60米，土色浅灰，土质较疏松，凹镜状堆积。第②层厚0.24～0.34米，土色浅黄色，土质较疏松，凹镜状堆积。第③层厚0.30～0.46米，土色浅灰色，土质较疏松，水平状堆积。第④层厚0.23～0.28米，土色黄色，土质较疏松，凹镜状堆积。第⑤层厚0.53～0.64米，土色浅灰色，土质较疏松，包含红烧土和炭屑等，水平状堆积。

坑内出土较多陶片及少量兽骨。

（1）H201①层

出土少量陶片，以腹部残片为主，可辨器形有盆、陶杯（表4-850、851）。

表4-850　H201①层器形数量统计表

器形 \ 陶质 陶色	泥质				夹砂				合计
	红	橙黄	灰	褐	红	橙黄	灰	褐	
盆				1					1
陶杯								1	1

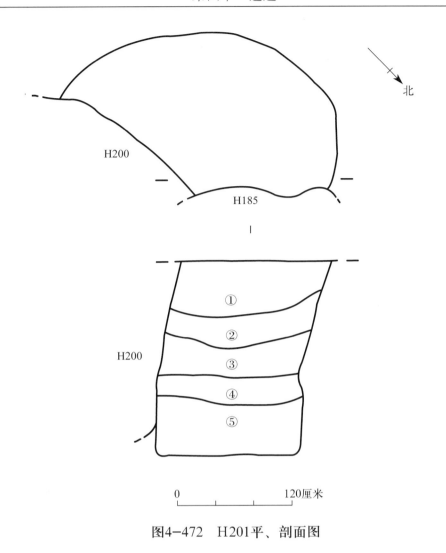

图4-472 H201平、剖面图

表4-851 H201①层陶片统计表

陶质	泥质				夹砂				合计
纹饰 陶色	橙黄	灰	红	灰底黑彩	橙黄	灰	红	褐	
素面	2		3		5				10
绳纹					4				4
篮纹			4		3				7
麻点纹					4				4
篮纹 + 麻点纹					1				1
刻划纹					1				1
交错绳纹	1								1

盆 1件。

标本H201①：1，泥质褐陶。敞口，圆唇，斜弧腹，底残。口沿外侧有一周折棱，腹部饰斜向篮纹。残高 3.5、残宽 8 厘米（图4-473，1）。

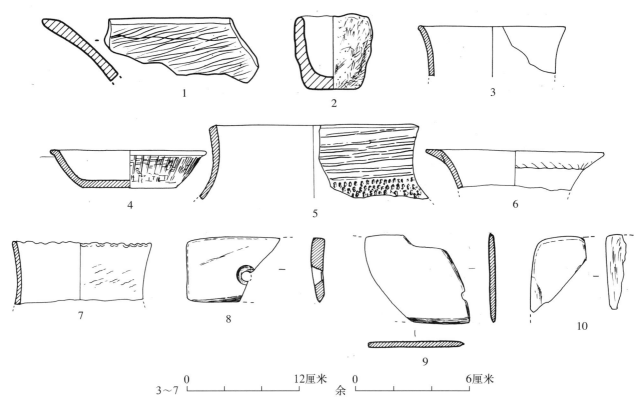

图4-473　H201出土遗物

1、4.盆H201①：1、H201③：1　2.陶杯H201①：2　3、5.圆腹罐H201③：2、H201④：1　6.高领罐H201④：2　7.花边罐
H201⑤：4　8.陶刀H201⑤：2　9.石刀H201⑤：1　10.石器残片H201⑤：3

陶杯　1件。

标本H201①：2，夹砂褐陶。直口，圆唇，弧腹，平底，素面，做工粗糙。口径4、高4、底径2.7厘米（图4-473，2）。

（2）H201③层

出土少量陶片，以腹部残片为主，可辨器形有圆腹罐、盆（表4-852、853）。

表4-852　H201③层器形数量统计表

器形＼陶色＼陶质	泥质				夹砂				合计
	红	橙黄	灰	黑	红	橙黄	灰	黑	
圆腹罐						1			1
盆	1								1

表4-853　H201③层陶片统计表

纹饰＼陶色＼陶质	泥质				夹砂				合计
	橙黄	灰	红	灰底黑彩	橙黄	灰	红	褐	
素面	13	2							15

续表

陶质 / 纹饰	泥质				夹砂				合计
陶色	橙黄	灰	红	灰底黑彩	橙黄	灰	红	褐	
绳纹							2		2
篮纹	7		1		5	3			16
麻点纹					21		3		24

圆腹罐 1件。

标本H201③：2，夹砂橙黄陶。侈口，圆唇，高领，束颈，颈部以下残。颈部素面。口径15.4、残高5.2厘米（图4-473，3）。

盆 1件。

标本H201③：1，泥质红陶。敞口，窄平沿，圆唇，斜弧腹，平底。腹部饰横向绳纹，绳纹之上饰竖向篮纹。口径16.4、高4、底径9.8厘米（图4-473，4；彩版一八一，2）。

（3）H201④层

出土少量陶片，以腹部残片为主，可辨器形有圆腹罐、高领罐（表4-854、855）。

表4-854 H201④层器形数量统计表

陶质 / 器形	泥质				夹砂				合计
陶色	红	橙黄	灰	黑	红	橙黄	灰	黑	
圆腹罐						1			1
高领罐		1							1

表4-855 H201④层陶片统计表

陶质 / 纹饰	泥质				夹砂				合计
陶色	橙黄	灰	红	灰底黑彩	橙黄	灰	红	褐	
素面	11	3	4		5				23
绳纹					4				4
篮纹	11	1	2		3		3		20
麻点纹					15		1		16
篮纹＋麻点纹					2				2
附加堆纹＋绳纹					1				1

圆腹罐 1件。

标本H201④：1，夹砂橙黄陶。微侈口，方唇，高领，微束颈，上腹斜，下腹残。颈部饰横向篮纹，上腹饰麻点纹，有烟炱。口径22、残高7.6厘米（图4-473，5）。

高领罐 1件。

标本H201④：2，泥质橙黄陶。侈口，平沿，圆唇，束颈，颈部以下残。口沿下饰有一周附加泥条，泥条经手指按压呈波状，颈部素面。口径18.6、残高3.8厘米（图4-473，6）。

（4）H201⑤层

出土少量陶片，以腹部残片为主，可辨器形有花边罐，另出土陶刀1件。出土石刀及石器残片各1件。陶器残片只进行陶系统计（表4-856、857）。

表4-856　H201⑤层器形数量统计表

器形 \ 陶质 陶色	泥质				夹砂				合计
	红	橙黄	灰	黑	红	橙黄	灰	黑	
花边罐						1			1

表4-857　H201⑤层陶片统计表

纹饰 \ 陶质 陶色	泥质				夹砂				合计
	橙黄	灰	红	灰底黑彩	橙黄	灰	红	褐	
素面	22	12	14		11	6	2		67
绳纹					3				3
篮纹	18		8		16	2			44
麻点纹					32				32
篮纹+麻点纹					2				2

花边罐　1件。

标本H201⑤：4，夹砂橙黄陶。微侈口，锯齿唇，高领，微束颈，颈部以下残。颈部饰斜向绳纹。口径14.6、残高6厘米（图4-473，7）。

陶刀　1件。

标本H201⑤：2，泥质红陶。由陶器残片磨制而成，器表素面磨光且有一道斜划痕，在器身残断处有残孔，平基部，双面磨刃。刃残长2.7厘米，刃角75.4°，器身残长5、宽3.4厘米（图4-473，8；彩版一八一，3）。

石刀　1件。

标本H201⑤：1，残，页岩。器表磨制精细，器身残断处有对向钻孔，双面磨刃。刃残长3.1厘米，刃角49°，器身残长4.3、残宽4.4、厚0.25厘米（图4-473，9；彩版一八一，4）。

石器残片　1件。

标本H201⑤：3，片麻岩。边缘磨制规整，磨痕明显。残长4、残宽3厘米（图4-473，10；彩版一八一，5）。

192. H202

H202位于ⅢT1201西南部，部分延伸至T1202内，南部延伸至未发掘区域，开口于第④层下（图4-474）。根据遗迹暴露部分推测H202平面近椭圆形，口部边缘形态较明显，底部边缘形态不明显，剖面呈锅状，斜弧壁，未见工具痕迹。底部呈不规则状，坑口东西2.86、南北0.70、深0.67～1.22米。坑内堆积可分五层，第①层厚0.08～0.30米，土色浅黄，土质较疏松，包含植物根茎，坡状堆积。第②层厚0～0.14米，土色深灰色，土质疏松，包含植物根茎、炭粒，坡状

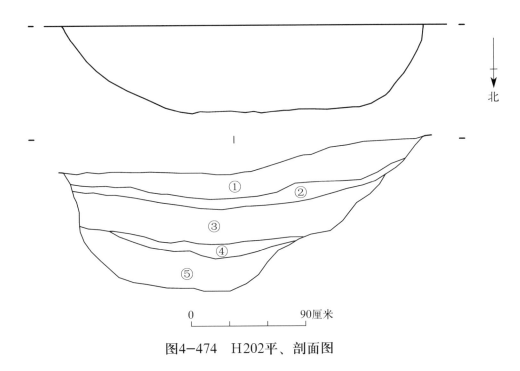

图4-474　H202平、剖面图

堆积。第③层厚0～0.28米，土色黄色，土质较致密，包含植物根茎、红烧土颗粒，凹镜状堆积。第④层厚0～0.12米，土色浅黄色，土质致密，包含植物根茎，坡状堆积。第⑤层厚0～0.26米，土色深灰，土质疏松，包含植物根茎、炭粒，凹镜状堆积。

　　坑内出土零散陶片及少量兽骨，陶片以陶器腹部残片为主，无可辨器形标本，所以不具体介绍，只进行陶系统计（表4-858～862）。

表4-858　H202①层陶片统计表

纹饰 \ 陶质 陶色	泥质				夹砂				合计
	橙黄	灰	红	灰底黑彩	橙黄	灰	红	褐	
篮纹			1						1

表4-859　H202②层陶片统计表

纹饰 \ 陶质 陶色	泥质				夹砂				合计
	橙黄	灰	红	灰底黑彩	橙黄	灰	红	褐	
素面	9	2			1				12
篮纹					2				2
麻点纹					1				1

表4-860　H202③层陶片统计表

纹饰 \ 陶质 陶色	泥质				夹砂				合计
	橙黄	灰	红	灰底黑彩	橙黄	灰	红	褐	
素面					2				2

表4-861　H202⑤层陶片统计表

陶质	泥质				夹砂				合计
纹饰 陶色	橙黄	灰	红	灰底黑彩	橙黄	灰	红	褐	
篮纹					1				1
麻点纹					1				1
附加堆纹	1								1

表4-862　H202⑥层陶片统计表

陶质	泥质				夹砂				合计
纹饰 陶色	橙黄	灰	红	灰底黑彩	橙黄	灰	红	褐	
素面	7				1				8
绳纹					6				6
篮纹	11				2				13
麻点纹					8				8
篮纹+麻点纹					4				4

193. H203

H203 位于ⅡT1102 西南部，部分延伸至T1101、T1201、T1202 探方内，开口于第④层下，被 H162、H200、H201、H207、H224、H225 打破（图 4-475；彩版一八二，1）。平面呈不规则状，

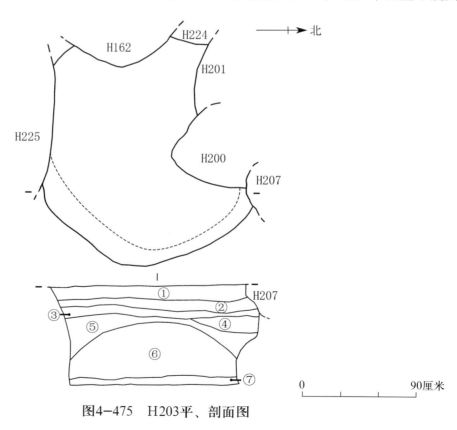

图4-475　H203平、剖面图

口部边缘形态明显，底部边缘形态较明显，剖面呈袋状，坑底平整。坑口东西 1.54、南北 1.28、深 0.78 米。坑内堆积可分七层，第①层厚 0.09～0.13 米，土色浅灰色，土质疏松，水平状堆积。第②层厚 0.06～0.09 米，土色浅黄，土质较疏松，坡状堆积。第③层厚 0.03～0.09 米，土色浅灰色，土质较致密，坡状堆积。第④层厚 0～0.15 米，土色浅黄，土质较疏松，坡状堆积。第⑤层厚 0.04～0.33 米，土色浅黄色，土质致密，包含少量炭粒、红烧土颗粒，凸镜状堆积。第⑥层厚 0.15～0.42 米，土色黑色，土质疏松，包含少量炭粒，凸镜状堆积。第⑦层厚 0.04～0.07 米，土色浅灰色，土质较致密，包含大量草木灰，坡状堆积。

坑内出土少量陶片及零散石块、兽骨。

（1）H203④层

出土少量陶片，以腹部残片为主，可辨器形有圆腹罐（表4-863、864）。

表4-863 H203④层器形数量统计表

陶质	泥质				夹砂				合计
器形 \ 陶色	红	橙黄	灰	黑	红	橙黄	灰	黑	
圆腹罐						1			1

表4-864 H203④层陶片统计表

陶质	泥质				夹砂				合计
纹饰 \ 陶色	橙黄	灰	红	灰底黑彩	橙黄	灰	红	褐	
素面					1				1
绳纹					2				2

圆腹罐 1件。

标本H203④：1，夹砂橙黄陶。侈口，尖唇，矮领，束颈，上腹斜，下腹残。颈部素面，上腹饰麻点纹。口径 16.8、残高 7.6 厘米（图4-476，1）。

（2）H203⑥层

出土少量陶片，以腹部残片为主，可辨器形有圆腹罐（表4-865、866）。

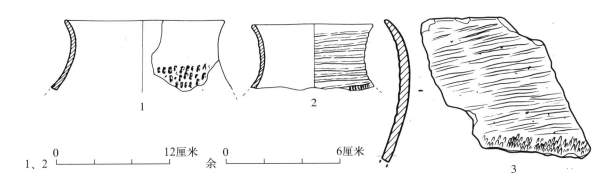

图4-476 H203出土遗物
1～3.圆腹罐H203④：1、H203⑥：1、H203⑥：2

表4-865　H203⑥层器形数量统计表

器形 ＼ 陶色 ＼ 陶质	泥质				夹砂				合计
	红	橙黄	灰	黑	红	橙黄	灰	黑	
圆腹罐						2			2

表4-866　H203⑥层陶片统计表

纹饰 ＼ 陶色 ＼ 陶质	泥质				夹砂				合计
	橙黄	灰	红	灰底黑彩	橙黄	灰	红	褐	
素面	9				1				10
绳纹					8				8
篮纹	10				3				13
麻点纹					7				7
交错篮纹	1								1

圆腹罐　2件。

标本H203⑥：1，夹砂橙黄陶。侈口，圆唇，高领，束颈，颈部以下残。颈部饰横向篮纹，篮纹下饰竖向绳纹。口径12.8、残高6.8厘米（图4-476，2）。

标本H203⑥：2，夹砂橙黄陶。侈口，圆唇，高领，束颈，上腹圆弧，下腹残。颈部饰横向篮纹，上腹饰麻点纹，有烟炱。残高7.6、残宽9厘米（图4-476，3）。

194. H204

H204位于ⅢT1104探方东部，开口于第④层下，被H117打破（图4-477；彩版一八二，2）。平面近圆形，口部边缘形态明显，底部边缘形态明显，剖面呈袋状，斜弧壁，未见工具痕迹，底部基本平整。坑口东西1.38、南北1.35、坑底南北1.86、深1.44米。坑内堆积可分十七层，第①层厚0.09～0.1米，土色黄色，土质较致密，包含较多红烧土和白斑土，水平堆积。第②层厚0.01～0.06米，土色黄色，土质较致密，包含少量红烧土和白斑土，坡状堆积。第③层厚0～0.09米，土色黄色，土质致密，包含大量红烧土和细条带状白土，坡状堆积。第④层厚0.15～0.21米，土色黄色，土质较致密，包含大量白斑土和红烧土，水平状堆积。第⑤层厚0.06～0.09米，土色浅黄色，土质较疏松，包含较多白斑土，及少量红烧土，坡状堆积。第⑥层厚0.06～0.18米，土色褐色，土质较疏松，坡状堆积。第⑦层厚0～0.3米，土色浅褐色，土质疏松，包含大量黄斑土和红烧土，坡状堆积。第⑧层厚0.04～0.16米，土色黄色，土质较疏松，包含大量红烧土、少量炭粒，坡状堆积。第⑨层厚0.03～0.09米，土色黄色，土质较致密，包含少量红烧土，坡状堆积。第⑩层厚0.03～0.06米，土色黄色，土质较致密，包含较多红烧土和白斑土，坡状堆积。第⑪层厚0～0.15米，土色黄色，土质较致密，包含少量红烧土，坡状堆积。第⑫层厚0.09～0.3米，土色黄色，土质较致密，包含大量红烧土和白斑土，坡状堆积。第⑬层厚0～0.3米，土色灰色，土质疏松，包含少量黄斑土、少量红烧土和炭粒，坡状堆积。第⑭层厚0.03～0.3米，土色黄色，土质较疏松，包含大量红烧土、少量炭粒，坡状堆积。第⑮层厚0.06～0.24米，土色黄色，土质

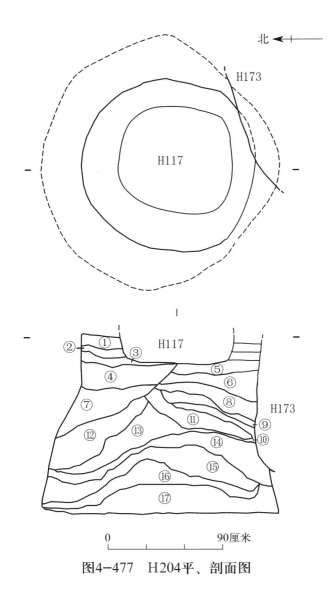

图4-477 H204平、剖面图

较疏松，包含少量红烧土，坡状堆积。第⑯层厚0.03～0.21米，土色褐色，土质较疏松，包含较多红烧土、少量黄斑土和炭粒，凸镜状堆积。第⑰层厚0～0.24米，土色黄色，土质较致密，包含极少量红烧土，凸镜状堆积。

坑内出土大量陶片及较多石块、兽骨。

（1）H204①层

出土少量陶片，以腹部残片为主，可辨器形有圆腹罐（表4-867、868）。

圆腹罐 2件。

表4-867 H204①层器形数量统计表

器形 \ 陶质 陶色	泥质				夹砂				合计
	红	橙黄	灰	黑	红	橙黄	灰	黑	
圆腹罐					1	1			2

表4-868　H204①层陶片统计表

纹饰＼陶质陶色	泥质				夹砂				合计
	橙黄	灰	红	灰底黑彩	橙黄	灰	红	褐	
素面	13		3		3				19
绳纹							1	1	2
篮纹	14	1	4		5				24
麻点纹					25		2		27
篮纹＋麻点纹					2				2

标本H204①：1，夹砂橙黄陶。侈口，尖唇，高领，束颈，上腹斜，下腹残。颈部饰横向篮纹，上腹饰麻点纹。口径17、残高10.2厘米（图4-478，1）。

标本H204①：2，夹砂红陶。侈口，圆唇，高领，束颈，上腹斜，下腹残。颈部饰横向篮纹，上腹饰麻点纹。口径15.8、残高10.2厘米（图4-478，2）。

（2）H204②层

出土少量陶片，以腹部残片为主，可辨器形有高领罐（表4-869、870）。

表4-869　H204②层器形数量统计表

器形＼陶质陶色	泥质				夹砂				合计
	红	橙黄	灰	黑	红	橙黄	灰	黑	
高领罐		1							1

表4-870　H204②层陶片统计表

纹饰＼陶质陶色	泥质				夹砂				合计
	橙黄	灰	红	灰底黑彩	橙黄	灰	红	褐	
素面	10		3				3		16
绳纹	3				3				6
篮纹	4								4
麻点纹					10				10
附加堆纹＋篮纹＋麻点纹					1				1

高领罐　1件。

标本H204②：1，泥质橙黄陶。喇叭口，圆唇，高领，束颈，溜肩，腹部残，器表素面磨光，内壁有刮抹修整痕迹。口径17.4、残高13厘米（图4-478，3）。

（3）H204③层

出土少量陶片，以腹部残片为主，可辨器形有圆腹罐（表4-871、872）。

圆腹罐　2件。

标本H204③：1，夹砂红陶。侈口，圆唇，高领，微束颈，上腹圆，下腹残。颈部饰竖向篮纹，上腹饰麻点纹，内壁有刮抹修整痕迹。口径15.6、残高11.2厘米（图4-478，4）。

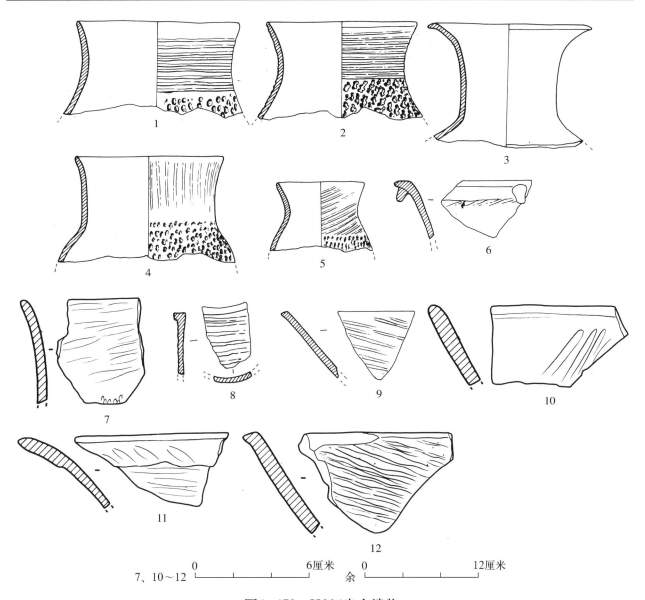

图4-478　H204出土遗物

1、2、4、5、7.圆腹罐H204①：1、H204①：2、H204③：1、2、H204⑩：4　3.高领罐H204②：1　6、9～12.盆H204⑦：1、
H204⑩：1、3、5、6　8.大口罐H204⑩：2

表4-871　H204③层器形数量统计表

器形 ＼ 陶质 陶色	泥质				夹砂				合计
	红	橙黄	灰	黑	红	橙黄	灰	黑	
圆腹罐					2				2

表4-872　H204③层陶片统计表

纹饰 ＼ 陶质 陶色	泥质				夹砂				合计
	橙黄	灰	红	灰底黑彩	橙黄	灰	红	褐	
素面	7	2	5		9	3			26

纹饰 ＼ 陶色 \ 陶质	泥质				夹砂				合计
	橙黄	灰	红	灰底黑彩	橙黄	灰	红	褐	
绳纹	6				6				12
篮纹	9	1	1		5				16
麻点纹					36				36
刻划纹		1							1
篮纹＋麻点纹					1				1
附加堆纹					5				5
附加堆纹＋麻点纹					1				1

标本H204③：2，夹砂红陶。侈口，圆唇，矮领，束颈，上腹弧，下腹残。颈部饰斜向篮纹，上腹饰麻点纹。口径 9.2、残高 7.4 厘米（图 4-478，5）。

（4）H204⑦层

出土少量陶片，以腹部残片为主，可辨器形有盆（表 4-873、874）。

表4-873　H204⑦层器形数量统计表

器形 ＼ 陶色 \ 陶质	泥质				夹砂				合计
	红	橙黄	灰	黑	红	橙黄	灰	黑	
盆		1							1

表4-874　H204⑦层陶片统计表

纹饰 ＼ 陶色 \ 陶质	泥质				夹砂				合计
	橙黄	灰	红	灰底黑彩	橙黄	灰	红	褐	
素面	11								11
绳纹					1		1		2
篮纹	6						3		9
麻点纹					8				8
刻划纹		1							1
篮纹＋麻点纹					1				1

盆　1 件。

标本H204⑦：1，泥质橙黄陶。敞口，平沿，圆唇，斜直腹，底残。口沿外侧有一乳丁，鋬耳，沿下饰斜向篮纹，内壁磨光痕迹。残高 6、残宽 9.6 厘米（图 4-478，6）。

（5）H204⑩层

出土少量陶片，以腹部残片为主，可辨器形有圆腹罐、大口罐、盆（表 4-875、876）。

圆腹罐　1 件。

标本H204⑩：4，夹砂橙黄陶。侈口，圆唇，矮领，束颈，上腹微弧，下腹残。颈部饰横向篮纹。残高 5.5、残宽 4.6 厘米（图 4-478，7）。

表4-875　　H204⑩层器形数量统计表

器形 ＼ 陶质 ＼ 陶色	泥质				夹砂				合计
	红	橙黄	灰	褐	红	橙黄	灰	黑	
圆腹罐						1			1
大口罐							1		1
盆	1	2		1					4

表4-876　　H204⑩层陶片统计表

纹饰 ＼ 陶质 ＼ 陶色	泥质				夹砂				合计
	橙黄	灰	红	灰底黑彩	橙黄	灰	红	褐	
素面	11				3				14
绳纹					1				1
篮纹	12				6				18
麻点纹					13				13
刻划纹					1				1
篮纹＋麻点纹					4				4
戳印纹	1								1

大口罐　1件。

标本H204⑩：2，夹砂灰陶。微敛口，平沿，方唇，直腹，底残。腹部饰横向篮纹。残高6.8、残宽4.6厘米（图4-478，8）。

盆　4件。

标本H204⑩：1，泥质红陶。敞口，方唇，斜直腹，底残。腹部饰斜向篮纹。残高7.2、残宽8厘米（图4-478，9）。

标本H204⑩：3，泥质橙黄陶。敞口，圆唇，斜腹微弧，底残。器表素面有刮抹痕迹，内壁素面磨光。残高4.3、残宽7.3厘米（图4-478，10）。

标本H204⑩：5，泥质褐陶。敞口，圆唇，斜腹微弧，底残。口沿外侧有一周折棱，腹部饰横向篮纹，内壁素面磨光。残高3.9、残宽8厘米（图4-478，11）。

标本H204⑩：6，泥质橙黄陶。敞口，方唇，斜弧腹，底残。器表饰斜向篮纹，内壁素面磨光。残高5.3、残宽8厘米（图4-478，12）。

（6）其他地层

出土陶片见下表（表4-877～880）。

表4-877　　H204⑪层陶片统计表

纹饰 ＼ 陶质 ＼ 陶色	泥质				夹砂				合计
	橙黄	灰	红	灰底黑彩	橙黄	灰	红	褐	
素面	4				2				6

纹饰＼陶质＼陶色	泥质				夹砂				合计
	橙黄	灰	红	灰底黑彩	橙黄	灰	红	褐	
绳纹	2								2
篮纹	2	1			5				8
麻点纹					3				3
网格纹					2				2

表4-878　H204⑫层陶片统计表

纹饰＼陶质＼陶色	泥质				夹砂				合计
	橙黄	灰	红	灰底黑彩	橙黄	灰	红	褐	
素面	1		1		2				4
篮纹	2	2			3				7
麻点纹					3				3

表4-879　H204⑯层陶片统计表

纹饰＼陶质＼陶色	泥质				夹砂				合计
	橙黄	灰	红	灰底黑彩	橙黄	灰	红	褐	
素面	6	1			2				9
绳纹					1				1
篮纹	4				4				8
麻点纹					6				6

表4-880　H204⑰层陶片统计表

纹饰＼陶质＼陶色	泥质				夹砂				合计
	橙黄	灰	红	灰底黑彩	橙黄	灰	红	褐	
素面	4	2							6
篮纹	4				9				13
麻点纹					7				7
篮纹＋麻点纹					1				1
抹断绳纹	2								2

195. H205

H205 位于ⅢT1005 东南部，部分延伸至 T1105 西北部，开口于第④层下（图4-479；彩版一八三，1）。平面近椭圆形，口部边缘形态较明显，底部边缘形态不明显，剖面呈锅状，斜弧壁，未见工具痕迹，坑底凹凸不平。坑口东西 2.92、南北 2.12、深 0.72 米。坑内堆积可分三层，第①层厚 0～0.15 米，土色黄色，土质致密，包含植物根茎、褐色硬块，坡状堆积。第②层厚 0～0.38 米，土色浅褐色，土质较疏松，包含植物根茎、炭粒，坡状堆积。第③层厚 0～0.32 米，

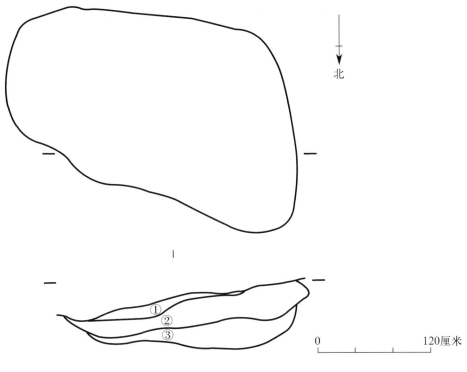

图4-479　H205平、剖面图

土色深灰色，土质疏松，包含植物根茎、炭粒、红烧土颗粒，坡状堆积。

坑内出土较多陶片及少量石块、兽骨。

（1）H205①层

出土少量陶片，以腹部残片为主，可辨器形有圆腹罐、花边罐、鬲足、器盖（表4-881、882）。

表4-881　H205①层器形数量统计表

器形＼陶质・陶色	泥质				夹砂				合计
	红	橙黄	灰	黑	红	橙黄	灰	黑	
圆腹罐						1			1
花边罐						1			1
鬲					1				1

表4-882　H205①层陶片统计表

纹饰＼陶质・陶色	泥质				夹砂				合计
	橙黄	灰	红	橙黄底黑彩	橙黄	灰	红	褐	
素面	25	2		1	20				48
绳纹			3		7				10
篮纹	14		4				6		24
麻点纹					26				26
篮纹＋麻点纹					3				3

圆腹罐　1件。

标本H205①：4，夹砂橙黄陶。侈口，圆唇，高领，束颈，颈部以下残。颈部饰斜向篮纹。残高6.6、残宽7.4厘米（图4-480，1）。

花边罐　1件。

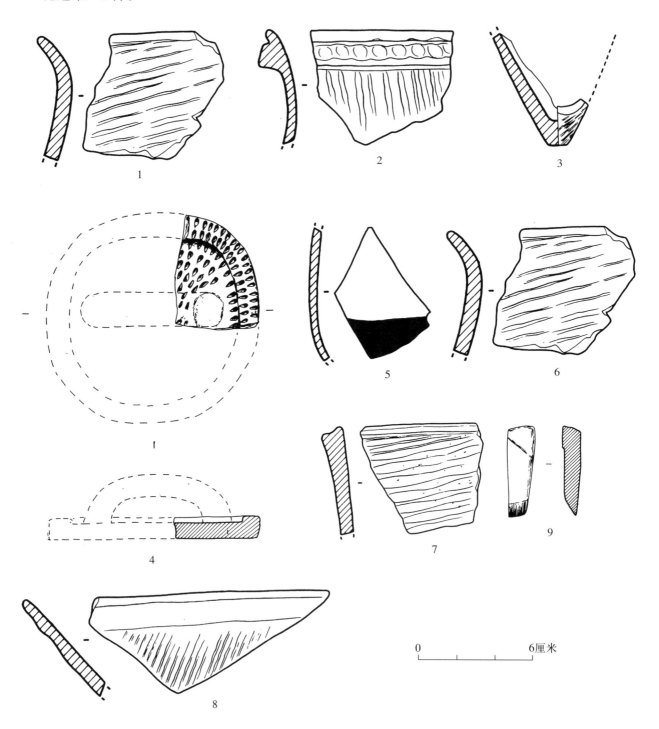

图4-480　H205出土遗物

1、6.圆腹罐H205①：4、H205③：4　2.花边罐H205①：3　3.鬲足H205①：5　4.器盖H205①：1　5.彩陶片H205①：2　7.大口罐H205③：3　8.盆H205③：2　9.玉凿H205③：1

标本H205①：3，夹砂橙黄陶。侈口，圆唇，高领，束颈，颈部以下残。口沿外侧饰有一周附加泥条，泥条经手指按压呈波状，颈部饰竖向篮纹。残高6、残宽7.6厘米（图4-480，2）。

鬶足　1件。

标本H205①：5，夹砂红陶。牛角状空心足。表面饰斜向绳纹，有烟炱。残高6、残宽2.8厘米（图4-480，3）。

器盖　1件。

标本H205①：1，夹砂红陶。现仅存圆形的四分之一，斜方唇，边缘饰一周附加堆泥条，盖面通体饰戳印纹。盖面把手脱落，底面素面，有烟炱，直径11、高3.7、盖面厚1.2厘米（图4-480，4；彩版一八三，2）。

彩陶片　1片。

标本H205①：2，泥质橙黄陶。素面磨光，器表饰黑彩。残长7、残宽5厘米（图4-480，5）。

（2）H205②层

出土陶片见下表（表4-883）。

表4-883　H205②层陶片统计表

纹饰　　陶色	泥质				夹砂				合计
	橙黄	灰	红	橙黄底黑彩	橙黄	灰	红	褐	
素面	3				1				4
篮纹	5				1				6
麻点纹					8				8
附加堆纹					1				1

（3）H205③层

出土少量陶片，以腹部残片为主，可辨器形有圆腹罐、大口罐、盆，另出土玉凿1件（表4-884、885）。

表4-884　H205③层器形数量统计表

陶质　　陶色	泥质				夹砂				合计
器形	红	橙黄	灰	黑	红	橙黄	灰	黑	
圆腹罐						1			1
大口罐					1				1
盆		1							1

表4-885　H205③层陶片统计表

纹饰　　陶色	泥质				夹砂				合计
	橙黄	灰	红	橙黄底黑彩	橙黄	灰	红	褐	
素面	2			1	3				6
篮纹			4				2		6

圆腹罐　1件。

标本H205③：4，夹砂橙黄陶。侈口，圆唇，高领，束颈，颈部以下残。颈部饰斜向篮纹。残高6.8、残宽7.4厘米（图4-480，6）。

大口罐　1件。

标本H205③：3，夹砂红陶。直口，方唇，上腹直，下腹残。唇面呈浅凹槽状，上腹饰斜向篮纹。残高5.8、残宽6.4厘米（图4-480，7）。

盆　1件。

标本H205③：2，泥质橙黄陶。敞口，圆唇，斜弧腹，底残。口沿外侧素面，腹部饰竖向绳纹，有烟炱。残高5.2、残宽12.8厘米（图4-480，8）。

玉凿　1件。

标本H205③：1，淡绿色，呈长方形柱状，上宽下窄，器表通体光滑，偏基部切割痕迹明显，基部击打痕迹明显且残损，两侧均有切割痕迹呈凹状，单面刃。刃长0.9厘米，刃角50.6°，器身长4.8、宽1.5、厚1厘米（图4-480，9；彩版一八三，3、4）。

196. H206

H206位于Ⅲ T1005中部偏西，开口于第④层下，东部被H213打破（图4-481；彩版一八四，1）。根据遗迹现存部分推测H206平面呈圆形，口部边缘形态明显，底部边缘形态明显，剖面呈

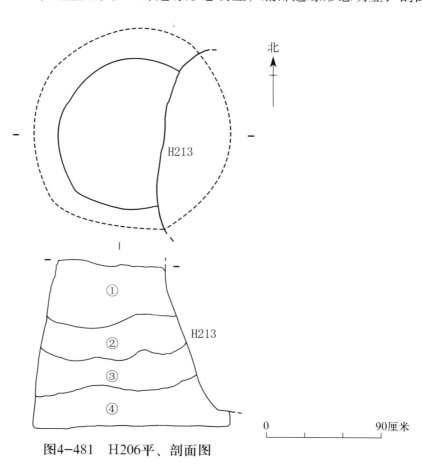

图4-481　H206平、剖面图

袋状，斜直壁，未见工具痕迹，平底。坑口南北1.20、东西0.85、坑底东西1.57、深约1.34米。坑内堆积可分四层，第①层厚0.36~0.54米，土色浅褐色，土质疏松，包含植物根茎、炭粒，凹镜状堆积。第②层厚0.22~0.30米，土色黄色，土质致密，包含植物根茎、褐色硬土块，坡状堆积。第③层厚0.21~0.38米，土色深褐色，土质疏松，包含植物根茎、炭块、红烧土颗粒、草木灰，坡状堆积。第④层厚0.26~0.40米，土色浅灰，土质较疏松，包含植物根茎、炭粒，坡状堆积。

坑内出土大量陶片及零散石块、兽骨。

（1）H206①层

出土少量陶片，以腹部残片为主，可辨器形有花边罐（表4-886、887）。

表4-886 H206①层器形数量统计表

器形 \ 陶色	陶质 泥质				夹砂				合计
	红	橙黄	灰	黑	红	橙黄	灰	黑	
花边罐						1			1

表4-887 H206①层陶片统计表

纹饰 \ 陶色	陶质 泥质				夹砂				合计
	橙黄	灰	红	灰底黑彩	橙黄	灰	红	褐	
素面	3				3				6
篮纹	4				1				5
交错篮纹	3								3
席纹	1								1
附加堆纹+篮纹+麻点纹					1				1
麻点纹					12				12

花边罐 1件。

标本H206①：1，夹砂橙黄陶。侈口，圆唇，高领，束颈，上腹斜，下腹残。颈部饰有一周附加泥条，泥条经手指按压呈波状，上腹饰麻点纹。残高8.4、残宽8.1厘米（图4-482，1）。

（2）H206②层

出土少量陶片，以腹部残片为主，可辨器形有圆腹罐、花边罐、高领罐、壶（表4-888、889）。

表4-888 H206②层器形数量统计表

器形 \ 陶色	陶质 泥质				夹砂				合计
	红	橙黄	灰	黑	红	橙黄	灰	黑	
圆腹罐		1							1
花边罐						1			1
高领罐		1							1
壶	1			1					2

圆腹罐　1件。

标本H206②：5，泥质橙黄陶。侈口，平沿，方唇，高领，微束颈，颈部以下残。颈部饰斜向篮纹，纹饰被抹平，有烟炱。残高8.1、残宽8.6厘米（图4-482，2）。

花边罐　1件。

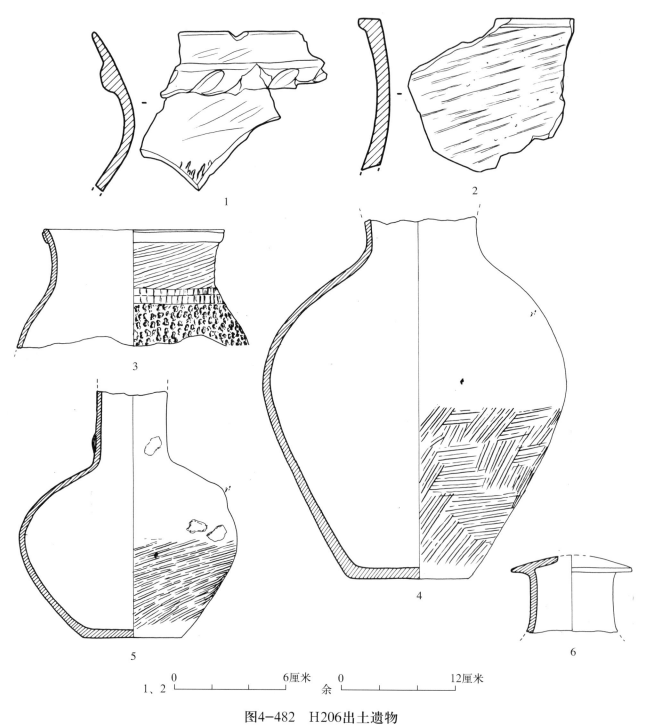

图4-482　H206出土遗物

1、3.花边罐H206①：1、H206②：2　2.圆腹罐H206②：5　4.高领罐H206②：4　5、6.壶H206②：1、3

表4-889　H206②层陶片统计表

纹饰	陶质 泥质				夹砂				合计
陶色	橙黄	灰	红	灰底黑彩	橙黄	灰	红	褐	
素面	3				3				6
席纹					1				1
麻点纹					19				19
附加堆纹＋麻点纹					2				2
篮纹	3								3

标本H206②：2，夹砂橙黄陶。侈口，圆唇，高领，微束颈，上腹圆，下腹残。口沿外侧饰一周附加泥条，颈部饰斜向篮纹，颈腹间饰两周附加泥条呈齿轮状，上腹饰麻点纹，有烟炱。口径19、残高12.4厘米（图4-482，3）。

高领罐　1件。

标本H206②：4，泥质橙黄陶。口部残，高领，束颈，上腹圆，下腹斜直，平底，颈部及上腹素面磨光，下腹饰交错篮纹。残高37.8、底径12.4厘米（图4-482，4；彩版一八五，1）。

壶　2件。

标本H206②：1，泥质褐陶。口部残，细长颈，圆腹，平底。颈部与上腹素面磨光，下腹饰斜向篮纹。残高25.6、底径10.4厘米（图4-482，5；彩版一八五，2）。

标本H206②：3，泥质黑陶。敛口，斜折沿，方唇，细长颈，颈部以下残。素面磨光。残高8、宽12.6厘米（图4-482，6）。

（3）H206③层

出土少量陶片，以腹部残片为主，可辨器形有圆腹罐、花边罐、高领罐（表4-890、891）。

表4-890　H206③层器形数量统计表

器形	陶质 泥质				夹砂				合计
陶色	红	橙黄	灰	黑	红	橙黄	灰	黑	
圆腹罐					1	1			2
花边罐						2	1		3
高领罐	1								1

表4-891　H206③层陶片统计表

纹饰	陶质 泥质				夹砂				合计
陶色	橙黄	灰	红	灰底黑彩	橙黄	灰	红	褐	
素面	5	4	4		13				26
篮纹					2				2
绳纹					1				1
附加堆纹		1			3				4
麻点纹					68				68

圆腹罐　2件。

标本H206③：1，夹砂红陶。侈口，圆唇，矮领，束颈，圆腹，平底。颈部素面，腹部饰麻点纹。口径13.4、高24.2、底径8.8厘米（图4-483，1；彩版一八五，3）。

标本H206③：4，夹砂橙黄陶。侈口，圆唇，高领，束颈，上腹圆，下腹残。器表饰麻点纹，有烟炱。残高7.2、残宽8.2厘米（图4-483，2）。

花边罐　3件。

标本H206③：2，夹砂橙黄陶。侈口，尖唇，高领，束颈，上腹圆，下腹残。颈部饰一周附加泥条饰斜向戳印纹，上腹饰麻点纹，有烟炱。口径11、残高9厘米（图4-483，3）。

标本H206③：5，夹砂灰陶。侈口，尖唇，高领，束颈，颈部以下残。口沿外侧饰一周附加泥条，泥条之上饰戳印纹，颈部素面。残高5.6、残宽10.6厘米（图4-483，4）。

标本H206③：6，夹砂橙黄陶。侈口，圆唇，高领，束颈，颈部以下残。口沿外侧饰一周附加泥条，泥条之上饰戳印纹，颈部素面。残高6.7、残宽8.1厘米（图4-483，5）。

高领罐　1件。

标本H206③：3，泥质红陶。口沿及颈部残，上腹圆，下腹斜直，平底。上腹素面，下腹饰菱形网格纹。残高27、底径12厘米（图4-483，6；彩版一八五，4）。

（4）H206④层

出土少量陶片，以腹部残片为主，可辨器形有圆腹罐、盆、斝（表4-892、893）。

表4-892　H206④层器形数量统计表

器形	陶质 陶色	泥质				夹砂				合计
		红	橙黄	灰	黑	红	橙黄	灰	黑	
圆腹罐							1			1
盆			1					1		2
斝								1		1

表4-893　H206④层陶片统计表

纹饰	陶质 陶色	泥质				夹砂				合计
		橙黄	灰	红	灰底黑彩	橙黄	灰	红	褐	
素面		26				12				38
绳纹						12				12
附加堆纹						3				3
交错篮纹		14								14
篮纹＋绳纹						1				1
篮纹		14				8				22
麻点纹						59				59

圆腹罐　1件。

标本H206④：3，夹砂橙黄陶。侈口，圆唇，矮领，束颈，颈部以下残。颈部饰交错绳纹，

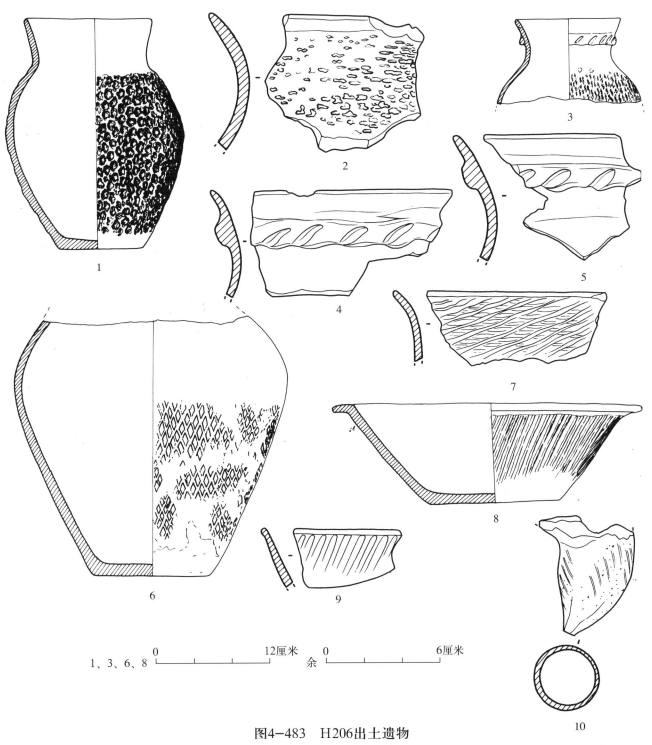

图4-483 H206出土遗物

1、2、7.圆腹罐H206③：1、4、H206④：3 3~5.花边罐H206③：2、5、6 6.高领罐H206③：3 8、9.盆H206④：1、2 10.罕H206④：4

有烟炱。残宽9.6、残高4厘米（图4-483，7）。

盆 2件。

标本H206④：1，泥质橙黄陶。敞口，平沿，方唇，斜直腹，平底。腹部饰斜向篮纹，内壁素面磨光。口径 32.6、高 10.6、底径 13.8 厘米（图 4-483，8；彩版一八四，2）。

　　标本 H206④：2，夹砂灰陶。敞口，圆唇，斜弧腹，底残。腹部饰竖向篮纹。残高 3.2、残宽 5.6 厘米（图 4-483，9）。

　　斝　1 件。

　　标本 H206④：4，夹砂灰陶。仅存牛角状空心足。足面饰斜向绳纹，有烟炱。残高 6.4、残宽 5.4 厘米（图 4-483，10）。

197. H207

　　H207 位于 Ⅱ T1102 西部，开口于第②层下，被 H193 打破（图 4-484；彩版一八四，3）。根据遗迹现存部分推测 H207 平面近椭圆形，口部边缘形态明显，底部边缘较明显，剖面呈筒状，未见工具痕迹，平底。坑口东西 1.30、南北 0.37、坑底南北 1.14、深 1.24 米。坑内堆积可分两层，第①层厚 0～0.26 米，土色浅灰色，土质疏松，水平状堆积。第②层厚 0.80～1.04 米，土色深褐色，土质较疏松，水平状堆积。

　　坑内出土少量陶片、兽骨，陶片以陶器腹部残片为主，无可辨器形标本，所以不具体介绍，只进行陶系统计（表 4-894）。

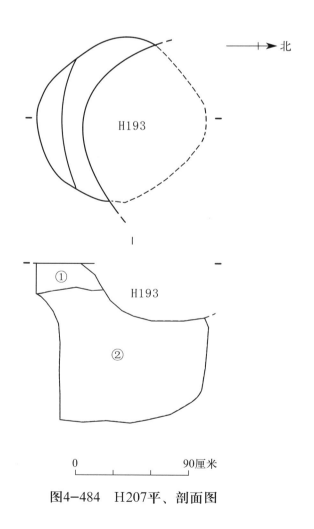

图 4-484　H207 平、剖面图

表4-894 H207陶片统计表

纹饰 \ 陶色	泥质				夹砂				合计
	橙黄	灰	红	灰底黑彩	橙黄	灰	红	褐	
素面	6		2		4		1		13
绳纹					2				2
篮纹	6		2		4				12
麻点纹					11		4		15

198. H208

H208位于ⅡT1202南部，开口于第③层下（图4-485；彩版一八六，1）。根据遗迹暴露部分推测H208平面近椭圆形，口部边缘形态明显，底部边缘形态明显，剖面呈袋状，斜直壁，未见工具痕迹，底部东高西低呈坡状。坑口东西0.58、南北0.56、坑底东西0.51、南北0.54、坑深0.84～0.98米。坑内堆积可分三层，第①层厚0.40～0.51米，土色浅褐色，土质疏松，包含植物根茎、炭粒、红烧土颗粒，凹镜状堆积。第②层厚0.16～0.41米，土色浅灰色，土质较疏松，包含炭粒、红烧土颗粒，坡状堆积。第③层厚0.17～0.31米，土色深灰色，土质较疏松，坡状堆积。

坑内出土少量陶片，以陶器腹部残片为主，无可辨器形标本，所以不具体介绍，只进行陶系统计（表4-895）。另出土石锛1件、磨石1件。

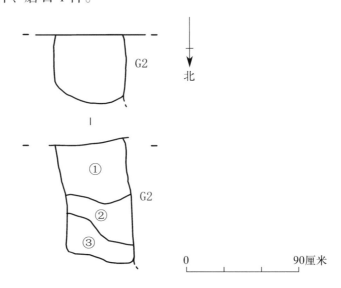

图4-485 H208平、剖面图

表4-895 H208①层陶片统计表

纹饰 \ 陶色	泥质				夹砂				合计
	橙黄	灰	红	灰底黑彩	橙黄	灰	红	褐	
素面	3		1		2		1		7
篮纹	2				4				6

石锛　1件。

标本H208②：1，石英岩。器身近长方形梯状，上窄下宽，基部中间高向两边倾斜，两侧弧状，刃部残，器表通体磨光。基宽1.8、厚1.4、器身残长11、宽3.9、厚2厘米（图4-486，1；彩版一八六，2）。

磨石　1件。

标本H208②：2，石英岩。呈方柱状，平面近平行四边形，表面磨痕较明显。长12.4、宽5、厚4.4厘米（图4-486，2；彩版一八六，3）。

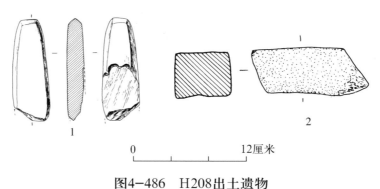

图4-486　H208出土遗物

1.石锛H208②：1　2.磨石H208②：2

199. H209

H209位于ⅡT1102西北部，部分压于北隔梁下，开口于第④层下，被H207、H193打破（图4-487；彩版一八六，4）。根据遗迹现存部分推测H209平面呈椭圆形，口部边缘形态明显，底部边缘形态不明显，剖面近锅状，弧壁，未见工具痕迹，寰底。坑口东西2.33、南北2.45、深2.20米。坑内堆积可分五层，第①层厚0.15～0.36米，土色浅灰色，土质疏松，坡状堆积。第②层厚0～0.14米，土色浅灰色，土质较疏松，包含硬土块、炭粒、红烧土颗粒，坡状堆积。第③层厚0.16～0.24米，土色浅褐色，土质疏松，坡状堆积。第④层厚0.10～0.22米，土色浅褐色，土质较疏松，坡状堆积。第⑤层厚0～1.26米，土色深褐色，土质疏松，凹镜状堆积。

坑内出土零散陶片及少量石块、兽骨，陶片以陶器腹部残片为主，无可辨器形标本，所以不具体介绍，只进行陶系统计（表4-896、897）。

表4-896　H209①层陶片统计表

纹饰 \ 陶色	泥质				夹砂				合计
	橙黄	灰	红	灰底黑彩	橙黄	灰	红	褐	
素面	3		1		3		1		8
篮纹	3		2		4				9

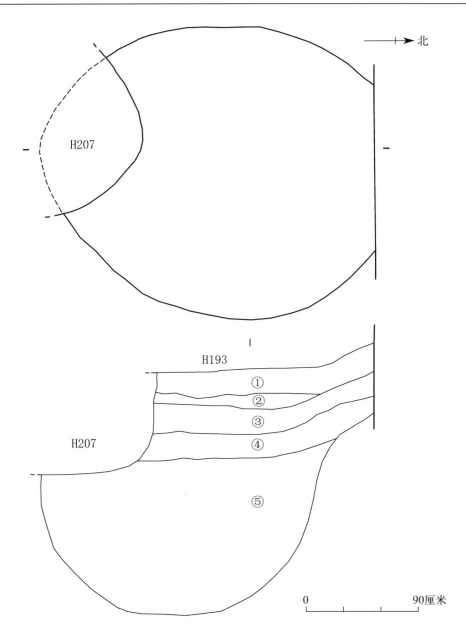

图4-487　H209平、剖面图

表4-897　H209⑤层陶片统计表

纹饰	泥质				夹砂				合计
陶色	橙黄	灰	红	灰底黑彩	橙黄	灰	红	褐	
素面	1								1
篮纹	1								1
麻点纹					2				2
绳纹						1			1

200. H210

H210 位于ⅢT1201 东北部，开口于第④层下，被H94、H155 打破（图 4-488）。根据遗迹现存部分推测H210 平面呈椭圆形，口部边缘形态较明显，底部边缘形态不明显，剖面呈不规则状，斜直壁，未见工具痕迹，底部北高南低呈坡状。坑口东西 1.53、南北 2.17、坑底南北 2.05、深 0.56～1.10 米。坑内堆积可分四层，第①层厚 0.08～0.26 米，土色浅褐色，土质较致密，包含植物根茎，坡状堆积。第②层厚 0.14～0.25 米，土色浅黄色夹杂白斑，土质致密，包含植物根茎，坡状堆积。第③层厚 0～0.39 米，土色浅黄色，土质致密，包含植物根茎，坡状堆积。第④层厚 0.16～0.35 米，土色浅灰色，土质较疏松，包含植物根茎、炭粒，坡状堆积。

坑内出土少量陶片、兽骨及零散石块，陶片以陶器腹部残片为主，无可辨器形标本，所以不具体介绍，只进行陶系统计（表 4-898～900）。

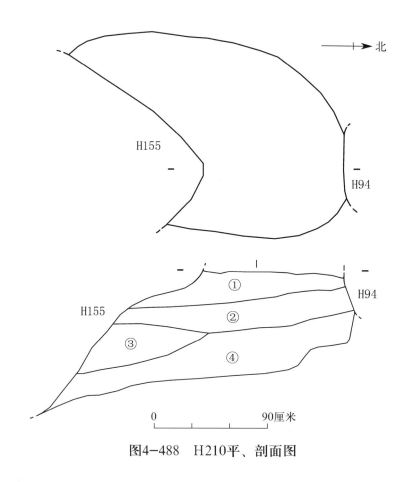

图4-488　H210平、剖面图

表4-898　H210①层陶片统计表

纹饰 \ 陶质 陶色	泥质				夹砂				合计
	橙黄	灰	红	灰底黑彩	橙黄	灰	红	褐	
素面	15		4		13		3		35
绳纹	1				8		2		11

纹饰 ＼ 陶质 陶色	泥质				夹砂				合计
	橙黄	灰	红	灰底黑彩	橙黄	灰	红	褐	
篮纹	11	1	2		5		4		23
麻点纹					27				27
刻划纹	1								1
附加堆纹							1		1

表4-899 H210②层陶片统计表

纹饰 ＼ 陶质 陶色	泥质				夹砂				合计
	橙黄	灰	红	灰底黑彩	橙黄	灰	红	褐	
素面	1				1				2
绳纹	1								1
篮纹	5	1							6
麻点纹					4				4

表4-900 H210③层陶片统计表

纹饰 ＼ 陶质 陶色	泥质				夹砂				合计
	橙黄	灰	红	灰底黑彩	橙黄	灰	红	褐	
素面	1				1				2
篮纹					1				1

201. H211

H211位于ⅡT1202西南角，南部延伸至未发掘区域，开口于第④层下，被H208、H218打破（图4-489；彩版一八七，1）。根据遗迹现存部分推测H211平面近椭圆形，口部边缘形态明显，底部边缘形态明显，剖面呈筒状，弧壁，未见工具痕迹，平底。坑口东西0.24、南北0.84、坑底东西0.92、深0.96米。坑内堆积未分层，土色褐色，土质疏松，包含植物根茎、炭粒、红烧土颗粒等，水平状堆积。

坑内出土少量陶片及少量石块、兽骨，陶片以腹部残片为主，可辨器形有圆腹罐、双耳罐、高领罐、双銎罐、陶钵，另出土石斧1件（表4-901、902）。

表4-901 H211器形数量统计表

器形 ＼ 陶质 陶色	泥质				夹砂				合计
	红	橙黄	灰	黑	红	橙黄	灰	褐	
圆腹罐					1	1		1	3
双耳罐						2			2

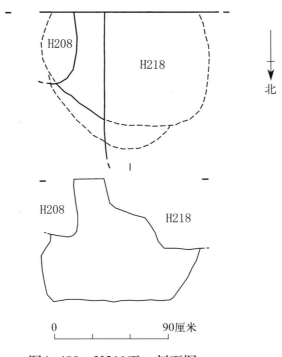

图4-489　H211平、剖面图

续表

器形 \ 陶质 陶色	泥质				夹砂				合计
	红	橙黄	灰	黑	红	橙黄	灰	褐	
高领罐		1							1
陶钵	1								1
双錾罐	1								1

表4-902　H211陶片统计表

纹饰 \ 陶质 陶色	泥质			夹砂				合计
	橙黄	灰	红	橙黄	灰	红	褐	
素面	34		8	25				67
绳纹	1			16				17
篮纹	24	1	4	7				36
麻点纹				60				60
刻划纹	1							1
附加堆纹				1				1
席纹	1							1
篮纹 + 绳纹				1				1
附加堆纹 + 麻点纹				2				2
戳印纹				1				1

圆腹罐　3件。

标本H211：4，夹砂红陶。侈口，尖唇，矮领，束颈，圆腹，平底内凹。颈部素面，腹部饰竖向绳纹。口径 11.8、高 14、底径 7.6 厘米（图 4-490，1；彩版一八八，1）。

标本 H211：6，夹砂褐陶。侈口，圆唇，高领，束颈，上腹斜弧，下腹残。颈部素面，上腹饰麻点纹，有烟炱。口径 19.6、残高 12.4 厘米（图 4-490，2）。

标本 H211：8，夹砂橙黄陶。侈口，圆唇，高领，微束颈，上腹斜弧，下腹残。颈部饰横向篮纹，腹部饰竖向绳纹，有烟炱。口径 14.4、残高 9.8 厘米（图 4-490，3）。

双耳罐　2 件。

标本 H211：3，夹砂橙黄陶。口沿及颈部残，圆腹，底微凹，腹部有残耳根部。下腹饰交错

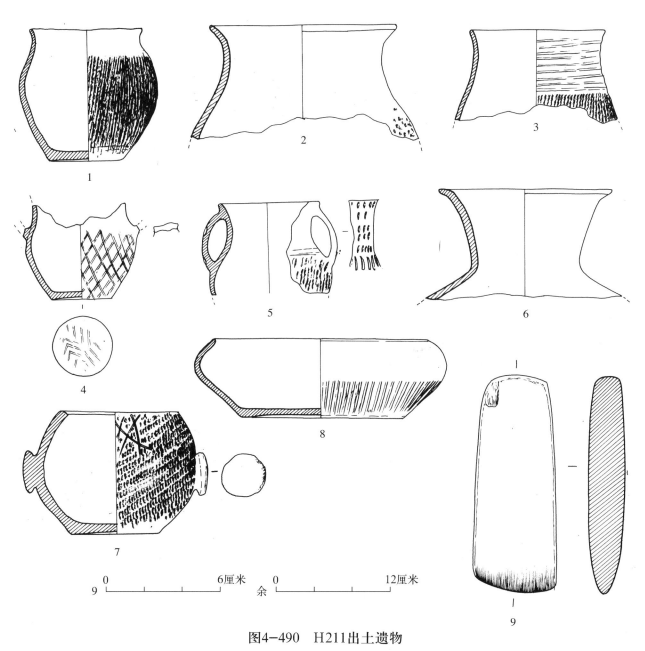

图4-490　H211出土遗物

1～3.圆腹罐 H211：4、6、8　4、5.双耳罐 H211：3、7　6.高领罐 H211：9　7.双鋬罐 H211：5　8.陶钵 H211：2　9.石斧 H211：1

刻划纹，底面饰篮纹。残高 10、底径 6.4 厘米（图 4-490，4）。

标本 H211：7，夹砂橙黄陶。侈口，圆唇，高领，束颈，圆腹，底残。拱形双耳。耳面饰戳印纹，肩部饰横向篮纹，腹部饰竖向绳纹，有烟炱。口径 10.6、残高 9.7 厘米（图 4-490，5）。

高领罐　1 件。

标本 H211：9，泥质橙黄陶。喇叭口，圆唇，高领，束颈，溜肩，腹部残。素面。口径 18.4、残高 11.2 厘米（图 4-490，6）。

双鋬罐　1 件。

标本 H211：5，夹砂红陶。敛口，方唇，圆腹，平底内凹，器表通体饰麻点纹，口沿处有交错刻划纹，腹部有对称圆饼状鋬耳。口径 12.4、高 13、底径 9.2 厘米（图 4-490，7；彩版一八八，2、3）。

陶钵　1 件。

标本 H211：2，泥质红陶。敛口，圆唇，鼓腹，底微凹。上腹素面，下腹饰竖向篮纹。口径 22.4、高 8.4、底径 17 厘米（图 4-490，8；彩版一八七，2）。

石斧　1 件。

标本 H211：1，花岗岩。器身为长方形，上窄下宽，器身通体磨光，基部及两侧边圆弧，双面磨刃，基宽 3.3、厚 1.7 厘米。刃长 4.3 厘米，刃角 66.2°，器身长 11.4、宽 4.3、厚 1.7 厘米（图 4-490，9；彩版一八八，4、5）。

202. H212

H212 位于 ⅢT1104 西部偏南，开口于第④层下（图 4-491；彩版一八七，4）。平面近椭圆形，口部边缘形态明显，底部边缘形态不明显，剖面呈筒状，斜弧壁，未见工具痕迹，坑底不平整。坑口南北 2.44、东西 1.26、坑底南北 1.92、深 1.05～1.32 米。坑内堆积可分五层，第①层厚 0.20～0.44 米，土色浅褐色，土质较疏松，包含较多黄斑土、草木灰，少量炭粒和红烧土，坡状堆积。第②层厚 0.12～0.23 米，土色浅黄色，土质较致密，包含少量黄斑土，坡状堆积。第③层厚 0.14～0.45 米，土色浅黄色，土质较疏松，包含较多黄斑土、红烧土，黄斑土处较硬，坡状堆积。第④层厚 0.02～0.28 米，土色褐色，土质较疏松，包含少量黄斑土、大量草木灰、少量炭粒，坡状堆积。第⑤层厚 0～0.35 米，土色浅黄色，土质疏松，包含大量黄斑土、少量草木灰、红烧土颗粒，坡状堆积。

坑内出土较多陶片及少量石块、兽骨。

（1）H212①层

出土少量陶片，以腹部残片为主，可辨器形有盆（表 4-903、904）。

表 4-903　H212①层器形数量统计表

器形 \ 陶色 \ 陶质	泥质				夹砂				合计
	红	橙黄	灰	黑	红	橙黄	灰	黑	
盆		1							1

表4-904 H212①层陶片统计表

陶质 纹饰 陶色	泥质				夹砂				合计
	橙黄	灰	红	灰底黑彩	橙黄	灰	红	褐	
素面			1						1
绳纹					3				3
篮纹	10				4	1			15
麻点纹					6				6

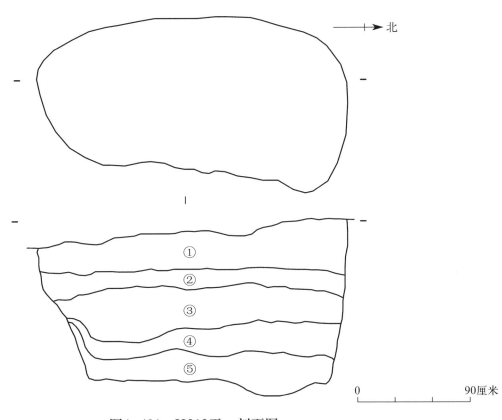

图4-491 H212平、剖面图

盆 1件。

标本H212①：1，泥质橙黄陶。敞口，圆唇，斜直腹，底残。口沿外侧有一周折棱，折棱上饰斜向篮纹，以下饰横向篮纹。残高5.2、残宽8厘米（图4-492，1）。

（2）H212②层

出土少量陶片，以腹部残片为主，可辨器形有盆（表4-905、906）。

表4-905 H212②层器形数量统计表

陶质 器形 陶色	泥质				夹砂				合计
	红	橙黄	灰	黑	红	橙黄	灰	黑	
盆		1							1

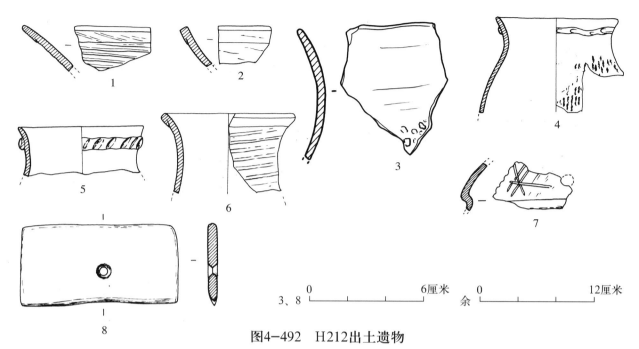

图4-492 H212出土遗物

1、2.盆H212①：1、H212②：1 3.圆腹罐H212③：1 4、5.花边罐H212④：2、3 6.高领罐H212④：4 7.鸮面罐H212④：5 8.石刀H212④：1

表4-906 H212②层陶片统计表

纹饰\陶色\陶质	泥质				夹砂				合计
	橙黄	灰	红	灰底黑彩	橙黄	灰	红	褐	
素面	17								17
绳纹	1								1
篮纹	12				8				20
麻点纹					23				23

盆 1件。

标本H212②：1，泥质橙黄陶。敞口，方唇，斜弧腹，底残。口沿外侧有一周折棱，折棱上饰斜向篮纹，以下饰横向篮纹，篮纹有抹平痕迹。残高4、残宽5.6厘米（图4-492，2）。

（3）H212③层

出土少量陶片，以腹部残片为主，可辨器形有圆腹罐（表4-907、908）。

圆腹罐 1件。

标本H212③：1，夹砂橙黄陶。侈口，圆唇，高领，束颈，上腹斜，下腹残。器表饰麻点纹，有烟炱痕迹。残高7、残宽5.5厘米（图4-492，3）。

表4-907 H212③层器形数量统计表

器形\陶色\陶质	泥质				夹砂				合计
	红	橙黄	灰	黑	红	橙黄	灰	黑	
圆腹罐						1			1

表4-908　H212③层陶片统计表

纹饰＼陶质／陶色	泥质				夹砂				合计
	橙黄	灰	红	灰底黑彩	橙黄	灰	红	褐	
素面	2		2		1				5
绳纹	1				3				4
麻点纹					8				8

（4）H212④层

出土少量陶片，以腹部残片为主，可辨器形有花边罐、高领罐、鸮面罐，另出土石刀1件（表4-909、910）。

表4-909　H212④层器形数量统计表

器形＼陶质／陶色	泥质				夹砂				合计
	红	橙黄	灰	黑	红	橙黄	灰	黑	
花边罐						2			2
高领罐	1								1
鸮面罐							1		1

表4-910　H212④层陶片统计表

纹饰＼陶质／陶色	泥质				夹砂				合计
	橙黄	灰	红	灰底黑彩	橙黄	灰	红	褐	
素面	22	1	1		6				30
绳纹	2				13				15
篮纹	14				5				19
麻点纹					29				29

花边罐　2件。

标本H212④：2，夹砂橙黄陶。侈口，圆唇，矮领，束颈，上腹圆，下腹残。颈部饰一周附加泥条，泥条经手指按压呈波状，腹部饰竖向绳纹。口径12.8、残高10厘米（图4-492，4）。

标本H212④：3，夹砂橙黄陶。侈口，圆唇，矮领，束颈，颈部以下残。颈部饰一周附加泥条，泥条之上饰戳印纹。口径13.2、残高5厘米（图4-492，5）。

高领罐　1件。

标本H212④：4，泥质红陶。喇叭口，方唇，高领，束颈，颈部以下残。口沿外侧有一周折棱，颈部饰横向篮纹。口径14.2、残高8.4厘米（图4-492，6）。

鸮面罐　1件。

标本H212④：5，夹砂灰陶。敛口，唇残，斜面部，腹部残。一边缘饰锯齿纹，面部饰交错刻划纹。残高5、残宽8.4厘米（图4-492，7）。

石刀　1件。

标本H212④：1，石英岩。呈长方形，做工规整，平基部，双面磨刃，刃部内凹，器身中间有一对向钻孔，外孔径0.8、内孔径0.4厘米。刃长8.2厘米，刃角46°，器身长8.4、宽4.3厘米（图4-492，8；彩版一八七，3）。

（4）H212⑤层

出土陶片见下表（表4-911）。

表4-911　H212⑤层陶片统计表

纹饰 ＼ 陶质 陶色	泥质				夹砂				合计
	橙黄	灰	红	灰底黑彩	橙黄	灰	红	褐	
素面	1					1			2
绳纹	1				5				6
麻点纹					5				5
附加堆纹+绳纹	1								1

203. H213

H213位于ⅢT1005东南部，开口于第④层下，被H205打破（图4-493；彩版一八九，1）。根据遗迹现存部分推测H213平面近椭圆形，口部边缘形态较明显，底部边缘形态较明显，剖面呈筒状，斜壁微弧，未见工具痕迹，坑底北高南低。坑口南北2.6、东西2.18、坑底南北1.75、

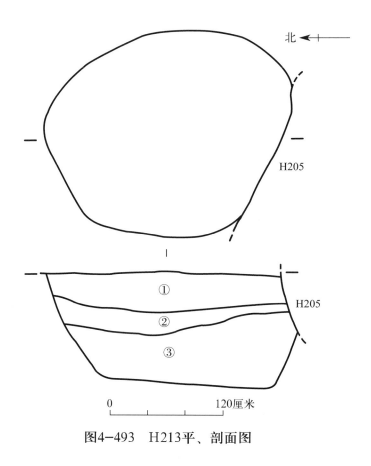

图4-493　H213平、剖面图

深 1.10～1.18 米。坑内堆积可分三层，第①层厚 0.22～0.44 米，土色浅灰色，土质较疏松，包含植物根茎、炭粒，水平状堆积。第②层厚 0.09～0.30 米，土色浅灰色，土质疏松，包含植物根茎、炭粒，凹镜状堆积。第③层厚 0.50～0.80 米，土色褐色，土质疏松，包含植物根茎，凹镜状堆积。

坑内出土较多陶片及少量石块、兽骨。

（1）H213①层

出土陶片见下表（表4-912）。

表4-912　H213①层陶片统计表

纹饰 \ 陶质·陶色	泥质				夹砂				合计
	橙黄	灰	红	灰底黑彩	橙黄	灰	红	褐	
素面	4		1		5				10
绳纹					7				7
篮纹	3		3						6
麻点纹					5				5

（2）H213②层

出土少量陶片，以腹部残片为主，可辨器形有花边罐、盆（表 4-913、914）。

表4-913　H213②层器形数量统计表

器形 \ 陶质·陶色	泥质				夹砂				合计
	红	橙黄	灰	黑	红	橙黄	灰	黑	
花边罐		1							1
盆		1							1

表4-914　H213②层陶片统计表

纹饰 \ 陶质·陶色	泥质				夹砂				合计
	橙黄	灰	红	灰底黑彩	橙黄	灰	红	褐	
素面	16	1			4				21
绳纹			3		15				18
篮纹	12								12
麻点纹					32				32
交错篮纹	4								4

花边罐　1件。

标本H213②：1，泥质橙黄陶。侈口，圆唇，高领，束颈，颈部以下残。颈部饰一周附加泥条，泥条之上饰斜向戳印纹。残高 5.9、残宽 8.5 厘米（图 4-494，1）。

盆　1件。

标本H213②：2，泥质橙黄陶。敞口，圆唇，斜直腹，底残。口沿外侧饰一周附加泥条有

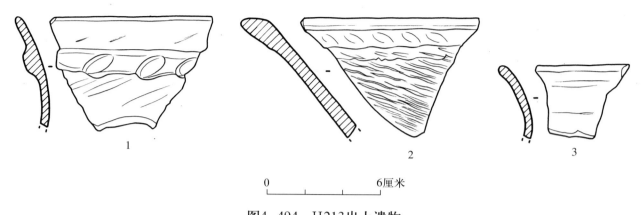

图4-494　H213出土遗物

1.花边罐H213②：1　2.盆H213②：2　3.圆腹罐H213③：1

按压痕迹，腹部饰斜向篮纹，泥条盘筑痕迹明显，内壁素面磨光。残高6.3、残宽9.3厘米（图4-494，2）。

（3）H213③层

出土少量陶片，以腹部残片为主，可辨器形有圆腹罐（表4-915、916）。

表4-915　H213③层器形数量统计表

器形 ＼ 陶色 ＼ 陶质	泥质				夹砂				合计
	红	橙黄	灰	黑	红	橙黄	灰	黑	
圆腹罐						1			1

表4-916　II213③层陶片统计表

纹饰 ＼ 陶色 ＼ 陶质	泥质				夹砂				合计
	橙黄	灰	红	灰底黑彩	橙黄	灰	红	褐	
素面	14	1	1		4				20
绳纹					1				1
篮纹	17								17
麻点纹					22				22
交错篮纹					1				1

圆腹罐　1件。

标本H213③：1，夹砂橙黄陶。侈口，圆唇，高领，束颈，颈部以下残。素面。残高4.7、残宽5厘米（图4-494，3）。

204. H214

H214位于ⅢT1005东南部，开口于第④层下，被H213、H143打破（图4-495；彩版一八九，2）。根据遗迹现存部分推测H214平面近椭圆形，口部边缘形态明显，底部边缘形态明显，剖面呈袋状，斜直壁，未见工具痕迹，平底。坑口东西0.78、南北1.20、坑底南北1.44、深0.94米。

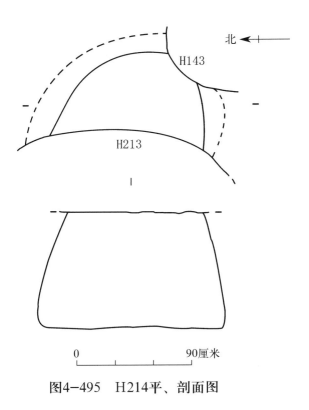

图4-495　H214平、剖面图

坑内堆积未分层，土色褐色，土质致密，包含植物根茎，水平状堆积。

坑内出土少量陶片、石块、兽骨，陶片以腹部残片为主，可辨器形有圆腹罐（表4-917、918）。

表4-917　H214器形数量统计表

器形＼陶色	泥质				夹砂				合计
	红	橙黄	灰	黑	红	橙黄	灰	黑	
圆腹罐		1				1			2

表4-918　H214陶片统计表

纹饰＼陶色	泥质				夹砂				合计
	橙黄	灰	红	灰底黑彩	橙黄	灰	红	褐	
素面	7	3	3		1				14
绳纹	1				7				8
篮纹	4	2			4				10
麻点纹					6				6

圆腹罐　2件。

标本H214：1，泥质橙黄陶。侈口，方唇，矮领，束颈，颈部以下残。唇面呈凹状，器身通体素面磨光。残高4.1、残宽7.6厘米（图4-496，1）。

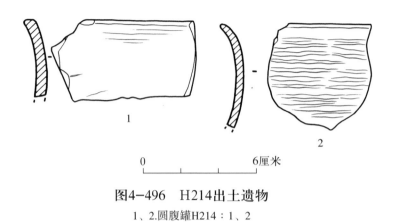

图4-496　H214出土遗物

1、2.圆腹罐H214：1、2

标本H214：2，夹砂橙黄陶。侈口，圆唇，高领，束颈，颈部以下残。颈部饰横向篮纹。残高5.6、残宽5.4厘米（图4-496，2）。

205. H215

H215位于ⅡT0807西北角，部分被压于北隔梁、西壁下，开口于第③层下（图4-497）。根据遗迹暴露部分推测H215平面近圆形，口部边缘形态明显，底部边缘形态较明显，剖面呈筒状，

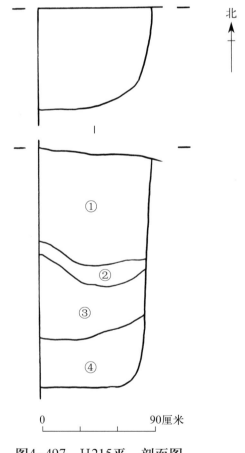

图4-497　H215平、剖面图

壁较直，未见工具痕迹，平底。坑口东西 0.90、南北 0.80、坑底东西 0.70、深 1.77~1.92 米。坑内堆积可分四层，第①层厚 0.78~0.87 米，土色深灰色，土质较致密，包含少量红烧土颗粒、大量草木灰，凹镜状堆积。第②层厚 0.08~0.17 米，土色浅黄色，土质较致密，包含大量灰粒，凹镜状堆积。第③层厚 0.34~0.66 米，土色深灰色，土质致密，包含大量燃烧灰烬、炭粒、红烧土颗粒，坡状堆积。第④层厚 0.40~0.58 米，土色黑色，土质疏松，包含大量灰烬及红烧土、炭粒，坡状堆积。

出土石斧 1 件，出土少量陶片、石块、兽骨。陶片以陶器腹部残片为主，无可辨器形标本，所以不具体介绍，只进行陶系统计（表 4-919）。

表4-919　H215①层陶片统计表

纹饰 ＼ 陶质 陶色	泥质				夹砂				合计
	橙黄	灰	红	灰底黑彩	橙黄	灰	红	褐	
素面	4		1		3				8
绳纹					2				2
篮纹	5				2				7

石斧　1 件。

标本H215①：1，石英岩。呈长方形，上窄下宽，器表未磨为原材料，刃部双面磨制而成。刃长 4.6 厘米，刃角 36°，器身长 10.7、宽 4.6、厚 1.4 厘米（图 4-498）。

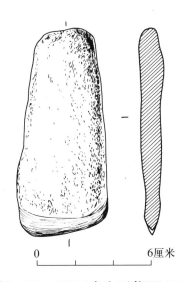

0　　　　　　　　　　6厘米

图4-498　H215出土石斧H215：1

206. H216

H216 位于Ⅱ T0807 西北角，部分被压于西壁下，开口于第③层下，被H215打破（图 4-499）。根据遗迹现存部分推测H216平面近圆形，口部边缘形态明显，底部边缘形态明显，剖面呈袋状，斜直壁，未见工具痕迹，平底。坑口南北 0.70、东西 0.50、坑底南北 1.20、深 1.50~1.55 米。坑内堆积可分七层；第①层厚 0.20~0.40 米，土色灰色，土质致密，包含少量红烧土颗粒，大量草

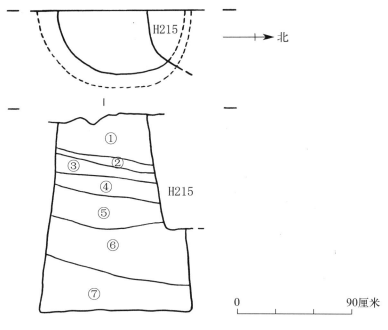

图4-499 H216平、剖面图

木灰，坡状堆积。第②层厚0.03～0.08米，土色浅黄色，土质致密，包含大量草木灰，坡状堆积。第③层厚0.07～0.15米，土色灰色，土质疏松，包含大量草木灰、炭粒、红烧土颗粒，坡状堆积。第④层厚0.10～0.16米，土色浅灰色，土质疏松，包含大量草木灰、红烧土、炭粒，坡状堆积。第⑤层厚0.15～0.25米，土色深灰色，土质疏松，包含大量草木灰、红烧土、炭粒，凹镜状堆积。第⑥层厚0.32～0.50米，土色深灰色，土质疏松，包含大量草木灰、红烧土、炭粒，坡状堆积。第⑦层厚0.20～0.45米，土色深褐色，土质疏松，包含大量草木灰、红烧土、炭粒，坡状堆积。

坑内出土大量陶片及少量石块，陶片以腹部残片为主，可辨器形有圆腹罐、花边罐、单耳罐、斝（表4-920、921）。

表4-920 H216①层器形数量统计表

器形 ＼ 陶质 陶色	泥质				夹砂				合计
	红	橙黄	灰	白	红	橙黄	灰	黑	
圆腹罐					1				1
花边罐					1				1
单耳罐				1					1
斝							1		1

表4-921 H216①层陶片统计表

纹饰 ＼ 陶质 陶色	泥质				夹砂				合计
	橙黄	灰	红	灰底黑彩	橙黄	灰	红	褐	
素面	19		1		8				28
绳纹					11				11

续表

纹饰 \ 陶色	泥质				夹砂				合计
陶质	橙黄	灰	红	灰底黑彩	橙黄	灰	红	褐	
篮纹	13	3			1				17
麻点纹					19				19
刻划纹					1				1
交错篮纹	1								1
附加堆纹	1				2				3

圆腹罐　1件。

标本H216①：4，夹砂红陶。上腹残，下腹斜弧，底残。下腹饰竖向绳纹。残高2.9、底径4.7厘米（图4-500，1）。

花边罐　1件。

标本H216①：1，夹砂红陶。微侈口，圆唇，矮领，微束颈，上腹圆，下腹残。口沿外侧饰一周附加泥条，泥条经手指按压呈波状，颈部饰横向绳纹，上腹饰竖向绳纹，有烟炱。残高7.2、残宽7.8厘米（图4-500，2）。

单耳罐　1件。

标本H216①：2，泥质白陶。侈口，圆唇，矮领，束颈，腹部残，拱形单耳。素面。残高5、残宽4.2厘米（图4-500，3）。

斝　1件。

标本H216①：3，夹砂灰陶。敛口，圆唇，上腹直，下腹残。口沿外侧有四道凹槽，素面，有烟炱。口径13、残高4.6厘米（图4-500，4）。

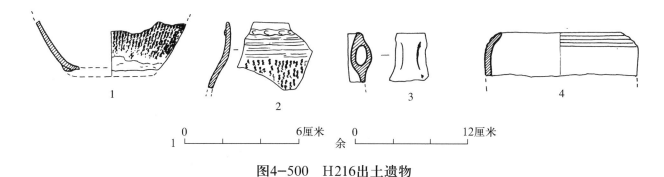

图4-500　H216出土遗物

1.圆腹罐H216①：4　2.花边罐H216①：1　3.单耳罐H216①：2　4.斝H216①：3

207. H217

H217位于ⅢT1204东南部，开口于第⑦层下（图4-501；彩版一九○，1）。平面近圆形，口部边缘形态明显，底部边缘形态明显，剖面呈袋状，未见工具痕迹，平底。坑口南北1.10、东西1.06、坑底南北1.26、深1.41米。坑内堆积分两层，第①层厚1.14米，土色浅黄色，土质较疏松，包含炭粒、红烧土颗粒、白灰皮碎块，水平状堆积。第②层厚0.25～0.28米，土色深灰色，土质

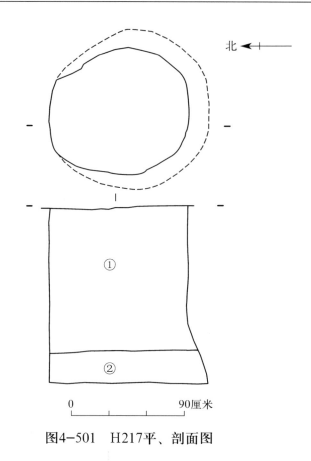

0　　　　　　　　90厘米

图4-501　H217平、剖面图

较疏松，包含白灰皮碎块和大量炭粒、红烧土颗粒，水平状堆积。

坑内出土少量陶片及较多石块、兽骨。

（1）H217①层

出土少量陶片，以腹部残片为主，可辨器形有圆腹罐、盆、斝（表4-922、923）。

表4-922　H217①层器形数量统计表

器形＼陶色＼陶质	泥质				夹砂				合计
	红	橙黄	灰	黑	红	橙黄	灰	黑	
圆腹罐						1	1		2
盆		1							1
斝					1				1

表4-923　H217①层陶片统计表

纹饰＼陶色＼陶质	泥质				夹砂				合计
	橙黄	灰	红	灰底黑彩	橙黄	灰	红	褐	
素面	13				12	1			26
篮纹	7				1				8

纹饰 ＼ 陶质 陶色	泥质				夹砂				合计
	橙黄	灰	红	灰底黑彩	橙黄	灰	红	褐	
麻点纹					12				12
篮纹＋麻点纹					1				1
附加堆纹					1				1
绳纹	1				6				7
刻划纹	1								1

圆腹罐　2件。

标本H217①：2，夹砂橙黄陶。侈口，圆唇，高领，微束颈，圆腹，底残。颈部饰横向篮纹，腹部饰麻点纹，有烟炱。口径14.4、残高11.4厘米（图4-502，1）。

标本H217①：3，夹砂灰陶。侈口，圆唇，高领，束颈，圆腹，底残。颈部有一周折线，腹部饰方格刻划纹，有烟炱。残高12.6、残宽10.8厘米（图4-502，2）。

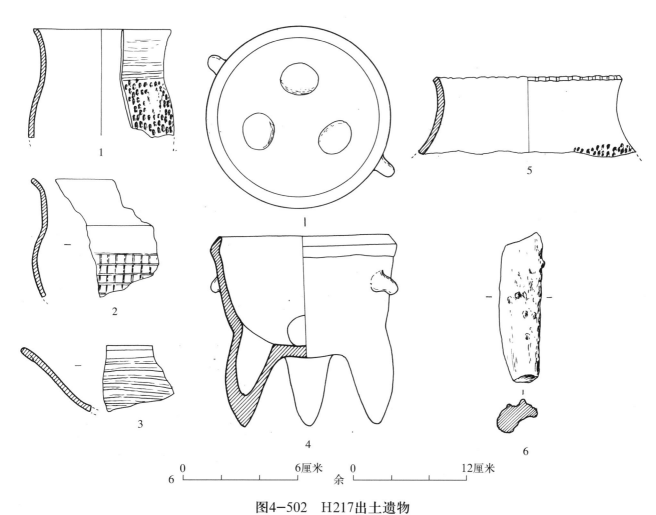

图4-502　H217出土遗物

1、2.圆腹罐H217①：2、3　3.盆H217①：4　4.斝H217①：1　5.花边罐H217②：2　6.骨器H217②：1

盆　1件。

标本H217①：4，泥质橙黄陶。敞口，圆唇，斜弧腹，底残。口沿外侧有一周折棱，腹部饰横向篮纹。残高7、残宽7.6厘米（图4-502，3）。

斝　1件。

标本H217①：1，夹砂红陶。敛口，圆唇，斜直腹，平裆，三个牛角状空心足。口沿外侧有一周折棱，腹部有一对称乳丁状錾，器表素面，有烟炱。口径17.6、高20.2厘米（图4-502，4；彩版一九〇，2）。

（2）H217②层

出土少量陶片，以腹部残片为主，可辨器形有花边罐1件，另出土骨器1件（表4-924、925）。

表4-924　H217②层器形数量统计表

陶质	泥质				夹砂				合计
器形　陶色	红	橙黄	灰	黑	红	橙黄	灰	黑	
花边罐						1			1

表4-925　H217②层陶片统计表

陶质	泥质				夹砂				合计
纹饰　陶色	橙黄	灰	红	灰底黑彩	橙黄	灰	红	褐	
素面	3				6				9
麻点纹					5				5
绳纹					2				2
绳纹＋麻点纹					1				1

花边罐　1件。

标本H217②：2，夹砂橙黄陶。侈口，锯齿唇，矮领，束颈，颈部以下残。颈部有刮抹痕迹，下颈部饰麻点纹，有烟炱。口径20、残高8.6厘米（图4-502，5）。

骨器　1件。

标本H217②：1，长柱状，表面保留原棱和纹理，未见明显打磨痕迹。残长7.9、宽2.3、厚1.8厘米（图4-502，6）。

208. H218

H218位于ⅡT1202西南角，部分压于探方南壁下，开口于第④层下（图4-503；彩版一九〇，4）。根据遗迹暴露部分推测H218平面近长方形，口部边缘形态明显，底部边缘形态较明显，剖面呈筒状，未见工具痕迹，平底。坑口南北2.60、东西1.20～1.44、坑底0.80、深约0.70米。坑内堆积可分两层，第①层厚0.19～0.39米，土色褐色，土质疏松，包含植物根茎、红烧土颗粒，坡状堆积。第②层厚0.38～0.70米，土色浅褐色，土质较疏松，包含炭粒、植物根茎，坡状堆积。

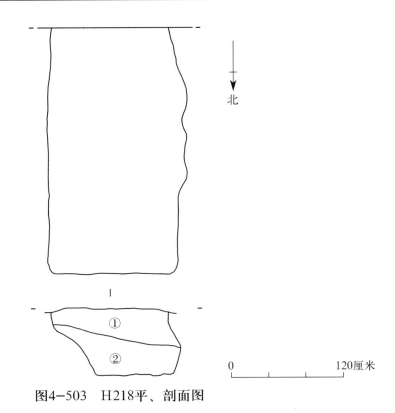

图4-503 H218平、剖面图

坑内出土少量陶片、石块、人骨五具。

（1）H218①层

出土石刀1件。

石刀 1件。

标本H218①：1，页岩。基部残，基部与两侧边残，双面磨刃。刃残长2.8厘米，刃角27°，器身残长4.1、残宽2.2厘米（图4-504，1）。

（2）H218②层

出土少量陶片，以腹部残片为主，可辨器形有花边罐、单耳罐，另出土陶刀1件、骨器1件（表4-926、927）。

表4-926 H218②层器形数量统计表

器形 \ 陶质 \ 陶色	泥质				夹砂				合计
	红	橙黄	灰	黑	红	橙黄	灰	黑	
花边罐						1			1
单耳罐					1				1

表4-927 H218②层陶片统计表

纹饰 \ 陶质 \ 陶色	泥质				夹砂				合计
	橙黄	灰	红	灰底黑彩	橙黄	灰	红	褐	
素面	6		4		3				13

续表

陶质\陶色\纹饰	泥质				夹砂				合计
	橙黄	灰	红	灰底黑彩	橙黄	灰	红	褐	
篮纹	6	2	1						9
麻点纹					2				2

花边罐　1件。

标本H218②：3，夹砂橙黄陶。侈口，圆唇，矮领，束颈，颈部以下残。口沿外侧饰一周附加泥条呈斜凸棱状，颈部饰竖向绳纹。残高5.4、残宽7厘米（图4-504，2）。

单耳罐　1件。

标本H218②：2，夹砂红陶。侈口，尖唇，矮领，束颈，鼓腹，平底。拱形单耳。颈部饰横向篮纹，腹部饰斜向篮纹，篮纹之上饰斜向刻划纹。口径9.8、高12、底径6.8厘米（图4-504，3；彩版一九〇，3）。

陶刀　1件。

标本H218②：1，泥质灰陶。由陶器残片磨制而成，器表饰细线纹，在器身残断处有残对向钻孔，外孔1、内孔0.4厘米。双面磨刃。刀残长3.3厘米，刃角52.2°，器身残长4.7、宽5.2、厚0.8厘米（图4-504，4）。

骨器　1件。

标本H218②：4，系动物角磨制而成，截断面呈空心椭圆形，一端残，一端双面磨成刃部，器身残长7.9、直径1.8厘米（图4-504，5）。

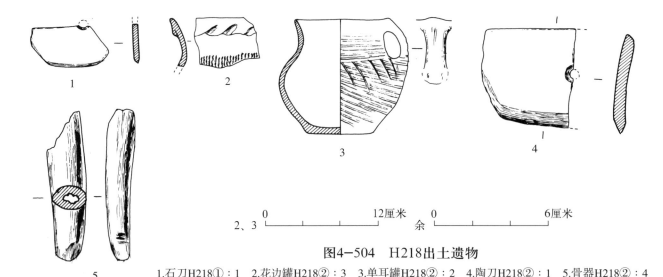

图4-504　H218出土遗物

1.石刀H218①：1　2.花边罐H218②：3　3.单耳罐H218②：2　4.陶刀H218②：1　5.骨器H218②：4

209. H219

H219位于ⅡT0807西部，部分压于T0907北隔梁下，开口于第③层下，被H216打破（图4-505）。根据遗迹暴露部分推测H219平面近椭圆形，口部边缘形态明显，底部边缘形态较明显，剖面呈不规则状，南部壁斜弧，北部壁较直，未见工具痕迹，坑底北高南低呈坡状。坑口南北

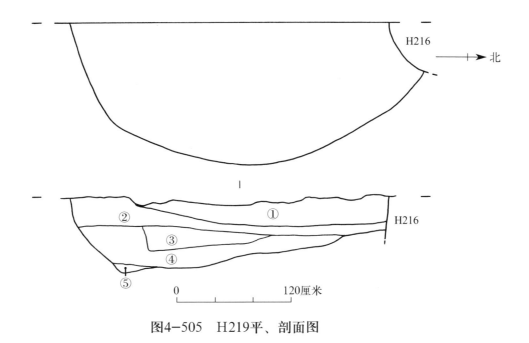

图4-505　H219平、剖面图

3.52、东西 1.50、深 0.40～0.80 米。坑内堆积可分五层，第①层厚 0～0.30 米，土色深灰色，土质致密，包含有少量的红烧土大量燃烧灰烬，坡状堆积。第②层厚 0.10～0.32 米，土色黄色，土质较致密，包含大量燃烧灰烬，坡状堆积。第③层厚 0～0.27 米，土色黄色，土质致密，凹镜状堆积。第④层厚 0～0.45 米，土色深灰色，土质疏松，包含红烧土、炭粒及大量草木灰，凹镜状堆积。第⑤层厚 0～0.10 米，土色浅灰色，土质疏松，包含红烧土、炭粒及大量草木灰，凹镜状堆积。

坑内出土少量陶片、石块、兽骨，陶片以腹部残片为主，可辨器形有圆腹罐、花边罐、高领罐、盆，另出土骨凿 1 件（表4-928、929）。

表4-928　H219①层器形数量统计表

陶质 器形 \ 陶色	泥质				夹砂				合计
	红	橙黄	灰	黑	红	橙黄	灰	黑	
圆腹罐						3			3
花边罐						3			3
高领罐		1							1
盆		1							1

表4-929　H219①层陶片统计表

陶质 纹饰 \ 陶色	泥质				夹砂				合计
	橙黄	灰	红	灰底黑彩	橙黄	灰	红	褐	
素面	12	5			8				25
绳纹					15				15

纹饰＼陶质	泥质				夹砂				合计
	橙黄	灰	红	灰底黑彩	橙黄	灰	红	褐	
篮纹	18	1							19
麻点纹					32		1		33
交错篮纹	1								1
附加堆纹＋篮纹＋绳纹	1								1
附加堆纹					1				1
附加堆纹＋绳纹					1				1

圆腹罐　3 件。

标本H219①：2，夹砂橙黄陶。侈口，圆唇，矮领，束颈，上腹斜，下腹残。颈部素面，上腹饰麻点纹。口径 16.6、残高 7.8 厘米（图 4-506，1）。

标本H219①：6，夹砂橙黄陶。侈口，圆唇，矮领，束颈，颈部以下残。颈部素面。残高 4.4、残宽 9.2 厘米（图 4-506，2）。

标本H219①：9，夹砂橙黄陶。侈口，圆唇，高领，束颈，颈部以下残。颈部素面。残高

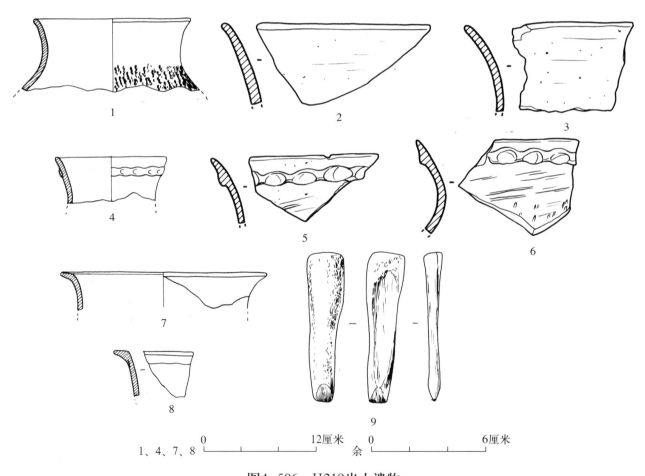

0　　　　　　　　12厘米　　0　　　　　　　6厘米
1、4、7、8 ├────────────┤　余 ├────────────┤

图4-506　H219出土遗物

1~3.圆腹罐H219①：2、6、9　4~6.花边罐H219①：3、7、8　7.高领罐H219①：5　8.盆H219①：4　9.骨凿H219①：1

4.6、残宽 6.5 厘米（图 4-506，3）。

花边罐 3 件。

标本 H219①：3，夹砂橙黄陶。侈口，圆唇，矮领，束颈，颈部以下残。颈部饰一周附加泥条，泥条经手指按压呈波状。口径 11.8、残高 4.8 厘米（图 4-506，4）。

标本 H219①：7，夹砂橙黄陶。侈口，尖唇，矮领，束颈，颈部以下残。口沿外侧饰一周附加泥条，泥条经手指按压呈波状，颈部饰斜向篮纹。残高 3.5、残宽 6.8 厘米（图 4-506，5）。

标本 H219①：8，夹砂橙黄陶。侈口，尖唇，矮领，束颈，颈部以下残。口沿外侧饰一周附加泥条，泥条经手指按压呈波状，颈部饰斜向绳纹。残高 5、残宽 6.2 厘米（图 4-506，6）。

高领罐 1 件。

标本 H219①：5，泥质橙黄陶。喇叭口，平沿，圆唇，高领，束颈，颈部以下残。素面。口径 21.8、残高 4 厘米（图 4-506，7）。

盆 1 件。

标本 H219①：4，泥质橙黄陶。敞口，平沿，圆唇，斜直腹，底残。沿下有一周折棱，腹部素面。残高 4.8、残宽 5.2 厘米（图 4-506，8）。

骨凿 1 件。

标本 H219①：1，动物骨骼磨制而成，呈扁长条状，上宽下窄，尾端平，双面磨刃。刃长 0.8 厘米，刃角 29°，器身长 7.9、宽 2、厚 1 厘米（图 4-506，9）。

210. H220

H220 位于ⅢT1104 西部，开口于第④层下，被 H158、H182、H212 打破（图 4-507；彩版一九一，1）。根据遗迹现存部分推测 H220 平面近椭圆形，口部边缘形态明显，底部边缘形态明显，剖面呈袋状，斜壁，未见工具痕迹，坑底高低不平。坑口东西 1.58、南北 1.93、坑底南北 2.14、深 0.48～0.77 米。坑内堆积未分层，土色褐色，土质较致密，包含大量黄斑土和红烧土。

坑内出土少量陶片及零散兽骨，陶片以腹部残片为主，可辨器形有圆腹罐、盆（表 4-930、931）。

表4-930 H220器形数量统计表

器形 \ 陶质 陶色	泥质				夹砂				合计
	红	橙黄	灰	黑	红	橙黄	灰	黑	
圆腹罐						1			1
盆	1								1

表4-931 H220陶片统计表

纹饰 \ 陶质 陶色	泥质				夹砂				合计
	橙黄	灰	红	灰底黑彩	橙黄	灰	红	褐	
素面	12	4			4				20

纹饰　　　　　　陶质 陶色	泥质				夹砂				合计
	橙黄	灰	红	灰底黑彩	橙黄	灰	红	褐	
绳纹			1		4				5
麻点纹					11				11

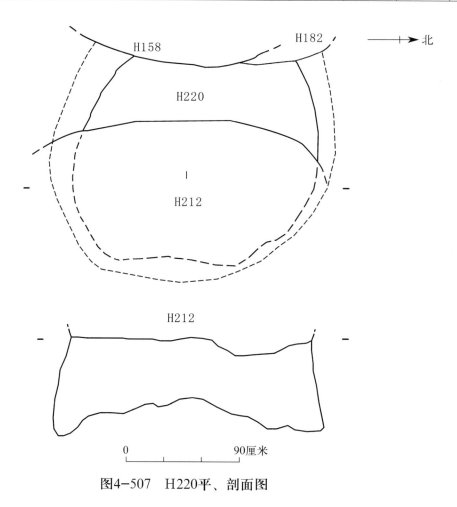

图4-507　H220平、剖面图

圆腹罐　1件。

标本H220：1，夹砂橙黄陶。侈口，圆唇，矮领，束颈，上腹斜，下腹残。颈部饰横向篮纹，上腹饰麻点纹，有烟炱。残高6.4、残宽5.8厘米（图4-508，1）。

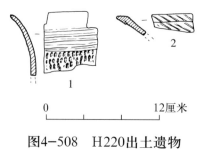

图4-508　H220出土遗物

1.圆腹罐H220：1　2.盆H220：2

盆　1件。

标本 H220：2，泥质红陶。敞口，窄平沿，尖唇，斜直腹，底残。沿下有一周折棱，器表饰斜向篮纹。残高 2、残宽 4.4 厘米（图 4-508，2）。

211. H221

H221 位于Ⅲ T1105 东北部，开口于第④层下，被 H143、H141、H158、H220、H212 打破（图 4-509）。遗迹现存部分平面呈不规则状，口部边缘形态明显，底部边缘形态不明显，剖面呈筒状，斜直壁，未见工具痕迹，坑底高低不平。坑口东西 1.74、坑口南北 2.19、坑底南北 1.34、深 0.70～0.84 米。坑内堆积可分六层，第①层厚 0.10～0.16 米，土色黄色，土质较疏松，包含炭粒、红烧土、植物根茎，水平状堆积。第②层厚 0.06～0.15 米，土色浅褐色，土质较疏松，包含炭粒、红烧土，坡状堆积。第③层厚 0.07～0.25 米，土色浅灰色，土质较疏松，包含炭粒、红烧土，坡状堆积。第④层厚 0～0.10 米，土色浅褐色，土质较疏松，包含炭粒、红烧土，坡状堆积。第⑤层厚 0.08～0.21 米，土色浅灰色，土质较致密，坡状堆积。第⑥层厚 0.12～0.32 米，土色黄色，土质较致密，不规则状堆积。

出土少量陶片，以陶器腹部残片为主，无可辨器形标本，所以不具体介绍，只进行陶系统计（表 4-932）。

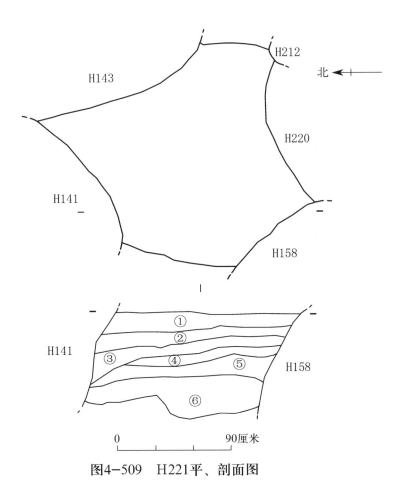

图4-509　H221平、剖面图

表4-932　H221③层陶片统计表

陶质 陶色 纹饰	泥质				夹砂				合计
	橙黄	灰	红	灰底黑彩	橙黄	灰	红	褐	
素面	1								1
篮纹 + 麻点纹					1				1
麻点纹					5				5

212. H222

H222位于ⅢT1104西南角，部分延伸至T1105内，开口于第④层下，被H212打破（图4-510；彩版一九一，2）。平面近椭圆形，口部边缘形态明显，底部边缘形态明显，剖面呈袋状，近斜直壁，未见工具痕迹，坑底高低不平。坑口南北1.47、东西1.26、坑底东西1.26、深0.84米。坑内堆积可分五层，第①层厚0~0.18米，土色浅褐色，土质较致密，包含少量黄斑土，坡状堆积。第②层厚0.15~0.42米，土色浅灰色，土质较致密，包含少量黄斑土、红烧土，少量炭粒，不规则状堆积。第③层厚0.06~0.39米，土色黄色，土质较致密，包含大量红烧土、少量炭粒，不规则状堆积。第④层厚0~0.21米，土色黄色，土质较致密，包含少量黄斑土和炭粒，坡状堆积。第⑤层厚0.09~0.33米，土色浅褐色，土质较致密，包含大量黄斑土、红烧土、少量炭粒，不规则状堆积。

坑内出土较多陶片及零散石块、兽骨、白灰皮。

（1）H222①层

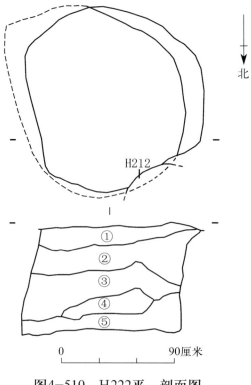

图4-510　H222平、剖面图

出土少量陶片，以腹部残片为主，可辨器形有高领罐、大口罐、敛口罐，另出土陶刀1件（表4-933、934）。

表4-933 H222①层器形数量统计表

器形 \ 陶质 陶色	泥质				夹砂				合计
	红	橙黄	灰	黑	红	橙黄	灰	黑	
高领罐		1							1
大口罐		1							1
敛口罐							1		1

表4-934 H222①层陶片统计表

纹饰 \ 陶质 陶色	泥质				夹砂				合计
	橙黄	灰	红	灰底黑彩	橙黄	灰	红	褐	
素面	24	6	1		16				47
绳纹	3				24				27
篮纹	24								24
麻点纹					17				17
麻点纹 + 篮纹					2				2
附加堆纹					1				1

高领罐 1件。

标本H222①：3，泥质橙黄陶。喇叭口，圆唇，高领，束颈，颈部以下残。口沿外侧有一周折棱，颈部饰斜向篮纹。残高4.5、残宽8.1厘米（图4-511，1）。

大口罐 1件。

标本H222①：2，泥质橙黄陶。敛口，方唇，上腹直，下腹残。口沿外侧饰一周附加泥条，器表通体饰麻点纹。残高5.4、残宽6厘米（图4-511，2）。

敛口罐 1件。

标本H222①：4，夹砂橙黄陶。敛口，方唇，上腹圆，下腹残。口沿外侧饰横向篮纹，篮纹之上有两道刻划纹，上腹饰竖向绳纹。残高4、残宽9.3厘米（图4-511，3）。

陶刀 1件。

标本H222①：1，泥质橙黄陶。近长方形，陶片打磨而成，弧形磨制基部，双面打制刃，器身中间有一对向钻孔，器表饰斜向篮纹，外孔径1、内孔径0.4厘米。刃长7.4厘米，刃角56°，器身长8.9、宽5.8厘米（图4-511，4）。

（2）H222②层

出土陶片见下表（表4-935）。

（3）H222③层

出土陶片见下表（表4-936）。

（4）H222⑤层

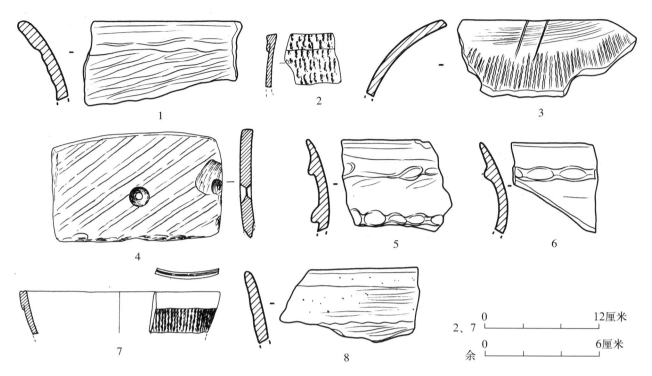

图4-511　H222出土遗物

1.高领罐H222①：3　2.大口罐H222①：2　3.敛口罐H222①：4　4.陶刀H222①：1　5、6.花边罐H222⑤：2、3　7、8.盆 H222⑤：1、4

表4-935　H222②层陶片统计表

纹饰 \ 陶色	泥质				夹砂				合计
	橙黄	灰	红	灰底黑彩	橙黄	灰	红	褐	
素面	11	2			13				26
绳纹					9				9
篮纹	13		3						16
麻点纹					14				14

表4-936　H222③层陶片统计表

纹饰 \ 陶色	泥质				夹砂				合计
	橙黄	灰	红	灰底黑彩	橙黄	灰	红	褐	
素面	4		8		6				18
绳纹					6				6
篮纹	5								5
麻点纹					15				15
交错篮纹	1								1
篮纹＋麻点纹					1				1
篮纹＋刻划纹					1				1

出土少量陶片，以腹部残片为主，可辨器形有花边罐、盆（表4-937、938）。

花边罐 2件。

标本H222⑤：2，夹砂橙黄陶。侈口，圆唇，高领，束颈，颈部以下残。颈部饰两周附加泥条，泥条经手指按压呈波状，颈部素面，有烟炱。残高5、残宽5.8厘米（图4-511，5）。

表4-937 H222⑤层器形数量统计表

器形 \ 陶质 陶色	泥质				夹砂				合计
	红	橙黄	灰	黑	红	橙黄	灰	黑	
花边罐						1	1		2
盆		1				1			2

表4-938 H222⑤层陶片统计表

纹饰 \ 陶质 陶色	泥质				夹砂				合计
	橙黄	灰	红	灰底黑彩	橙黄	灰	红	褐	
素面	62	3			18				83
绳纹	9				14				23
篮纹	28				6				34
麻点纹					55				55
刻划纹	1				2				3
交错篮纹		2							2
附加堆纹		1							1
戳印纹		1							1

标本H222⑤：3，夹砂灰陶。侈口，圆唇，矮领，束颈，颈部以下残。颈部饰一周附加泥条，泥条经手指按压呈波状，颈部素面。残高4.5、残宽4.8厘米（图4-511，6）。

盆 2件。

标本H222⑤：1，泥质橙黄陶。敞口，方唇，斜弧腹，底残。唇面有一道凹槽，口沿外侧饰一周附加泥条，腹部饰竖向细绳纹。口径21.2、残高4.4厘米（图4-511，7）。

标本H222⑤：4，夹砂红陶。敞口，圆唇，斜弧腹，底残。口沿外侧饰一周附加泥条，器表饰横向篮纹。残高4.2、残宽7.3厘米（图4-511，8）。

213. H223

H223分布于ⅡT1102、ⅡT1202、ⅡT1103、ⅡT1203四个探方，开口于第②层下（图4-512；彩版一九二，1）。平面呈不规则状，口部边缘形态明显，底部边缘形态明显，剖面呈袋状，斜直壁，坑壁明显，发现有两处工具痕，其中一处为三道长30、宽1～2、间距为4～6厘米的斜向分布的工具痕，另一处为三道长约26、宽1～2、间距为6～8厘米的斜向分布的工具痕，坑底呈西高东低坡状。坑口东西3.66、南北2.68、坑底南北3.28、深1.08～1.30米。坑内堆积可分四层，第①层厚0～0.32米，土色浅褐色，土质较致密，包含有大量的黑色土块，坡状堆积。第②层厚

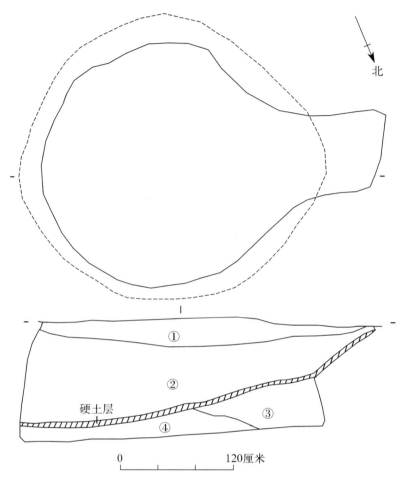

图4-512　H223平、剖面图

0.04～1.00米，土色浅黄色，土质较致密，包含条状的黑色土块，坡状堆积。第②层下有一层厚4～6厘米的硬土层。第③层厚0～0.52米，土色深灰色，土质较致密，包含浅黄色土块，坡状堆积。第④层厚0～0.30米，土色浅黄色，土质较致密，包含黑色土块，坡状堆积。

　　出土少量陶片，以陶器腹部残片为主，无可辨器形标本，所以不具体介绍，只进行陶系统计（表4-939）。

表4-939　H223③层陶片统计表

纹饰＼陶质陶色	泥质				夹砂				合计
	橙黄	灰	红	灰底黑彩	橙黄	灰	红	褐	
素面	12	4			4				20
绳纹			1		4				5
篮纹	10	2							12
麻点纹	11								11

214. H224

H224 位于 II T1101 南部，开口于第④层下，被H162、H201 打破（图 4-513；彩版一九二，2）。根据遗迹现存部分推测H224 平面近椭圆形，口部边缘形态明显，底部边缘形态不明显，剖面呈筒状，直壁，未见工具痕迹，平底。坑口东西 1.27、坑口南北 1.14、坑底南北 0.73、深约 1.50 米。坑内堆积可分两层，第①层厚 1.10～1.12 米，土色浅褐色，土质较疏松，水平状堆积。第②层厚 0.39～0.40 米，土色深灰，土质较疏松，水平状堆积。

坑内出土少量陶片、兽骨。

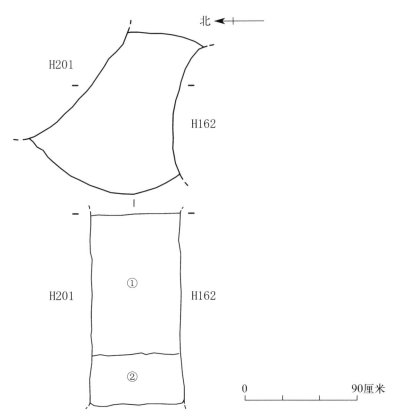

图4-513　H224平、剖面图

（1）H224①层

出土少量陶片，以腹部残片为主，可辨器形有圆腹罐（表 4-940、941）。

表4-940　H224①层器形数量统计表

器形＼陶质陶色	泥质				夹砂				合计
	红	橙黄	灰	黑	红	橙黄	灰	黑	
圆腹罐					1				1

表4-941　H224①层陶片统计表

纹饰＼陶质陶色	泥质				夹砂				合计
	橙黄	灰	红	灰底黑彩	橙黄	灰	红	褐	
素面	2		1						3

续表

纹饰 陶质 陶色	泥质				夹砂				合计
	橙黄	灰	红	灰底黑彩	橙黄	灰	红	褐	
麻点纹					2				2
篮纹					1				1
绳纹					1				1

圆腹罐　1件。

标本H224①:1,夹砂红陶。侈口,圆唇,高领,束颈,上腹斜,下腹残。颈部素面,上腹饰麻点纹,有烟炱。口径14.2、残高8厘米(图4-514,1)。

（2）H224②层

出土少量陶片,以腹部残片为主,可辨器形有圆腹罐（表4-942、943）。

圆腹罐　1件。

标本H224②:1,夹砂橙黄陶。侈口,圆唇,高领,微束颈,颈部以下残。颈部素面,有烟炱。残高5.2、残宽6厘米(图4-514,2)。

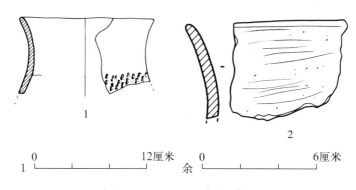

图4-514　H224出土遗物

1、2.圆腹罐H224①:1、H224②:1

表4-942　H224②层器形数量统计表

器形 陶质 陶色	泥质				夹砂				合计
	红	橙黄	灰	黑	红	橙黄	灰	黑	
圆腹罐						1			1

表4-943　H224②层陶片统计表

纹饰 陶质 陶色	泥质				夹砂				合计
	橙黄	灰	红	灰底黑彩	橙黄	灰	红	褐	
素面	5		2		3				10
麻点纹					4				4

215. H225

H225 位于ⅡT1201南部，部分压于探方南壁下，开口于第④层下，东部被H218打破，北部被H180、H190打破，西部被H155打破（图4-515；彩版一九三，1）。根据遗迹现存部分推测H225平面近椭圆形，口部边缘形态不明显，底部边缘形态不明显，剖面呈袋状，弧形壁，未见工具痕迹，底面东高西低呈坡状。坑口南北3.00、东西4.50、深约2.55米。坑内堆积可分十二层，第①层厚0.15～0.20米，土色浅灰色，土质较致密，坡状堆积。第②层厚0～0.25米，土色浅黄色，土质较疏松，坡状堆积。第③层厚0.15～0.45米，土色浅灰色，土质致密，坡状堆积。第④层厚0.15～0.35米，土色深褐色，土质疏松，坡状堆积。第⑤层厚0～0.35米，土色浅黄色，土质疏松，坡状堆积。第⑥层厚0～0.35米，土色深灰色，土质疏松，坡状堆积。第⑦层厚0.40～0.45米，土色浅灰色，土质疏松，坡状堆积。第⑧层厚0.05～0.50米，土色深灰色，土质疏松，坡状堆积。第⑨层厚0.05～0.45米，土色深灰色，土质疏松，坡状堆积。第⑩层厚0～0.15米，土色浅黄，土质疏松，坡状堆积。第⑪层厚0～0.15米，土色深褐色，土质疏松，坡状堆积。第⑫层厚0～0.15米，土色黄色，土质疏松，坡状堆积。

坑内出土较多陶片。

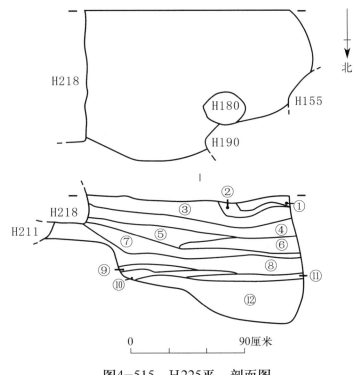

图4-515　H225平、剖面图

（1）H225②层

出土少量陶片，以腹部残片为主，可辨器形有圆腹罐（表4-944）。

圆腹罐　1件。

标本H225②：1，夹砂红陶。侈口，圆唇，口沿以下残。素面。残高1.4、残宽2.2厘米（图4-516，1）。

表4-944　H225②层器形数量统计表

器形 ＼ 陶质 陶色	泥质				夹砂				合计
	红	橙黄	灰	黑	红	橙黄	灰	黑	
圆腹罐					1				1

（2）H225③层

出土陶片见下表（表4-945）。

表4-945　H225③层陶片统计表

纹饰 ＼ 陶质 陶色	泥质				夹砂				合计
	橙黄	灰	红	灰底黑彩	橙黄	灰	红	褐	
素面	12	3			2	1			18
绳纹	2				3				5
篮纹	8				1				9
麻点纹		2			8				10

（3）H225④层

出土少量陶片，以腹部残片为主，可辨器形有圆腹罐、花边罐（表4-946、947）。

表4-946　H225④层器形数量统计表

器形 ＼ 陶质 陶色	泥质				夹砂				合计
	红	橙黄	灰	黑	红	橙黄	灰	黑	
圆腹罐						1			1
花边罐						1			1

表4-947　H225④层陶片统计表

纹饰 ＼ 陶质 陶色	泥质				夹砂				合计
	橙黄	灰	红	灰底黑彩	橙黄	灰	红	褐	
素面	3				4				7
绳纹	1				11				12
麻点纹					5				5

圆腹罐　1件。

标本H225④∶2，夹砂橙黄陶。侈口，圆唇，高领，束颈，上腹斜，下腹残。颈部饰横向篮纹，上腹饰麻点纹，有烟炱。残高8.1、残宽7.7厘米（图4-516，2）。

花边罐　1件。

标本H225④∶1，夹砂橙黄陶。侈口，圆唇，高领，束颈，圆腹，底残。颈部素面，颈腹间饰一周附加泥条呈锯齿状，腹部饰麻点纹。残高13.4、残宽13.2厘米（图4-516，3）。

（4）H225⑤层

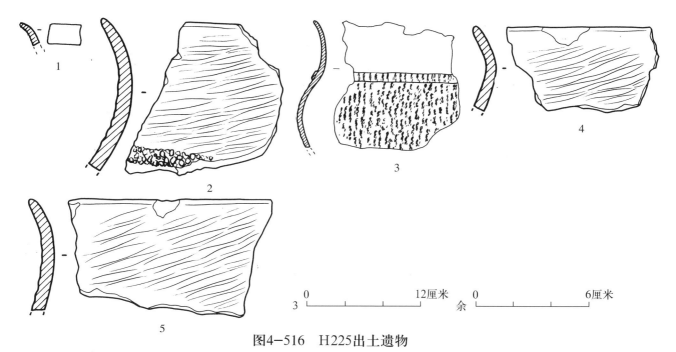

图4-516　H225出土遗物

1、2、4、5.圆腹罐H225②：1、H225④：2、H225⑤：1、2　3.花边罐H225④：1

出土少量陶片，以腹部残片为主，可辨器形有圆腹罐（表4-948、949）。

圆腹罐　2件。

标本H225⑤：1，夹砂橙黄陶。侈口，圆唇，矮领，束颈，颈部以下残。颈部饰斜向篮纹，器表有烟炱痕迹。残高4.5、残宽8.1厘米（图4-516，4）。

标本H225⑤：2，夹砂橙黄陶。侈口，圆唇，矮领，束颈，颈部以下残。颈部饰斜向篮纹，器表有烟炱痕迹。残高6.2、残宽10.6厘米（图4-516，5）。

表4-948　H225⑤层器形数量统计表

器形 \ 陶色 陶质	泥质				夹砂				合计
	红	橙黄	灰	黑	红	橙黄	灰	黑	
圆腹罐						2			2

表4-949　H225⑤层陶片统计表

纹饰 \ 陶色 陶质	泥质				夹砂				合计
	橙黄	灰	红	灰底黑彩	橙黄	灰	红	褐	
素面	7				10				17
绳纹	2				24				26
篮纹	2				10				12
麻点纹					3				3
刻划纹			1						1
绳纹＋篮纹					1				1

216. H226

H226位于Ⅱ T1101西部，开口于第③层下，被H140打破（图4-517）。平面近椭圆形，口部边缘形态明显，底部边缘形态不明显，剖面近倒梯形，斜壁，未见工具痕迹，平底。坑口南北2.52、东西1.45、坑底南北2.16、深约0.56米。坑内堆积可分两层，第①层厚0.24～0.29米，土色浅灰色，土质较疏松，水平状堆积。第②层厚0～0.30米，土色浅黄色，土质较疏松，水平状堆积。

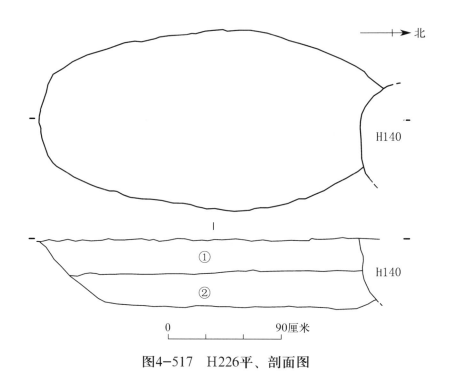

图4-517　H226平、剖面图

坑内出土少量陶片、兽骨，出土陶刀1件。陶片以陶器腹部残片为主，无可辨器形标本，所以不具体介绍，只进行陶系统计（表4-950、951）。

表4-950　H226①层陶片统计表

纹饰 \ 陶质 陶色	泥质				夹砂				合计
	橙黄	灰	红	灰底黑彩	橙黄	灰	红	褐	
篮纹	4								4
麻点纹					7				7

表4-951　H226②层陶片统计表

纹饰 \ 陶质 陶色	泥质				夹砂				合计
	橙黄	灰	红	灰底黑彩	橙黄	灰	红	褐	
篮纹	3				1				4
麻点纹					5				5
绳纹＋刻划纹					1				1

陶刀　1件。

标本H226①：1，泥质红陶。由陶器残片磨制而成，器表饰绳纹，器身近基部有由内向外钻孔，外孔径0.8、内孔径0.7厘米。单面磨刃。刃残长3.8厘米，刃角48.3°，器身残长3.8、宽4.5、厚0.7厘米（图4-518）。

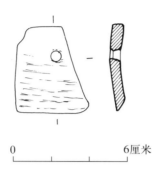

0　　　　　　　6厘米

图4-518　H226出土陶刀H226①：1

217. H227

H227位于ⅡT0807西南部，部分压于T0806东隔梁下，开口于第④层下（图4-519）。根据遗迹暴露部分推测H227平面呈椭圆形，口部边缘形态明显，底部边缘形态不明显，剖面近锅状，斜弧壁，未见工具痕迹，圜底。坑口南北1.45、东西0.30、深0.75~1.05米。坑内堆积可分两层，第①层厚0~0.20米，土色浅褐色，土质致密，包含较多红烧土，坡状堆积。第②层厚0.80米，土色深灰色，土质致密，包含大量草木灰。凹镜状堆积。

坑内出土少量陶片及少量石块，陶片以陶器腹部残片为主，无可辨器形标本，所以不具体介绍，只进行陶系统计（表4-952）。

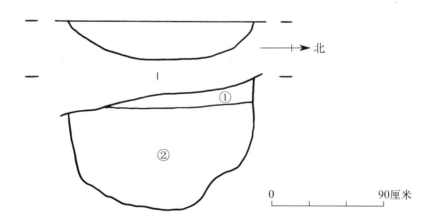

0　　　　　　　90厘米

图4-519　H227平、剖面图

表4-952　H227陶片统计表

纹饰 \ 陶色 陶质	泥质				夹砂				合计
	橙黄	灰	红	灰底黑彩	橙黄	灰	红	褐	
素面	10		2		18				30

续表

纹饰＼陶色	泥质				夹砂				合计
	橙黄	灰	红	灰底黑彩	橙黄	灰	红	褐	
绳纹	3								3
篮纹	10	2			6				18
麻点纹					31				31
附加堆纹					1				1

218. H228

H228 位于ⅡT1101 中南部，开口于第④层下，被H162、H200、H201 打破（图 4-520；彩版一九三，2）。根据遗迹现存部分推测H228 平面呈不规则状，口部边缘形态明显，底部边缘形态不明显，剖面呈不规则状，弧壁，未见工具痕迹，圜底。坑口东西 0.77、南北 1.00、深约 0.54 米。坑内堆积未分层，土色浅灰色，土质疏松，包含植物根茎、炭粒。坑内出土少量陶片、兽骨（表4-953、954）。

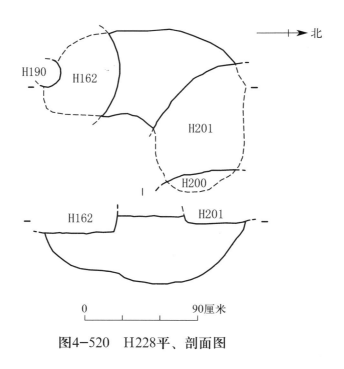

图4-520　H228平、剖面图

表4-953　H228器形数量统计表

器形＼陶色	泥质				夹砂				合计
	红	橙黄	灰	黑	红	橙黄	灰	黑	
圆腹罐						2	1		3
高领罐		1							1

表4-954　H228陶片统计表

纹饰	陶质	泥质				夹砂				合计
	陶色	橙黄	灰	红	灰底黑彩	橙黄	灰	红	褐	
素面		20	1	2						23
绳纹						1				1
篮纹		9	1			7				17
麻点纹						29				29
抹断绳纹		4								4

H228出土少量陶片，以腹部残片为主，可辨器形有圆腹罐、高领罐，另出土陶刀1件。

圆腹罐　3件。

标本H228：2，夹砂橙黄陶。侈口，圆唇，高领，束颈，颈部以下残。颈部饰竖向绳纹，绳纹有刮抹痕迹。口径14.6、残高6.6厘米（图4-521，1）。

标本H228：3，夹砂灰陶。侈口，方唇，高领，微束颈，颈部以下残。口沿外侧有一周折棱，器表饰横向篮纹。残高6.2、残宽8.4厘米（图4-521，2）。

标本H228：5，夹砂橙黄陶。侈口，圆唇，口沿以下残。素面，有烟炱。残高3.5、残宽8.5厘米（图4-521，3）。

高领罐　1件。

标本H228：4，泥质橙黄陶。喇叭口，圆唇，高领，束颈，颈部以下残。素面磨光。残高3.8、残宽6.7厘米（图4-521，4）。

陶刀　1件。

标本H228：1，泥质橙黄陶。残长近方形，素面，平基部，双面刃，刃较圆钝。刃残长4.3厘米，刃角35°，器身残长4.6、宽3.9厘米（图4-521，5）。

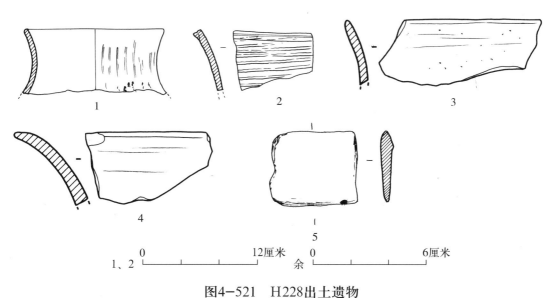

图4-521　H228出土遗物

1～3.圆腹罐H228：2、3、5　4.高领罐H228：4　5.陶刀H228：1

219. H229

H229 位于Ⅲ T1105 东北部，开口于第④层下，被H143 打破（图 4-522；彩版一九四，1）。根据遗迹现存部分推测H229 平面呈椭圆形，口部边缘形态明显，底部边缘形态明显，剖面呈袋状，斜直壁，未见工具痕迹，平底。坑口南北 1.35、东西 1.17、坑底东西 1.36、深 0.69～0.75 米。坑内堆积未分层，土色灰色，土质较质密，包含炭粒，水平状堆积。

坑内出土少量陶片、兽骨，陶片以腹部残片为主，可辨器形有盆（表 4-955、956）。

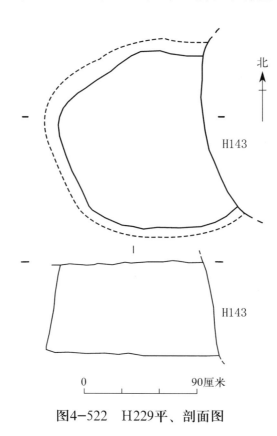

图 4-522　H229 平、剖面图

表4-955　H229器形数量统计表

器形 \ 陶色 (陶质)	泥质				夹砂				合计
	红	橙黄	灰	黑	红	橙黄	灰	黑	
盆		1							1

表4-956　H229陶片统计表

纹饰 \ 陶色 (陶质)	泥质				夹砂				合计
	橙黄	灰	红	灰底黑彩	橙黄	灰	红	褐	
素面	5		3		3		1		12
绳纹	1				1				2
麻点纹					4				4

盆　1件。

标本H229：1，泥质橙黄陶。敞口，斜沿，尖唇，斜直腹，平底。腹部饰斜向篮纹，内壁素面磨光。口径28、高7.8、底径10.8厘米（图4-523；彩版一九四，2）。

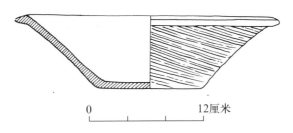

图4-523　H229出土陶盆H229①：1

220. H230

H230位于ⅡT0908内南部，部分延伸至南壁内及T1007北隔梁下，开口于第⑤层下（图4-524）。根据遗迹暴露部分推测H230平面呈椭圆形，口部边缘形态较明显，底部边缘形态不明显，剖面呈锅状，斜弧壁，未见工具痕迹。圜底。坑口东西3.25、南北1.60、坑深1.45～1.70米。坑内堆积可分三层，第①层厚0.05～0.20米，土色深褐色，土质致密，包含少量红烧土，水平状堆积。第②层厚0.40～0.55米，土色深灰色，土质致密，包含草木灰，水平状堆积。第③层厚0～0.87米，土色浅灰色，土质疏松，凹镜状堆积。

坑内出土少量陶片。

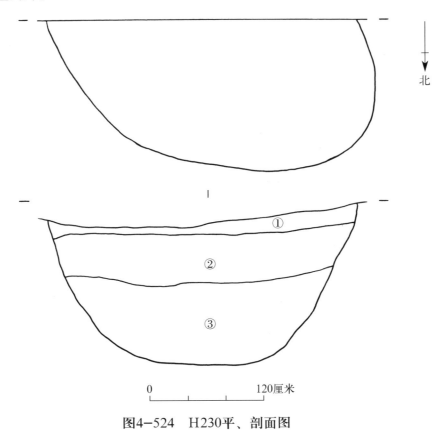

图4-524　H230平、剖面图

（1）H230②层

出土少量陶片，以腹部残片为主，可辨器形有圆腹罐、花边罐（表4-957、958）。

表4-957　H230②层器形数量统计表

陶质	泥质				夹砂				合计
器形 陶色	红	橙黄	灰	黑	红	橙黄	灰	黑	
圆腹罐						1			1
花边罐						1			1

表4-958　H230②层陶片统计表

陶质	泥质				夹砂				合计
纹饰 陶色	橙黄	灰	红	灰底黑彩	橙黄	灰	红	褐	
素面	3	1			6				10
绳纹		1			1				2
篮纹	1				1				2
麻点纹					10				10
刻划纹						1			1
篮纹＋绳纹					1				1

圆腹罐　1件。

标本H230②：1，夹砂橙黄陶。侈口，圆唇，矮领，束颈，颈部以下残。颈部饰麻点纹，器表有烟炱痕迹。残高5.2、残宽3.8厘米（图4-525，1）。

花边罐　1件。

标本H230②：2，夹砂橙黄陶。侈口，圆唇，矮领，束颈，颈部以下残。颈部饰一周附加泥条，泥条经手指按压呈波状，器表有烟炱痕迹。残高4.4、残宽5.6厘米（图4-525，2）。

（2）H230③层

出土少量陶片，以腹部残片为主，可辨器形有高领罐（表4-959、960）。

表4-959　H230③层器形数量统计表

陶质	泥质				夹砂				合计
器形 陶色	红	橙黄	灰	黑	红	橙黄	灰	黑	
高领罐		1							1

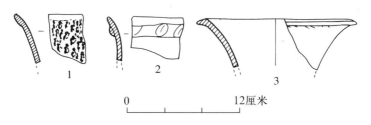

0　　　　　　　　12厘米

图4-525　H230出土遗物

1.圆腹罐H230②：1　2.花边罐H230②：2　3.高领罐H230③：1

表4-960　H230③层陶片统计表

纹饰＼陶质/陶色	泥质				夹砂				合计
	橙黄	灰	红	灰底黑彩	橙黄	灰	红	褐	
素面	4				2				6
篮纹	5	1			1				7
麻点纹					18		3		21

高领罐　1件。

标本H230③：1，泥质橙黄陶。喇叭口，平沿，尖唇，高领，束颈，颈部以下残。素面。口径16.8、残高5.4厘米（图4-525，3）。

221. H231

H231位于ⅡT0807内西部，部分被压于西壁下，开口于第④层下，被H227、H216打破（图4-526）。根据遗迹暴露部分推测H231平面呈椭圆形，口部边缘形态明显，底部边缘形态不明显，剖面呈锅状，斜直壁，未见工具痕迹。坑底凹凸不平。坑口南北3.05、东西1.30、坑深0.74～1.06米。坑内堆积可分四层，第①层厚0.05～0.15米，土色浅褐色，土质致密，包含大量红烧土，基本水平状堆积。第②层厚0～0.37米，土色深灰色，土质致密，坡状堆积。第③层厚0.14～0.23米，土色浅灰，土质致密，包含有红烧土，坡状堆积。第④层厚0.20～0.30米，土色浅褐色，土质致密，包含大量草木灰及红烧土、炭粒，坡状堆积。

坑内出土大量陶片及少量石块、兽骨，陶片以腹部残片为主，可辨器形有花边罐、高领罐、斝、器盖，另出土石斧1件（表4-961、962）。

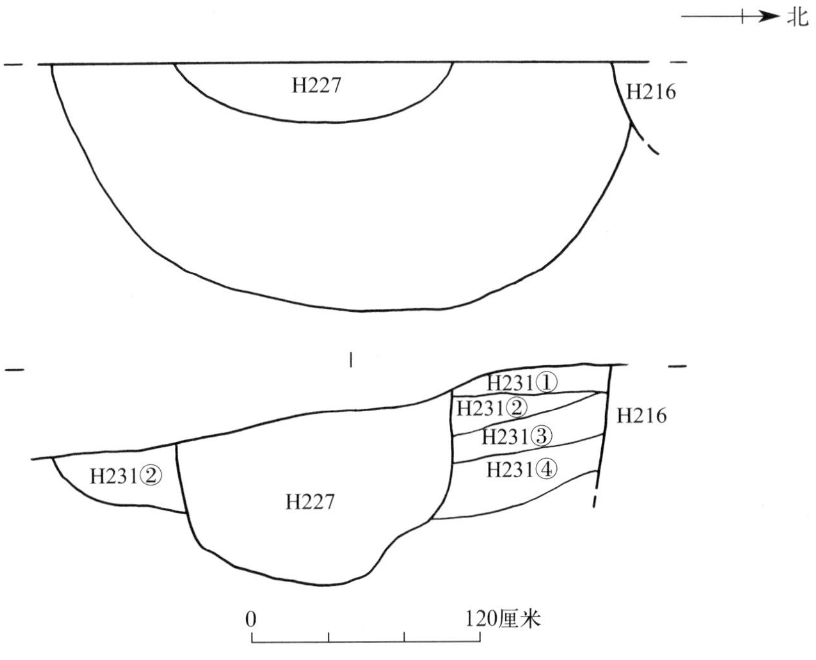

图4-526　H231平、剖面图

表4-961　　H231①层器形数量统计表

器形	陶质 陶色	泥质				夹砂				合计
		红	橙黄	灰	黑	红	橙黄	灰	黑	
花边罐						1				1
高领罐			1							1
斝							2			2

表4-962　　H231①层陶片统计表

纹饰	陶质 陶色	泥质				夹砂				合计
		橙黄	灰	红	灰底 黑彩	橙黄	灰	红	褐	
素面		16	1	1		5	1			24
绳纹						7				7
篮纹		17	1	2			1			21
麻点纹						26				26
交错篮纹		1								1
附加堆纹＋麻点纹						1				1
篮纹＋麻点纹						1				1
附加堆纹						2				2

　　花边罐　1件。

　　标本H231①：4，夹砂红陶。侈口，圆唇，矮领，微束颈，颈部以下残。颈部饰一周附加堆泥条，泥条经手指按压呈波状。残高4.8、残宽9.6厘米（图4-527，1）。

　　高领罐　1件。

　　标本H231①：3，泥质橙黄陶。喇叭口，圆唇，高领，束颈，溜肩，腹部残。颈部素面有刮抹痕迹，下颈部饰一周戳印纹。口径20、残高7.8厘米（图4-527，2）。

　　斝　2件。

　　标本H231①：5，夹砂橙黄陶。敛口，内折沿，方唇，上腹直，下腹残。口沿外侧有数道凹槽，上腹饰一周附加泥条，泥条经手指按压呈波状，泥条下饰竖向篮纹。残高4.2、残宽4.8厘米（图4-527，3）。

　　标本H231①：6，夹砂橙黄陶。牛角状空心足。素面，器表有烟炱痕迹。残高4.6、残宽4厘米（图4-527，4）。

　　器盖　1件。

　　标本H231①：2，泥质灰陶。呈伞状，柄残，敞口，尖唇，斜直盖面。素面磨光，其内壁口沿处修整刮抹痕迹明显，直径11.5、残高4厘米（图4-527，5；彩版一九四，3）。

　　石斧　1件。

　　标本H231①：1，石英岩。器身为长方形，呈梯状，器表粗磨，器表及刃部均有使用过程中留下的疤痕。器身残长13.3、宽6.5、厚4.66厘米（图4-527，6；彩版一九四，4）。

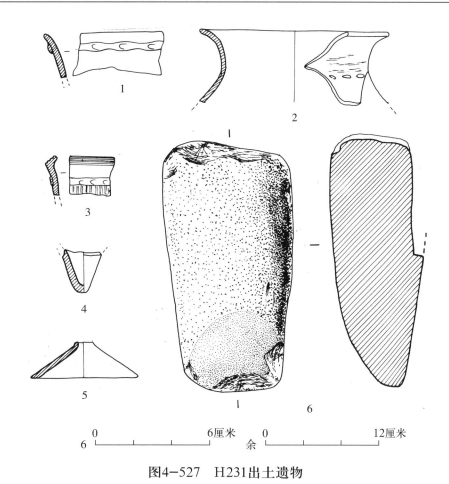

图4-527 H231出土遗物

1.花边罐H231①：4 2.高领罐H231①：3 3、4.罕H231①：5、6 5.器盖H231①：2 6.石斧H231①：1

222. H232

H232位于ⅡT0807西南角，部分被压于西壁下，开口于第④层下，被H227打破（图4-528）。根据遗迹暴露部分推测H232平面近圆形，口部边缘形态明显，底部边缘形态明显，剖面呈袋状，斜直壁，未见工具痕迹，平底。坑口南北1.15、东西0.60、坑底南北1.58、坑深1.43～1.65米。坑内堆积可分七层，第①层厚0.06～0.32米，土色浅褐色，土质致密，包含少量红烧土颗粒，坡状堆积。第②层厚0.12～0.28米，土色深灰色，土质致密，包含炭粒，坡状堆积。第③层厚0.10～0.40米，土色深灰色，土质疏松，包含炭粒、红烧土颗粒，坡状堆积。第④层厚0～0.20米，土色浅黄色，土质疏松，包含红烧土、炭粒，坡状堆积。第⑤层厚0.14～0.65米，土色深灰色，土质疏松，包含红烧土、炭粒，坡状堆积。第⑥层厚0～0.32米，土色浅灰色，土质疏松，包含草木灰、红烧土、炭粒，坡状堆积。第⑦层厚0.19～0.32米，土色深灰色，土质疏松，包含大量草木灰、红烧土、炭粒，坡状堆积。

坑内出土较多陶片及少量石块、兽骨，陶片以腹部残片为主，可辨器形有圆腹罐、花边罐、盆（表4-963、964）。

圆腹罐 2件。

标本H232①：1，夹砂橙黄陶。侈口，圆唇，矮领，束颈，上腹斜，下腹残。颈部素面，有

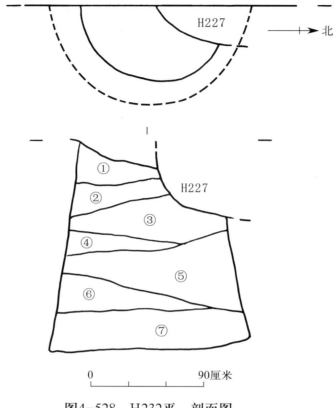

图4-528 H232平、剖面图

一泥饼，上腹饰竖向绳纹。口径8.4、残高4.4厘米（图4-529，1）。

标本H232①：3，泥质橙黄陶。上腹残，下腹斜弧，平底内凹。素面。残高5.6、底径11.2厘米（图4-529，2）。

表4-963　H232①层器形数量统计表

器形＼陶色＼陶质	泥质				夹砂				合计
	红	橙黄	灰	黑	红	橙黄	灰	黑	
圆腹罐		1				1			2
花边罐						1			1
盆		2							2

表4-964　H232①层陶片统计表

纹饰＼陶色＼陶质	泥质				夹砂				合计
	橙黄	灰	红	灰底黑彩	橙黄	灰	红	褐	
素面	6		6		14				26
绳纹	2	2			4				8
篮纹	8	1	9						18
麻点纹					24		2		26
附加堆纹					1		1		2

花边罐　1件。

标本H232①：2，夹砂橙黄陶。侈口，圆唇，矮领，微束颈，上腹斜，下腹残。口沿外侧饰一周附加泥条，泥条经手指按压呈波状，颈部素面，上腹饰竖向绳纹。口径12.2、残高5.4厘米（图4-529，3）。

盆　2件。

标本H232①：4，泥质橙黄陶。敞口，平沿，圆唇，斜直腹，底残。器表素面。残高3.4、残宽5.2厘米（图4-529，4）。

标本H232①：5，泥质橙黄陶。敞口，宽平沿，圆唇，口沿以下残。沿下有按压痕迹。残高2、残宽13.8厘米（图4-529，5）。

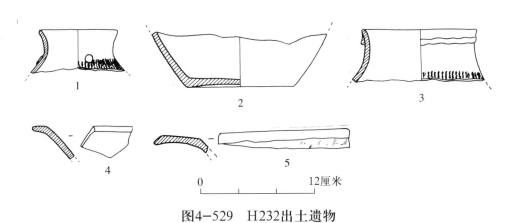

图4-529　H232出土遗物

1、2.圆腹罐H232①：1、3　3.花边罐H232①：2　4、5.盆H232①：4、5

223. H233

H233位于ⅡT0807中部，开口于第④层下，被H219、H227、H231打破（图4-530）。根据遗迹现存部分推测H233平面呈椭圆形，口部边缘形态明显，底部边缘形态明显，剖面呈袋状，斜直壁，未见工具痕迹，在坑壁西北角上距坑底0.40米处，有一壁龛，口东西长0.58、高0.50米，进深20～26厘米，拱形顶。平底。坑口南北1.84、东西1.16、坑底南北2.45、东西2.72、坑深0.66～1.54米。坑内堆积未分层，土色深褐色，土质致密，包含有大量的红烧土颗粒、草木灰，水平状堆积。

坑内出土大量陶片及少量石块、兽骨，陶片以腹部残片为主，可辨器形有圆腹罐、花边罐、敛口罐、盆（表4-965、966）。

表4-965　H233器形数量统计表

器形 \ 陶质 陶色	泥质				夹砂				合计
	红	橙黄	灰	黑	红	橙黄	灰	黑	
圆腹罐					1	2			3
花边罐						4			4
敛口罐		1							1
盆		3							3

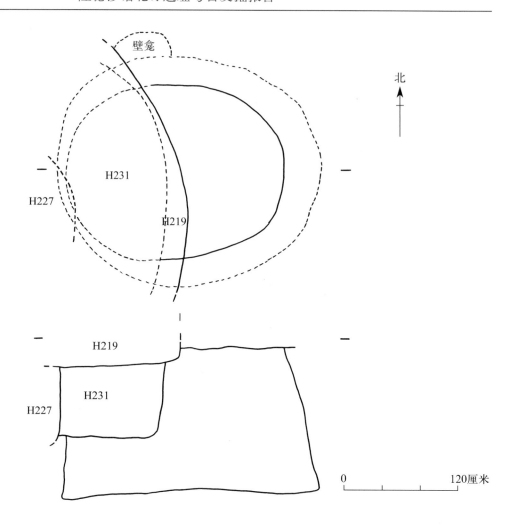

图4-530　H233平、剖面图

表4-966　H233陶片统计表

纹饰 ＼ 陶质/陶色	泥质				夹砂				合计
	橙黄	灰	红	灰底黑彩	橙黄	灰	红	褐	
素面	16				6				22
绳纹	1				4				5
篮纹	7	1		4	3				15
麻点纹					31				31
附加堆纹					1				1
篮纹＋绳纹					2				2
附加堆纹＋绳纹					1		2		3

圆腹罐　3件。

标本H233：1，夹砂橙黄陶。侈口，圆唇，矮领，束颈，上腹圆，下腹残。颈部素面，上腹饰麻点纹，器表有烟炱痕迹。残高11、残宽12.2厘米（图4-531，1）。

标本H233：8，夹砂红陶。上腹残，下腹圆弧，平底内凹。下腹饰麻点纹，底面饰席纹。残高5、底径6厘米（图4-531，2）。

标本H233：9，夹砂橙黄陶。侈口，圆唇，高领，束颈，上腹斜，下腹残。颈部素面，上腹饰麻点纹。残高6.6、残宽13.8厘米（图4-531，3）。

花边罐　4件。

标本H233：2，夹砂橙黄陶。侈口，尖唇，矮领，束颈，颈部以下残。口沿外侧饰一周附加泥条，泥条经手指按压呈波状，下颈部饰麻点纹，器表有烟炱痕迹。口径14、残高5.2厘米（图4-531，4）。

标本H233：3，夹砂橙黄陶。侈口，尖唇，矮领，束颈，上腹弧，下腹残。口沿外侧饰一周附加泥条，泥条经手指按压呈波状，上腹饰麻点纹。口径13.4、残高7厘米（图4-531，5）。

标本H233：10，夹砂橙黄陶。侈口，尖唇，矮领，束颈，颈部以下残。口沿外侧饰一周附加泥条，泥条经手指按压呈波状，颈部饰斜向篮纹。残高4.8、残宽3.8厘米（图4-531，6）。

标本H233：11，夹砂橙黄陶。侈口，圆唇，矮领，束颈，上腹斜，下腹残。口沿外侧饰一周附加泥条，泥条经手指按压呈波状，颈部与腹部饰斜向绳纹。残高5.8、残宽4.6厘米（图

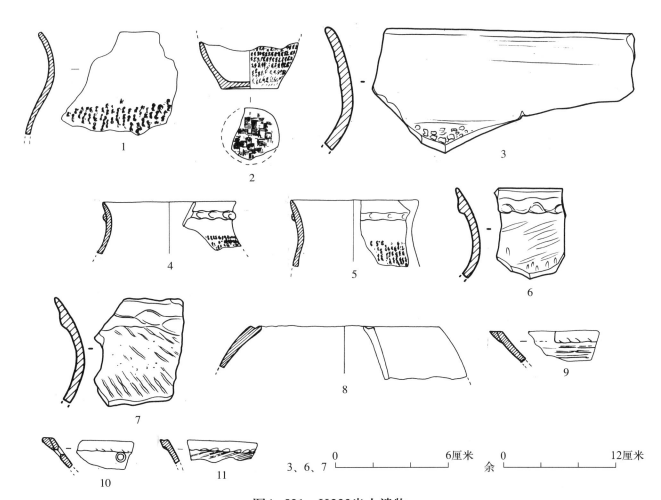

图4-531　H233出土遗物

1～3.圆腹罐H233：1、8、9　4～7.花边罐H233：2、3、10、11　8.敛口罐H233：4　9～11.盆H233：5～7

4–531，7）。

敛口罐　1件。

标本H233：4，泥质橙黄陶。敛口，双唇，上腹圆，下腹残。素面磨光。口径20、残高5.6厘米（图4–531，8）。

盆　3件。

标本H233：5，泥质橙黄陶。敞口，窄平沿，尖唇，斜腹微弧，底残。口沿外侧饰一周附加泥条，泥条经手指按压呈波状，腹部饰横向篮纹。残高3.2、残宽7.4厘米（图4–531，9）。

标本H233：6，泥质橙黄陶。敞口，窄平沿，圆唇，斜直腹，底残。口沿外侧饰一周附加泥条，泥条经手指按压呈波状，有一钻孔，腹部饰横向篮纹。残高3、残宽6厘米（图4–531，10）。

标本H233：7，泥质橙黄陶。敞口，方唇，斜直腹，底残。口沿外侧饰一周附加泥条，泥条之上饰戳印纹，腹部饰斜向篮纹。残高2.4、残宽7.2厘米（图4–531，11）。

224. H234

H234位于ⅡT0807西南部，部分被压于西壁下，开口于第④层下，被H227、H232、H233打破（图4–532）。遗迹现存部分平面呈不规则状，口部边缘形态明显，底部边缘形态较明显，剖面近筒状，近直壁，未见工具痕迹，平底。坑口南北1.50、东西0.40～0.75、坑深0.50～0.90米。坑内堆积可分六层，第①层厚0.10～0.15米，土色深褐色，土质致密，包含少量红烧土颗粒，水平状堆积。第②层厚0.06～0.10米，土色黑色，土质致密，包含草木灰，水平状堆积。第③层厚0～0.16米，土色浅黄色，土质疏松，包含炭粒、红烧土粒，坡状堆积。第④层厚0.15～0.30米，土色深褐色，土质致密，包含红烧土、炭粒，坡状堆积。第⑤层厚0.15～0.35米，土色深灰色，

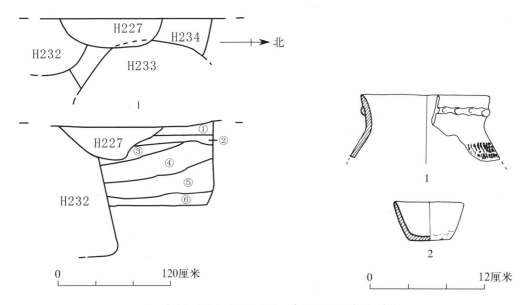

图4–532　H234平、剖面图及出土遗物

1.花边罐H234①：2　2.杯H234①：1

土质疏松，包含草木灰、红烧土、炭粒，坡状堆积。第⑥层厚9～15米，土色浅褐色，土质致密，包含大量草木灰、红烧土、炭粒，水平状堆积（表4-967、968）。

表4-967　H234①层器形数量统计表

器形 / 陶质 / 陶色	泥质				夹砂				合计
	红	橙黄	灰	黑	红	橙黄	灰	黑	
花边罐						1			1
杯		1							1

表4-968　H234①层陶片统计表

纹饰 / 陶质 / 陶色	泥质				夹砂				合计
	橙黄	灰	红	灰底黑彩	橙黄	灰	红	褐	
素面	2				1		1		4
绳纹					1				1
篮纹	3								3
麻点纹					2				2

坑内出土大量陶片及少量石块、兽骨，陶片以腹部残片为主，可辨器形有花边罐、杯。

花边罐　1件。

标本H234①：2，夹砂橙黄陶。侈口，尖唇，矮领，微束颈，上腹斜，下腹残。颈部饰一周附加泥条，泥条经手指按压呈波状，上腹饰麻点纹。口径13.4、残高7.2厘米（图4-532，1）。

杯　1件。

标本H234①：1，泥质灰陶。敞口，尖唇，斜直腹，平底。素面。口径7.2、高4、底径4.2厘米（图4-532，2）。

225. H235

H235位于ⅢT1304东南部，开口于第⑦层下（图4-533）。平面呈圆形。口部边缘形态明显，底部边缘形态明显，剖面呈袋状，斜直壁，未见工具痕迹，平底。坑口东西1.88、南北1.80、坑底东西2.15、深约1.65米。坑内堆积可分三层，第①层厚0.40米，土色浅灰色，土质较疏松，包含红烧土颗粒和炭粒，水平状堆积。第②层厚0.60米，土色浅灰色，土质疏松，包含炭粒、红烧土颗粒，水平状堆积。第③层厚0.65米，土色浅黄色，土质较疏松，水平状堆积。

H235①层出土少量陶片，以陶器腹部残片为主，无可辨器形标本，所以不具体介绍，只进行陶系统计（表4-969）。

表4-969　H235①层陶片统计表

纹饰 / 陶质 / 陶色	泥质				夹砂				合计
	橙黄	灰	红	灰底黑彩	橙黄	灰	红	褐	
素面	2	1	1						4

续表

纹饰＼陶色＼陶质	泥质				夹砂				合计
	橙黄	灰	红	灰底黑彩	橙黄	灰	红	褐	
篮纹	2								2
麻点纹					3				3

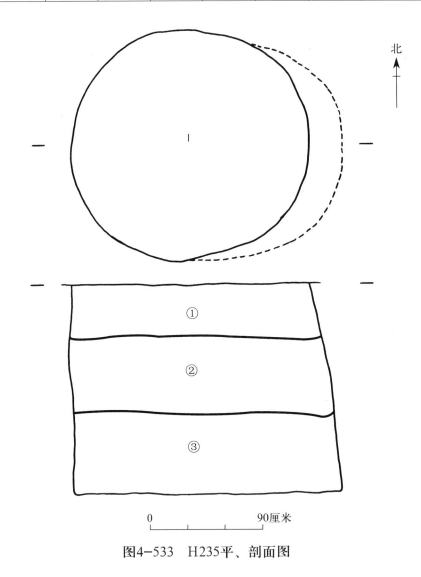

图4-533　H235平、剖面图

226. H236

H236位于ⅢT1304西南部，开口于第⑦层下（图4-534）。平面近圆形，口部边缘形态明显，底部边缘形态明显，剖面呈筒状，直壁，未见工具痕迹，平底。坑口南北1.02、东西0.94、深0.50米。坑内堆积未分层，土色浅黄色，土质较疏松，包含红烧土颗粒和炭粒，坑状堆积。

坑内出土较多陶片，陶片以腹部残片为主，可辨器形有圆腹罐、单耳罐、双耳罐、敛口罐、盆、器盖，另出土骨锥1件（表4-970、971）。

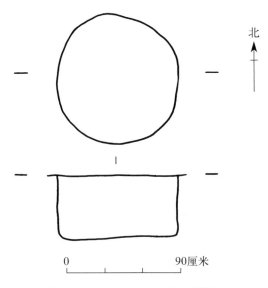

北

0　　　　　　　90厘米

图4-534　H236平、剖面图

表4-970　H236器形数量统计表

器形＼陶质／陶色	泥质				夹砂				合计
	红	橙黄	灰	黑	红	橙黄	灰	黑	
圆腹罐		1				4			5
单耳罐		1							1
双耳罐						3			3
敛口罐			1						1
盆	1								1
器盖	1					1			2

表4-971　H236陶片统计表

纹饰＼陶质／陶色	泥质				夹砂				合计
	橙黄	灰	红	灰底黑彩	橙黄	灰	红	褐	
素面	29	10	12		24		4		79
绳纹			2		12				14
篮纹	21	4	6		6		5		42
麻点纹					55		4		59
篮纹＋麻点纹					2		1		3
篮纹＋绳纹					1				1
交错篮纹	1		5						6

圆腹罐　5件。

标本H236：3，夹砂橙黄陶。侈口，圆唇，矮领，微束颈，圆腹，平底。颈部素面，颈腹间饰一周附加泥条，泥条经手指按压呈波状，腹部饰麻点纹。口径9.6、高16.2、底径8.4厘米（图

4-535，1；彩版一九五，1）。

　　标本H236：7，夹砂橙黄陶。侈口，圆唇，高领，束颈，颈部以下残。颈部素面。口径18.6、残高8.4厘米（图4-535，2）。

　　标本H236：8，夹砂橙黄陶。侈口，圆唇，矮领，束颈，上腹斜弧，下腹残。颈部饰横向篮

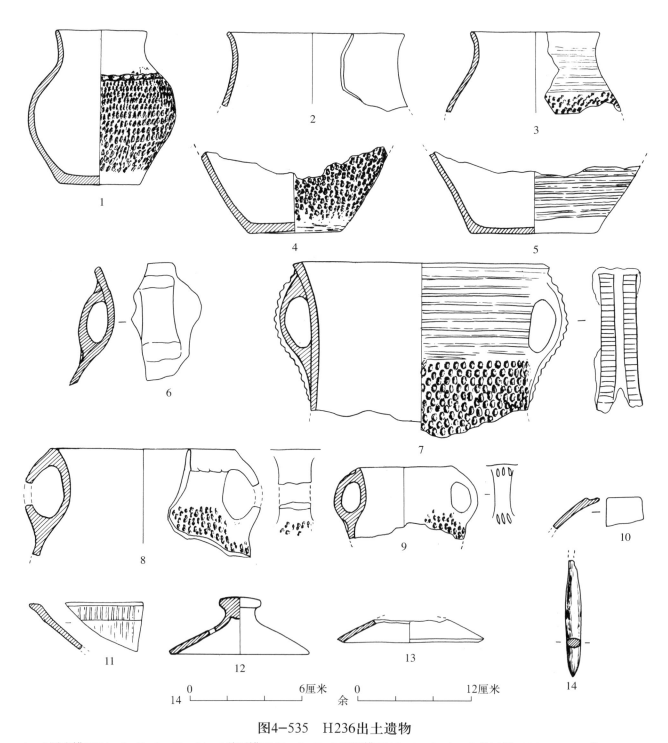

图4-535　H236出土遗物

1~5.圆腹罐H236：3、7、8、13、14　6.单耳罐H236：9　7~9.双耳罐H236：4、5、6　10.敛口罐H236：10　11.盆H236：12
12、13.器盖H236：2、11　14.骨锥H236：1

纹，腹部饰麻点纹，器表有烟炱痕迹。口径 13.4、残高 8.6 厘米（图 4-535，3）。

标本H236：13，夹砂橙黄陶。上腹残，下腹斜弧，平底内凹。下腹饰麻点纹。残高 8.8、底径 9.6 厘米（图 4-535，4）。

标本H236：14，泥质橙黄陶。上腹残，下腹斜弧，平底。下腹饰横向篮纹。残高 8.8、底径 13.2 厘米（图 4-535，5）。

单耳罐　1件。

标本H236：9，泥质橙黄陶。侈口，方唇，高领，束颈，上腹斜弧，下腹残。拱形单耳。器表素面。残高 12.4、残宽 7.4 厘米（图 4-535，6）。

双耳罐　3件。

标本H236：4，夹砂橙黄陶。侈口，方唇，高领，微束颈，颈部以下残。拱形双耳。耳面饰两条竖向附加泥条呈齿轮状，颈部饰横向篮纹，腹部饰麻点纹，器表有烟炱痕迹。口径 26.8、残高 18.4 厘米（图 4-535，7）。

标本H236：5，夹砂橙黄陶。侈口，圆唇，矮领，束颈，上腹圆，下腹残。拱形双耳。口沿外侧饰一周折棱，颈部素面，上腹饰麻点纹。口径 19.6、残高 11.2 厘米（图 4-535，8）。

标本H236：6，夹砂橙黄陶。侈口，圆唇，矮领，束颈，上腹圆，下腹残。拱形双耳。耳面上下两端饰戳印纹，颈部素面，腹部饰麻点纹，器表有烟炱痕迹。口径 10、残高 7.6 厘米（图 4-535，9）。

敛口罐　1件。

标本H236：10，泥质灰陶。敛口，双唇，上腹圆，下腹残。器表素面磨光。残高 3、残宽 4 厘米（图 4-535，10）。

盆　1件。

标本H236：12，泥质红陶。敞口，平沿，圆唇，斜弧腹，底残。口沿外侧有一周折棱，折棱之上饰竖向篮纹，内壁素面磨光。残高 5.2、残宽 8.2 厘米（图 4-535，11）。

器盖　2件。

标本H236：2，泥质红陶。呈伞状，圆形平底柄，敞口，方唇，斜直盖面。器表素面磨光且有刮抹痕迹，盖面有一椭圆形孔，孔直径 1 厘米。器表有烟炱痕迹，直径 14.8、残高 6 厘米（图 4-535，12；彩版一九五，2）。

标本H236：11，夹砂橙黄陶。柄部残，斜弧盖面，敞口，方唇。盖面素面。直径 15.4、残高 2.4 厘米（图 4-535，13）。

骨锥　1件。

标本H236：1，动物骨骼磨制而成，整体呈圆柱状，中腰至柄部残，中腰至尖部渐收磨制呈尖，截断面呈椭圆形。残长 6.1、直径 0.8 厘米（图 4-535，14；彩版一九五，3）。

227. H237

H237 位于 ⅢT1304 南部，开口于第⑦层下，被H235 打破（图 4-536）。根据遗迹现存部分推测H237 平面近圆形，口部边缘形态明显，底部边缘形态明显，剖面呈袋状，斜直壁，未见工具痕

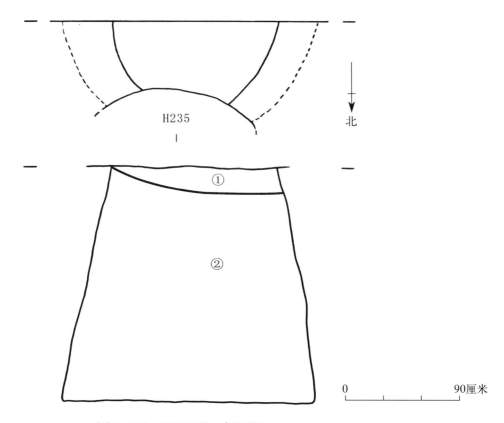

图4-536　H237平、剖面图

迹，平底。坑口东西1.30、南北0.65、坑底东西2.00、深1.85米。坑内堆积可分两层，第①层厚0～0.20米，土色浅灰色，土质较疏松，包含红烧土颗粒、炭粒，坡状堆积。第②层厚1.65～1.85米，土色浅褐色，土质疏松，包含炭粒、红烧土颗粒，坡状堆积。

坑内出土少量陶片。

（1）H237①层

出土少量陶片，以腹部残片为主，可辨器形有圆腹罐、花边罐、双耳罐，另出土石刀1件（表4-972、973）。

表4-972　H237①层器形数量统计表

器形 \ 陶质 陶色	泥质				夹砂				合计
	红	橙黄	灰	黑	红	橙黄	灰	黑	
圆腹罐						2			2
花边罐							1		1
双耳罐			1						1

表4-973　H237①层陶片统计表

纹饰 \ 陶质 陶色	泥质				夹砂				合计
	橙黄	灰	红	灰底黑彩	橙黄	灰	红	褐	
素面	7	2			4				13

续表

纹饰 ＼ 陶质 ＼ 陶色	泥质				夹砂				合计
	橙黄	灰	红	灰底黑彩	橙黄	灰	红	褐	
绳纹					15		4		19
篮纹	7	2	1	10			1		21
麻点纹					12				12
刻划纹					1				1
篮纹＋麻点纹					2				2

圆腹罐　2件。

标本H237①：1，夹砂橙黄陶。侈口，圆唇，高领，微束颈，圆腹，平底内凹，颈部有竖向刮抹痕迹，腹部饰麻点纹。口径14.4、高20、底径9.4厘米（图4-537，1；彩版一九五，4）。

标本H237①：3，夹砂橙黄陶。侈口，圆唇，高领，束颈，颈部以下残。颈部饰横向篮纹，器表有烟炱痕迹。口径16.2、残高5.8厘米（图4-537，2）。

花边罐　1件。

标本H237①：4，夹砂灰陶。侈口，圆唇，矮领，束颈，颈部以下残。口沿外侧饰一周附加堆泥条呈斜凸棱状，颈部素面。口径11、残高4.2厘米（图4-537，3）。

双耳罐　1件。

标本H237①：5，泥质灰陶。侈口，圆唇，矮领，束颈，上腹圆，下腹残。拱形双耳。素面。残高6.4、残宽5.8厘米（图4-537，4）。

石刀　1件。

标本H237①：2，残，页岩。平基部，单面磨刃。刃残长2厘米，刃角37°，器身残长3.2、

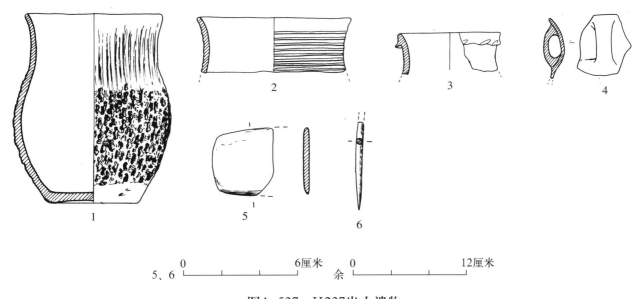

图4-537　H237出土遗物

1、2.圆腹罐H237①：1、3　3.花边罐H237①：4　4.双耳罐H237①：5　5.石刀H237①：2　6.骨锥H237②：1

宽 3.6 厘米 (图 4-537, 5)。

(2) H237②层

出土骨锥 1 件。

骨锥　1 件。

标本 H237②：1，动物骨骼磨制而成，呈圆柱状，柄部残，中腰至尖端渐收磨成尖。残长 4.6、直径 0.3 厘米 (图 4-537, 6; 彩版一九五, 5)。

228. H238

H238 位于Ⅲ T1304 西南部，开口于第⑦层下，被 H237 打破 (图 4-538)。根据遗迹现存部分推测 H238 平面近圆形，口部边缘形态明显，底部边缘形态不明显，剖面呈筒状，近直壁，未见工具痕迹，平底。坑口东西 1.30、南北 0.70、坑底南北 0.50、深 1.75 米。坑内堆积可分五层，第①层厚 0.25~0.45 米，土色浅褐色，土质较疏松，包含红烧土颗粒、炭粒，坡状堆积。第②层厚

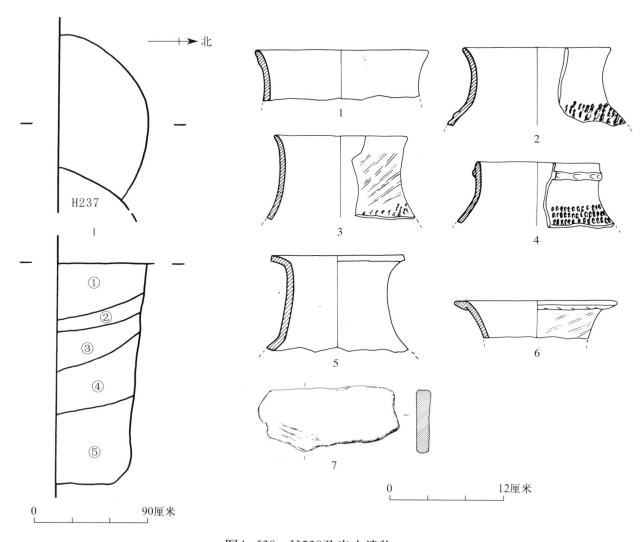

图 4-538　H238 及出土遗物

1~3.圆腹罐 H238①：1~3　4.花边罐 H238①：4　5、6.高领罐 H238①：5、6　7.磨石 H238②：1

0.09～0.16 米，土色灰色，土质疏松，包含炭粒、红烧土颗粒，坡状堆积。第③层厚 0.14～0.31 米，土色浅褐色，土质较疏松，坡状堆积。第④层厚 0.34～0.50 米，土色浅灰色，土质较疏松，包含炭粒、红烧土颗粒，坡状堆积。第⑤层厚 0.54～0.60 米，土色深褐色，土质较疏松，坡状堆积。

坑内出土少量陶片。

（1）H238①层

出土少量陶片，以腹部残片为主，可辨器形有圆腹罐、花边罐、高领罐（表4-974、975）。

表4-974　H238①层器形数量统计表

器形 ＼ 陶质·陶色	泥质				夹砂				合计
	红	橙黄	灰	黑	红	橙黄	灰	黑	
圆腹罐					1	2			3
花边罐						1			1
高领罐	1	1							2

表4-975　H238①层陶片统计表

纹饰 ＼ 陶质·陶色	泥质				夹砂				合计
	橙黄	灰	红	灰底黑彩	橙黄	灰	红	褐	
素面	4	1	1		1				7
篮纹	5				2				7
麻点纹					8				8
附加堆纹	1								1
交错篮纹					1				1

圆腹罐　3件。

标本H238①：1，夹砂橙黄陶。侈口，圆唇，矮领，束颈，颈部以下残。颈部素面。口径 18.2、残高 5.2 厘米（图 4-538，1）。

标本H238①：2，夹砂红陶。侈口，圆唇，高领，束颈，上腹圆，下腹残。颈部素面，上腹饰麻点纹，器表有烟炱痕迹。口径 15.6、残高 8.2 厘米（图 4-538，2）。

标本H238①：3，夹砂橙黄陶。侈口，圆唇，高领，束颈，上腹斜，下腹残。颈部饰斜向篮纹，上腹饰麻点纹。口径 14、残高 8.8 厘米（图 4-538，3）。

花边罐　1件。

标本H238①：4，夹砂橙黄陶。微侈口，圆唇，矮领，束颈，上腹斜，下腹残。口沿外侧饰一周附加泥条，泥条经手指按压呈波状，颈部素面，上腹饰麻点纹。口径 12.8、残高 6.8 厘米（图 4-538，4）。

高领罐　2件。

标本H238①：5，泥质红陶。侈口，方唇，高领，束颈，颈部以下残。器身通体素面磨光。口径 14、残高 10.2 厘米（图 4-538，5）。

标本H238①：6，泥质橙黄陶。侈口，圆唇，高领，束颈，颈部以下残。口沿外侧饰一周折棱，颈部饰斜向篮纹。口径17、残高4厘米（图4-538，6）。

（2）H238②层

出土磨石1件。

磨石　1件。

标本H238②：1，石英岩。残存近长方形，器身磨痕较明显。残长15、残宽6.8、厚1.5厘米（图4-538，7）。

229. H239

H239位于ⅢT1304西南部，部分延伸至T1305探方内，开口于第⑦层下。被H235、H236、H237、H238打破（图4-539）。遗迹现存部分平面呈不规则状，口部边缘形态明显，底部边缘形态不明显，剖面呈不规则状，壁面凹凸不平，未见工具痕迹，底部东高西低呈坡状。坑口南北4.17、东西4.84、坑底东西2.90、深1.32～2.34米。坑内堆积可分九层，第①层厚0.12～0.72米，土色浅灰色，土质较疏松，包含红烧土颗粒、炭粒，坡状堆积。第②层厚0.10～0.42米，土色浅

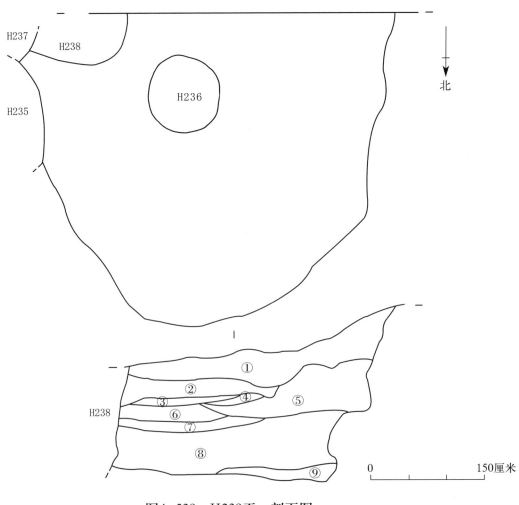

图4-539　H239平、剖面图

灰色，土质疏松，包含炭粒、红烧土颗粒，坡状堆积。第③层厚0～0.10米，土色灰色，土质较疏松，凹镜状堆积。第④层厚0～0.12米，土色浅黄色，土质较疏松，包含炭粒、红烧土颗粒，凹镜状堆积。第⑤层厚0.02～0.69米，土色灰色，土质较疏松，不规则状堆积。第⑥层厚0～0.22米，土色浅灰色，土质较疏松，包含炭粒、红烧土颗粒，坡状堆积。第⑦层厚0～0.15米，土色浅黄色，土质较疏松，凹镜状堆积。第⑧层厚0.55～0.72米，土色褐色，土质较疏松，坡状堆积。第⑨层厚0～0.24米，土色浅黄色，土质较疏松，坡状堆积。

坑内出土较多陶片及少量石块、兽骨。

（1）H239①层

出土少量陶片，以腹部残片为主，可辨器形有圆腹罐、花边罐、单耳罐、双耳罐、高领罐、大口罐、斝、盆（表4-976、977）。

表4-976　H239①层器形数量统计表

器形＼陶质陶色	泥质				夹砂				合计
	红	橙黄	灰	褐	红	橙黄	灰	黑	
圆腹罐		1				10	3		14
花边罐		1			3	16			20
单耳罐		1	1			3			5
双耳罐					1	1			2
高领罐		3							3
大口罐						1	1		2
斝						2			2
盆		3	1	1					5

表4-977　H239①层陶片统计表

纹饰＼陶质陶色	泥质				夹砂				合计
	橙黄	灰	红	灰底黑彩	橙黄	灰	红	褐	
素面	148	23	45		95				311
绳纹	10				36		4		50
篮纹	120	13	29		38				200
麻点纹					320		6		326
刻划纹	4	1			4				9
篮纹＋麻点纹					6				6
附加堆纹	1				9		2		12
附加堆纹＋麻点纹					7		1		8
附加堆纹＋篮纹					5		1		6
席纹	2	1			1				4
戳印纹					1				1
交错篮纹	6								6
压印纹	1								1

圆腹罐　14件。

标本H239①：4，夹砂橙黄陶。侈口，圆唇，高领，微束颈，上腹斜，下腹残。颈部饰横向篮纹，上腹饰麻点纹。口径12.6、残高9厘米（图4-540，1）。

标本H239①：7，夹砂橙黄陶。口沿与底部残，高领，束颈，鼓腹。颈部饰横向篮纹，腹部饰麻点纹，器表有烟炱痕迹。残高11.2、腹径17.2厘米（图4-540，2）。

标本H239①：12，夹砂橙黄陶。侈口，圆唇，矮领，束颈，颈部以下残。口沿外侧饰一周附加泥条，颈部饰横向篮纹，器表有烟炱痕迹。口径20、残高6.6厘米（图4-540，3）。

标本H239①：13，夹砂橙黄陶。侈口，锯齿唇，矮领，束颈，颈部以下残。颈部饰横向篮纹，器表有烟炱痕迹。残高6.6、残宽6.6厘米（图4-540，4）。

标本H239①：15，夹砂灰陶。上腹残，下腹斜弧，平底。腹部饰横向附加堆纹。残高6、残宽8.4厘米（图4-540，5）。

标本H239①：19，夹砂橙黄陶。侈口，方唇，高领，束颈，颈部以下残。口沿外侧有一周折棱，颈部饰斜向篮纹。口径28.8、残高6.6厘米（图4-540，6）。

标本H239①：22，泥质橙黄陶。上腹残，下腹斜弧，底残。腹部饰横向篮纹。残高4.8、残宽9厘米（图4-540，7）。

标本H239①：25，夹砂橙黄陶。侈口，圆唇，高领，束颈，上腹圆，下腹残。颈部饰横向篮纹，上腹饰麻点纹。残高10、残宽9.6厘米（图4-540，8）。

标本H239①：27，夹砂橙黄陶。侈口，平沿，圆唇，高领，束颈，颈部以下残。颈部素面。残高6.1、残宽9.6厘米（图4-540，9）。

标本H239①：28，夹砂灰陶。侈口，圆唇，高领，束颈，颈部以下残。颈部素面。器表有烟炱痕迹。残高6.3、残宽10厘米（图4-540，10）。

标本H239①：30，夹砂橙黄陶。侈口，圆唇，高领，束颈，上腹斜弧，下腹残。颈部素面，上腹饰麻点纹，器表有烟炱痕迹。残高7.4、残宽8.6厘米（图4-540，11）。

标本H239①：33，夹砂橙黄陶。侈口，圆唇，高领，束颈，上腹斜弧，下腹残。颈部饰横向篮纹，上腹饰麻点纹。残高9.2、残宽9.6厘米（图4-540，12）。

标本H239①：42，夹砂橙黄陶。侈口，圆唇，高领，束颈，颈部以下残。颈部饰竖向篮纹。残高5.3、残宽7厘米（图4-540，13）。

标本H239①：52，夹砂灰陶。侈口，圆唇，高领，束颈，上腹斜，下腹残。器表素面且有烟炱痕迹。残高7.2、残宽8.7厘米（图4-540，14）。

花边罐　20件。

标本H239①：2，夹砂红陶。侈口，尖唇，矮领，束颈，上腹斜，下腹残。颈部饰两周附加泥条，泥条经手指按压呈波状，泥条间饰斜向篮纹，上腹饰竖向绳纹，器表有烟炱痕迹。口径15.4、残高8.6厘米（图4-541，1）。

标本H239①：3，夹砂红陶。侈口，圆唇，矮领，束颈，圆腹，底残。颈部饰两周附加泥条，泥条经手指按压呈波状，腹部饰麻点纹，器表有烟炱。口径10、残高11.8厘米（图4-541，2）。

标本H239①：9，夹砂橙黄陶。侈口，圆唇，高领，微束颈，上腹圆，下腹残。口沿外侧饰

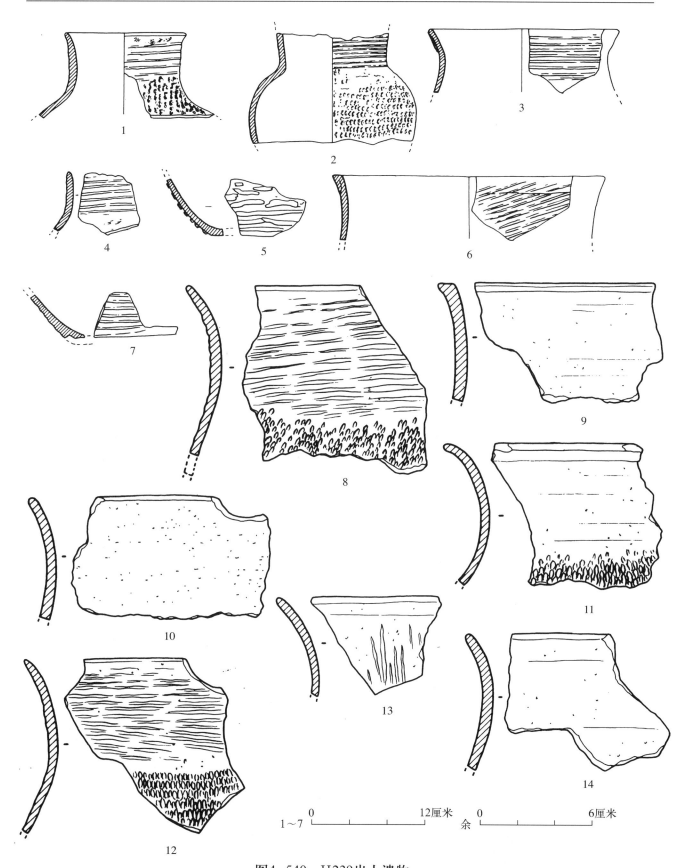

图4-540 H239出土遗物

1～14.圆腹罐H239①：4、7、12、13、15、19、22、25、27、28、30、33、42、52

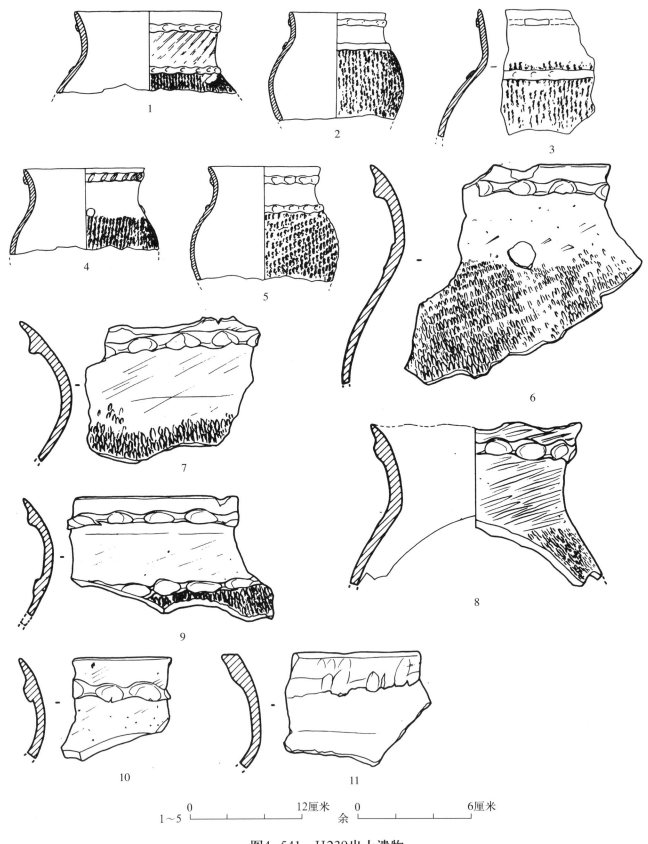

图4-541　H239出土遗物

1~11.花边罐H239①：2、3、9~11、34~36、38~40

一周附加堆泥条部分脱落，颈腹间饰一周附加堆泥条，泥条经手指按压呈波状，腹部饰麻点纹，器表有烟炱痕迹。残高 13、残宽 9.6 厘米（图 4-541，3）。

标本 H239①：10，夹砂橙黄陶。侈口，尖唇，矮领，束颈，上腹圆，下腹残。口沿外侧饰一周附加堆泥条，泥条之上饰戳印纹，颈部素面，颈腹间饰一周附加堆泥饼，腹部饰竖向绳纹，器表有烟炱痕迹。口径 12.6、残高 8.4 厘米（图 4-541，4）。

标本 H239①：11，夹砂橙黄陶。侈口，圆唇，矮领，束颈，上腹圆，下腹残。颈部饰两周附加泥条，泥条经手指按压呈波状，腹部饰麻点纹，器表有烟炱痕迹。口径 11.8、残高 12 厘米（图 4-541，5）。

标本 H239①：34，夹砂橙黄陶。侈口，尖唇，矮领，束颈，上腹圆，下腹残。口沿外侧饰一周附加泥条，泥条经手指按压呈波状，颈部素面有一泥饼，上腹饰麻点纹，器表有烟炱痕迹。残高 11.6、残宽 12.5 厘米（图 4-541，6）。

标本 H239①：35，夹砂橙黄陶。侈口，圆唇，矮领，束颈，上腹斜，下腹残。口沿外侧饰一周附加泥条，泥条经手指按压呈波状，颈部素面，上腹饰麻点纹。残高 7.8、残宽 9.3 厘米（图 4-541，7）。

标本 H239①：36，夹砂橙黄陶。侈口，圆唇，高领，束颈，上腹圆，下腹残。颈部饰斜向篮纹，口沿外侧饰一周附加泥条，泥条经手指按压呈波状，上腹饰麻点纹，器表有烟炱痕迹。口径 11、残高 8.6 厘米（图 4-541，8）。

标本 H239①：38，夹砂橙黄陶。侈口，尖唇，矮领，束颈，上腹斜，下腹残。口沿外侧与下颈部各饰一周附加泥条，泥条经手指按压呈波状，颈部素面，上腹饰麻点纹。残高 6.7、残宽 11 厘米（图 4-541，9）。

标本 H239①：39，夹砂橙黄陶。侈口，尖唇，高领，束颈，颈部以下残。口沿外侧饰一周附加泥条，泥条经手指按压呈波状，颈部素面。残高 5.5、残宽 5.9 厘米（图 4-541，10）。

标本 H239①：40，泥质橙黄陶。侈口，方唇，高领，束颈，颈部以下残。口沿外侧有一周折棱，颈部素面。残高 6.1、残宽 7.8 厘米（图 4-541，11）。

标本 H239①：43，夹砂橙黄陶。侈口，圆唇，矮领，束颈，颈部以下残。颈部饰斜向篮纹，颈部饰两周附加泥条，泥条经手指按压呈波状。残高 6、残宽 7.7 厘米（图 4-542，1）。

标本 H239①：44，夹砂橙黄陶。侈口，圆唇，高领，束颈，上腹斜，下腹残。口沿外侧饰一周附加泥条，泥条经手指按压呈波状，颈部饰斜向绳纹，上腹饰麻点纹，器表有烟炱痕迹。残高 7.3、残宽 9.7 厘米（图 4-542，2）。

标本 H239①：45，夹砂橙黄陶。侈口，尖唇，矮领，束颈，颈部以下残。口沿外侧饰一周附加泥条，泥条经手指按压呈波状，颈部素面，器表有烟炱痕迹。残高 3.5、残宽 6 厘米（图 4-542，3）。

标本 H239①：46，夹砂橙黄陶。侈口，圆唇，矮领，束颈，颈部以下残。口沿外侧饰一周附加泥条，泥条经手指按压呈波状，颈部素面。残高 4.6、残宽 6.7 厘米（图 4-542，4）。

标本 H239①：47，夹砂红陶。侈口，方唇，矮领，束颈，上腹斜，下腹残。口沿外侧有一周折棱，颈部及上饰横向绳纹，器表有烟炱痕迹。残高 5、残宽 6.1 厘米（图 4-542，5）。

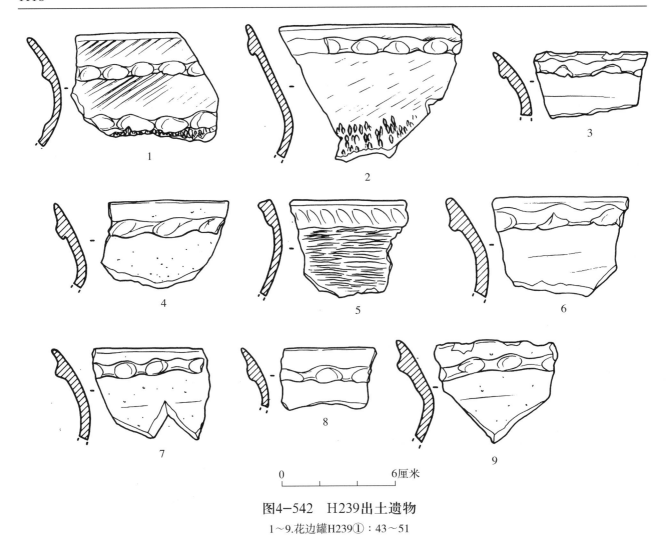

图4-542　H239出土遗物
1~9.花边罐H239①：43~51

标本H239①：48，夹砂橙黄陶。侈口，圆唇，高领，束颈，颈部以下残。口沿外侧饰一周附加泥条，泥条经手指按压呈波状，颈部素面。残高5.2、残宽7.1厘米（图4-542，6）。

标本H239①：49，夹砂橙黄陶。侈口，圆唇，高领，束颈，颈部以下残。口沿外侧饰一周附加泥条，泥条经手指按压呈波状，颈部素面，器表有烟炱痕迹。残高4.8、残宽6厘米（图4-542，7）。

标本H239①：50，夹砂橙黄陶。侈口，尖唇，矮领，束颈，颈部以下残。颈部饰一周附加泥条，泥条经手指按压呈波状。残高3.1、残宽5.1厘米（图4-542，8）。

标本H239①：51，夹砂橙黄陶。侈口，圆唇，矮领，束颈，颈部以下残。口沿外侧饰一周附加泥条，泥条经手指按压呈波状，颈部素面，器表有烟炱痕迹。残高5.5、残宽6.4厘米（图4-542，9）。

单耳罐　5件。

标本H239①：6，夹砂橙黄陶。直口，尖唇，圆腹，底残。拱形单耳。耳面饰竖向绳纹，上下均有泥饼，腹部饰麻点纹，器表有烟炱痕迹。口径6.2、残高8.4厘米（图4-543，1）。

标本H239①：17，泥质灰陶。侈口，尖唇，矮领，微束颈，鼓腹，底残。拱形单耳。素面磨

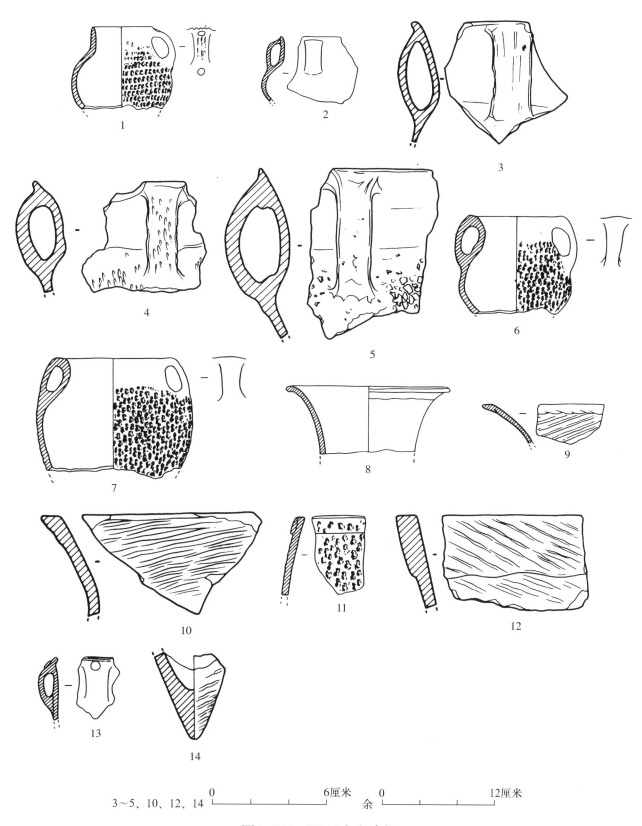

图4-543　H239出土遗物

1～5.单耳罐H239①：6、17、26、29、37　6、7.双耳罐H239①：5、8　8～10.高领罐H239①：16、21、32　11、12.大口罐
H239①：14、54　13、14.罕H239①：18、53

光。残高7.2、残宽7.4厘米（图4-543，2）。

标本H239①：26，泥质橙黄陶。侈口，圆唇，高领，束颈，上腹鼓，下腹残。拱形单耳。器表素面。残高6.1、残宽6.3厘米（图4-543，3）。

标本H239①：29，夹砂橙黄陶。侈口，圆唇，矮领，束颈，上腹圆，下腹残。拱形单耳。颈部素面，耳面及腹部饰麻点纹。残高5.6、残宽6.4厘米（图4-543，4）。

标本H239①：37，夹砂橙黄陶。侈口，尖唇，高领，束颈，上腹圆，下腹残。拱形单耳。颈部素面，上腹饰麻点纹，器表有烟炱痕迹。残高9、残宽6.8厘米（图4-543，5）。

双耳罐　2件。

标本H239①：5，夹砂橙黄陶。侈口，圆唇，矮领，束颈，鼓腹，底残。拱形双耳。颈部素面，腹部饰麻点纹，器表有烟炱痕迹。口径10、残高10厘米（图4-543，6）。

标本H239①：8，夹砂红陶。侈口，圆唇，矮领，束颈，鼓腹，底残。拱形双耳。颈部素面，腹部饰麻点纹，器表有烟炱痕迹。口径12、残高12.6厘米（图4-543，7）。

高领罐　3件。

标本H239①：16，泥质橙黄陶。喇叭口，圆唇，高领，束颈，颈部以下残。沿下有一周折棱，颈部素面磨光。口径17.4、残高7厘米（图4-543，8）。

标本H239①：21，泥质橙黄陶。喇叭口，圆唇，高领，束颈，颈部以下残。口沿外侧饰一周折棱，颈部饰斜向篮纹，内壁素面磨光。残高4.2、残宽7厘米（图4-543，9）。

标本H239①：32，泥质橙黄陶。喇叭口，方唇，高领，束颈，颈部以下残。颈部饰斜向篮纹，内壁素面磨光。残高5.1、残宽9.1厘米（图4-543，10）。

大口罐　2件。

标本H239①：14，夹砂橙黄陶。微敛口，方唇，上弧腹，下腹残。口沿外侧饰一周附加泥条，器表通体饰麻点纹。残高8.4、残宽5.6厘米（图4-543，11）。

标本H239①：54，夹砂灰陶。微侈口，方唇，上腹微弧，下腹残。口沿外侧有一周折棱，器表饰斜向篮纹。残高5、残宽7.8厘米（图4-543，12）。

斝　2件。

标本H239①：18，夹砂橙黄陶。敛口，圆唇，上腹直，下腹残。拱形单耳。耳上端有一附加堆泥饼，口沿外侧饰一周凹槽，腹部素面。残高6.6、残宽4.4厘米（图4-543，13）。

标本H239①：53，夹砂橙黄陶。牛角状空心足。器表饰横向篮纹，有烟炱痕迹。残高4.5、残宽3.5厘米（图4-543，14）。

盆　5件。

标本H239①：1，泥质橙黄陶。敞口，尖唇，斜直腹，平底。素面。口径9.2、高3.4、底径5.8厘米（图4-544，1；彩版一九六，1）。

标本H239①：20，泥质灰陶。敞口，圆唇，斜弧腹，底残。腹部饰横向篮纹，内壁素面磨光。口径31、残高4.6厘米（图4-544，2）。

标本H239①：24，泥质橙黄陶。敞口，圆唇，斜直腹，平底。素面。口径9、高3.4、底径5.2厘米（图4-544，3；彩版一九六，2）。

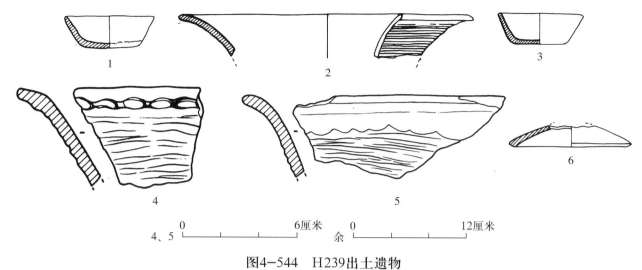

图4-544　H239出土遗物

1~5.盆H239①：1、20、24、31、41　6.器盖H239①：23

标本H239①：31，泥质橙黄陶。敞口，折沿，圆唇，斜直腹。口沿外侧有一周按压痕迹呈波状，腹部饰斜向篮纹，内壁素面磨光。残高5.1、残宽6.5厘米（图4-544，4）。

标本H239①：41，泥质褐陶。敞口，圆唇，斜直腹，底残。口沿外侧有一周折棱，腹部饰横向篮纹，内壁素面磨光。残高4.4、残宽11.4厘米（图4-544，5）。

器盖　1件。

标本H239①：23，泥质灰陶。柄部残，盖面斜弧，敞口，方唇。器表素面磨光，直径12.8、残高2.2厘米（图4-544，6）。

（2）H239②层

出土少量陶片，以腹部残片为主，可辨器形有三耳罐，另出土石刀1件、骨器2件（表4-978、979）。

表4-978　H239②层器形数量统计表

器形 \ 陶色 \ 陶质	泥质				夹砂				合计
	红	橙黄	灰	黑	红	橙黄	灰	黑	
三耳罐			1						1

表4-979　H239②层陶片统计表

纹饰 \ 陶色 \ 陶质	泥质				夹砂				合计
	橙黄	灰	红	灰底黑彩	橙黄	灰	红	褐	
素面	5	2	6		7				20
绳纹			1		3				4
篮纹	7	2	1						10
麻点纹					9				9
附加堆纹＋绳纹					2				2

三耳罐 1件。

标本H239②：4，泥质灰陶。口部残缺，束颈，鼓腹，平底。颈部素面磨光，腹部有残耳，腹部饰竖向刻划纹。残高6.4、底径3.8厘米（图4-545，1）。

石刀 1件。

标本H239②：1，残，石英岩。平基部，侧边规整，双面磨刃，残断处有一残孔。刃残存3.8厘米，器身残长4、宽3.3厘米（图4-545，2；彩版一九六，3）。

骨锥 1件。

标本H239②：2，动物骨骼磨制而成，呈圆柱状，柄部残，尖部磨制尖锐，截断面呈圆形。残长8.6、直径0.4厘米（图4-545，3；彩版一九六，4）。

骨匕 1件。

标本H239②：3，动物骨骼磨制而成，长条状，器身粗磨，柄部系肢骨关节，中腰至刃部渐收磨制成刃，双面磨刃。刃长1.2厘米，器身长11.4、宽2.8、厚1.8厘米（图4-545，4；彩版一九六，5）。

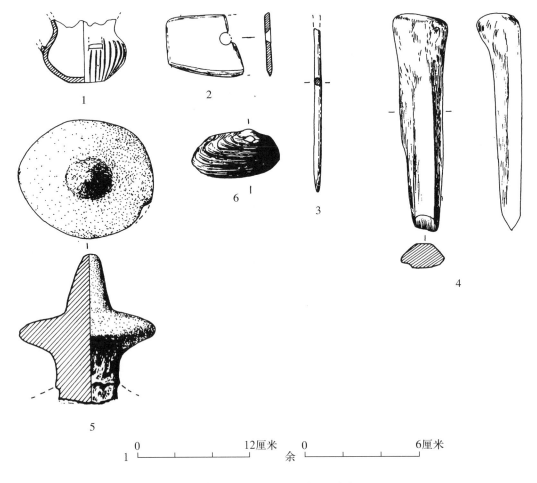

图4-545 H239出土遗物

1.三耳罐H239②：4 2.石刀H239②：1 3.骨锥H239②：2 4.骨匕H239②：3 5.器纽H239⑨：2 6.蚌器H239⑨：1

（3）H239⑨层

出土少量陶片，以腹部残片为主，无可辨器形，另出土蚌器1件（表4-980）。

表4-980　H239⑨层陶片统计表

纹饰　　陶质 陶色	泥质				夹砂				合计
	橙黄	灰	红	灰底黑彩	橙黄	灰	红	褐	
素面			1						1

器纽　1件。

标本H239⑨：2，泥质红陶。实心圆柱状柄，圆锥状顶尖。素面。直径6.8、残高8厘米（图4-545，5；彩版一九六，6）。

蚌器　1件。

标本H239⑨：1，由蚌壳制成，为装饰所用，在贝壳中心有一圆形钻孔。长4.6、宽2.5、圆孔直径0.6厘米（图4-545，6）。

230. H240

H240位于Ⅲ T1304西北角，部分延伸至T1305、T1205、1204内，开口于第⑦层下，被H239打破（图4-546）。根据遗迹现存部分推测H240平面呈椭圆形，口部边缘形态明显，底部边缘形态较明显，剖面呈袋状，西壁直，东壁凹凸不平，未见工具痕迹，平底。坑口东西约2.10、南北2.80、坑底东西2.20、深约2.00米。坑内堆积未分层，土色浅褐色，土质较疏松，包含红烧土颗粒、炭粒，水平状堆积。

坑内出土较多陶片及少量兽骨，陶片以腹部残片为主，可辨器形有圆腹罐、花边罐、单耳罐、高领罐、大口罐、甾、盆、刻槽盆、杯，另出土陶纺轮、陶拍、陶刀、石刀、石斧、石板、玉刀、骨锥、骨匕（表4-981、982）。

表4-981　H240器形数量统计表

器形　　陶质 陶色	泥质				夹砂				合计
	红	橙黄	灰	黑	红	橙黄	灰	黑	
圆腹罐		1				3			4
花边罐						1			1
单耳罐	1				1				2
高领罐	1								1
大口罐					1	2			3
甾						1			1
盆	2	5				1			8
刻槽盆						1			1
杯		1							1

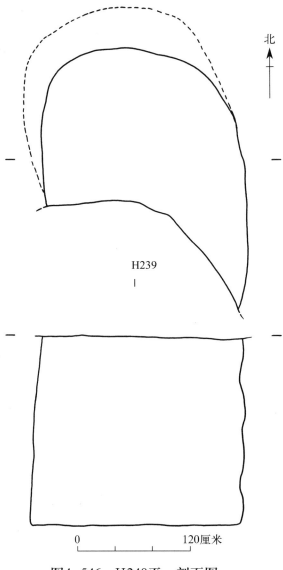

北

H239

0 ⊢———————⊣ 120厘米

图4-546　H240平、剖面图

表4-982　H240陶片统计表

纹饰 \ 陶质 陶色	泥质				夹砂				合计
	橙黄	灰	红	灰底黑彩	橙黄	灰	红	褐	
素面	35	6	46		22	4	5		118
绳纹	7		7		11		3		28
篮纹	37	9	36		17				99
麻点纹					58		9		67
篮纹 + 麻点纹					6				6
篮纹 + 绳纹					2		1		3
席纹	1								1
抹断绳纹			1						1

续表

陶质 纹饰 陶色	泥质				夹砂				合计
	橙黄	灰	红	灰底黑彩	橙黄	灰	红	褐	
线纹	2								2
麻点纹 + 戳印纹					1				1
刻划纹					2				2
麻点纹 + 绳纹					1				1
附加堆纹					3				3
附加堆纹 + 篮纹					1				1

圆腹罐 4件。

标本H240：12，泥质橙黄陶。口沿及颈部残，鼓腹，平底。素面。残高8.2、底径6.6厘米（图4-547，1）。

标本H240：16，夹砂橙黄陶。侈口，圆唇，高领，束颈，颈部以下残。颈部饰横向篮纹。残高7.2、残宽7厘米（图4-547，2）。

标本H240：27，夹砂橙黄陶。侈口，方唇，矮领，束颈，上腹斜，下腹残。口沿外侧有一周折棱，器表素面。残高4.1、残宽7厘米（图4-547，3）。

标本H240：30，夹砂橙黄陶。侈口，圆唇，矮领，束颈，上腹斜，下腹残。颈部饰斜向篮纹，上腹饰麻点纹，器表有烟炱痕迹。残高5.6、残宽5.5厘米（图4-547，4）。

花边罐 1件。

标本H240：15，夹砂橙黄陶。侈口，尖唇，矮领，束颈，上腹斜，下腹残。口沿外侧饰一周附加泥条，泥条经手指按压呈波状，颈部饰斜向篮纹，篮纹上饰交错刻划纹，上腹饰绳纹，有烟炱痕迹。口径15.2、残高6.6厘米（图4-547，5）。

单耳罐 2件。

标本H240：14，夹砂红陶。侈口，圆唇，矮领，束颈，鼓腹，底残。拱形单耳。耳下方有一附加泥饼，器身素面，并有烟炱痕迹。残高7.2、残宽8厘米（图4-547，6）。

标本H240：19，泥质红陶。侈口，尖唇，矮领，束颈，鼓腹，底残。拱形单耳。器身通体素面磨光。残高5.4、残宽6.4厘米（图4-547，7）。

高领罐 1件。

标本H240：18，泥质红陶。喇叭口，平沿，尖唇，高领，束颈，颈部以下残。口沿外侧有一周折棱，颈部素面。口径18.6、残高6厘米（图4-547，8）。

大口罐 3件。

标本H240：13，夹砂红陶。敛口，方唇，上腹斜直，下腹残。口沿下方饰一周附加泥条，腹部饰麻点纹。残高6、残宽11厘米（图4-547，9）。

标本H240：28，夹砂橙黄陶。敛口，方唇，上腹微弧，下腹残。口沿外侧有一周折棱，上腹饰麻点纹。残高4.3、残宽6.2厘米（图4-547，10）。

标本H240：31，夹砂橙黄陶。直口，方唇，上腹直，下腹残。口沿外侧有一周折棱，器表饰

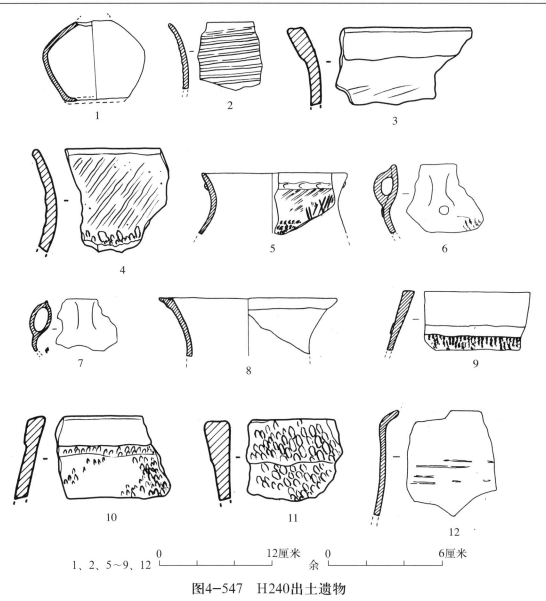

图4-547　H240出土遗物

1～4.圆腹罐H240：12、16、27、30　5.花边罐H240：15　6、7.单耳罐H240：14、19　8.高领罐H240：18　9～11.大口罐H240：13、28、31　12.斝H240：20

麻点纹，有烟炱痕迹。残高4.3、残宽5厘米（图4-547，11）。

　　斝　1件。

　　标本H240：20，夹砂橙黄陶。敛口，内折沿，圆唇，上腹斜直，下腹残。腹部饰横向绳纹，绳纹有磨平痕迹，有烟炱痕迹。残高11.2、残宽9.4厘米（图4-547，12）。

　　盆　8件。

　　标本H240：10，泥质橙黄陶。敞口，尖唇，斜弧腹，平底。腹部饰竖向篮纹，内壁素面磨光。口径19.2、高6.6、底径6.4厘米（图4-548，1；彩版一九七，1）。

　　标本H240：17，泥质橙黄陶。敞口，折沿，圆唇，斜直腹，底残。素面。残高4、残宽6.6厘米（图4-548，2）。

　　标本H240：22，泥质红陶。敞口，圆唇，斜弧腹，底残。腹部饰竖向篮纹。残高7.4、残宽

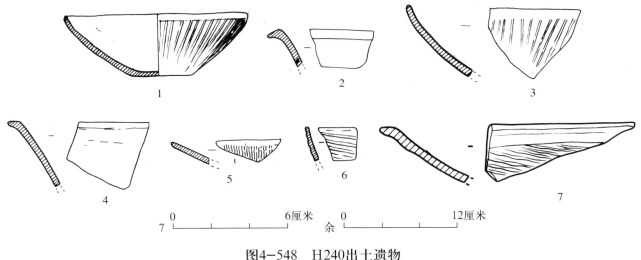

图4-548 H240出土遗物

1～7.盆H240：10、17、22～24、26、29

9.8厘米（图4-548，3）。

标本H240：23，泥质橙黄陶。敞口，平沿，圆唇，斜直腹，底残。口沿外侧有修整痕迹，器身外表素面，内壁素面磨光。残高7.2、残宽8.6厘米（图4-548，4）。

标本H240：24，泥质橙黄陶。敞口，圆唇，斜直腹，底残。口沿外侧素面，器身饰竖向绳纹，内壁素面磨光。残高2.4、残宽6.8厘米（图4-548，5）。

标本H240：26，泥质红陶。敞口，圆唇，斜弧腹，底残。腹部饰斜向篮纹。残高3.4、残宽4厘米（图4-548，6）。

标本H240：29，泥质橙黄陶。敞口，圆唇，斜弧腹，底残。腹部饰斜向篮纹，内壁素面磨光。残高3、残宽8厘米（图4-548，7）。

刻槽盆 1件。

标本H240：25，夹砂橙黄陶。敞口，圆唇，斜弧腹，底残。素面，凹凸不平，内壁饰竖向刻槽纹。残高5、残宽7.4厘米（图4-549，1）。

器盖 1件。

标本H240：21，泥质灰陶。空心圆柱状柄，圆锥状顶，盖面残。素面。残高8.4、残宽11厘米（图4-549，2）。

杯 1件。

标本H240：11，泥质橙黄陶。敞口，圆唇，斜直腹，平底。素面。口径8.8、高3.6、底径7.2厘米（图4-549，3；彩版一九七，2）。

陶纺轮 1件。

标本H240：2，泥质红陶。呈圆饼状。器表饰绳纹，纹饰有抹平痕迹，边缘光滑，器身中心位置有一管钻圆孔，孔径1、器身直径7.6、厚0.7厘米（图4-549，4）。

陶拍 1件。

标本H240：3，泥质红陶。圆形弧底，器身中部有横向贯通圆孔，一头大一头小，大孔径2、小孔径1.4厘米，拍面圆弧，背面拱状且光滑，两边各饰有上下两排戳印纹。底径8、高4.7厘米

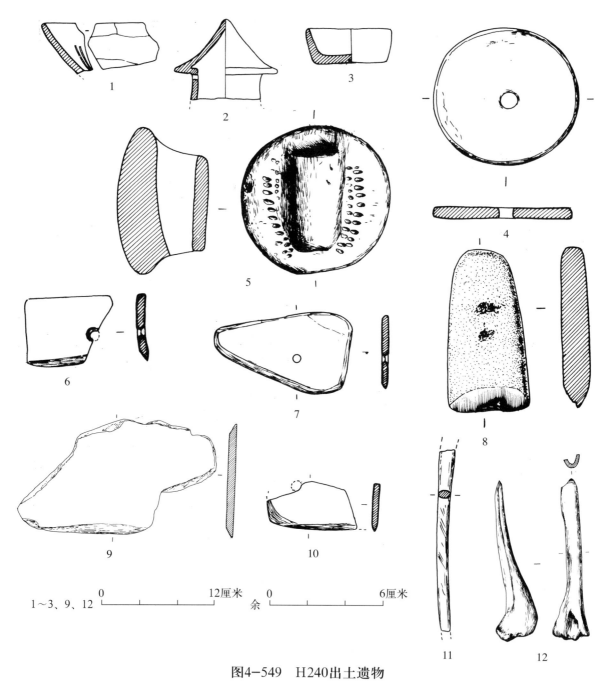

图4-549　H240出土遗物

1.刻槽盆H240：25　2.器盖H240：21　3.杯H240：11　4.陶纺轮H240：2　5.陶拍H240：3　6.陶刀H240：9　7.石刀H240：4
8.石斧H240：7　9.石板H240：8　10.玉刀H240：6　11.骨锥H240：5　12.骨匕240：1

（图4-549，5；彩版一九七，3）。

　　陶刀　1件。

　　标本H240：9，泥质红陶。由陶器残片磨制而成，器表为素面磨光，在器身残断处有一对向钻孔残，双面磨刃。刃残长3厘米，刃角54°，器身残长4.7、宽3.6、厚0.5厘米（图4-549，6；彩版一九七，4）。

　　玉刀　1件。

标本H240：6，基部残，一侧边平直，双面磨刃，器身残断处似有一钻孔。刃残长3.8厘米，刃角70°，器身残长4.7、残宽2.5厘米（图4-549，10；彩版一九七，6）。

石斧　1件。

标本H240：7，石英岩。器身为长方形，上窄下宽，器表磨制精细，弧形背部，器表及刃部均有使用过程中留下的疤痕，双面磨刃。刃长4.2厘米，刃角60.2°，器身长8.6、宽4.2、厚1.43厘米（图4-549，8）。

石刀　1件。

标本H240：4，页岩。整体近圆角三角形，斜基部，双面磨刃，器身中间有一钻孔，孔径0.4厘米。刃长7厘米，刃角60°，器身长7.3、宽4.4、厚0.4厘米（图4-549，7；彩版一九七，5）。

石板　1件。

标本H240：8，花岗岩。近四边形，器身两面较光滑，器表有细微磨制痕迹。长21.8、宽12.2、厚0.9厘米（图4-549，9）。

骨锥　1件。

标本H240：5，动物骨骼磨制而成，柄部及尖部均残，器表磨制光滑，截断面呈椭圆形。残长9.6、宽0.8、厚0.4厘米（图4-549，11）。

骨匕　1件。

标本H240：1，动物肢骨磨制而成，长条状，器身粗磨，柄部系肢骨关节，中腰至刃部渐收磨制成刃，双面磨刃。刃残长0.8厘米，刃角，器身长17.1、宽4.4厘米（图4-549，12）。

231. H241

H241位于ⅡT0907西北角，部分叠压于T0906东隔梁下，开口于第④层下（图4-550）。根据遗迹暴露部分推测H241平面呈椭圆形，口部边缘形态明显，底部边缘形态明显，剖面呈袋状，

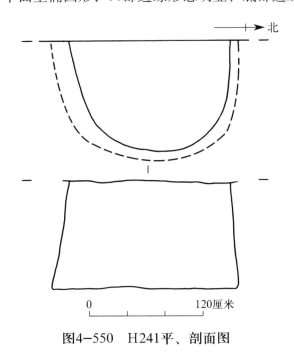

图4-550　H241平、剖面图

斜直壁，未见工具痕迹，平底。坑口南北 1.70、东西 1.15、坑底南北长约 2.00、深 1.15 米。坑内堆积未分层，土色浅灰色，土质疏松，包含炭粒、红烧土颗粒，水平状堆积。

　　坑内出土少量陶片，以腹部残片为主，可辨器形有圆腹罐、花边罐、单耳罐、盆。（表 4-983、984）

表4-983　H241器形数量统计表

器形　　　陶质 陶色	泥质				夹砂				合计
	红	橙黄	灰	黑	红	橙黄	灰	黑	
圆腹罐					1	2			3
花边罐						1			1
单耳罐						1			1
盆	1								1

表4-984　H241陶片统计表

纹饰　　　陶质 陶色	泥质				夹砂				合计
	橙黄	灰	红	灰底黑彩	橙黄	灰	红	褐	
素面	15	4	5		14				38
绳纹			1		10				11
篮纹	19	1			1				21
麻点纹					61				61
篮纹 + 麻点纹					1		1		2

　　圆腹罐　3 件。

　　标本 H241:1，夹砂红陶。侈口，圆唇，矮领，束颈，上腹斜弧，下腹残。颈部饰斜向绳纹，绳纹上有抹平痕迹，上腹饰麻点纹。口径 11.8、残高 7.4 厘米（图 4-551，1）。

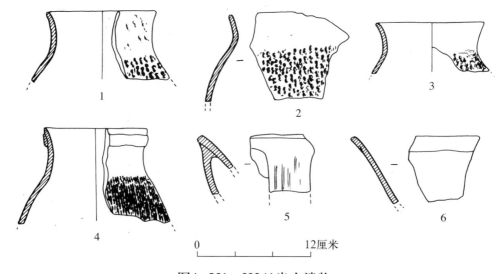

图4-551　H241出土遗物

1~3.圆腹罐H241:1、4、6　4.花边罐H241:3　5.单耳罐H241:2　6.盆H241:5

标本H241：4，夹砂橙黄陶。侈口，圆唇，矮领，束颈，上腹圆，下腹残。颈部素面，上腹饰麻点纹。残高9.4、残宽10.4厘米（图4-551，2）。

标本H241：6，夹砂橙黄陶。侈口，圆唇，矮领，束颈，上腹斜弧，下腹残。颈部素面，上腹饰麻点纹。口径11.2、残高5.2厘米（图4-551，3）。

花边罐 1件。

标本H241：3，夹砂橙黄陶。侈口，尖唇，矮领，束颈，上腹圆，下腹残。口沿外侧饰一周附加泥条，颈部素面，上腹饰竖向绳纹。口径11、残宽9.8厘米（图4-551，4）。

单耳罐 1件。

标本H241：2，夹砂橙黄陶。侈口，方唇，口沿以下残。拱形残耳。耳面饰竖向篮纹。残高6.2、残宽6.8厘米（图4-551，5）。

盆 1件。

标本H241：5，泥质红陶。敞口，圆唇，斜弧腹，底残。素面。残高6.8、残宽7.2厘米（图4-551，6）。

232. H242

H242位于ⅢT1305西部，开口于第⑥层下，被F18打破（图4-552）。遗迹现存部分平面呈不规则状，口部边缘形态明显，底部边缘形态明显，剖面呈袋状，北壁和南壁为直壁，西壁下部

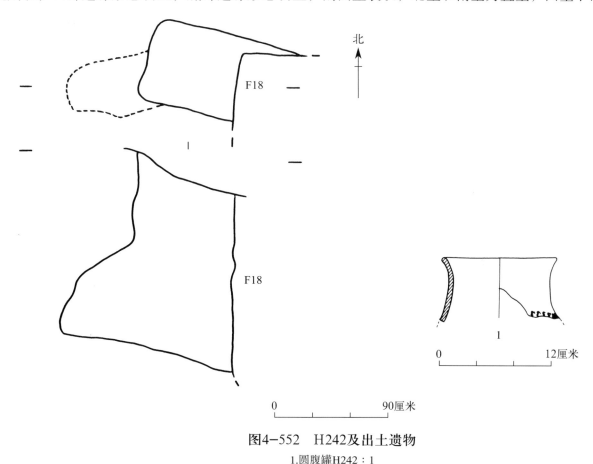

图4-552 H242及出土遗物
1.圆腹罐H242：1

自底部起向西有一壁龛，宽 0.45、高 0.80、进深 0.55 米，坑底西高东低呈坡状。坑口东西 1.14、南北 0.68、深约 1.44 米。坑内堆积未分层，土色灰色，土质较疏松，包含红烧土颗粒、炭粒，坡状堆积（表 4-985、986）。

表4-985　H242器形数量统计表

器形	陶质 泥质				夹砂				合计
陶色	红	橙黄	灰	黑	红	橙黄	灰	黑	
圆腹罐						1			1

表4-986　H242陶片统计表

纹饰	陶质 泥质				夹砂				合计
陶色	橙黄	灰	红	灰底黑彩	橙黄	灰	红	褐	
素面			2		2				4
篮纹	2								2

坑内出土较多陶片，以腹部残片为主，可辨器形有圆腹罐。

圆腹罐　1件。

标本H242：1，夹砂橙黄陶。侈口，圆唇，高领，束颈，上腹斜，下腹残。颈部素面，有烟炱痕迹。口径 12.2、残高 6.2 厘米（图 4-552，1）。

233. H243

H243 位于ⅢT1304 东南角，开口于第⑦层下，被H235、H237 打破（图 4-553）。遗迹现存部分平面呈不规则状，口部边缘形态明显，底部边缘形态不明显，剖面呈坑状，斜弧壁，未见工具痕迹，平底。坑口东西 1.34、坑底东西 0.60、深 0.70～0.86 米。坑内堆积未分层，土色浅黄色，土质较疏松，包含红烧土颗粒、炭粒，水平状堆积。

坑内无出土遗物。

234. H244

H244 位于ⅡT0907 东北角，开口于第⑤层下，被F16 打破（图 4-554）。根据遗迹现存部分推测H244 平面呈椭圆形，口边缘形态较明显，底部边缘形态明显，剖面呈袋状，斜直壁，未见工具痕迹，平底。坑口南北 1.96、东西 2.20、坑底南北 2.74、深 2.80 米。坑内堆积未分层，土色深灰色，土质疏松，包含大量草木灰、红烧土块，炭粒。

坑内出土少量陶片，以腹部残片为主，可辨器形有圆腹罐、花边罐、单耳罐、盆，另出土羊角 1 件（表 4-987、988）。

圆腹罐　2件。

标本H244：3，夹砂红陶。侈口，尖唇，高领，束颈，圆腹，底内凹。颈部素面，腹部饰麻点纹。口径 12.4、高 22.2、底径 10 厘米（图 4-555，1；彩版一九八，1）。

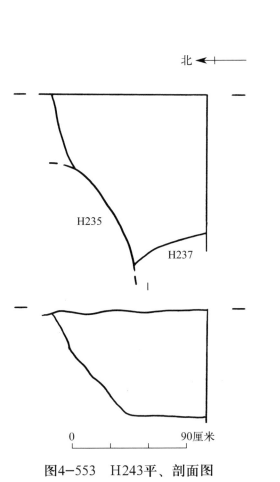

图4-553　H243平、剖面图

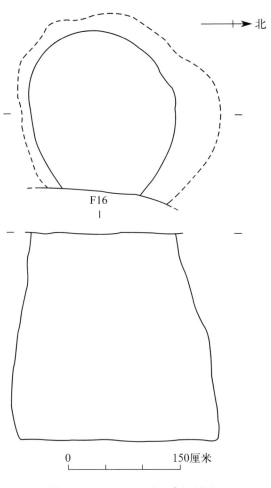

图4-554　H244平、剖面图

表4-987　H244器形数量统计表

器形	陶质	泥质				夹砂				合计
	陶色	红	橙黄	灰	黑	红	橙黄	灰	黑	
圆腹罐						2				2
花边罐						1				1
单耳罐				1						1
盆			1							1

表4-988　H244陶片统计表

纹饰	陶质	泥质				夹砂				合计
	陶色	橙黄	灰	红	灰底黑彩	橙黄	灰	红	褐	
素面		4		2						6
绳纹		1				3				4
篮纹		5		2		1				8
麻点纹						12				12

标本H244：5，夹砂红陶。侈口，尖唇，矮领，束颈，上腹圆，下腹残。颈部饰斜向篮纹，上腹饰麻点纹，有烟炱痕迹。口径13、残高12.4厘米（图4-555，2）。

花边罐　1件。

标本H244：4，夹砂红陶。侈口，尖唇，高领，束颈，圆腹，平底。口沿外侧饰一周附加泥条，泥条经手指按压呈波状，颈部素面，腹部饰麻点纹。口径15、高22、底径8.2厘米（图4-555，3；彩版一九八，2）。

单耳罐　1件。

标本H244：1，泥质灰陶。侈口，尖唇，矮领，束颈，鼓腹，底微凹。拱形单耳。素面。口径5.6、高7、底径3.6厘米（图4-555，4；彩版一九八，3）。

盆　1件。

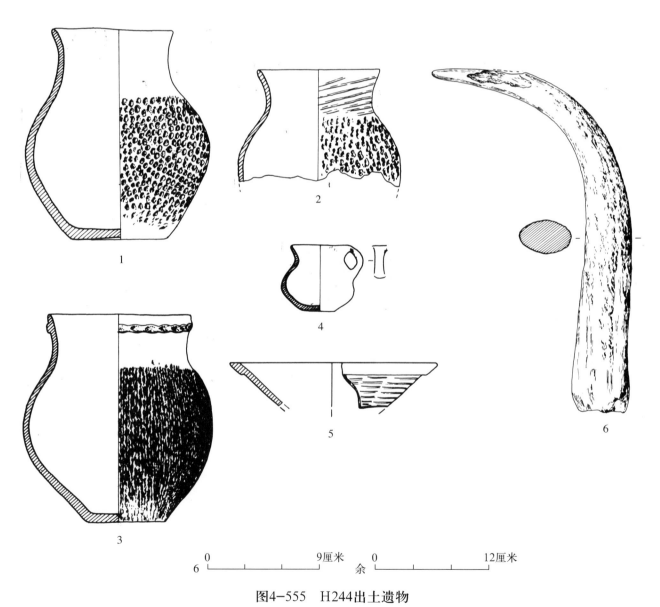

图4-555　H244出土遗物

1、2.圆腹罐H244：3、5　3.花边罐H244：4　4.单耳罐H244：1　5.盆H244：6　6.羊角H244：2

标本H244：6，泥质橙黄陶。敞口，方唇，斜直腹，底残。口沿外侧有一周折棱，腹部饰横向篮纹。口径22、残高4.6厘米（图4-555，5）。

羊角　1件。

标本H244：2，黄灰色，根部较直，角尖弯曲，器表未见磨痕。长27.5、直径2.5～4厘米（图4-555，6；彩版一九八，4）。

235. H245

H245位于ⅡT0601北部，东部延伸至ⅡT0602探方内，开口于第①层下，被H249打破（图4-556）。根据遗迹暴露部分推测H245平面呈半椭圆形，口部边缘形态明显，底部边缘形态明显，剖面呈筒状，直壁，未见工具痕迹，坑底略有起伏。坑口东西5.60、南北2.66、坑底东西5.60、深1.30～1.70米。坑内堆积可分八层，第①层厚0～0.34米，土色黄色，土质较疏松，坡状堆积。第②层厚0～0.38米，土色深灰色，土质较疏松，坡状堆积。第③层厚0.05～0.64米，土色浅灰

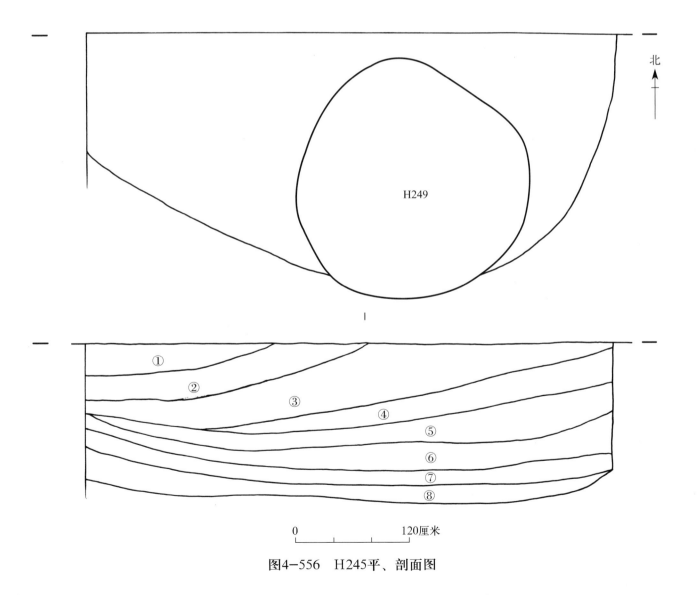

0　　　　　　　　120厘米

图4-556　H245平、剖面图

色，土质疏松，坡状堆积。第④层厚 0～0.36 米，土色浅褐色，土质疏松，坡状堆积。第⑤层厚 0～0.44 米，土色浅灰色，土质疏松，坡状堆积。第⑥层厚 0.10～0.44 米，土色深褐色，土质疏松，坡状堆积。第⑦层厚 0.14～0.24 米，土色灰色，土质较致密，坡状堆积。第⑧层厚 0～0.34 米，土色浅灰色，土质疏松，坡状堆积。

坑内出土大量陶片及少量石块、兽骨。

（1）H245②层

出土少量陶片，以腹部残片为主，可辨器形有圆腹罐、花边罐、大口罐、盆，另出土陶刀 1 件、骨锥 1 件、骨铲 1 件（表4-989、990）。

表4-989　H245②层器形数量统计表

器形＼陶质陶色	泥质				夹砂				合计
	红	橙黄	灰	黑	红	橙黄	灰	褐	
圆腹罐	1				1	6			8
花边罐						1		1	2
大口罐						1			1
盆		1				1			2

表4-990　H245②层陶片统计表

纹饰＼陶质陶色	泥质				夹砂				合计
	橙黄	灰	红	灰底黑彩	橙黄	灰	红	褐	
素面	126	14	21		91				252
绳纹	4		1		49				54
篮纹	4	61	4		33				102
麻点纹					191		4		195
绳纹 + 刻划纹		1							1
戳印纹		1							1
刻划纹					1				1
篮纹 + 麻点纹					3				3
附加堆纹					2				2
戳印纹 + 麻点纹 + 篮纹					2				2

圆腹罐　8 件。

标本H245②：1，夹砂橙黄陶。侈口，方唇，矮领，束颈，上腹斜弧，下腹残。颈部素面，上腹饰麻点纹，器表有烟炱痕迹。口径 14.8、残高 5.6 厘米（图 4-557，1）。

标本H245②：2，泥质红陶。侈口，方唇，高领，束颈，颈部以下残。口沿外侧有一周凸棱，颈部素面且有竖向刮抹痕迹。口径 38.8、残高 7.6 厘米（图 4-557，2）。

标本H245②：3，夹砂红陶。侈口，方唇，矮领，束颈，上腹斜，下腹残。颈、腹部饰竖向绳纹，纹饰被修整磨平。口径 10、残高 4.4 厘米（图 4-557，3）。

标本H245②：5，夹砂橙黄陶。侈口，尖唇，矮领，束颈，上腹斜，下腹残。颈部素面且有刮抹痕迹，上腹饰横向篮纹，有烟炱痕迹。口径15.2、残高8.8厘米（图4-557，4）。

标本H245②：7，夹砂橙黄陶。侈口，圆唇，高领，束颈，上腹圆，下腹残。颈部饰横向篮纹，腹部饰麻点纹，有烟炱痕迹，内壁泥条盘筑痕迹明显。口径14.8、残高10.6厘米（图4-557，5）。

标本H245②：9，夹砂橙黄陶。侈口，圆唇，高领，束颈，颈部以下残。口沿外侧有一周折棱，颈部饰横向篮纹，有烟炱痕迹。口径16、残高5.6厘米（图4-557，6）。

标本H245②：10，夹砂橙黄陶。侈口，圆唇，高领，束颈，上腹微弧，下腹残。颈部素面且有刮抹痕迹，上腹饰麻点纹。口径16、残高6.9厘米（图4-557，7）。

标本H245②：11，夹砂橙黄陶。侈口，方唇，矮领，束颈，颈部以下残。颈部素面且有刮抹痕迹。口径18、残高4.8厘米（图4-557，8）。

花边罐　2件。

标本H245②：8，夹砂褐陶。侈口，锯齿唇，高领，束颈，上腹斜弧，下腹残。器表饰横向篮纹。口径18、残高9.2厘米（图4-557，9）。

标本H245②：12，夹砂橙黄陶。侈口，尖唇，矮领，束颈，颈部以下残。口沿外侧饰一周附加泥条，泥条经手指按压呈波状，颈部素面。口径20、残高4.4厘米（图4-557，10）。

大口罐　1件。

标本H245②：6，夹砂橙黄陶。微侈口，圆唇，上腹斜弧，下腹残。口沿外侧有一周折棱，器身通体素面。口径17.2、残高9厘米（图4-557，11）。

盆　2件。

标本H245②：4，夹砂红陶。敞口，圆唇，斜腹微弧，底残。腹部饰斜向篮纹，内壁素面磨光。口径26、残高6厘米（图4-557，12）。

标本H245②：13，泥质橙黄陶。敞口，方唇，口沿以下残。口沿外侧饰一周折棱，折棱下饰横向篮纹，内壁素面磨光。口径28.8、残高3.1厘米（图4-557，13）。

陶刀　1件。

标本H245②：16，泥质红陶。陶片打磨而成。器表饰篮纹，中间有一钻孔，双面磨刃，刃部圆钝。孔径0.6厘米，刃长7.6厘米，刃角58°，器身长7.6、宽3.5厘米（图4-557，14）。

骨锥　1件。

标本H245②：15，动物骨骼磨制而成，器身磨制光滑，扁平状，柄部残，锥尖磨制圆钝。残长6.5、宽1.3厘米（图4-557，15；彩版一九九，1）。

骨钏　1件。

标本H245②：14，残，乳白色，正方形，横截面呈桥拱状，表面有两道凹槽，连接两边四个对钻穿孔用于连接固定。长3.9、宽4、厚0.4厘米（图4-557，16；彩版一九九，2、3）。

（2）H245③层

出土少量陶片，以腹部残片为主，可辨器形有圆腹罐、双耳罐、高领罐、盆（表4-991、992）。

圆腹罐　3件。

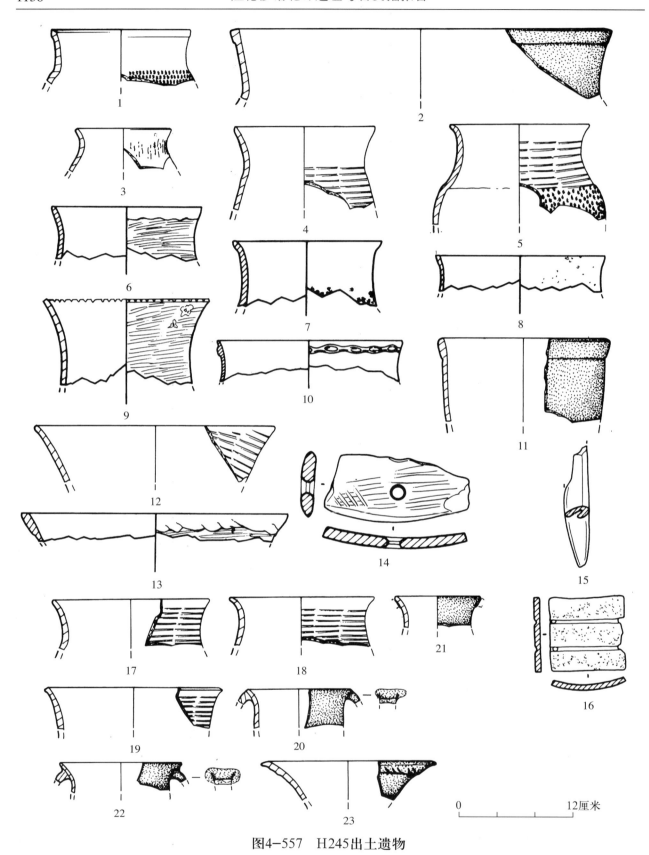

图4-557　H245出土遗物

1~8、17~19.圆腹罐H245②：1~3、5、7、9~11，H245③：2、3、6　9、10.花边罐H245②：8、12　11.大口罐H245②：6
12、13、24.盆H245②：4、13、H245③：1　14.陶刀H245②：16　15.骨锥H245②：15　16.骨钏H245②：14　20~22.双耳罐
H245③：4、5、8　23.高领罐H245③：7

表4-991　H245③层器形数量统计表

器形＼陶质・陶色	泥质				夹砂				合计
	红	橙黄	灰	褐	红	橙黄	灰	黑	
圆腹罐						3			3
双耳罐		2				1			3
高领罐		1							1
盆				1					1

表4-992　H245③层陶片统计表

纹饰＼陶质・陶色	泥质				夹砂				合计
	橙黄	灰	红	白	橙黄	灰	红	褐	
素面	17	10	6		12				45
绳纹	1				17				18
篮纹	17				8				25
麻点纹					32				32
席纹					2				2
篮纹＋绳纹					1	1			2
附加堆纹＋麻点纹					1				1
交错篮纹					1				1
篮纹＋麻点纹					3				3
刻划纹					1				1

标本H245③：2，夹砂橙黄陶。侈口，圆唇，矮领，束颈，颈部以下残。颈部饰横向篮纹，有烟炱痕迹。口径16.8、残高5.4厘米（图4-557，17）。

标本H245③：3，夹砂橙黄陶。侈口，圆唇，矮领，束颈，颈部以下残。颈部饰横向篮纹，内壁有刮抹痕迹。口径15.6、残高5.2厘米（图4-557，18）。

标本H245③：6，夹砂橙黄陶。侈口，方唇，高领，束颈，颈部以下残。颈部饰横向篮纹。口径18.4、残高4.4厘米（图4-557，19）。

双耳罐　3件。

标本H245③：4，夹砂橙黄陶。侈口，圆唇，矮领，微束颈，上腹弧，下腹残。拱形残耳。器表素面且有修整刮抹痕迹。口径11.2、残高4厘米（图4-557，20）。

标本H245③：5，泥质橙黄陶。侈口，圆唇，高领，束颈，颈部以下残。拱形残耳。颈部素面，内壁素面磨光。口径9.2、残高5.4厘米（图4-557，21）。

标本H245③：8，泥质橙黄陶。侈口，尖唇，矮领，束颈，颈部以下残。拱形残耳，素面。口径13.2、残高3.2厘米（图4-557，22）。

高领罐　1件。

标本H245③：7，泥质橙黄陶。喇叭口，尖唇，高领，束颈，颈部以下残。口沿外侧饰一周附加泥条，泥条经手指按压呈波状，颈部素面，内壁素面磨光且有刮抹痕迹。口径17.2、残高4.4厘米（图4-557，23）。

盆　1件。

标本H245③：1，泥质褐陶。敞口，平沿，圆唇，斜直腹，底残。口沿外侧有一周折棱，腹部饰横向篮纹，内壁素面磨光。口径19.6、残高4厘米（图4-557，24）。

（3）H245④层

出土少量陶片，以腹部残片为主，可辨器形有圆腹罐、双耳罐、大口罐、鸮面罐，另出土石刀2件、石镞1件、骨器1件（表4-993、994）。

表4-993　H245④层器形数量统计表

陶质	泥质				夹砂				合计
器形 ＼ 陶色	红	橙黄	灰	黑	红	橙黄	灰	黑	
圆腹罐	2				1	1			4
双耳罐						1			1
大口罐		1							1
鸮面罐					1				1

表4-994　H245④层陶片统计表

陶质	泥质				夹砂				合计
纹饰 ＼ 陶色	橙黄	灰	红	白	橙黄	灰	红	褐	
素面	9	5	7	1	32				54
绳纹	3				14				17
篮纹	21	1			3				25
麻点纹					31				31
席纹					1				1
刻划纹	2								2
篮纹＋麻点纹					1				1
篮纹＋绳纹					1				1

圆腹罐　4件。

标本H245④：1，夹砂红陶。侈口，圆唇，高领，束颈，颈部以下残。颈部饰横向篮纹，有烟炱痕迹。口径16、残高6.8厘米（图4-558，1）。

标本H245④：3，泥质红陶。侈口，圆唇，高领，束颈，颈部以下残。颈部素面。口径11.6、残高4.4厘米（图4-558，2）。

标本H245④：4，泥质红陶。微敛口，方唇，矮领，束颈，颈部以下残。口沿内侧抹斜较明显，口沿外侧有一周折棱，颈部饰斜向绳纹，纹饰上有抹平痕迹。口径28.4、残高5.8厘米（图4-558，3）。

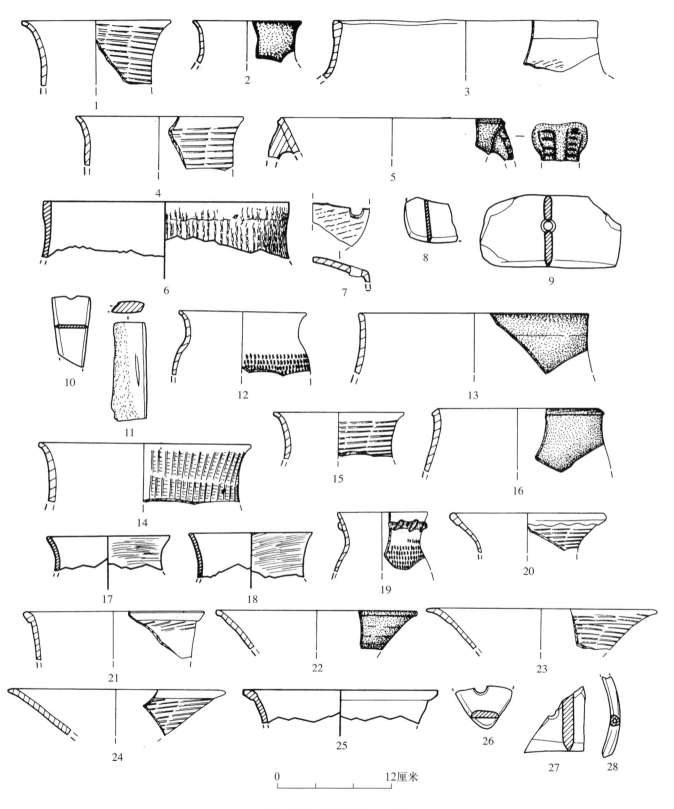

图4-558　H245出土遗物

1～4.圆腹罐H245④：1、3、4、6　5.双耳罐H245④：5　6.大口罐H245④：11　7.鸮面罐H245④：2　8、9.石刀H245④：7、8　10.石镞H245④：9　11.骨器245④：10　12～18.圆腹罐H245⑤：1、2、3、6、10、15、16　19.花边罐H245⑤：4　20.高领罐H245⑤：5　21.大口罐H245⑤：11　22～25.盆H245⑤：7、8、9、17　26.石器H245⑤：13　27.石刀H245⑤：14　28.兽牙H245⑤：12

标本H245④：6，夹砂橙黄陶。侈口，圆唇，高领，束颈，颈部以下残。颈部饰横向篮纹，有烟炱痕迹。口径18、残高5.2厘米（图4-558，4）。

双耳罐　1件。

标本H245④：5，夹砂橙黄陶。侈口，方唇，口沿以下残。唇面有一道凹槽，拱形残耳，耳上有两条竖向附加泥条，泥条之上饰戳印纹。口径23.6、残高4.4厘米（图4-558，5）。

大口罐　1件。

标本H245④：11，泥质橙黄陶。微侈口，方唇，上腹直，下腹残。口沿外侧有一周折棱，器表饰竖向绳纹。口径26、残高6厘米（图4-558，6）。

鹗面罐　1件。

标本H245④：2，夹砂红陶。仅存鹗面部分，方唇。面部饰斜向篮纹且有一残孔。残长4.6、残宽6厘米（图4-558，7）。

石刀　2件。

标本H245④：7，石英岩。仅残存一角，两边均磨制成刃部，短刃双面磨制。刃残长2.1厘米，刃角54°，长刃单面磨制，刃残长2.3厘米，刃角48°，器身残长2.6、残宽2.4厘米（图4-558，8）。

标本H245④：8，残，石英岩。近长方形，平基部，双面磨刃，中间有一钻孔，表皮部分脱落，孔径0.5厘米。刃残长6.5厘米，刃角57°，器身长7.5、宽4.9厘米（图4-558，9；彩版一九九，4）。

石镞　1件。

标本H245④：9，石英岩。器体呈扁三角形，两侧边缘均为双面磨制的刃部，尖部残，尾端有一残孔。器身残长3.7、宽2厘米（图4-558，10）。

骨器　1件。

标本H245④：10，残，动物骨骼磨制而成，呈长条状，三个边缘磨制平整，一面有一道凹槽，残断处有切割痕迹。长5.3、宽1.9、厚0.6厘米（图4-558，11；彩版一九九，5）。

（4）H245⑤层

出土少量陶片，以腹部残片为主，可辨器形有圆腹罐、花边罐、高领罐、大口罐、盆，另出土石器1件、石刀1件、兽牙1件（表4-995、996）。

表4-995　H245⑤层器形数量统计表

陶质 器形	泥质				夹砂				合计
陶色	红	橙黄	灰	黑	红	橙黄	灰	黑	
圆腹罐		1			1	5			7
花边罐						1			1
高领罐		1							1
大口罐						1			1
盆	1	3							4

表4-996　H245⑤层陶片统计表

纹饰＼陶质＼陶色	泥质				夹砂				合计
	橙黄	灰	红	灰底黑彩	橙黄	灰	红	褐	
素面	81	14	7		83				185
绳纹	4	4			48				56
篮纹	30	9	12		27				78
麻点纹					87				87
刻划纹	1								1
篮纹＋麻点纹					9				9
附加堆纹			1		3				4

圆腹罐　7件。

标本H245⑤：1，夹砂红陶。微侈口，方唇，高领，微束颈，颈部以下残。口沿外侧有一周折线，颈部素面，上腹饰麻点纹。口径24.8、残高6.4厘米（图4-558，13）。

标本H245⑤：2，夹砂橙黄陶。侈口，圆唇，矮领，束颈，圆腹，底残。颈部素面，上腹部饰麻点纹，有烟炱痕迹。口径13.6、残高6.8厘米（图4-558，12）。

标本H245⑤：3，夹砂橙黄陶。侈口，圆唇，高领，束颈，颈部以下残。颈部饰横向绳纹，绳纹之上饰竖向篮纹。口径22.4、残高6.2厘米（图4-558，14）。

标本H245⑤：6，夹砂橙黄陶。侈口，圆唇，高领，束颈，颈部以下残。颈部饰横向篮纹，有烟炱痕迹。口径16、残高5.6厘米（图4-558，15）。

标本H245⑤：10，泥质橙黄陶。微侈口，矮领，束颈，上腹斜弧，下腹残。器表素面。口径20、残高7.6厘米（图4-558，16）。

标本H245⑤：15，夹砂橙黄陶。侈口，圆唇，高领，束颈，颈部以下残。颈部饰横向篮纹，有烟炱。口径15.2、残高5.2厘米（图4-558，17）。

标本H245⑤：16，夹砂橙黄陶。侈口，方唇，高领，束颈，颈部以下残。颈部饰横向篮纹，有烟炱痕迹。口径15.2、残高5.4厘米（图4-558，18）。

花边罐　1件。

标本H245⑤：4，夹砂橙黄陶。侈口，圆唇，矮领，束颈，上腹圆，下腹残。口沿外侧饰一周附加泥条，泥条之上饰戳印纹，颈部素面，上腹饰麻点纹，有烟炱痕迹。口径11.2、残高7.2厘米（图4-558，19）。

高领罐　1件。

标本H245⑤：5，泥质橙黄陶。喇叭口，圆唇，高领，束颈，颈部以下残。口沿外侧饰一周折棱，颈部饰横向篮纹。口径18.4、残高4.8厘米（图4-558，20）。

大口罐　1件。

标本H245⑤：11，夹砂橙黄陶。侈口，圆唇，上腹斜直，下腹残。口沿外侧饰一周附加泥条，口沿下饰斜向篮纹。口径21.6、残高5.8厘米（图4-558，21）。

盆　4件。

标本H245⑤：7，泥质橙黄陶。敞口，圆唇，斜直腹，底残。器表素面，泥条盘筑痕迹明显，内壁素面磨光。口径24.4、残高4.8厘米（图4-558，22）。

标本H245⑤：8，泥质橙黄陶。敞口，平沿，斜腹，底残。腹部饰横向篮纹，内壁素面磨光且有修整刮抹痕迹。口径27.2、残高5厘米（图4-558，23）。

标本H245⑤：9，泥质红陶。敞口，平沿，斜腹微弧，底残。口沿外侧有一周折棱，腹部饰斜向篮纹，内壁素面磨光。口径25.2、残高5.6厘米（图4-558，24）。

标本H245⑤：17，泥质橙黄陶。敞口，平沿，方唇，上腹斜直，下腹残。口沿外侧饰一周附加泥条，上腹素面，有烟炱痕迹。口径24、残高4.1厘米（图4-558，25）。

石刀　1件。

标本H245⑤：14，石英岩。基部及侧边均残，仅存部分刃部，双面磨刃，残断处有一残孔。刃残长3.7厘米，刃角45°，器身残长3.7、残宽4厘米（图4-558，27）。

石器　1件。

标本H245⑤：13，页岩。残存呈三角形，残断处有一残孔，器表未见明显打磨痕迹。残长3.5厘米（图4-558，26）。

兽牙　1件。

标本H245⑤：12，器身呈半环状，一端中空，一端为牙关部，磨损严重。长4.9、宽0.7厘米（图4-558，28）。

（5）H245⑥层

出土陶刀1件、骨锥1件。

陶刀　1件。

标本H245⑥：1，泥质橙黄陶。陶片打制而成，器表饰篮纹，残断处有一残孔，边缘有打制痕迹似刃部，器身残长3.7、残宽4.3厘米（图4-559，1）。

骨锥　1件。

标本H245⑥：2，动物骨骼磨制而成，呈圆柱锥状，柄部残，中腰至尖部渐收磨制成尖。残长5.5、直径1厘米（图4-559，2；彩版一九九，6）。

（6）H245⑦层

出土少量陶片，以腹部残片为主，可辨器形有圆腹罐、双耳罐、三耳罐、盆，另出土陶刀3件、石刀1件、骨锥1件（表4-997、998）。

表4-997　H245⑦层器形数量统计表

器形 \ 陶色 \ 陶质	泥质				夹砂				合计
	红	橙黄	灰	黑	红	橙黄	灰	黑	
圆腹罐							1		1
双耳罐		1				1			2
三耳罐	1								1
盆		1	1						2

表4-998 H245⑦层陶片统计表

纹饰 \ 陶质→陶色	泥质				夹砂				合计
	橙黄	灰	红	灰底黑彩	橙黄	灰	红	褐	
素面	4	1	1		1				7
篮纹	5				2				7
麻点纹					8				8
附加堆纹	1								1
交错篮纹					1				1

圆腹罐 1件。

标本H245⑦：6，夹砂灰陶。侈口，尖唇，高领，束颈，圆腹，平底内凹。颈部饰斜向篮纹，上腹素面，下腹饰横向篮纹。口径36.2、高40.2、底径17.6厘米（图4-559，3；彩版二〇〇，1）。

双耳罐 2件。

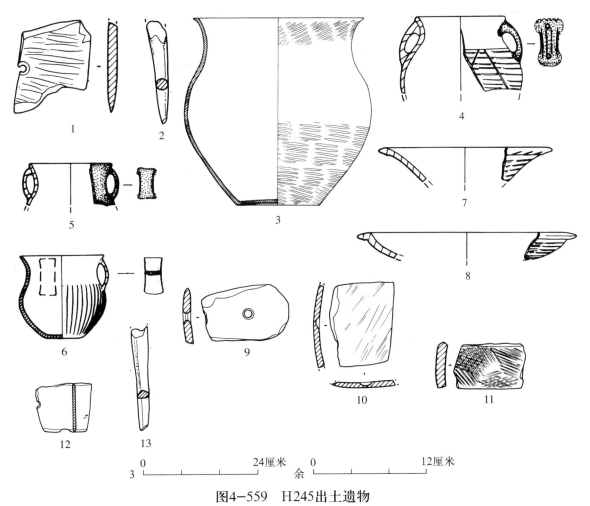

图4-559 H245出土遗物

1.陶刀H245⑥：1 2.骨锥H245⑥：2 3.圆腹罐H245⑦：6 4、5.双耳罐H245⑦：2、5 6.三耳罐H245⑦：4 7、8.盆H245⑦：1、3 9～11.陶刀H245⑦：8、10、11 12.石刀H245⑦：7 13.骨锥H245⑦：9

标本H245⑦：2，夹砂橙黄陶。侈口，圆唇，矮领，束颈，圆腹，底残。颈部素面，拱形双耳，耳上端口部呈锯齿状，上下两端饰圆形泥饼，耳面饰竖向篮纹，腹部饰横向篮纹，篮纹之上饰刻划纹，器表有烟炱痕迹。口径9.6、残高8厘米（图4-559，4）。

标本H245⑦：5，泥质橙黄陶。侈口，圆唇，矮领，束颈，上腹圆，下腹残。拱形双耳。器表素面。口径8.8、残高4.4厘米（图4-559，5）。

三耳罐　1件。

标本H245⑦：4，泥质红陶。侈口，尖唇，矮领，束颈，鼓腹，平底。拱形三耳，颈部素面，腹部饰竖向刻划纹。口径9.2、高9、底径4.6厘米（图4-559，6；彩版二〇〇，2）。

盆　2件。

标本H245⑦：1，泥质橙黄陶。敞口，尖唇，斜直腹，底残。口沿外侧有一周折棱，器表饰横向篮纹。口径17.6、残高3.6厘米（图4-559，7）。

标本H245⑦：3，泥质灰陶。敞口，折沿，尖唇，斜弧腹，底残。器表饰横向篮纹。口径20.8、残高2.8厘米（图4-559，8）。

陶刀　3件。

标本H245⑦：8，泥质红陶。陶片打磨而成，器表素面磨光，平基部，一侧边圆弧，一侧边直，双面磨刃，中间有一钻孔，孔径0.5厘米。刃长5.2厘米，刃角54°，器身长6.4、宽4.2厘米（图4-559，9；彩版二〇〇，3）。

标本H245⑦：10，泥质红陶。陶片打磨而成，器表饰有刻划纹，基部及两侧边平直，刃部打制后再磨，内部有钻孔痕迹。刃残长2厘米，刃角28°，器身长6.2、宽4.8厘米（图4-559，10）。

标本H245⑦：11，泥质红陶。陶片打磨而成，器表饰交错刻划纹，长方形，平基部，侧边残，一边稍加磨制。长5.3、宽3.3厘米（图4-559，11；彩版二〇〇，4）。

石刀　1件。

标本H245⑦：7，残，石英岩。近正方形，基部有击打疤痕，一侧边平整，双面磨刃，刃部有一豁口，残断处有一残孔。刃残长3.2厘米，刃角35°，器身残长4.2、宽3.5厘米（图4-559，12）。

骨锥　1件。

标本H245⑦：9，动物骨骼磨制而成，器身磨制光滑，呈长条方柱状，柄部及尖部残，器身残长7.7、宽1.2、厚0.6厘米（图4-559，13；彩版二〇〇，5）。

（7）H245⑧层

出土少量陶片，以腹部残片为主，可辨器形有圆腹罐、大口罐、盆、豆、碗（表4-999、1000）。

圆腹罐　2件。

标本H245⑧：1，泥质红陶。侈口，圆唇，高领，束颈，上腹斜，下腹残。器表通体素面磨光，颈、腹间饰一周横向刻划纹。口径11.2、残高5.6厘米（图4-560，1）。

标本H245⑧：7，夹砂橙黄陶。口部残，圆腹，凹底。腹部饰竖向刻划纹，有烟炱。残高13、底径10.5厘米（图4-560，2）。

表4-999　H245⑧层器形数量统计表

器形＼陶质陶色	泥质				夹砂				合计
	红	橙黄	灰	黑	红	橙黄	灰	黑	
圆腹罐	1					1			2
大口罐						1			1
盆	3	1							4
豆		1							1
碗							1		1

表4-1000　H245⑧层陶片统计表

纹饰＼陶质陶色	泥质				夹砂				合计
	橙黄	灰	红	灰底黑彩	橙黄	灰	红	褐	
素面	66	2	9		46	2			125
绳纹					18				18
篮纹	69		41		10	2			122
麻点纹					56				56
刻划纹					1				1
戳印纹					1				1
网格纹					2				2
附加堆纹					1				1

大口罐　1件。

标本H245⑧：8，夹砂橙黄陶。微侈口，方唇，上腹斜，下腹残。口沿外侧有一周折棱，腹部饰斜向篮纹。口径29、残高3.4厘米（图4-560，3）。

盆　4件。

标本H245⑧：2，泥质红陶。敞口，平沿，圆唇，斜直腹，底残。口沿外侧有一周折棱，腹部饰斜向篮纹，内壁素面磨光且有刮抹痕迹。口径33、残高4.5厘米（图4-560，4）。

标本H245⑧：3，泥质橙黄陶。敞口，方唇，斜弧腹，腹部饰斜向篮纹，内壁素面磨光且有刮抹痕迹。口径29、残高4.9厘米（图4-560，5）。

标本H245⑧：5，泥质红陶。敞口，平沿，尖唇，斜腹微弧，底残。腹部饰斜向篮纹，内壁素面磨光且有刮抹痕迹。口径30.5、残高6.65厘米（图4-560，6）。

标本H245⑧：6，泥质红陶。敞口，平沿，圆唇，上腹斜，下腹残。口沿外侧有一周折棱，腹部饰竖向绳纹。口径30.2、残高2.95厘米（图4-560，7）。

豆　1件。

标本H245⑧：4，泥质橙黄陶。现仅残存豆座，高圈空心足。器表素面磨光。底径16.4、残高12.2厘米（图4-560，8）。

碗　1件。

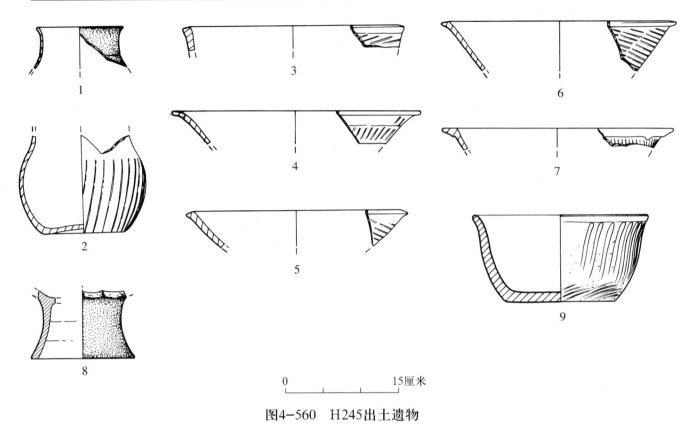

0   15厘米

图4-560　H245出土遗物

1、2.圆腹罐H245⑧：1、7　3.大口罐H245⑧：8　4~7.盆H245⑧：2、3、5、6　8.豆H245⑧：4　9.碗H245⑧：9

标本H245⑧：9，夹砂灰陶。敞口，圆唇，斜弧腹，平底。腹部饰竖向篮纹，近底部有刮抹痕迹，器表有烟炱痕迹。口径23、高11.5、底径11.5厘米（图4-560，9）。

236. H246

H246位于ⅡT0801北部，开口于第②层下（图4-561；彩版二〇一，1）。平面近长方形，口部边缘形态明显，底部边缘形态明显，剖面呈筒状，斜直壁，未见工具痕迹，坑底平整。坑口南北2.00、东西0.50~0.60米，坑底南北1.80、深0.72米。坑内堆积未分层，土色深黄，土质疏松，水平状堆积。

坑内出土零散陶片，以陶器腹部残片为主，无可辨器形标本，所以不具体介绍，只进行陶系统计（表4-1001）。

表4-1001　H246陶片统计表

陶质 纹饰　　陶色	泥质				夹砂				合计
	橙黄	灰	红	灰底 黑彩	橙黄	灰	红	褐	
素面	3		2						5
绳纹	1				3				4
篮纹	3		2		1				6
麻点纹					10				10

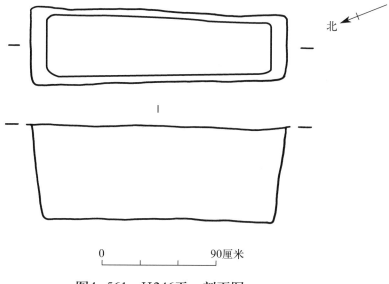

图4-561　H246平、剖面图

237. H247

H247 位于ⅡT0805 东南部，开口于第④层下（图 4-562；彩版二〇一，2）。根据遗迹暴露部分推测H247平面呈椭圆形，口部边缘形态明显，底部边缘形态明显，剖面呈筒状，直壁，未见工具痕迹，坑底平整。坑口东西1.41、南北0.72、坑底南北5.1、深0.90～0.94米。坑内堆积未分层，土色深褐色，土质较疏松，包含少许植物根茎。

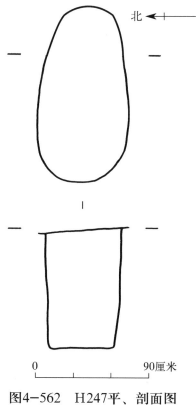

图4-562　H247平、剖面图

坑内出土少量陶片，以腹部残片为主，可辨器形有圆腹罐、花边罐、高领罐（表4-1002、1003）。

表4-1002　H247器形数量统计表

器形 \ 陶色 \ 陶质	泥质				夹砂				合计
	红	橙黄	灰	黑	红	橙黄	灰	黑	
圆腹罐						2			2
花边罐						1			1
高领罐						1			1

表4-1003　H247陶片统计表

纹饰 \ 陶色 \ 陶质	泥质				夹砂				合计
	橙黄	灰	红	灰底黑彩	橙黄	灰	红	褐	
素面	11	1	3		11				26
绳纹	4								4
篮纹	3		2						5
麻点纹					11				11

圆腹罐　2件。

标本H247：1，夹砂橙黄陶。侈口，圆唇，矮领，束颈，颈部以下残。颈部饰横向篮纹，器表有烟炱痕迹。口径14.4、残高5.4厘米（图4-563，1）。

标本H247：3，夹砂橙黄陶。侈口，方唇，高领，束颈，颈部以下残。口沿外侧有一周折棱，颈部饰横向篮纹，器表有烟炱痕迹。口径22、残高4.2厘米（图4-563，2）。

花边罐　1件。

标本H247：2，夹砂橙黄陶。侈口，尖唇，矮领，束颈，上腹圆，下腹残。口沿外侧饰一周

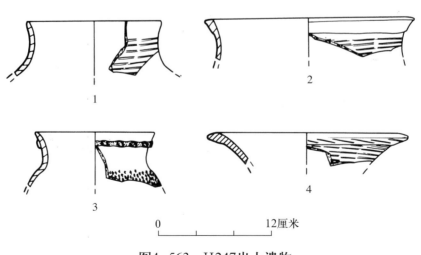

0　　　　　　　12厘米

图4-563　H247出土遗物

1、2.圆腹罐H247：1、3　3.花边罐H247：2　4.高领罐H247：4

附加泥条，泥条经手指按压呈波状，颈部素面，上腹饰麻点纹。口径 12.8、残高 5.6 厘米（图 4-563，3）。

高领罐　1 件。

标本 H247：4，泥质橙黄陶。喇叭口，圆唇，高领，束颈，颈部以下残。口沿外侧有一周折棱，器表饰篮纹，内壁素面磨光。口径 21.2、残高 3.4 厘米（图 4-563，4）。

238. H248

H248 位于 II T0803 西南角，开口于第④层下（图 4-564；彩版二〇二，1）。平面呈椭圆形，口部边缘形态明显，底部边缘形态较明显，剖面近倒梯形，斜直壁，未见工具痕迹，坑底平整。坑口东西 2.90、南北 2.60、坑底东西 1.90、深 1.00 米。坑内堆积可分两层，第①层厚 0.30～0.32 米，土色浅灰，土质疏松，包含少许黑色斑点和草木灰，水平状堆积。第②层厚 0.62～0.70 米，土色浅黄，土质较致密，水平状堆积。

坑内出土陶片及零散石块、兽骨。

（1）H248①层

出土少量陶片，以腹部残片为主，可辨器形有圆腹罐、花边罐、双耳罐、高领罐、盆，另出土石刀 1 件（表 4-1004、1005）。

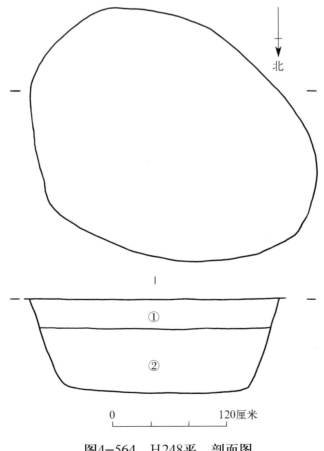

图 4-564　H248 平、剖面图

表4-1004　H248①层器形数量统计表

器形＼陶色	泥质				夹砂				合计
	红	橙黄	灰	黑	红	橙黄	灰	褐	
圆腹罐		2				8	1	2	13
花边罐					1	1			2
双耳罐		1							1
高领罐	1	2							3
盆		1							

表4-1005　H248①层陶片统计表

纹饰＼陶色	泥质					夹砂				合计
	橙黄	灰	红	白	灰底黑彩	橙黄	灰	红	褐	
素面	103	6	4			61	8	1		183
绳纹	1					39				40
篮纹	93	5				62	3			163
麻点纹						153				153
弦纹						1				1
篮纹＋麻点纹						26				26
篮纹＋绳纹	1					3				4
交错绳纹							1			1
戳印纹						1				1
篮纹＋绳纹＋戳印纹						1				1

圆腹罐　13件。

标本H248①：1，泥质灰陶。侈口，圆唇，矮领，束颈，上腹圆，下腹残。颈部素面，上腹饰竖向篮纹。口径16.4、残高7.6厘米（图4-565，1）。

标本H248①：4，夹砂褐陶。侈口，方唇，高领，束颈，颈部以下残。唇面有一道凹槽，口沿外侧有一周折棱，器表饰斜向篮纹。口径17、残高4厘米（图4-565，2）。

标本H248①：5，夹砂橙黄陶。侈口，圆唇，矮领，束颈，上腹斜，下腹残。口沿外侧有一周折棱，颈部素面，上腹饰交错刻划纹，器表有烟炱痕迹。口径12、残高5.8厘米（图4-565，3）。

标本H248①：8，夹砂橙黄陶。侈口，方唇，高领，微束颈，颈部以下残。口沿外侧有一周折棱，折棱上饰斜向篮纹，颈部饰横向篮纹。口径25.2、残高5.6厘米（图4-565，4）。

标本H248①：9，夹砂橙黄陶。侈口，圆唇，高领，束颈，上腹斜，下腹残。颈部饰横向篮纹，上腹部饰竖向绳纹。口径16、残高7.4厘米（图4-565，5）。

标本H248①：10，夹砂橙黄陶。侈口，尖唇，矮领，束颈，颈部以下残。颈部饰横向篮纹。口径13.2、残高4.8厘米（图4-565，6）。

标本H248①：11，夹砂橙黄陶。侈口，圆唇，高领，微束颈，上腹斜，下腹残。颈部饰横向

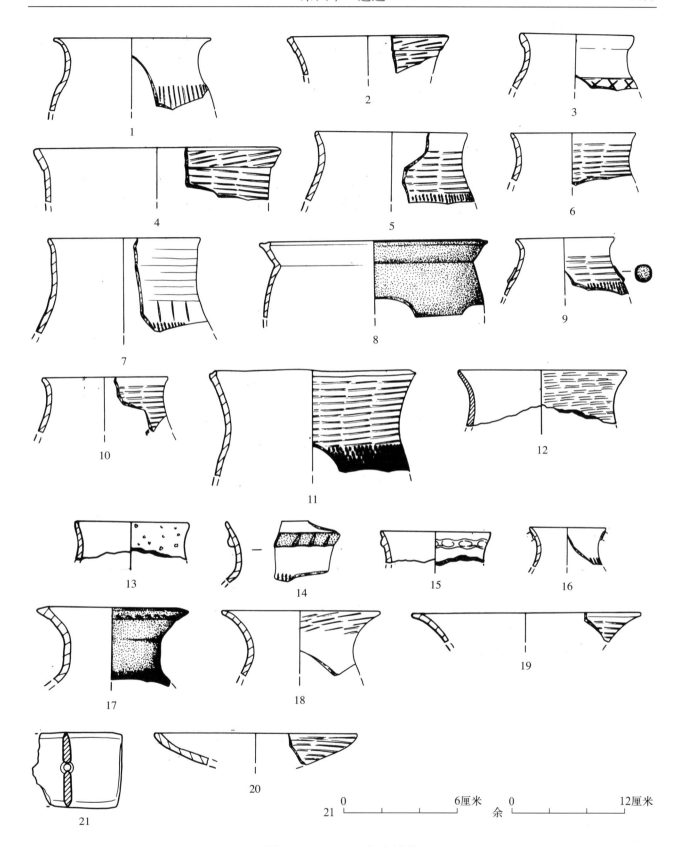

图4-565　H248出土遗物

1~13.圆腹罐H248①：1、4、5、8~14、16、19、20　14、15.花边罐H248①：3、18　16.双耳罐H248①：2　17~19.高领罐
H248①：6、7、17　20.盆H248①：15　21.石刀H248①：21

篮纹，篮纹下饰竖向刻划纹及麻点纹，器表有烟炱痕迹。口径16、残高9.8厘米（图4-565，7）。

标本H248①：12，泥质灰陶。侈口，平沿，圆唇，上腹圆弧，下腹残。口沿面呈凹状。器表素面。口径24、残高7.8厘米（图4-565，8）。

标本H248①：13，夹砂橙黄陶。侈口，圆唇，矮领，束颈，上腹斜弧，下腹残。颈部饰横向篮纹，篮纹之上有泥饼，上腹饰竖向绳纹，器表有烟炱痕迹。口径10.4、残高6.4厘米（图4-565，9）。

标本H248①：14，夹砂褐陶。侈口，圆唇，矮领，束颈，颈部以下残。颈部饰横向篮纹。口径13.2、残高5.6厘米（图4-565，10）。

标本H248①：16，夹砂灰陶。侈口，方唇，高领，束颈，上腹斜弧，下腹残。唇面有一道凹槽，颈部饰横向篮纹，上腹饰麻点纹。口径21.6、残高11厘米（图4-565，11）。

标本H248①：19，夹砂橙黄陶。侈口，圆唇，矮领，束颈，上腹斜弧，下腹残。器表饰横向篮纹。口径18、残高6厘米（图4-565，12）。

标本H248①：20，夹砂橙黄陶。侈口，方唇，高领，束颈，颈部以下残。颈部素面，器表有烟炱痕迹。口径12、残高4厘米（图4-565，13）。

花边罐　2件。

标本H248①：3，夹砂红陶。侈口，圆唇，高领，束颈，上腹斜，下腹残。口沿外饰一周附加泥条，泥条之上饰戳印纹，颈部素面，上腹饰竖向绳纹。残高6.4、残宽7厘米（图4-565，14）。

标本H248①：18，夹砂橙黄陶。侈口，圆唇，矮领，束颈，颈部以下残。颈部饰一周附加泥条，泥条经手指按压呈波状，器表有烟炱痕迹。口径11.6、残高3.4厘米（图4-565，15）。

双耳罐　1件。

标本H248①：2，泥质橙黄陶。侈口，圆唇，高领，束颈，颈部以下残。耳残，颈部饰竖向刻划纹。口径8、残高4.1厘米（图4-565，16）。

高领罐　3件。

标本H248①：6，泥质红陶。喇叭口，平沿，尖唇，高领，束颈，颈部以下残。口沿外侧饰一周折棱，颈部素面且有修整刮抹痕迹。口径16、残高8厘米（图4-565，17）。

标本H248①：7，泥质橙黄陶。喇叭口，圆唇，高领，束颈，颈部以下残。口沿下饰斜向篮纹，颈部素面。口径16、残高6.6厘米（图4-565，18）。

标本H248①：17，泥质橙黄陶。喇叭口，圆唇，高领，束颈。颈部饰横向篮纹。口径24、残高3厘米（图4-565，19）。

盆　1件。

标本H248①：15，泥质橙黄陶。敞口，圆唇，斜弧腹，底残。腹部饰横向篮纹。口径21.2、残高3.4厘米（图4-565，20）。

石刀　1件。

标本H248①：21，石英岩。一半残，基部及侧边平整，器身有一钻孔，双面磨刃。刃残长4.2厘米，刃角56°，器身残长4.7、宽4厘米（图4-565，21；彩版二〇二，2）。

（2）H248②层

出土少量陶片，以腹部残片为主，可辨器形有圆腹罐、花边罐、单耳罐、双耳罐、盆，另出土兽牙 1 件（表 4-1006、1007）。

表4-1006 H248②层器形数量统计表

器形 \ 陶质 陶色	泥质				夹砂				合计
	红	橙黄	灰	黑	红	橙黄	灰	黑	
圆腹罐		1			2	2	1		6
花边罐							1		1
单耳罐							1		1
双耳罐		2							2
盆						2			2

表4-1007 H248②层陶片统计表

纹饰 \ 陶质 陶色	泥质				夹砂				合计
	橙黄	灰	红	灰底黑彩	橙黄	灰	红	褐	
素面	17	2	5		23	2			49
绳纹	1				7				8
篮纹	16	8	6		9		1		40
麻点纹					44		5		49
戳印纹					1				1
刻划纹					1				1
篮纹 + 麻点纹					2		3		5

圆腹罐 6 件。

标本H248②：2，夹砂橙黄陶。侈口，圆唇，高领，微束颈，颈部以下残。颈部饰横向篮纹。口径 13.6、残宽 4.6 厘米（图 4-566，1）。

标本H248②：4，夹砂橙黄陶。侈口，圆唇，高领，束颈，颈部以下残。颈部饰横向篮纹。口径 15.2、残高 4.6 厘米（图 4-566，2）。

标本H248②：5，夹砂红陶。侈口，圆唇，高领，束颈，上腹斜，下腹残。颈部饰横向篮纹，上腹饰麻点纹。口径 18.8、残高 8.6 厘米（图 4-566，3）。

标本H248②：7，夹砂红陶。侈口，圆唇，高领，微束颈，上腹斜，下腹残。颈部饰竖向篮纹，上腹饰麻点纹。口径 11.2、残高 7 厘米（图 4-566，4）。

标本H248②：9，泥质灰陶。侈口，平沿，圆唇，上腹斜，下腹残。沿面呈凹状。器表素面。口径 22.8、残高 3.6 厘米（图 4-566，5）。

标本H248②：12，夹砂红陶。侈口，方唇，矮领，束颈，上腹圆弧，下腹残。口沿外侧饰一周附加泥条，器表饰横向篮纹，有烟炱痕迹。口径 13.2、残高 5 厘米（图 4-566，6）。

标本H248②：13，夹砂灰陶。侈口，尖唇，高领，束颈，颈部以下残。口沿外侧有一周折棱，颈部饰横向篮纹。口径 16、残高 4.6 厘米（图 4-566，7）。

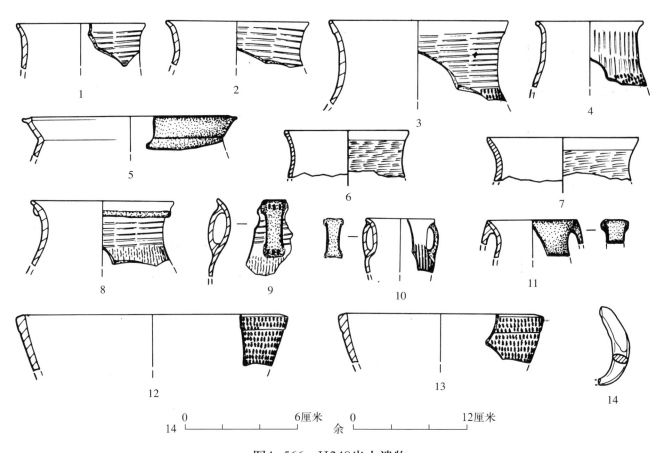

图4-566　H248出土遗物

1~7.圆腹罐H248②：2、4、5、7、9、12、13　8.花边罐H248②：3　9.单耳罐H248②：10　10、11.双耳罐H248②：6、8
12、13.盆H248②：1、11　14.兽牙H248②：14

花边罐　1件。

标本H248②：3，夹砂灰陶。侈口，圆唇，矮领，束颈，上腹斜，下腹残。口沿外侧饰有一周泥条，颈部饰横向篮纹，篮纹下饰竖向绳纹。口径14.8、残高7厘米（图4-566，8）。

单耳罐　1件。

标本H248②：10，夹砂灰陶。侈口，圆唇，矮领，束颈，上腹圆，下腹残。拱形单耳。耳上下两端饰戳印纹，颈部饰横向篮纹，上腹饰竖向绳纹。残高8、残宽5厘米（图4-566，9）。

双耳罐　2件。

标本H248②：6，泥质橙黄陶。侈口，圆唇，高领，束颈，鼓腹，底残。拱形双耳。颈部素面，上腹饰竖向刻划纹。口径7.2、残高5.6厘米（图4-566，10）。

标本H248②：8，泥质橙黄陶。侈口，尖唇，矮领，束颈，上腹弧，下腹残。拱形残耳。器表素面，有烟炱痕迹。口径9.2、残高3.8厘米（图4-566，11）。

盆　2件。

标本H248②：1，夹砂橙黄陶。敞口，方唇，上腹斜弧，下腹残。口沿外侧有一周折棱，器表通体麻点纹。口径28.4、残高5.6厘米（图4-566，12）。

标本H248②：11，夹砂橙黄陶。敞口，方唇，上腹斜弧，下腹残。口沿外侧有一周折棱，器表通体麻点纹。口径 21.6、残高 5.2 厘米（图 4-566，13）。

兽牙　1件。

标本H248②：14，器身呈半环状，一端中空，一端为牙关部，磨损严重。长 4.1、直径约 1 厘米（图 4-566，14；彩版二〇二，3）。

239. H249

H249 位于Ⅱ T0601 东部，开口于第①层下（图 4-567；彩版二〇二，4）。平面呈椭圆形，口部边缘形态明显，底部边缘形态明显，剖面呈袋状，南部壁斜直，北部下部略有曲折，未见工具痕迹，底部南高北低呈坡状。坑口南北 2.55、东西 2.47、坑底南北 2.58、深 2.60～2.83 米。坑内堆积可分八层，第①层厚 0.11～0.22 米，土色浅灰色，土质疏松，坡状堆积。第②层厚 0.40～0.46

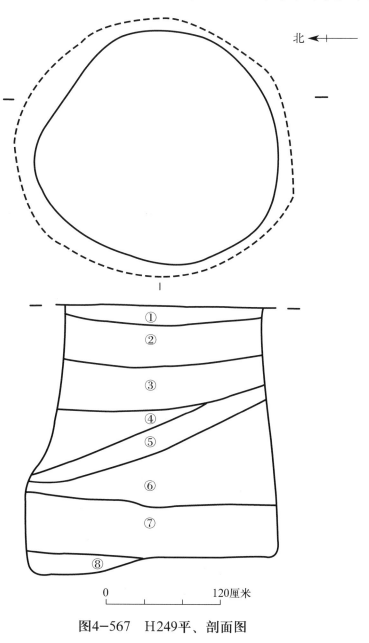

图4-567　H249平、剖面图

米，土色浅黄色，土质较疏松，水平状堆积。第③层厚0.30~0.52米，土色浅褐色，土质较疏松，水平状堆积。第④层厚0~0.70米，土色浅灰色，土质较疏松，坡状堆积。第⑤层厚0.06~0.30米，土色浅黄色带斑点，土质较致密，坡状堆积。第⑥层厚0.12~1.10米，土色深灰色，土质疏松，坡状堆积。第⑦层厚0.50~0.62米，土色深褐色，土质疏松，水平状堆积。第⑧层厚0~0.20米，土色浅褐色，土质疏松，坡状堆积。

坑内出土较多陶片及少量石块、兽骨。

（1）H249②层

出土陶片见下表（表4-1008）。

表4-1008　H249②层陶片统计表

| 陶质 | 泥质 | | | | 夹砂 | | | | 合计 |
纹饰 陶色	橙黄	灰	红	灰底黑彩	橙黄	灰	红	褐	
素面	28	1	7		13				49
绳纹					6				6
篮纹	22				8				30
麻点纹					29				29
戳印纹 + 麻点纹					1				1
附加堆纹	1								1
篮纹 + 绳纹					1				1
附加堆纹 + 麻点纹					1				1

（2）H249③层

出土少量陶片，以腹部残片为主，可辨器形有花边罐、单耳罐、盆（表4-1009、1010）。

表4-1009　H249③层器形数量统计表

| 陶质 | 泥质 | | | | 夹砂 | | | | 合计 |
器形 陶色	红	橙黄	灰	黑	红	橙黄	灰	黑	
花边罐						1			1
单耳罐		1							1
盆		1							1

表4-1010　H249③层陶片统计表

| 陶质 | 泥质 | | | | 夹砂 | | | | 合计 |
纹饰 陶色	橙黄	灰	红	灰底黑彩	橙黄	灰	红	褐	
素面	20	3			54		2		79
绳纹	1				29				30
篮纹	16				15				31
麻点纹					49				49
刻划纹	1								1

陶质 纹饰 \ 陶色	泥质				夹砂				合计
	橙黄	灰	红	灰底黑彩	橙黄	灰	红	褐	
篮纹 + 刻划纹	1								1
交错篮纹	2								2
篮纹 + 麻点纹					2				2
附加堆纹					2				2

花边罐 1件。

标本H249③：1，夹砂橙黄陶。侈口，圆唇，高领，束颈，上腹圆，下腹残。口沿外侧饰一周附加泥条，泥条之上饰戳印纹，颈部素面，上腹饰麻点纹，有烟炱痕迹。口径16、残高8.4厘米（图4-568，1）。

单耳罐 1件。

标本H249③：2，泥质橙黄陶。侈口，尖唇，矮领，束颈，上腹斜，下腹残。拱形单耳。颈部素面，耳下有两道刻划纹。残高5、残宽3.2厘米（图4-568，2）。

盆 1件。

标本H249③：3，泥质橙黄陶。敞口，方唇，斜弧腹，底残。唇面呈凹状。口外侧有一周凸棱，器表通体饰竖向绳纹。口径30.4、残高6.8厘米（图4-568，3）。

（3）H249④层

出土少量陶片，以腹部残片为主，可辨器形有花边罐、高领罐、盆1件，另出土陶刀1件、石刀1件（表4-1011、1012）。

表4-1011 H249④层器形数量统计表

陶质 器形 \ 陶色	泥质				夹砂				合计
	红	橙黄	灰	黑	红	橙黄	灰	黑	
花边罐						1			1
高领罐	1								1
盆		1							1

表4-1012 H249④层陶片统计表

陶质 纹饰 \ 陶色	泥质				夹砂				合计
	橙黄	灰	红	灰底黑彩	橙黄	灰	红	褐	
素面	6		1		5				12
绳纹	2				6				8
篮纹	6				1				7
麻点纹					32				32
刻划纹					1				1
附加堆纹	1								1

　　花边罐　1件。

　　标本H249④：2，夹砂橙黄陶。侈口，圆唇，矮领，束颈，上腹圆弧，下腹残。口沿外侧饰一周附加泥条，泥条经手指按压呈波状，颈部素面，上腹饰麻点纹，有烟炱痕迹。口径16、残高6.8厘米（图4-568，4）。

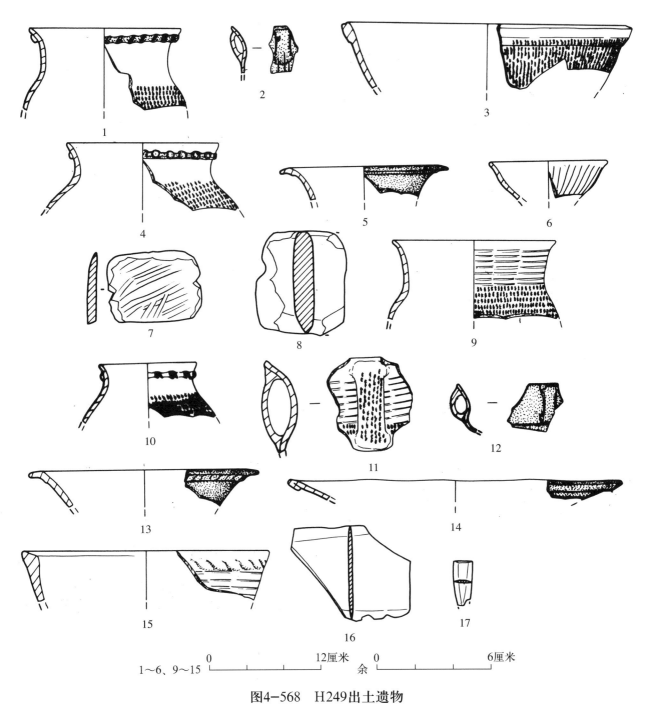

图4-568　H249出土遗物

1、4、10.花边罐H249③：1、H249④：2、H249⑤：6　2、11、12.单耳罐H249③：2、H249⑤：2、3　3、6、13~15.盆
H249③：3、H249④：3、H249⑤：4、5、7　5.高领罐H249④：1　7.陶刀H249④：4　8、16.石刀H249④：5、H249⑤：9
9.圆腹罐H249⑤：1　17.石镞H249⑤：8

高领罐　1件。

标本H249④：1，泥质红陶。喇叭口，微卷沿，圆唇，高领，束颈，颈部以下残。颈部素面。口径17.6、残高3.4厘米（图4-568，5）。

盆　1件。

标本H249④：3，泥质灰陶。敞口，圆唇，斜弧腹，底残。腹部饰竖向篮纹。口径12.4、残高4厘米（图4-568，6）。

陶刀　1件。

标本H249④：4，泥质红陶。陶片打磨而成，长方形，平基部，两侧边均有豁口，双面打制刃部，器表饰斜向篮纹。刃长4.3厘米，刃角36°，器身长4.9、宽3.8厘米（图4-568，7；彩版二○三，1）。

石刀　1件。

标本H249④：5，石英岩。残存近方形，平基部。一侧边打制痕迹明显且有一豁口，双面刃，刃部先打制后磨。刃残长3.2厘米，刃角58°，器身残长4.7、宽5.5厘米（图4-568，8；彩版二○三，2）。

（4）H249⑤层

出土少量陶片，以腹部残片为主，可辨器形有圆腹罐、花边罐、单耳罐、盆，另出土石刀1件、石镞1件（表4-1013、1014）。

表4-1013　H249⑤层器形数量统计表

器形＼陶色	泥质				夹砂				合计
	红	橙黄	灰	黑	红	橙黄	灰	黑	
圆腹罐		1							1
花边罐						1			1
单耳罐	1	1							2
盆	1	1	1						3

表4-1014　H249⑤层陶片统计表

纹饰＼陶色	泥质				夹砂				合计
	橙黄	灰	红	灰底黑彩	橙黄	灰	红	褐	
素面	51	8	8		43				110
绳纹	5				20				25
篮纹	32	4	11		13				60
麻点纹					79				79
刻划纹	1								1
篮纹＋麻点纹					1				1
附加堆纹					5				5
篮纹＋绳纹					3				3
附加堆纹＋麻点纹					2				2

圆腹罐　1件。

标本H249⑤：1，泥质橙黄陶。侈口，圆唇，高领，束颈，上腹圆，下腹残。颈部饰横向篮纹，上腹饰麻点纹，有烟炱痕迹。口径17、残高8.2厘米（图4-568，9）。

花边罐　1件。

标本H249⑤：6，夹砂橙黄陶。侈口，圆唇，矮领，束颈，上腹斜弧，下腹残。口沿外侧饰一周附加泥条，泥条经手指按压呈波状，颈部素面，上腹饰麻点纹，有烟炱痕迹。口径10.4、残高6厘米（图4-568，10）。

单耳罐　2件。

标本H249⑤：2，泥质橙黄陶。侈口，圆唇，高领，束颈，上腹圆，下腹残。拱形单耳。耳面饰麻点纹，颈部饰横向篮纹，篮纹下饰麻点纹，有烟炱痕迹。残高9.6、残宽9厘米（图4-568，11）。

标本H249⑤：3，泥质红陶。侈口，圆唇，矮领，束颈，鼓腹，底残。器表素面。残高5、残宽6厘米（图4-568，12）。

盆　3件。

标本H249⑤：4，泥质红陶。敞口，平沿，圆唇，斜弧腹，底残。口外侧饰一周附加泥条，泥条经手指按压呈波状，腹部素面。口径24.4、残高3.8厘米（图4-568，13）。

标本H249⑤：5，泥质灰陶。敞口，圆唇，口沿以下残。口沿外侧有一周折棱，素面。口径35.4、残高2厘米（图4-568，14）。

标本H249⑤：7，泥质橙黄陶。敞口，唇部抹斜，上腹斜弧，下腹残。口沿外侧有一周折棱，上腹饰横向篮纹。口径26、残高5.4厘米（图4-568，15）。

石刀　1件。

标本H249⑤：9，石英岩。青灰色，残存不规则状，对向双面磨刃，两侧边残，两个刃部均残损。刃一残长2.8厘米，刃角28°，刃二残长3.7厘米，刃角42°，器身残长6.3、宽5.1厘米（图4-568，16；彩版二〇三，3）。

石镞　1件。

标本H249⑤：8，石英岩。器体呈扁三角形，两侧边缘均为双面磨制的刃部，较为锋利，尖部残，尾部平整。长2.4、宽1、厚0.2厘米（图4-568，17；彩版二〇三，4）。

（5）H249⑥层

出土少量陶片，以腹部残片为主，可辨器形有圆腹罐、花边罐、双耳罐、高领罐、斝，另出土石料2件（表4-1015、1016）。

表4-1015　H249⑥层器形数量统计表

器形	陶质 陶色	泥质				夹砂				合计
		红	橙黄	灰	黑	红	橙黄	灰	黑	
圆腹罐							1	1		2
花边罐							1			1
双耳罐			1							1

续表

陶质 陶色 器形	泥质				夹砂				合计
	红	橙黄	灰	黑	红	橙黄	灰	黑	
高领罐		1							1
罕							1		1

表4-1016　H249⑥层陶片统计表

陶质 陶色 纹饰	泥质				夹砂				合计
	橙黄	灰	红	灰底 黑彩	橙黄	灰	红	褐	
素面	33	4	10		25				72
绳纹	3	1			13				17
篮纹	11		12		11				34
麻点纹					48		3		51
网格纹					2				2
刻槽纹		1							1
篮纹 + 麻点纹					2				2
附加堆纹					4				4
附加堆纹 + 绳纹							2		2

圆腹罐　2件。

标本H249⑥：3，夹砂灰陶。侈口，圆唇，高领，束颈，颈部以下残。颈部饰斜向篮纹，器表有烟炱痕迹。口径 13.2、残高 5.8 厘米（图 4-569，1）。

标本H249⑥：5，夹砂橙黄陶。侈口，圆唇，高领，束颈，颈部以下残。颈部素面，器表有烟炱痕迹。口径 20、残高 4.3 厘米（图 4-569，2）。

花边罐　1件。

标本H249⑥：8，夹砂橙黄陶。侈口，尖唇，矮领，束颈，上腹斜弧，下腹残。颈部饰一周附加

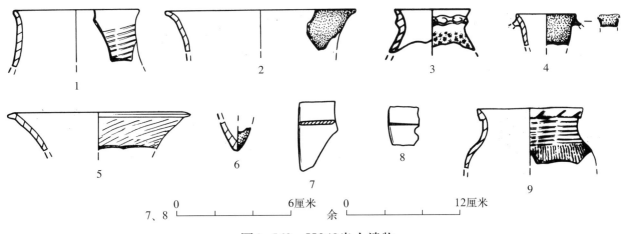

7、8 |0———————————6厘米|　　　余 |0———————————12厘米|

图4-569　H249出土遗物

1、2.圆腹罐H249⑥：3、5　3、9.花边罐H249⑥：8、H249⑦：1　4.双耳罐H249⑥：1　5.高领罐H249⑥：4　6.罕H249⑥：2
7、8.石料H249⑥：6、7

泥条，泥条经手指按压呈波状，上腹饰麻点纹，有烟炱痕迹。口径 8、残高 4.4 厘米（图 4-569，3）。

双耳罐 1 件。

标本 H249⑥：1，泥质橙黄陶。侈口，尖唇，上腹斜弧，下腹残。耳残，器表素面。口径 6.4、残高 3.2 厘米（图 4-569，4）。

高领罐 1 件。

标本 H249⑥：4，泥质橙黄陶。喇叭口，窄平沿，圆唇，高领，束颈。颈部饰斜向篮纹。口径 17.6、残高 3.8 厘米（图 4-569，5）。

鬶 1 件。

标本 H249⑥：2，夹砂灰陶。仅存牛角状空心足。素面，有烟炱痕迹。残高 3、残宽 3.6 厘米（图 4-569，6）。

石料 2 件。

标本 H249⑥：6，页岩。整体较平整，制作小石器材料，一边缘平直。残长 3.7、残宽 2.1 厘米（图 4-569，7；彩版二〇三，5）。

标本 H249⑥：7，页岩。整体较平整，制作小石器材料。残长 2.1、残宽 1.6 厘米（图 4-569，8；彩版二〇三，6）。

（6）H249⑦层

出土少量陶片，以腹部残片为主，可辨器形有花边罐（表 4-1017、1018）。

花边罐 1 件。

标本 H249⑦：1，夹砂橙黄陶。侈口，尖唇，矮领，束颈，上腹圆，下腹残。口沿外侧饰一周附加泥条，泥条之上饰戳印纹，颈部饰横向篮纹，上腹饰竖向绳纹，器表有烟炱痕迹。口径 11.2、残高 6.2 厘米（图 4-569，9）。

表4-1017　H249⑦层器形数量统计表

器形 ＼ 陶质／陶色	泥质				夹砂				合计
	红	橙黄	灰	黑	红	橙黄	灰	黑	
花边罐						1			1

表4-1018　H249⑦层陶片统计表

纹饰 ＼ 陶质／陶色	泥质				夹砂				合计
	橙黄	灰	红	灰底黑彩	橙黄	灰	红	褐	
素面	8	4	4		17				33
绳纹	14						1		15
篮纹	14		2		9				25
麻点纹					41				41
刻划纹	1								1
篮纹 + 麻点纹					1				1
篮纹 + 绳纹	1								1

240. H250

H250 位于 Ⅱ T0705 南部，开口于第④层下（图 4–570，1；彩版二○四，1）。根据遗迹暴露部分推测H250平面呈矩形，口部边缘形态明显，底部边缘形态明显，剖面呈筒状，直壁，未见工具痕迹，坑底平整。坑口南北1.43、坑底东西1.08、深0.56米。坑内堆积未分层，土色浅褐色，土质较疏松，包含炭粒，水平状堆积。

坑内出土少量陶片，以陶器腹部残片为主，无可辨器形标本，所以不具体介绍，只进行陶系统计（表4–1019）。

表4-1019   H250陶片统计表

纹饰 \ 陶质 陶色	泥质				夹砂				合计
	橙黄	灰	红	灰底黑彩	橙黄	灰	红	褐	
素面	15		2		10		1		28
绳纹					7				7
篮纹	9	2							11
麻点纹					23				23
席纹	1								1

241. H251

H251 位于 Ⅱ T0706 西北部，部分压于北隔梁下，西部延伸至T0705东部，开口于第④层下（图 4–570，2；彩版二○四，2）。根据遗迹暴露部分推测H251平面呈椭圆形，口部边缘形态明显，底部边缘形态明显，剖面呈筒状，斜直壁，未见工具痕迹，坑底平整。坑口东西2.50、南北1.50、坑底东西2.42、深0.50米。坑内堆积未分层，土色浅褐色，土质较疏松，包含少量植物根茎，水平状堆积（表 4–1020、1021）。

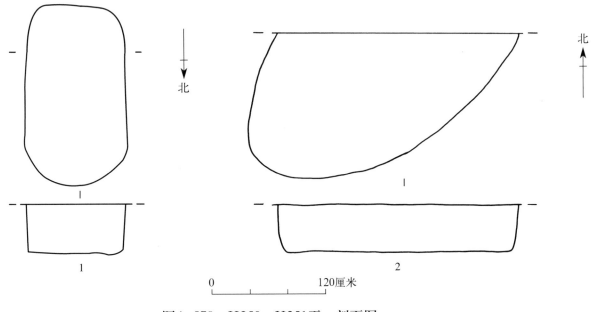

图4-570   H250、H251平、剖面图

表4-1020　H251器形数量统计表

器形 ＼ 陶质 陶色	泥质				夹砂				合计
	红	橙黄	灰	黑	红	橙黄	灰	黑	
圆腹罐						2	1		3
花边罐						2			2
单耳罐						1			1
盆		1							1
尊		1							1

表4-1021　H251陶片统计表

纹饰 ＼ 陶质 陶色	泥质				夹砂				合计
	橙黄	灰	红	灰底黑彩	橙黄	灰	红	褐	
素面	6	1	3		7				17
绳纹	2				3				5
篮纹	3		2						5
麻点纹					8				8

坑内出土少量陶片，以腹部残片为主，可辨器形有圆腹罐、花边罐、单耳罐、尊、盆。

圆腹罐　3件。

标本H251：2，夹砂橙黄陶。侈口，圆唇，高领，束颈，上腹斜弧，下腹残。颈部素面，上腹饰麻点纹，有烟炱。口径14、残高7.2厘米（图4-571，1）。

标本H251：3，夹砂灰陶。侈口，尖唇，高领，束颈，上腹圆，下腹残。颈部饰横向篮纹，纹饰被抹平，上腹饰竖向绳纹。口径9.2、残高9厘米（图4-571，2）。

标本H251：5，夹砂橙黄陶。侈口，尖唇，矮领，束颈，颈部以下残。颈部饰麻点纹，有烟炱。口径12.8、残高4.2厘米（图4-571，3）。

花边罐　2件。

标本H251：6，夹砂橙黄陶。微侈口，尖唇，上腹直，下腹残。口沿外侧饰一周附加泥条，泥条之上饰戳印纹，颈部素面，有烟炱。残高3.4、残宽4.6厘米（图4-571，4）。

标本H251：8，夹砂橙黄陶。侈口，尖唇，高领，束颈，颈部以下残。口沿外侧饰一周附加泥条，泥条之上饰戳印纹，颈部饰横向篮纹。口径12、残高5厘米（图4-571，5）。

单耳罐　1件。

标本H251：7，夹砂橙黄陶。侈口，圆唇，口沿以下残。拱形单耳。素面。残高3.6、残宽3厘米（图4-571，6）。

盆　1件。

标本H251：1，泥质橙黄陶。敞口，方唇，斜直腹，底残。唇面有一道凹槽，口沿外侧有一周凸棱，器表饰横向篮纹。口径18、残高4.4厘米（图4-571，7）。

尊　1件。

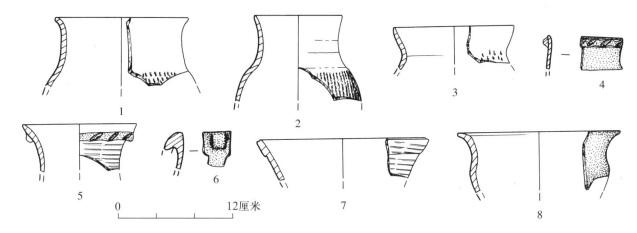

图4-571　H251出土遗物

1～3.圆腹罐H251：2、3、5　4、5.H251：6、8　6.单耳罐H251：7　7.盆H251：1　8.尊H251：4

标本H251：4，泥质橙黄陶。侈口，折沿，圆唇，矮领，束颈，鼓腹，底残。器表素面磨光。口径17.2、残高6.2厘米（图4-571，8）。

242. H252

H252位于ⅡT0803西部，开口于第④层下，被H248打破（图4-572；彩版二〇五，1）。根据遗迹现存部分推测H252平面呈圆形，口部边缘形态明显，底部边缘形态较明显，剖面呈筒状，斜直壁，未见工具痕迹，坑底平整。坑口南北1.85、坑底南北1.20、深1.10米。坑内堆积可分两层，第①层厚0.40～0.62米，土色浅灰色，土质疏松，包含少量黑色斑块和草木灰，水平状堆积。第②层厚0.52～0.72米，土色浅褐色，土质略硬，包含少量黑色斑块，水平状堆积。

坑内出土少量陶片及零星兽骨。

（1）H252①层

出土少量陶片，以腹部残片为主，可辨器形有圆腹罐、花边罐、双耳罐、高领罐、盆、器盖（表4-1022、1023）。

圆腹罐　4件。

标本H252①：7，夹砂橙黄陶。侈口，方唇，高领，束颈，颈部以下残。口沿外侧有一周折棱，口沿及颈部饰斜向篮纹，肩部饰麻点纹。残高8、残宽6厘米（图4-573，1）。

表4-1022　H252①层器形数量统计表

器形 \ 陶质·陶色	泥质				夹砂				合计
	红	橙黄	灰	黑	红	橙黄	灰	褐	
圆腹罐	2					2			4
花边罐						1		1	2
双耳罐	1					1			2
高领罐	1								1
盆		2	1						3

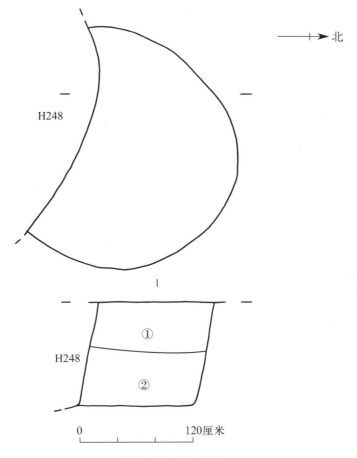

图4-572 H252平、剖面图

表4-1023 H252①层陶片统计表

陶质 陶色 纹饰	泥质				夹砂				合计
	橙黄	灰	红	灰底 黑彩	橙黄	灰	红	褐	
素面	24	6	12		12				54
绳纹	1				14		1		16
篮纹	19		7		23		6		55
麻点纹					44		5		49
篮纹+麻点纹					5	1	2		8
篮纹+戳印纹+麻点纹					1				1

标本H252①：8，夹砂橙黄陶。侈口，圆唇，高领，微束颈，颈部以下残。颈部饰交错刻划纹。口径8.8、残高3.4厘米（图4-573，2）。

标本H252①：10，泥质红陶。侈口，尖唇，矮领，束颈，腹部残。器表素面磨光。口径8.8、残高3.2厘米（图4-573，3）。

标本H252①：12，泥质红陶。侈口，尖唇，高领，束颈，颈部以下残。颈部素面且有刮抹痕迹。口径12、残高4.2厘米（图4-573，4）。

花边罐 2件。

标本H252①：3，夹砂褐陶。侈口，方唇，高领，束颈，颈部以下残。唇部呈锯齿状，上颈部饰斜向篮纹，下颈部饰麻点纹，有烟炱。口径45.2、残高8.8厘米（图4-573，5）。

标本H252①：11，夹砂橙黄陶。侈口，方唇，矮领，束颈，颈部以下残。口沿外侧有一周折棱，器表饰横向篮纹，有烟炱。口径18.4、残高3.4厘米（图4-573，6）。

双耳罐　2件。

标本H252①：1，夹砂橙黄陶。侈口，圆唇，矮领，束颈，上腹圆弧，下腹残。拱形双耳，颈部饰横向篮纹，上腹饰麻点纹，有烟炱。口径12、残高7.6厘米（图4-573，7）。

标本H252①：4，泥质红陶。侈口，圆唇，高领，束颈，颈部以下残。拱形残耳，器表素面。口径11.6、残高5.2厘米（图4-573，8）。

高领罐　1件。

标本H252①：9，泥质红陶。喇叭口，圆唇，口沿以下残。沿下饰横向篮纹，内壁素面磨光。

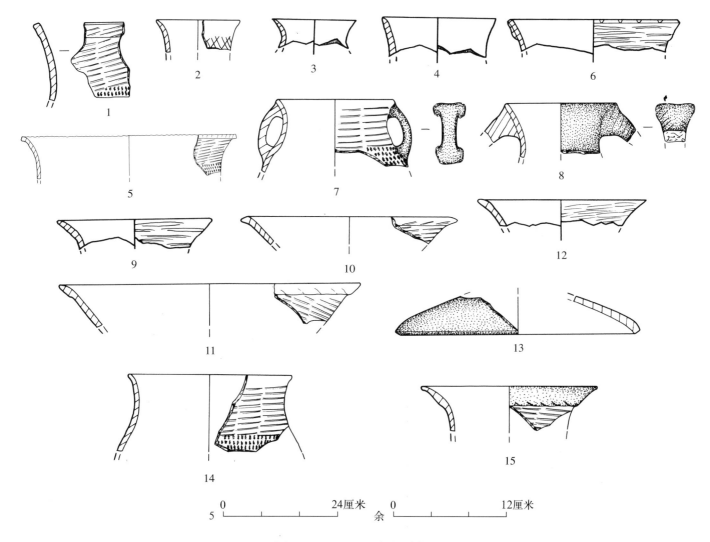

图4-573　H252出土遗物

1~4、14.圆腹罐H252①：7、8、10、12，H252②：1　5、6.花边罐H252①：3、11　7、8.双耳罐H252①：1、4　9、15.高领罐H252①：9、H252②：2　10~12.盆H252①：5、6、13　13.器盖H252①：2

口径 16.4、残高 3 厘米（图 4-573，9）。

盆　3 件。

标本 H252①：5，泥质橙黄陶。敞口，方唇，斜弧腹，底残。口沿外侧有一周折棱，折棱上饰斜向篮纹，器表饰横向篮纹。口径 21.6、残高 2.8 厘米（图 4-573，10）。

标本 H252①：6，泥质灰陶。敞口，尖唇，斜弧腹，底残。口沿外侧饰一周折棱，腹部饰斜向篮纹，内壁素面磨光。口径 31.6、残高 4.4 厘米（图 4-573，11）。

标本 H252①：13，泥质橙黄陶。敞口，圆唇，上腹斜弧，下腹残。腹部饰横向篮纹，内壁素面磨光。口径 18、残高 2.8 厘米（图 4-573，12）。

器盖　1 件。

标本 H252①：2，夹砂橙黄陶。方唇，盖面斜弧，柄残。素面。直径 24.8、残高 4 厘米（图 4-573，13）。

（2）H252②层

出土少量陶片，以腹部残片为主，可辨器形有圆腹罐、高领罐（表 4-1024、1025）。

表4-1024　H252②层器形数量统计表

陶质 陶色 器形	泥质				夹砂				合计
	红	橙黄	灰	褐	红	橙黄	灰	黑	
圆腹罐						1			1
高领罐				1					1

表4-1025　H252②层陶片统计表

陶质 陶色 纹饰	泥质				夹砂				合计
	橙黄	灰	红	灰底黑彩	橙黄	灰	红	褐	
素面	22	2	3		13				40
绳纹		2			2				4
篮纹	13	4				1			18
麻点纹					46				46
戳印纹					1				1
交错绳纹		1							1
篮纹＋麻点纹					4				4

圆腹罐　1 件。

标本 H252②：1，夹砂橙黄陶。侈口，圆唇，高领，束颈，上腹斜弧，下腹残。颈部饰横向篮纹，上腹饰麻点纹，有烟炱。口径 17.2、残高 8 厘米（图 4-573，14）。

高领罐　1 件。

标本 H252②：2，泥质褐陶。喇叭口，圆唇，高领，束颈，颈部以下残。口沿外侧有一周折棱，颈部饰横向篮纹，内壁素面磨光。口径 18.8、残高 4.6 厘米（图 4-573，15）。